1169

DEMOCRACIA CONSTITUCIONAL
E DIREITOS FUNDAMENTAIS

M527d   Mello, Cláudio Ari
           Democracia constitucional e direitos fundamentais / Cláudio Ari Mello. - Porto Alegre: Livraria do Advogado Editora, 2004.
           315 p.; 16 x 23 cm.

           ISBN 85-7348-323-7

           1. Direito Constitucional. 2. Democracia. 3. Direitos e e garantias individuais. I. Título.

                                             CDU - 342

           Índices para o catálogo sistemático:
Direito Constitucional.
Democracia.
Direitos e garantias individuais.

(Bibliotecária responsável: Marta Roberto, CRB-10/652)

Cláudio Ari Mello

Democracia Constitucional e Direitos Fundamentais

livraria
DO ADVOGADO
editora

Porto Alegre 2004

© Cláudio Ari Mello, 2004

Capa, projeto gráfico e diagramação
Livraria do Advogado Editora

Revisão
Rosane Marques Borba

Direitos desta edição reservados por
Livraria do Advogado Editora Ltda.
Rua Riachuelo, 1338
90010-273 Porto Alegre RS
Fone/fax: 0800-51-7522
livraria@doadvogado.com.br
www.doadvogado.com.br

Impresso no Brasil / Printed in Brazil

"Unfortunately, there is no exact science available to resolve the tension among rights, democracy and law. The challenge for all three committed to the idea of constitutionalism is to balance this three elements when they conflict."

Carlos Santiago Nino

"Poiqué non esistono criteri assoluti che valgano a dividere il campo tra politico e giudiziario, si comprende come siano chiamate in causa valutazione non meramente di opportunità politica, ma di congruità costituzionale e come avvenga che, nei casi estremi in cui l'intervento della Corte sarebbe contraponducente, la giurisdizione costituzionale possa ritirarsi e decidere non decidere"

Gustavo Zagrebelsky

"A crença na Constituição e no constitucionalismo não deixa de ser uma espécie de fé: exige que se acredite em coisas que não são direta e imediatamente apreendidas pelos sentidos. Como nas religiões semíticas – judaísmo, cristianismo e islamismo – tem seu marco zero, seus profetas e acena com o paraíso: vida civilizada, justiça e talvez até felicidade."

Luís Roberto Barroso

Agradecimentos

Este livro é o resultado de alguns anos de estudo e pesquisa em teoria constitucional, que foram finalizados no curso de Mestrado em Direito do Estado da Pontifícia Universidade Católica do Rio Grande do Sul, nos anos de 2001 e 2002. Por isso ele é uma versão ligeiramente modificada, na estrutura e no conteúdo, da dissertação que defendi naquela instituição em agosto de 2003, perante banca composta pelo orientador, Professor Doutor Ingo Wolfgang Sarlet, e pelos Professores Doutores Juarez Freitas e Lenio Luiz Streck.

O êxito do projeto de pesquisa que resultou na obra deve ser compartilhado com várias pessoas, que foram decisivas por diferentes razões. Sou grato inicialmente ao meu orientador, Doutor Ingo Wolfgang Sarlet, pela forma generosa e acolhedora com que me recebeu no curso e aceitou me orientar. Sua experiência de pesquisador rigoroso foi fundamental para corrigir o curso do trabalho nos momentos em que a minha inexperiência não me permitia encontrar soluções. Estou especialmente em débito com José Guilherme Giacomuzzi, fonte permanente de apoio e amizade. José Guilherme revisou todo o trabalho e fez observações que só não foram aceitas quando a minha quase invencível teimosia não permitiu.

Sou grato também à Professora Susana Dora Vello, que pacientemente corrigiu o português do trabalho, e ao meu estagiário e aluno Thiago Albeche, que se transformou em um talentoso professor de direito constitucional antes mesmo de colar grau, a fim de auxiliar seu amigo na falta absoluta de tempo. Tenho uma dívida afetiva impagável com meus colegas de Ministério Público, Alberto Weingartner e Ricardo de Oliveira Silva, pelo apoio inestimável que me ofereceram nos momentos mais difíceis. Mas seguramente ninguém esteve tão presente nesta trajetória quanto Alexandre Saltz, com quem convivo desde os primeiros anos de vida e que foi sempre um fraterno incentivador.

Embora tenha sido feito com grande prazer pessoal, este trabalho foi realizado com muitas dificuldades. Todas elas foram superadas graças ao carinho e à compreensão da minha esposa, Nádia. As minhas filhas, Ana Luíza, que me acompanhou preocupada e ansiosa até o término da redação, aguardando pelo retorno espiritual do pai, e Maria Claudia, cujo nascimento em meio à pesquisa fez renascer esperanças e sonhos, espero que entendam um dia que o sentido último do estudo é contribuir para que, no futuro, elas vejam mais justiça do que eu tenho visto. Às três, eu dedico este trabalho.

Prefácio

Ao receber o honroso e gentil convite para prefaciar esta obra, que consiste no texto revisto e atualizado da primorosa dissertação de mestrado apresentada pelo autor, Promotor de Justiça, Professor e Mestre Cláudio Ari Mello por ocasião da conclusão do seu Mestrado em Direito na Faculdade de Direito da Pontifícia Universidade Católica do Rio Grande do Sul, cujo corpo docente tenho o privilégio de integrar, fui tomado simultaneamente por um sentimento de alegria e orgulho. Alegria, pelo fato de ser testemunha privilegiada da felicidade do ilustre colega e amigo Cláudio Ari Mello em superar, com competência e brilho, mais esta relevante etapa no âmbito de sua trajetória acadêmica e existencial. Orgulho, pelo fato de ter participado, ainda que de modo secundário, do processo de construção desta obra, na condição de professor, orientador e, posteriormente, de presidente da banca examinadora, integrada ainda pelos notáveis Professores Doutores Lenio Luiz Streck e Juarez Freitas, cujos nomes pontificam entre os grandes juristas brasileiros de nosso tempo.

O texto ora oferecido ao público – e não há na afirmativa qualquer exagero movido pelo afeto e pela admiração pessoal que nutro pelo autor – certamente ocupa um lugar de destaque entre aqueles trabalhos que nos estimulam na carreira acadêmica e que servem como prova irrefutável de o quanto é gratificante ver um ex-aluno e orientando, mas acima de tudo um perspicaz e incansável interlocutor, alçar vôo com luz própria e com plenas condições de assumir um papel de relevo entre a nova geração de cultores e pensadores do direito constitucional deste País, cuja Constituição e, portanto, também cuja teoria constitucional (que nos últimos quinze anos tem experimentado uma saudável renovação e notável incremento no concernente à sua consistência científica) não se pode dar ao luxo de dispensar todos os reforços qualificados dispostos a integrar a milícia dos que almejam lutar o bom combate em prol da efetivação de uma vida com dignidade e do pleno exercício dos direitos fundamentais para todos os brasileiros. Nesta senda, nunca é demais recordar que o autor, já há algum tempo, tem produzido alguns textos de inquestionável qualidade na área do direito constitucional e do assim designado direito público, como demonstram, entre outros, o instigante ensaio sobre a teoria discursiva do direito e os direitos sociais (veiculado, inicialmente, na Revista de Direito Administrativo nº 224, 2001), bem como o contributo versando sobre os direitos de personalidade no novo Código Civil Brasileiro, este último publicado em coletânea por mim organizada, versando sobre *A Constituição e o Novo Código Civil* e publicado por esta mesma editora.

Seguindo aqui uma opção pessoal, no sentido de que num prefácio não se haverá de aprofundar qualquer aspecto ligado ao tema, subtraindo ao leitor o contato direto, pessoal e insubstituível com o texto, importa, contudo, lembrar que, notadamente a partir da promulgação da nossa vigente Constituição, a assim designada jurisdição constitucional – considerada aqui, na esteira da proposta formulada por Gomes Canotilho, como o conjunto de órgãos, funções e agentes investidos da tarefa de assegurar a eficácia e efetividade da ordem jurídico-constitucional – passou a ocupar um lugar de destaque no cenário jurídico, social e político-institucional. Sem que se vá aqui rastrear as razões de tal processo, o fato é que a nunca ausente tensão entre jurisdição e democracia e o conflito entre o próprio constitucionalismo e as instituições democráticas de governo, ressalvadas algumas situações excepcionais, alcançaram níveis nunca antes experimentados entre nós, até mesmo pelo fato de que a própria jurisdição constitucional, assim como o (necessário) espaço ocupado pela Constituição, com seu extenso rol de princípios e direitos fundamentais e seu caráter notadamente voltado à consecução da justiça social (aqui considerada – de modo necessariamente simplificado - como expressão de uma tendencial igualdade de oportunidades e garantia de uma vida com dignidade para todos) tem representado um desafio substancialmente novo e complexo para todos os que se encontram vinculados pelo dever de transformar em realidade o projeto traçado pelo Constituinte.

É justamente este o núcleo problemático, evidentemente desdobrado em algumas das suas mais complexas dimensões, com destaque também para o intrincado aspecto (entre nós de há muito carente de maior desenvolvimento) do assim chamado judicial *self-restraint* (em suma, dos métodos de autocontenção judicial), que ora é enfrentado, com talento e erudição, pela nosso estimado autor, que não se furtou à difícil tarefa de apresentar (o que, por si só, já seria muito, considerando a qualidade do texto) as principais teorias filosóficas e concepções dogmáticas subjacentes ao tema. Mas o autor foi além, passando a avaliar criticamente os aportes das doutrinas nacional e estrangeira, construindo uma teoria constitucionalmente adequada, apta a contribuir de modo efetivo para o desenvolvimento científico do tema entre nós. Soma-se a isso, que o texto, vazado em linguagem rica, precisa, mas ainda assim fluida e clara, assegura uma leitura agradável e estimulante, de tal sorte que também nesta quadra terá o leitor sido brindado com um trabalho cogente para todos aqueles que pretendem investir nos estudos do direito constitucional.

Para finalizar, só nos resta almejar que o autor e a sua obra venham a alcançar o merecido sucesso, notadamente com a acolhida ampla deste texto por todos aqueles que acreditam (ou pelo menos estão dispostos a acreditar) que a Constituição da dignidade e dos direitos fundamentais – de todas as dimensões – também sempre será a Constituição de um Estado Democrático (e, portanto, necessariamente social) de Direito, de tal sorte que não há como abrir mão do enfrentamento sério e reflexivo das questões postas e analisadas no texto que ora se apresenta ao público, assim como não se poderá dispensar uma jurisdição constitucional ativa e independente, mas de modo algum insensível aos apelos da prudência e do indispensável equilíbrio e integração que deve (deveria) pautar o sistema jurídico, social e institucional de um Estado. Foi, acima de tudo, uma satisfação e um privilégio poder escrever estas linhas, de tal sorte que só resta felicitar o autor, a Livraria do Advogado Editora e, de modo especial, a comunidade de leitores.

Porto Alegre, junho de 2004.

Prof. Dr. Ingo Wolfgang Sarlet

Sumário

Introdução 15

Capítulo I
Constitucionalismo e democracia

1. O positivismo jurídico e o minimalismo constitucional 25
2. O procedimentalismo da democracia deliberativa 35
3. A constituição republicana 61
4. Os direitos na ofensiva: a teoria substantiva da Constituição 84
5. Uma composição razoável: constitucionalismo e democracia reconciliados? . . . 109

Capítulo II
Os direitos fundamentais e os limites entre democracia e jurisdição constitucional

1. A teoria constitucional entre o universal e o contingente 115
2. A teoria dos direitos fundamentais 125
   2.1. A pluralidade moral do sistema de direitos fundamentais 126
   2.2. Os direitos fundamentais e a democracia 143
   2.3. Os direitos e as circunstâncias da política 152
   2.4. A democracia e o custo dos direitos 163
3. A jurisdição constitucional e a democracia 172
   3.1. O domínio da democracia deliberativa 175
   3.2. O domínio da jurisdição constitucional 182
   3.2.1. Regime constitucionalista da soberania popular 184
   3.2.2. Jurisdição constitucional como representante da soberania popular . . . 186
   3.2.3. Caráter democrático da jurisdição constitucional 188
   3.2.4. A democratização da jurisdição constitucional 193
4. Democracia constitucional e o equilíbrio como virtude 199

Capítulo III
A doutrina da auto-restrição judicial

1. O constitucionalismo e a auto-restrição judicial 203
2. Os métodos de auto-restrição judicial 217
   2.1. Limites processuais 218
   2.2. Limites hermenêuticos 220

2.3. Limites funcionais em sentido estrito 229
2.3.1. A discricionariedade administrativa 229
2.3.2. Discricionariedade legislativa ou liberdade de conformação do legislador . . 240
2.4. Limites temáticos: a doutrina das questões políticas 246
2.4.1. As origens históricas da doutrina 246
2.4.2. A evolução da doutrina no direito constitucional norte-americano 248
2.4.3. A evolução da doutrina no direito constitucional brasileiro 254
2.4.4. A fluidez conceitual das questões políticas 259
3. Concepções de auto-restrição judicial 266
3.1. Concepção interpretativa ou normativo-estrutural 266
3.2. Concepção prudencial 271
3.3. Concepção garantista 275
3.3.1. Garantismo liberal 278
3.3.2. Garantismo social 281
4. Os limites da auto-restrição judicial no constitucionalismo democrático 287
4.1. O critério seqüencial entre interpretação e prudência 289
4.2. Garantismo de direitos e ativismo judicial moderado 295

Conclusão 301

Bibliografia 307

Introdução

A democracia constitucional é o arquétipo de uma sociedade justa e organizada nos Estados modernos. De um modo geral e provisoriamente, podemos caracterizá-la como um modelo político relativamente homogêneo que combina o regime democrático com a garantia de alguns direitos julgados fundamentais no processo constituinte e colocados sob a proteção do Poder Judiciário. A democracia constitucional pretende corresponder a determinadas aspirações políticas que se manifestaram de modo reiterado na evolução das sociedades humanas e que estão resumidas na célebre proposição de Rousseau: "Encontrar uma forma de associação que defenda e proteja com toda a força comum a pessoa e os bens de cada associado, e pela qual cada um, unindo-se a todos, só obedeça, contudo, a si mesmo e permaneça tão livre quanto antes".[1] Essa fórmula encerra duas finalidades distintas, cada uma delas ligada a teorias e práticas particulares: a sociedade política, constituída na forma de Estado, deve: a) proteger o indivíduo e seus bens; e b) estar regulada por regras jurídicas decididas em um processo de produção normativa aberto à participação dos associados. A primeira parte da proposição corresponde à doutrina do constitucionalismo liberal; a segunda parte, ao princípio da democracia.

A simplicidade da proposta de Rousseau, conjugando essas duas finalidades fundamentais do liberalismo político, disfarça a natureza paradoxal da associação entre constitucionalismo e democracia, tanto no plano teórico, quanto na *praxis* política. O dilema imposto pelo paradoxo presente na associação desses dois princípios políticos levou Frank Michelman a propor denominá-lo como "o problema de Rousseau".[2] Esse problema está concentrado no chamado caráter contramajoritário da função de blindagem ou entrincheiramento de direitos individuais e valores fundamentais promovida pelo sistema constitucional em relação à demo-

---
[1] Jean-Jacques Rousseau, *O Contrato Social*, p. 20.
[2] Frank Michelman, *Brennan and Democracy*, p. 10.

cracia. O paradoxo estaria na ambigüidade da relação interna dos dois princípios em um mesmo sistema político: se, por um lado, a associação do modelo constitucional com um governo democrático parece garantir uma sociedade mais livre e igualitária em relação aos modelos concorrentes, por outro lado, persiste uma complexa competição por espaços institucionais entre os dois princípios no âmbito geral do sistema político. Isso significa que uma expansão do papel da constituição provoca uma retração do papel da democracia, e vice-versa. A percepção dessa concorrência entre princípios pode gerar movimentos teóricos e práticos de balanceamento a fim de obter uma convivência ótima entre eles no sistema. No entanto, esses movimentos freqüentemente postulam a supremacia de um dos princípios sobre o outro, subordinando um deles à prevalência do "rival".

O estudo da história constitucional moderna revela que a coexistência e a concorrência interna entre constitucionalismo e democracia não são cronologicamente congênitas. Uma das primeiras e mais significativas manifestações institucionais do princípio constitucionalista, o *Bonham's Case*, de 1610, afirma autonomamente a limitação do poder público por normas jurídicas superiores e intangíveis, sem revelar qualquer preocupação com a natureza, a origem ou a legitimidade política do governo. Nesse caso, julgado pelo juiz Edward Coke, as normas utilizadas pela corte judicial para sustentar a invalidade de um ato do governo inglês provieram do *common law* e foram consideradas como limites externos à ação do governo.[3] Evidentemente não há ainda em Coke o desenvolvimento de uma teoria constitucionalista, como base do argumento que o levou a declarar nulo um ato do soberano por violação a uma norma preexistente do *common law*. No entanto, a doutrina da limitação do governo pelo Direito, esboçada no *Bonham's case*, é a gênese do constitucionalismo que

---

[3] O Doutor Thomas Bonham, graduado em Cambridge, foi descoberto praticando a medicina em Londres sem licença do Colégio de Médicos de Londres em abril de 1606. O Colégio convocou-o para um exame de aptidão, mas ele foi reprovado e por isso proibido de exercer a profissão na cidade por períodos mais longos do que um mês. Bonham, contudo, continuou exercendo a medicina na capital inglesa, tendo sido primeiro multado e depois preso, por recusar-se a realizar novo exame e afirmar que continuaria a prática. Bonham recusava a autoridade do Colégio sobre seus atos, já que era graduado da universidade. O Colégio, por seu turno, extraía sua autoridade de atos de Henrique VIII, que dava à instituição competência para regular a prática da medicina em Londres e arredores. Entretanto, o Dr. Bonham alegava que outra cláusula do mesmo ato permitia a prática da medicina em toda a Inglaterra àqueles que haviam passado em um exame perante o colégio ou que tivessem obtido grau médico em Oxford ou Cambridge. Coke, então *Chief justice* da *Court of Common Pleas*, declarou nula a decisão do Colégio de Médicos de Londres sob o fundamento de que ela desrespeitara um princípio antigo do *common law*, de que ninguém pode ser juiz em sua causa própria, porque isso violaria a regra racional da imparcialidade dos juízes. James R. Stoner, Jr, *Common law & liberal theory: Coke, Hobbes and the origin of American constitutionalism*, p. 48-68. T. F. T. Plucknett, "Bonham'case and judicial review", *Harvard Law Review* 40 (1926), 521-545.

se afirmaria posteriormente, sobretudo a partir da adoção de constituições escritas, desde a Constituição norte-americana de 1787.[4] Isso porque as normas jurídicas destinadas a controlar os atos do governo, limitar o poder do Estado e proteger os indivíduos do uso opressivo do poder político foram vertidas para as constituições escritas surgidas desde o fim do século XVIII. Limitar o governo passou a ser a *raison d'être* das primeiras constituições liberais.[5]

Embora a opção pelo constitucionalismo liberal não tenha determinado a adoção simultânea de regimes democráticos em grande parte das nações ocidentais que instituíram constituições escritas nos dois últimos séculos, a primeira delas já acolheu um sistema democrático-constitucional. A Constituição norte-americana tem como princípios fundantes a limitação do poder, através de institutos político-jurídicos como a separação dos poderes e uma declaração de direitos, e o governo republicano, no qual os ocupantes de cargos executivos e parlamentares são cidadãos eleitos pelo próprio povo, de modo que a potencial tensão entre constitucionalismo e democracia nasce com a primeira constituição escrita. Todavia, ela só é verdadeiramente percebida no primeiro caso judicial que aplicaria a doutrina do *Bonham's case* de Edward Coke no âmbito da garantia da Constituição de 1787, em face do exercício do Poder Legislativo da União. *Marbury v. Madison* não é apenas a origem histórica da justiça constitucional e do controle de constitucionalidade das leis: a decisão de 1803 institucionalizou um princípio político-jurídico que até então era pouco mais do que um ideal filosófico do liberalismo político. Foi a primeira afirmação concreta, no plano das instituições políticas do Estado, feita na primeira democracia constitucional que o mundo conheceu, de que a constituição era uma barreira jurídica efetiva e instransponível pelo poder político, ainda que a afronta adviesse do próprio corpo de representantes do povo.[6]

A decisão de Marshall já estabelece os dois grandes conflitos internos do regime: o paradoxo entre constitucionalismo e governo democrático, e a tensão entre controle judicial da constitucionalidade de leis e atos admi-

---

[4] Ver, sobre a importância da decisão de Coke para a história do constitucionalismo, Mauro Cappelletti, *O Controle Judicial de Constitucionalidade das Leis no Direito Comparado*, p. 57-63.

[5] Cf. Maurizio Fioravanti, *Los derechos fundamentales. Apuntes de historia de las constituciones*, p. 97 e ss.

[6] Para uma análise da influência da decisão já bicentenária de Marshall no direito constitucional contemporâneo, ver Richard Fallon Jr., "*Marbury* and the Constitutional Mind: A Bicentennial Essay on the Wages of Doctrinal Tension", *California Law Review*, vol. 91, jan. 2003, n. 1, p. 3-55. Ver, ainda, Christopher Wolfe, *The Rise of Modern Judicial Review*, p. 39-89, e Bernard Schwartz, *A History of the Supreme Court*, p. 32-68.

nistrativos e a legitimidade democrática dos atos dos poderes legislativo e executivo. Conquanto afirme ser da própria natureza dos regimes políticos que adotam constituições escritas, tanto a inconstitucionalidade das leis contrárias à lei fundamental, quanto a declaração judicial da nulidade do ato inconstitucional, Marshall explicitará, em *McCulloch v. Maryland*, julgado em 1819, que o poder de declarar nulas as leis inconstitucionais deve ser exercido excepcionalmente pelo Poder Judiciário, apenas nos casos em que a inconstitucionalidade for evidente, sob pena de usurpação da esfera legítima do Poder Legislativo e, por conseqüência, do princípio democrático. De fato, a precoce percepção, por parte da Suprema Corte, da natureza potencialmente antidemocrática do controle judicial dos demais poderes, contribuiu para que, mesmo naquele cenário particularmente propício para a consolidação do constitucionalismo, como demonstrou Tocqueville,[7] houvesse inicialmente uma prevalência do princípio democrático sobre as idéias de constituição como limite do governo e de Poder Judiciário como guardião natural da constituição. Somente em 1857 a Suprema Corte voltaria a declarar inconstitucional uma lei criada pelo parlamento federal, e uma postura ativa, de efetivo guardião da lei fundamental, teria que esperar até a entrada do século XX, quando teve início a era *Lochner*. Durante todo o século XIX prevaleceu, na cultura jurídico-política norte-americana e na prática judicial da Suprema Corte, a adesão à doutrina da *judicial self-restraint*, que propõe justamente a retração do Poder Judiciário no exercício da função de controle da constitucionalidade dos atos dos demais poderes, como conseqüência de uma concepção que maximiza o peso do princípio democrático e minimiza o peso do princípio constitucionalista de limitação do governo.[8]

As causas das dificuldades históricas que o constitucionalismo enfrentou em sua recepção nos Estados europeus são diferentes. Em diversos países da Europa, a adoção de constituições não importou na adesão ao constitucionalismo. As constituições européias do século XIX limitaram-se fundamentalmente a disciplinar a organização jurídica e o funcionamento do Estado, com a ordenação dos poderes e de suas competências institucionais. De modo geral, essas constituições estavam reduzidas à função de estatuto básico do Estado e de instrumento jurídico de governo, e a única efetiva restrição à atuação do poder político visava a resguardar

---

[7] Aléxis de Tocqueville, *A Democracia na América: Leis e Costumes*.
[8] Bernard Schwartz, *A History of the Supreme Court*, p. 93-96. Schwartz relata que foi durante a presidência do *Chief Justice* Roger Taney (1837-1864) que a Suprema Corte norte-americana desenvolveu "uma forte tendência a restringir a área da discrição judicial nas decisões constitucionais". Nesse período, "a auto-restrição judicial tornou-se pela primeira vez um elemento essencial da doutrina da Suprema Corte" (p. 94).

a iniciativa privada da interferência estatal.⁹ As constituições do Estado de Direito europeu não reproduzem o paradigma constitucionalista anglo-americano de norma fundamental de garantia dos indivídios em face do governo.¹⁰ Nem mesmo as liberdades públicas eventualmente previstas nas constituições européias operam como direitos fundamentais que limitam o governo, já que o modelo estatalista acolhido na Europa delega aos órgãos de direção política a definição irrestrita do conteúdo normativo dos direitos e interdita o controle das leis e medidas administrativas pelo Poder Judiciário. Como mostra Maurizio Fioravanti, diferentemente da doutrina constitucionalista anglo-americana, na Europa continental do século XIX os direitos individuais não são *valores* que precedem o Estado, mas apenas o *resultado* das escolhas políticas do soberano, e por isso não existem *direitos fundamentais* com um *conteúdo necessário* fixado na constituição.¹¹ No exemplo paradigmático da França, a importância histórica do princípio da soberania popular, a opção por um conceito "fraco" de constituição e a desconfiança quanto à possibilidade de os juízes exercerem a função de guardiães da constituição retardaram até os anos setenta do século XX a adoção do regime constitucional como um arranjo institucional destinado a limitar o legislativo e o executivo a fim de proteger os indivíduos. No caso francês, houve um franco predomínio do princípio democrático, representado pelas idéias de autogoverno e soberania popular sobre o princípio constitucionalista.¹²

Entretanto, ao longo do século XX não apenas a Europa continental, como também muitos países latino-americanos e algumas nações asiáticas terminaram acolhendo o princípio constitucionalista, que associa a previsão de declarações de direitos fundamentais em suas constituições, com a proteção desses direitos pelo Poder Judiciário.¹³ Sintetizando a importância que a jurisdição constitucional conquistou nos Estados contemporâneos, Michel Troper afirma que o constitucionalismo pode ter três significados. O constitucionalismo *lato sensu* significa um sistema político em que a ação do governo está limitada por uma constituição jurídica

---

9 Sobre a lógica imanente do Estado liberal, v. Hans-Georg Flickinger, *Em nome da liberdade: elementos da crítica ao liberalismo contemporâneo*, p. 11-37.

10 Maurizio Fioravanti, *Derechos fundamentales. Apuntes de historia de las constituciones*, p. 112-125.

11 Fioravanti, *ob. cit.*, p. 118-119.

12 Sobre os fatores históricos e culturais que determinaram o modelo constitucional francês, ver Philippe Blachèr, *Contrôle de constitutionnalité et volonté générale*, p. 197-223; Mauro Cappelletti, *O Controle Judicial de Constitucionalidade das Leis no Direito Comparado*, p. 94-100; Martin Kriele, *Introducción a la Teoría del Estado*, p. 365-408; e Nicola Mateucci, *Organización del poder y libertad*, p. 217-258.

13 Para um breve exame da difusão desse modelo em todo o mundo, v. Thomas Carothers, "The Rule of Law Revival", *Foreign Affairs*, março/abril 1998, p. 95-106.

destinada a proteger os indivíduos do uso opressivo e autoritário do poder. O constitucionalismo *stricto sensu* é a idéia de que não apenas uma constituição é necessária, como ela deve estar fundada em princípios político-jurídicos capazes de produzir certos efeitos, como os princípios da separação dos poderes, a distinção entre poder constituinte e poderes constituídos, o governo representativo e a instituição de um controle jurisdicional de constitucionalidade das leis. O constitucionalismo *strictissimo sensu* é a idéia segundo a qual a contenção do despotismo e a liberdade política não podem ser obtidas, exceto "se sobre os princípios nos quais está fundada a constituição figura o controle jurisdicional de constitucionalidade das leis".[14] Vale dizer, a despeito da natureza supostamente antidemocrática ou contramajoritária da jurisdição constitucional, ela se converteu em um elemento fundamental das democracias constitucionais modernas.

Mas a ascensão e a afirmação internacional do constitucionalismo moderno, fundado sobre as declarações de direitos e a jurisdição constitucional, não aconteceram em um quadro de indiferença quanto à natureza, origem e legitimidade do poder político. Ao contrário, o regime democrático jamais gozou de tanto prestígio quanto nas últimas décadas do século XX. A universalização do sufrágio e do acesso aos cargos públicos e a expansão da participação da cidadania nas decisões políticas do Estado transformaram-se em instituições indispensáveis para assegurar a legitimidade dos sistemas políticos das nações ocidentais. A diferença nessa revalorização do regime democrático em relação aos Estados do século XIX é que agora já não basta que um Estado seja uma democracia para assegurar uma *sociedade justa e bem-ordenada*: é preciso que seja uma *democracia constitucional*, ou seja, que conjugue a soberania popular com a proteção judicial dos direitos.[15]

Portanto, o trinômio em torno do qual gravitam as constituições ocidentais modernas é formado por três elementos fundantes: *democracia*, *direitos fundamentais* e *jurisdição constitucional*. A coexistência desses elementos nas democracias constitucionais parece significar um fator decisivo para o equilíbrio do sistema jurídico-político.[16] As relações que se

---

[14] Michel Troper, "Le concept de constitutionnalisme et la théorie moderne du droit", *Pour une théorie juridique de l'État*, p. 203-204.

[15] A prevalência desse modelo se reflete claramente, por exemplo, na teoria da justiça de John Rawls, como se sabe um dos mais influentes filósofos políticos contemporâneos. A idéia de *well-ordered society* para Rawls equipara-se à idéia de democracia constitucional, conforme ele explicita na conferência "Idéia de Razão Pública", publicada em *O liberalismo político*, p. 261-306, e no capítulo quarto de *Justice as Fairness: a Restatement*, p. 135-179.

[16] Giorgio Bongiovanni, *Teorie "costituzionalistiche" del diritto. Morale, diritto e interpretazione in R. Alexy e R. Dworkin*, p. 28-30.

estabelecem entre eles, a identificação dos domínios específicos dos processos democráticos e da jurisdição constitucional e a definição dos limites das funções institucionais dos órgãos de direção política e dos órgãos judiciais tornam-se, por conseqüência, temas centrais da teoria constitucional contemporânea. Por outro lado, a própria teoria constitucional é forçada a dialogar permanentemente com a filosofia política e moral, na medida em que o seu objeto e a sua metodologia passam a coincidir, em aspectos fundamentais, com aqueles próprios a estas outras áreas do saber humano.

Este trabalho examina justamente a relação que se estabelece entre democracia, direitos e jurisdição no âmbito das democracias constitucionais. Não é, assim, um estudo de direito constitucional, e sim de teoria constitucional. Atualmente é possível reconhecer um espaço de estudos constitucionais que já não é mais exclusivo de juristas, mas é disputado, também, por filósofos e cientistas políticos, o qual tem sido designado de filosofia do direito constitucional.[17] Em certa medida, o trabalho pretende estar inserido nesse espaço. Não é um estudo de dogmática do direito constitucional brasileiro, e sim sobre alguns dos fundamentos filosóficos do direito constitucional brasileiro. Todavia, uma das preocupações teóricas que motivaram a pesquisa e a exposição consistiu na percepção de que muitos dos institutos da dogmática constitucional que tem sido produzida no Brasil, embora de alto nível científico, freqüentemente exigem uma fundamentação que não pode ser fornecida exclusivamente pela própria dogmática. É o caso de institutos como o conteúdo essencial e a eficácia dos direitos fundamentais, as restrições a eles imponíveis pelo Poder Legislativo, a extensão do conceito de cláusulas pétreas e o uso dos princípios da proporcionalidade e da razoabilidade para avaliar a legitimidade da atuação dos órgãos de direção política no âmbito dos direitos fundamentais. Portanto, o estudo pertence à filosofia constitucional, mas pretende auxiliar a dogmática do direito constitucional a resolver problemas de fundamentação de alguns de seus principais institutos.

O trabalho não apresenta critérios materiais para definir o conteúdo essencial e os limites da eficácia dos direitos fundamentais ou para qualquer outro dos temas centrais da dogmática jusconstitucional, e tampouco critérios materiais para aperfeiçoar o conteúdo dogmático da proporcionalidade, da ponderação de bens e da razoabilidade, ou de qualquer outro

---

[17] Giorgio Bongiovanni, *Teorie "costituzionalistiche" del diritto. Morale, diritto e interpretazione in R. Alexy e R. Dworkin*, p. 31-32; e Frank Michelman, *Brennan and Democracy*, p. 3-4. No Brasil, v. a pioneira a obra de Gisele Cittadino, *Pluralismo, direito e justiça distributiva: elementos de filosofia constitucional contemporânea*.

método utilizado no direito constitucional na aplicação judicial dos direitos. Eu tento sugerir alguns fundamentos filosófico-constitucionais para responder as seguintes questões: 1) *Os juízes podem controlar e dirigir a concretização da constituição pelos órgãos de direção política do Estado?*; 2) *Por que os juízes têm esse poder em um regime democrático?*; 3) *Quais são os limites dos juízes no exercício desse poder em uma democracia constitucional?* Parece-me que, do ponto de vista da teoria constitucional, respostas a essas perguntas devem preceder a construções dogmáticas que conferem aos juízes o poder de determinar o conteúdo essencial dos direitos fundamentais, para garantir judicialmente direitos sociais, ou para reconhecer a inconstitucionalidade de uma lei com base na falta de proporcionalidade ou de razoabilidade por parte do legislador, ou por um erro deste na ponderação dos valores que estavam em conflito na produção da lei.

Assim, o estudo enfoca o problema dos limites entre jurisdição constitucional e democracia, especialmente no reconhecimento e na determinação do conteúdo e da extensão dos direitos fundamentais. A doutrina e a prática do direito constitucional encontram-se hoje pressionadas por duas tendências gerais contraditórias e aporéticas: uma delas propõe o ativismo judicial para assegurar as conquistas sociais cristalizadas nas constituições; a outra busca conter a atuação jurisdicional para favorecer o processo democrático.[18] Essa segunda tendência obtém na doutrina da auto-restrição judicial (*judicial self-restraint*) um fundamento enraizado nas mais antigas tradições do constitucionalismo ocidental. O estudo propõe-se a escrutinar a estrutura e a funcionalidade da doutrina da auto-restrição no direito constitucional, a fim de compreender a sua natureza e utilidade para a delimitação constitucionalmente adequada dos domínios da democracia e da jurisdição constitucional no âmbito do vigente sistema constitucional brasileiro.

O plano de estudo está dividido do seguinte modo: no primeiro capítulo, exponho as principais concepções contemporâneas desenvolvidas pela teoria jurídica para compreender e resolver a tensão entre constitucionalismo e democracia nos Estados Democráticos de Direito. Não tenho a pretensão de exaurir os diversos enfoques admissíveis no enfrentamento teórico da questão, por isso optei por confrontar duas das tendências mais pesquisadas e debatidas na atualidade nos campos da filosofia política e da teoria constitucional, e que se transformaram, ao longo das últimas décadas, em verdadeiras rivais nos estudos teóricos sobre as democracias

---

[18] Sobre os dilemas da teoria constitucional contemporânea, v. Keith Whittington, *Constitutional interpretation: textual meaning, original intent and judicial review*, p. 17-46.

constitucionais: as teorias procedimentalistas e as teorias substantivas do constitucionalismo democrático.

O capítulo aborda inicialmente a concepção procedimental de constituição advogada pelo positivismo jurídico. Para efetuar esse estudo, tomei como paradigma teórico a *Teoria Pura do Direito* e outras obras de Hans Kelsen, porque me pareceu que o autor austríaco representa com muita fidelidade a função minimalista outorgada às constituições na estrutura geral dos sistemas jurídicos concebidos na longa hegemonia positivista.[19] A seguir, reviso uma vertente que vem merecendo muita atenção literária e um significativo êxito de público na filosofia política e constitucional: as teorias da democracia deliberativa, que enfatizam a legitimidade ético-política e as vantagens epistêmicas dos procedimentos deliberativos da democracia sobre o constitucionalismo liberal fundado em valores sólidos. Depois, examino a concepção republicana de democracia constitucional, que se distingue do procedimentalismo deliberativo porque funda seu caráter deliberativo em valores substantivos compartilhados pela comunidade e constitucionalmente assegurados. Por fim, detenho-me nas abordagens denominadas de concepções substantivas, que propõem um modelo de democracia constitucional em que os espaços de deliberação democrática estão condicionados e limitados pelos bens e valores determinados na constituição, especialmente nos direitos fundamentais, e no qual à jurisdição constitucional é delegada a competência funcional de guardar os valores constitucionais fundamentais, inclusive em face da soberania popular.

No segundo capítulo, enfrento diversos aspectos referentes à teoria dos direitos fundamentais, posicionando-me a favor de uma teoria jurídico-moral dos direitos. A exposição sobre a teoria dos direitos permitirá fundamentar a concepção filosófico-constitucional, na qual sustento posições teóricas pessoais sobre a questão dos limites entre democracia e jurisdição constitucional. Adotando uma concepção de república constitucional fundada nos valores substantivos definidos na Constituição Federal de 1988, exponho argumentos dirigidos a fundamentar um equilíbrio reflexivo entre o processo democrático e a justiça constitucional e a legitimar a atuação do Poder Judiciário como guardião final dos valores constitucionais substantivos tutelados pelos direitos fundamentais.

---

[19] Estou convencido de que é possível reconhecer na abordagem sobre o minimalismo procedimental da constituição kelseniana os fundamentos teóricos da doutrina constitucional brasileira predominante ao menos até os anos noventa do século passado. V., sobre a evolução recente do constitucionalismo brasileiro e a superação do paradigma positivista, Luis Roberto Barroso, "Fundamentos teóricos e filosóficos do novo direito constitucional brasileiro (pós-modernidade, teoria crítica e pós-positivismo)". *Revista do Ministério Público do Rio Grande do Sul*, n. 46, 2002, p. 29-66.

O terceiro – e último – capítulo é dedicado ao estudo específico da doutrina da auto-restrição judicial. Nesse ponto, o projeto corre deliberadamente alguns riscos. O acervo teórico sobre o tema não fornece fontes de sistematização da doutrina. A exceção encontra-se nas sistematizações sobre a *doutrina da injusticiabilidade* no direito constitucional norte-americano, mas tais abordagens têm como referência aspectos exclusivos da prática jusconstitucional daquele país, razão pela qual servem apenas como parâmetro remoto de reflexão teórica. Optei por expor os métodos de auto-restrição judicial mais diretamente associados à questão dos limites entre constitucionalismo e democracia, sobretudo no que concerne à proteção dos direitos fundamentais. A seguir, examino duas abordagens que considero essenciais para a compreensão da natureza e da utilidade da doutrina no direito constitucional. A primeira abordagem refere-se aos modos de reconhecimento dos limites da jurisdição constitucional pelos órgãos judiciais, que foram subdivididos em duas concepções: a *concepção interpretativa ou normativo-estrutural* e a *concepção prudencial*. Depois, dedico-me aos diferentes modos de conceber a extensão da limitação da jurisdição constitucional em relação à proteção dos direitos fundamentais e do sistema constitucional como um todo, que dividi em três formas de garantismo constitucional: o *garantismo liberal*, o *garantismo social* e o *garantismo holístico*. Ao final, tomo posição em relação aos limites da própria doutrina da auto-restrição judicial em um Estado democrático-constitucional comprometido com a garantia de dignidade da pessoa humana e da justiça política da comunidade.

Capítulo I
Constitucionalismo e democracia

1. O positivismo jurídico e o minimalismo constitucional

No contexto do Estado de Direito liberal do século XIX e da primeira metade do século XX, as constituições tinham apenas uma função macroestrutural e procedimental no sistema jurídico. Elas organizavam o poder político e estabeleciam o processo de formação das leis, sendo que a criação do Direito, propriamente dito, vale dizer, do conjunto de regras de conduta dirigidas às pessoas, era competência do órgão de representação popular. A juridicidade era monopólio da legalidade.[20] As constituições intervinham timidamente no conteúdo do Direito vigente, exclusivamente através da definição de um catálogo muito econômico de direitos individuais, geralmente na forma de liberdades públicas, as quais, no entanto, não exerciam propriamente um papel de fonte positiva de Direito, mas uma função negativa de limite à ação do Estado. A funcionalidade das constituições do Estado de Direito liberal restringia-se, então, ao estabelecimento de processos e competências e de alguns limites ao exercício do poder estatal.[21]

Essa concepção macroestrutural e procedimental de constituição[22] manteve uma sólida afinidade com a concepção geral de Direito pregada pelo positivismo jurídico. Alguns dos pressupostos teóricos fundamentais do juspositivismo, como a redução do direito à lei formal, a onipotência do legislador, o objetivismo normativo e a exclusão da moralidade do fenômeno jurídico[23] refletem-se claramente no *minimalismo constitucional* que caracterizou a concepção macroestrutural e procedimental de constituição. Quando consultamos as obras dos grandes teóricos positivis-

---

[20] Cf. Gustavo Zagrebelsky, *El derecho dúctil*, p. 21-45.
[21] Gomes Canotilho, *Constituição dirigente e vinculação do legislador*, p. 42-49.
[22] Sobre o procedimentalismo constitucional no positivismo jurídico, ver Giorgio Bongiovanni, *Teorie "costituzionalistiche" del diritto. Morale, diritto e interpretazione* in R. Alexy e R. Dworkin, p. 59-76.
[23] V. Simone Goyard-Fabre, *Os fundamentos da ordem jurídica*, p. 71-109.

tas, percebemos que o papel que elas reservam às constituições é muito inferior àquele que estas desempenham nos sistemas jurídicos contemporâneos. Essa distinção não é um traço acidental do Direito moderno: ao contrário, o papel das constituições nos sistemas jurídicos da atualidade não apenas é muito mais abragente e decisivo em relação às constituições do século XIX e da primeira metade do século XX, como foi também o responsável direto pelo declínio da hegemonia ideológica e cultural das concepções positivistas do Direito.

Uma ilustração muito expressiva do minimalismo constitucional do positivismo jurídico pode ser encontrada na *teoria pura do direito* de Hans Kelsen. Além de ter sido um dos mais influentes teóricos positivistas, Kelsen desenvolveu também uma ampla teoria da constituição, que pode ser considerada uma síntese da teoria da constituição do juspositivismo.[24] Por isso tomarei a concepção constitucional da sua teoria do Direito como modelo para descrever, examinar e criticar a função macroestrutural e procedimental que marcou o constitucionalismo positivista.

Em primeiro lugar, é preciso reconhecer que Kelsen identificava no liberalismo político, que concilia o princípio constitucionalista com o regime democrático, o modelo ideal de governo. Ele advertia que o conceito de democracia que prevalece na civilização ocidental é distinto do conceito original da Antiguidade, "na medida em que foi modificado pelo liberalismo político, cuja tendência é restringir o poder do governo no interesse da liberdade do indivíduo".[25] O predomínio do liberalismo político provocou a inclusão da garantia de certas liberdades no conceito de democracia, de tal modo que "uma ordem social que não contenha tal garantia, não seria considerada democrática mesmo que o seu processo de criação e aplicação garantisse a participação dos governados no governo".[26] No entanto, alerta que essa concepção representa apenas um dos tipos possíveis de democracia, a democracia liberal, e que o princípio da democracia e o princípio do liberalismo não são idênticos, tanto que "existe até mesmo um certo antagonismo entre eles", porquanto o primeiro propõe que a soberania popular é irrestrita, e o segundo defende a contenção do poder governamental e, por via de conseqüência, do poder democrático.[27]

---

[24] V. Luis Prieto Sanchís, *Justicia constitucional y derechos fundamentales*, p. 80-99.
[25] Kelsen, *A democracia*, p. 142-143.
[26] Kelsen, *A democracia*, p. 143.
[27] Sobre a teoria da democracia de Kelsen, consultar Luis Fernando Barzotto, "Modernidade e democracia: os fundamentos da teoria da democracia de Hans Kelsen", *Direito & Justiça*, vol. 26, 2002/2, p. 89/112, e *A Democracia na Constituição*, p. 131-174.

A despeito dessa advertência, Kelsen deixa clara sua compreensão harmonizadora dos dois conceitos.[28] Ele sustenta que "a democracia moderna não pode estar desvinculada do liberalismo político. Seu princípio é o de que o governo não deve interferir em certas esferas de interesse do indivíduo, que devem ser protegidas por lei como direitos ou liberdades humanas fundamentais". Além disso, "A idéia de liberdade, que se encontra na base do liberalismo político, não implica apenas o postulado de que o comportamento externo do indivíduo em relação aos outros indivíduos esteja submetido – até o ponto em que isso é possível – à sua própria vontade" ... "mas também implica o postulado de que o comportamento interno do indivíduo, seu pensamento, só estará submetido à sua própria razão, e não a uma autoridade transcendental".[29] Na sua defesa da concepção de democracia racionalista há uma explícita contraposição à concepção democrática de Rousseau. Para Kelsen, Rousseau radicaliza o princípio democrático em um nível incompatível com a autonomia privada dos indivíduos, e o antídoto para os perigos da prevalência da soberania popular está no liberalismo político, doutrina que congrega a democracia com a proteção das liberdades e direitos individuais fundamentais.

No liberalismo político de Kelsen, o princípio constitucionalista de limitação do governo pelas liberdades individuais não está fundado na soberania popular; ao contrário, representa um limite à sua extensão. A rigor, esse conceito é representativo do discurso político que de modo geral dá suporte ao modelo de Estado constitucional do liberalismo político *tout court*. No entanto, a adesão do jusfilósofo austríaco ao constitucionalismo liberal clássico não garantiu à constituição uma função de destaque na organização do seu sistema jurídico. Diferentemente do que se poderia esperar da leitura das suas idéias políticas, a constituição ocupa uma função estritamente macroestrutural na ordem jurídica descrita pelo autor, o que de certa forma revela a força do argumento democrático no ambiente jurídico e na época histórica em que a *teoria pura do direito* foi desenvolvida.

---

[28] Nesse sentido, Giorgio Bongiovanni, no artigo "Stato di diitto e giustizia costituzionale. Hans Kelsen e la Costituzione austríaca del 1920", *in:* Pietro Costa e Danilo Zolo, *Lo Stato di diritto. Storia, teoria critica*, p. 317-346, afirma que Kelsen desenvolve uma "doutrina da democracia constitucional" consistente na "forma em que o Estado de direito se realiza na democracia e na qual é possível a convivência entre democracia e constitucionalismo. A elaboração dos caracteres da democracia constitucional vem desenvolvida sobre a base de uma concepção da democracia que se destaca da sua ligação exclusiva com a idéia de soberania popular e que a define, à luz dos novos caracteres do pluralismo e da liberdade, como uma versão diversa na qual é caracterizada pelo vínculo da maioria em face dos direitos individuais, vistos como garantias do pluralismo" (p. 329).
[29] Kelsen, *A democracia*, p. 183-184.

Ao expor a concepção de Direito como um sistema dinâmico de normas jurídicas, segundo o qual uma norma pertence a um ordenamento jurídico porque foi criada segundo o procedimento previsto em outra norma do próprio ordenamento,[30] reiteradas vezes Kelsen expõe a função que reserva à constituição na estrutura escalonada representativa do sistema jurídico. No parágrafo em que discute o fundamento de validade de uma ordem jurídica, o autor sugere que "por Constituição de uma comunidade se entende a norma ou as normas que determinam como, isto é, por que órgãos e através de que processos – através de uma criação consciente do Direito, especialmente o processo legislativo, ou através do costume – devem ser produzidas as normas gerais da ordem jurídica que constitui a comunidade...".[31] Nessa primeira definição, a constituição aparece como a norma ou o conjunto de normas que estabelece os órgãos do Estado e os processos através dos quais esses órgãos legislativos produzirão validamente as verdadeiras regras de Direito.

Adiante, Kelsen introduz a exposição analítica da "estrutura escalonada da ordem jurídica", dissertando sobre a constituição. Nesse tópico, ele reproduz a afirmação de que a constituição tem a função de regular a produção de normas gerais, mas agora adverte que ela pode "também determinar o conteúdo das futuras leis." Afirma que "o catálogo de direitos e liberdades fundamentais, que forma parte substancial das modernas constituições, não é, na sua essência, outra coisa senão uma tentativa de que tais leis (leis com determinado conteúdo proibido pela constituição) venham a existir".[32] A imprecisão dessa passagem poderia lançar dúvida sobre o argumento que estou tentando demonstrar a respeito da concepção minimalista de constituição em Kelsen. Sem embargo, pouco depois, no mesmo capítulo sobre dinâmica jurídica na *Teoria Pura do Direito*, ele finalmente esclarece o sentido "fraco" da sua concepção constitucional:

"A relação que intercede entre as normas gerais criadas por via legislativa ou consuetudinária e a sua aplicação pelos tribunais ou órgãos da administração é, no essencial, a mesma que existe entre a Constituição e a criação, por ela regulada, de normas gerais de Direito. A criação de normas jurídicas gerais é aplicação da Constituição, tal como a aplicação de normas jurídicas gerais pelos tribunais e órgãos administrativos é criação de normas jurídicas individuais. Assim como as normas jurídicas gerais produzidas por via legislativa ou consuetudinárias são determinadas, sob o aspecto formal, e *eventualmente*

---

[30] Kelsen, *Teoria Pura do Direito*, p. 221.
[31] Kelsen, *ob. cit.*, p. 221.
[32] Kelsen, *ob. cit.*, p. 249.

também sob o aspecto material, pelas normas da Constituição – por normas de um escalão superior, portanto – assim também as normas individuais, criadas pelos atos judiciais e administrativos, são determinadas, tanto sob o aspecto formal como sob o aspecto material, pelas normas gerais legislativa ou consuetudinariamente criadas – portanto, também por normas de um escalão inferior. Porém, a relação entre o elemento formal e o material é, nos dois casos, diferente. *A Constituição (no sentido material da palavra) em regra apenas determina os órgãos e o procedimento da atividade legislativa e deixa o conteúdo das leis ao órgão legislativo. Só excepcionalmente – e, de modo eficaz, apenas por via negativa – determina o conteúdo das leis a editar, excluindo certos conteúdos*". (grifos meus)[33]

No mesmo capítulo, ele dirá que o direito constitucional trata das "normas que regulam a produção das normas jurídicas gerais",[34] e que as normas do direito constitucional não estatuem atos de coerção.[35] Por fim, ao examinar o problema das leis inconstitucionais, ele volta a declarar que "a Constituição regula os órgãos e o processo legislativo e, *por vezes,* determina *até certo ponto* o conteúdo das leis futuras".[36]

Algumas conclusões podem ser desde já extraídas da teoria constitucional do autor: a) a constituição define os órgãos e os procedimentos públicos para a produção das leis; b) a constituição não tem a função de definir o conteúdo do Direito, que é competência exclusiva do estágio legislativo em um sistema jurídico dinâmico; c) excepcionalmente a constituição pode estabelecer conteúdos materiais que servem como limites negativos ao legislador, através dos direitos de liberdade; d) a constituição não é fonte direta de Direito ou de conteúdos jurídicos, mas "a fonte das normas gerais das leis, produzidas por via legislativa ou consuetudinária".[37]

Para o leitor contemporâneo da obra de Kelsen, especialmente para os leitores familiarizados com a teoria constitucional em voga, as definições do autor austríaco sobre constituição podem parecer um anacronismo e uma manifestação censurável de conservadorismo jurídico. No entanto, o minimalismo constitucional foi rigorosamente predominante pelo menos até a década de cinqüenta no cenário europeu e no Direito brasileiro. A posição que a constituição ocupa na *teoria pura* e a própria definição que recebe de seu autor são um reflexo fiel da função das constituições no

---

[33] Kelsen, *ob. cit.*, p. 257-258.
[34] Idem, p. 265.
[35] Idem, p. 269.
[36] Idem, p. 300.
[37] Idem, p. 259. V. Luis Prieto Sanchís, *Justicia constitucional y derechos fundamentales*, p. 90-91.

período de hegemonia política, jurídica e ideológica do positivismo legal. No Brasil, por exemplo, somente após a Constituição Federal de 1988 uma nova geração de juristas formada já após o regime militar passou a produzir uma teoria constitucional crítica voltada à superação dessa concepção macroestrutural de constituição.[38]

A concepção minimalista tentava adequar a pretensão do constitucionalismo de funcionar como uma trincheira de resistência jurídica ao uso opressivo do poder, concebida em uma época em que o poder estava com monarcas absolutos ou oligarquias nobiliárquicas, para um sistema político fundado na soberania do povo, e que por isso implantava o método democrático de exercício do poder político, inclusive o poder de produzir leis. O paradoxo fizera-se dramático: tratava-se de limitar a soberania popular em nome ... da soberania popular. Claro, a recepção do constitucionalismo na era da democracia e seu revigoramento imediato tiveram como fundamento a percepção de que nem mesmo um regime democrático está imune ao abuso de poder. O método básico de governo em um regime democrático está no princípio majoritário, ou seja, a maioria governa. E maiorias também podem ser opressoras. O papel da constituição passa a ser, então, no mínimo o de proteger os indivíduos e as minorias do uso opressivo do poder político pelas maiorias eventuais.

Entretanto, o prestígio do princípio da soberania popular, tanto no âmbito norte-americano como no contexto europeu, determinou uma guinada do modelo em direção à democracia. Isso significou que o balanceamento entre a função limitadora do governo empreendida pelo constitucionalismo e o livre exercício dos poderes políticos, especialmente do Legislativo, foi decidido em favor do último. As constituições foram, ao longo do século XIX e até meados do século XX, apenas a macroestrutura dos sistemas jurídicos destinada basicamente a definir os órgãos públicos e a organizar os processos por meio dos quais as normas gerais de Direito seriam criadas. Eventualmente, para usar a expressão kelseniana, estabeleciam limites às leis por meio de direitos de liberdade inscritos nos textos constitucionais. O conteúdo do Direito, contudo, seria definido com quase absoluta liberdade pelo legislador, representante legítimo e plenipotenciário da soberania popular. O Direito, como instituição e como ciência, encontrava-se sob a égide do "legiscentrismo".[39]

---

[38] V. Luis Roberto Barroso, "Fundamentos teóricos e filosóficos do novo Direito Constitucional brasileiro (pós-modernidade, teoria crítica e pós-positivismo)", p. 29-66.
[39] Louis Favoreu, "Legalité et constitutionnalité", p. 1-16; Stanley Paulson, "Kelsen et la constitutionnalité", *in*: Michel Troper e Lucian Jaume (dir.), *1789 et l'invention de la constitution*, p. 124-140; Giorgio Bongiovanni, "Stato di diritto e giustizia costituzionale: Hans Kelsen e la costituzione austriaca del 1920", *in*: Pietro Costa e Danilo Zolo, *Lo Stato di diritto*, p. 317-346.

É bem verdade que o conceito de constituição se ressente de uma forte imprecisão e mesmo de uma considerável ambigüidade no conjunto da obra jurídica de Kelsen. Basta ver que na célebre conferência que proferiu em 1928, no Instituto Internacional de Direito Público, publicada no mesmo ano sob o título "*La garantie jurisdictionelle de la Constituition (la justice constitutionelle)*", na *Revue de Droit Public e Science Politique*, o autor expõe um conceito surpreendentemente avançado de constituição, muito mais ousado do que aquele definido na *Reine Rechtslehre*. Kelsen inicia, afirmando que constituição em sentido estrito é uma norma que rege a elaboração das leis gerais e estabelece os órgãos e o procedimento da legislação, repetindo a fórmula da *Teoria Pura*. A seguir, contudo, ele define, como constituição em sentido lato, o modelo das constituições modernas, as quais contêm não apenas regras sobre os órgãos e o procedimento da legislação, mas também um catálogo de direitos fundamentais dos indivíduos que traçam princípios, diretivas e limites para o conteúdo das leis. Nesse caso, a constituição deixa de ser tão-somente uma regra de procedimento e converte-se, também, em uma "regra de fundo", que permite o controle da constitucionalidade material das leis.[40]

Pode-se perceber um sentido antecipatório da concepção contemporânea de constituição quando ele enfatiza que "nada se opõe tampouco a que sejam estabelecidas na forma constitucional normas que não contenham apenas princípios, diretivas, limites para o conteúdo das leis vindouras, e devam por conseguinte ser concretizadas por intermédio de leis, mas que, ao contrário, regulem uma matéria tão completamente que sejam de imediato aplicáveis aos casos concretos por atos jurisdicionais e, mas ainda, administrativos".[41] Todavia, tanto esse não era o conceito assumido pelo autor, que pouco depois, na mesma exposição, ele reitera a concepção minimalista. Ao defender o controle judicial de constitucionalidade das leis, ele explica que a corte constitucional, ao exercer a competência de anular leis inconstitucionais, está estritamente vinculada à constituição, ao contrário do legislador:

"A anulação de uma lei se produz essencialmente como aplicação das normas da Constituição. A *livre criação que caracteriza a legislação* está aqui quase totalmente ausente. Enquanto o legislador só está preso pela Constituição no que concerne a seu procedimento – e, de *forma totalmente excepcional*, no que concerne ao conteúdo das leis que deve evitar, e mesmo assim por princípios ou diretivas gerais –, a atividade

---
[40] Kelsen, *Jurisdição Constitucional*, p. 130-132.
[41] Idem, p. 133.

do legislador negativo, da jurisdição constitucional, é absolutamente determinada pela Constituição".[42] (grifei)

Quando Kelsen reescreveu sua obra magna para o público anglo-americano, em 1945, após ter emigrado para os Estados Unidos e lecionado na Harvard Law School, a sua idéia geral de constituição aparece ligeiramente alterada. Conquanto ainda lacônica, e até mais imprecisa do que a exposta na *Teoria Pura do Direito*, a concepção de constituição apresentada na *General Theory of Law and State* reserva um espaço mais expressivo na prescrição de conteúdos materiais ao sistema jurídico. Inicialmente, ao definir o conceito de constituição, ele repete a fórmula da *Reine Rechtslehre*: "A constituição no sentido material consiste nas regras que regulam a criação de normas jurídicas gerais, em particular a criação de estatutos. A Constituição, o documento solene chamado 'constituição', geralmente contém também outras normas, normas que não são parte da constituição material. Mas é a fim de salvaguardar as normas que determinam os órgãos e os procedimentos de legislação que se projeta um documento solene especial e se torna especialmente difícil a modificação das suas regras".[43] Logo a seguir, no entanto, ele parece aceitar uma dimensão mais positiva de constituição: "A constituição material determina não apenas os órgãos e o processo de legislação, mas também, em certo grau, o conteúdo de leis futuras. A constituição pode determinar negativamente que as leis não devem ter certo conteúdo, por exemplo, que o parlamento não pode aprovar qualquer estatuto que restrinja a liberdade religiosa. (...) A constituição porém, também tem a atribuição de prescrever positivamente certo conteúdo dos futuros estatutos; ela pode determinar, como o faz, por exemplo, a Constituição dos Estados Unidos da América, que 'em todos os processos criminais o acusado gozará o direito a um julgamento rápido e público, por um júri imparcial do Estado e do distrito onde o crime tenha sido cometido, distrito que terá sido previamente determinado por lei, etc.'".[44] Adiante, discorrendo sobre o conteúdo da constituição, ele afirma que "a constituição contém certas estipulações referentes não apenas aos órgãos e ao procedimento pelo qual serão decretadas as futuras leis, mas também as referentes ao conteúdo dessas leis. Tais estipulações podem ser positivas ou negativas".[45] Assim, quando depois, ao tornar a sustentar que "a função essencial da constituição, no sentido material do termo, é determinar a criação de normas jurídicas

---

[42] Kelsen, *Jurisdição Constitucional*, p. 153.
[43] Kelsen, *Teoria Geral do Direito e do Estado*, p. 182.
[44] Idem, p. 183-184.
[45] Idem, p. 373.

gerais, isto é, determinar os órgãos e o procedimento de legislação e também – até certo ponto – o conteúdo de futuras leis",[46] ele já teria admitido no seu modelo político-jurídico uma idéia de constituição mais abrangente do que a apresentada na *Teoria Pura do Direito*, ultrapassando a função estritamente macroestrutural de constituição da versão européia da sua obra.

O ligeiro avanço do papel da constituição da teoria jurídica de Kelsen na versão dirigida aos leitores anglo-americanos pode ter sido influenciado pelo ambiente jurídico com o qual ele se deparou no período em que residiu nos Estados Unidos e lecionou na mais prestigiada escola de direito naquele país. De fato, pelos menos desde a inauguração da era *Lochner*, em 1905, a Suprema Corte havia se empenhado em uma postura muito mais ativa no exercício da competência de controle de constitucionalidade das leis e atos de governo, alargando o papel da constituição como fonte direta de Direito e ampliando o número de direitos constitucionais e princípios fundamentais do direito constitucional norte-americano com base em uma ousada interpretação "construtiva" das normas vagas da Constituição de 1787, especialmente da cláusula do devido processo legal (5ª e 14ª emendas) e da "commerce clause" (art. 1º, seção n. 8). Nas décadas de 30 e 40 os cenários político e jurídico dos Estados Unidos haviam testemunhado um intenso debate sobre a legitimidade democrática de um direito constitucional que impedira, durante quarenta anos, importantes movimentos de reforma social empreendidos pelo governo federal, a partir de decisões de juízes não-eleitos, que baseavam suas posições na função de limite ao governo, fundada na teoria do constitucionalismo liberal. Significativas parcelas do *establishment* jurídico e da classe política pugnavam por um retorno a uma postura de *self-restraint*, que predominara no século anterior.

Quando Kelsen entrou em contato com o meio acadêmico jurídico norte-americano, essa polêmica era ainda efervescente, e a despeito da mudança de posição da Suprema Corte, a partir de 1937, adotando uma atitude mais reservada, o pêndulo do modelo já se havia orientado em direção ao outro lado: a cultura constitucionalista ganhava a hegemonia na prática da jurisdição constitucional norte-americana, e o retorno da postura de *self-restraint* como mecanismo de deferência aos poderes democraticamente eleitos não passou de um interlúdio de pouco mais de 15 anos. Em 1954, a supremacia constitucional sobre o princípio democrático ganhava novo vigor, com a decisão *Brown v. Board of Education* e o início

---

[46] Kelsen, *Teoria Geral do Direito e do Estado*, p. 380.

do ativismo judicial do tribunal Warren. Mais adiante, veremos que essa experiência judicial revelou-se decisiva para a construção da *concepção substantiva da constituição*, provavelmente a teoria constitucional mais influente no constitucionalismo ocidental, incluindo o cenário jurídico brasileiro. A revolução constitucional experimentada pelos Estados Unidos em meados do século XX era já um sintoma de um novo constitucionalismo, que rompia com as bases culturais do minimalismo constitucional positivista.

Porém, antes de estudar as teorias substantivas da constituição, examino duas concepções que postulam a prevalência do princípio da soberania popular no arranjo institucional do Estado Democrático de Direito: o procedimentalismo deliberativo e o republicanismo, que, como veremos, preservam traços marcantes da concepção positivista de constituição.

2. O procedimentalismo da democracia deliberativa

Um segmento importante da teoria constitucional contemporânea mantém um forte apego a uma filosofia política que deposita no princípio democrático o eixo político-jurídico dos Estados modernos. Esse segmento teórico tem uma dívida explícita com o pensamento político de Rousseau. Como se sabe, para o filósofo genebrino, o contrato social é também um engenho destinado a superar o estado de natureza. Diferentemente de Hobbes e Locke, que compreendiam o estado natural como o império da violência e da insegurança, de permanente risco à vida em Hobbes, e à propriedade em Locke, Rousseau, aceitando que o pacto permite superar o reino da força e da escravidão, propõe que ele se justifica sobretudo porque garante ao homem a verdadeira liberdade, a liberdade civil, e a propriedade, que somente pode existir como tal em virtude do contrato social. É apenas o contrato que assegurará a verdadeira liberdade, a propriedade e a igualdade formal entre todos os indivíduos: "O que o homem perde pelo contrato social é a liberdade natural e um direito ilimitado a tudo quanto deseja e pode alcançar; o que ele ganha é a liberdade civil e a propriedade de tudo o que possui".[47] Além disso, "em vez de destruir a igualdade natural, o pacto fundador substitui, ao contrário, por uma igualdade moral e legítima aquilo que a natureza poderia trazer de desigualdade física entre os homens, e, podendo ser desiguais em força ou em talento, todos se tornam iguais por convenção e de direito".[48]

Mas em Rousseau, a autonomia privada pré-política não resiste ao pacto social. As cláusulas do contrato "se reduzem todas a uma só, a saber, a alienação total de cada associado, com todos os seus direitos, a toda a comunidade".[49] Por isso é enganadora a passagem d'*O Contrato Social*

---

[47] Jean-Jacques Rousseau, *O contrato social*, p. 26.
[48] Rousseau, *idem*, p. 30.
[49] Idem, p. 21.

mencionada na introdução, na qual define que o problema fundamental do contratualismo é encontrar um modelo de Estado que conjugue a proteção da liberdade e dos bens do indivíduo com a garantia do autogoverno e da liberdade política.[50] À primeira vista, a proposição sugere a adoção de uma fórmula harmonizadora das autonomias pública e privada no Estado produzido pelo contrato social, através da qual são preservadas as liberdades naturais do indivíduo, supostamente antecedentes ao pacto, sem sacrifício da liberdade política, compreendida como a capacidade de participação das decisões públicas e a condição de sujeitar-se exclusivamente às normas editadas com a concordância dos indivíduos participantes do contrato social. Essa impressão, contudo, é falsa. Para Rousseau, a liberdade é compreendida como autodeterminação política do cidadão, e somente ela é intangível pelas cláusulas do pacto, como ele deixará claro dois parágrafos adiante da passagem citada, ao afirmar explicitamente que o contrato social implica uma "alienação total de todos os direitos do cidadão para a comunidade". O único "direito" que remanesce é a liberdade política, o direito de participar das decisões públicas.

Há, portanto, um desequilíbrio evidente em favor da soberania popular no confronto com a proteção dos direitos humanos, se retomarmos o conflito proposto no início deste estudo. Vale dizer, a doutrina contratualista de Rousseau não permite fundamentar os direitos humanos no princípio democrático, porque a democracia, como regime político intrínseco ao contrato social, implica a "alienação de todos os direitos dos associados" à comunidade no instante da celebração do pacto. Mas os indivíduos não devem temer a alienação total de seus direitos naturais, porque o povo, no exercício da soberania popular, não pode errar, já que a sua vontade é sempre coincidente com o bem comum do povo; por conseqüência, a vontade do soberano não pode afetar os direitos dos indivíduos.[51] Como adverte Rodriguez Paniagua, no *Contrato Social*, Rousseau "exclui expressa e terminantemente a possibilidade de que o poder soberano (do povo) esteja limitado (de maneira decisiva) por leis fundamentais ou constituições".[52]

---

[50] Rousseau, *idem*, p. 20.

[51] Carlos Santiago Nino, *The Constitution of deliberative democracy*, p. 94. Ninguém ignora a repercussão da filosofia política de Rousseau para os revolucionários franceses. Investigando sobre as razões que motivariam o legislador pós-revolucionário francês a sentir-se vinculado aos direitos individuais, Maurizio Fioravanti sugere a seguinte resposta: "A resposta da revolução é, a esse propósito, tremendamente simples: o legislador *não pode lesionar* os direitos individuais porque é *necessariamente justo*. E é tal porque encarna em si a vontade geral do povo ou da nação. Explica-se assim que a Declaração de Direitos esgote o sistema de direitos no envio obrigatório à lei. Dessa maneira se volta a uma situação que se pensa *necessariamente não arbitrária, necessariamente justa*", cf. *Derechos fundamentales. Apuntes de história de las constituciones*, p. 73.

[52] José María Rodrigues Paniagua, *História del pensamiento jurídico*, v. I, p. 255.

O único "direito humano" que resistiria à alienação total exigida dos associados no contrato social seria a liberdade política, o direito de participação nas decisões públicas da sociedade, que, ademais de sobreviver ao pacto, se revela pressuposto do sistema democrático resultante da doutrina contratualista de Rousseau.

A concepção democrática da qual Rousseau é o representante mais proeminente é a principal fonte filosófica e política, direta e indireta, de um amplo espectro de teorias e filosofias constitucionais e de experiências políticas.[53] Seu raio de influência é explicitamente assumido, por exemplo, no pensamento jurídico e na doutrina constitucional francesa,[54] mas atinge toda uma tradição acadêmica que abrange as concepções republicanas e procedimentalistas ou democrático-deliberativas de constituição e de direito.[55] Alguns dos filósofos que propõem teorias democrático-deliberativas da constituição, como Jürgen Habermas e Carlos Santiago Nino, possuem uma dívida irrecusável com a filosofia política rousseauniana.[56] No entanto, antes de examinar as posições desses filósofos, eu gostaria de mostrar como em um ambiente tão pragmático e avesso a ousadias filosóficas como a doutrina constitucional norte-americana, a solução de Rousseau para o dilema do conflito entre autodeterminação e autonomia privada tem sido considerada por pensadores influentes a única compatível com uma democracia constitucional.[57]

O desenvolvimento do princípio da supremacia da constituição no sistema político-jurídico dos Estados Unidos é um fenômeno amplamente admitido na doutrina constitucional norte-americana. Sem embargo,[58] ele provocou acesas reações contrárias, sobretudo nos anos iniciais da administração do Presidente Franklin Roosevelt, quando as medidas governamentais adotadas para combater a crise econômica que resultou da grande

---

[53] Sobre a importância da teoria da democracia de Rousseau, v. Simone Goyard-Fabre, *O que é Democracia?*, p. 152-178.
[54] Ver Jacques Chevallier, *L'État de droit*, p. 22-28; sobre a história do constitucionalismo francês, Nicola Mateucci, *Organización del poder y libertad*, p. 217-258.
[55] No Brasil, embora existam já diversos estudos sobre as teorias procedimentais da constituição, não é ainda comum encontrar teóricos que assumam essa posição. Uma exceção é Marcelo Andrade Cattoni de Oliveira, "Jurisdição constitucional: poder constituinte permanente?", in: José Adércio Sampaio Leite e Álvaro Ricardo de Souza Cruz, *Hermenêutica e Jurisdição Constitucional*, p. 67-91.
[56] Juan Carlos Velasco Arroyo, *La teoria discursiva del derecho*, p. 175-176.
[57] Para um exame da influência da teoria política de Rousseau no direito constitucional norte-americano, v. Keith Whittington, *Constitutional interpretation*: textual meaning, original intent and judicial review, p. 122-152.
[58] Cf. Christopher Wolfe, *The Rise of Modern Judicial Review*; Bernard Schwartz, *A History of the Supreme Court*; Richard Kay, "American Constitutionalism", in Larry Alexander (editor), *Constitutionalism: Philosophical Foundations*, p. 16-63; e R. C. Van Caenegem, *An historical introduction to western constitutional law*, p. 150-174.

depressão de 1929 foram sistematicamente declaradas inconstitucionais pela Suprema Corte. O embate entre o ativismo constitucional do tribunal e a orientação reformadora do governo Roosevelt esclareceu que estavam em jogo os limites entre o princípio constitucional e a democracia, entre a idéia de autogoverno, representada no princípio da soberania popular, e o entrincheiramento de direitos individuais intangíveis pela vontade da maioria.

A acusação mais séria que se levantou contra o ativismo constitucional consistiu no caráter antidemocrático do sistema de garantia judicial da constituição, característico do modelo de Estado norte-americano, mas que avançou muito a partir da era *Lochner*. A interpretação, juridicamente vinculativa, do sentido material de normas constitucionais de conteúdo vago por um grupo de juízes não-eleitos e irresponsáveis perante os eleitores pareceu representar um desvio inaceitável da idéia de governo democrático. Muito embora a cultura política norte-americana aceitasse a *judicial review* e a considerasse, inclusive, como um dos maiores feitos do inédito modelo de Estado concebido naquele país, a Suprema Corte havia avançado o papel de limite ao governo exercido pela Constituição para muito além do que razoavelmente um regime democrático poderia admitir. O diagnóstico era de que o constitucionalismo fora longe demais, e era preciso retraí-lo para salvar a democracia.

A mais divulgada e debatida das teorias democrático-procedimentais elaboradas pela doutrina constitucionalista norte-americana é a exposta por John Hart Ely, em *Democracy and Distrust*.[59] A fonte de inspiração de Ely é a mais famosa nota de rodapé da história do direito constitucional norte-americano, a *footnote* n. 4 do caso *New York v. Carolene Products Co.*, julgado em 1938, redigida pelo *Justice* Harlan Stone, cujos segundo e terceiro parágrafos expõem muito laconicamente elementos de uma teoria procedimental da constituição.[60] Por um lado, o procedimentalismo

---

[59] V. Keith Whittington, *Constitutional Interpretation*, p. 22-27; e Eduardo Garcia de Enterría, *La Constitución como norma y el Tribunal Constitucional*, p. 209-238.

[60] O texto da *Footnote 4* é, sinteticamente, o seguinte:
"There may be narrower scope for operation of the presumption of constitutionality when legislation appears on its face to be within specific prohibition of the Constitution, such as those of the first ten amendments, which held to be embraced within the Fourteenth Amendment
It is unnecessary to consider now whether legislation which restricts those political process which can ordinarily be expected to bring about repeal of undesirable legislation, is to be subjected to more exacting scrutiny under the general prohibitions of the Fourteenth Amendment than the most other types of legislation...
Nor need we enquire whether similar considerations enter into the review of statutes directed at particular religious or national or racial minorities ; whether prejudice against discrete and insular minorities may be a special condition, which tends seriously to curtail the operation of those political processes ordinarily to be relied upon to protect minorities, and which may call for a correspondingly more searching judicial inquiry". Cf. Ely, *Democracy and Distrust*, p. 75-76.

apresentou-se como uma ruptura crítica em face da jurisprudência substantiva que havia imposto a doutrina econômica do *laissez faire* através da cláusula do devido processo legal, a partir da virada do século; de outro lado, na perspectiva teórica, as doutrinas procedimentais do direito constitucional norte-americano têm sustentado, desde então, que a constituição garante tão-somente um procedimento justo para a tomada de decisões substantivas pelos órgãos democráticos, e não um conjunto de direitos morais intangíveis pela soberania popular.

A doutrina de *Carolene Products* e a teoria de Ely são tentativas de encontrar um campo institucional para a *judicial review* de leis e atos administrativos que recupere a força da democracia, perdida nos anos de ativismo constitucional da Suprema Corte, sem abdicar do constitucionalismo. A decisão de 1938 tinha atrás de si quase quatro décadas da era *Lochner*. Ely produz a sua obra sob a sombra do mais abrangente e profundo ativismo judicial da história dos Estados modernos: a era da Corte Earl Warren, que havia interferido dramaticamente no princípio da segregação racial nos Estados Unidos, na distribuição dos distritos eleitorais, nos direitos dos investigados e acusados por prática de crimes e na extensão da proteção constitucional à privacidade individual. Além disso, em 1973, já sob o comando do *Chief Justice* Warren Burger, a Suprema Corte havia declarado inconstitucional a proibição do aborto pelos estados, com base em uma interpretação extremamente polêmica da cláusula do devido processo legal.

A proposição central da teoria constitucional de Ely é apresentada do seguinte modo: "minha reivindicação é apenas que a Constituição original foi principalmente, na verdade eu diria esmagadoramente, dedicada a questões de processo e estrutura, e não à identificação e preservação de valores substantivos específicos".[61] A função dos tribunais e juízes é a de proteger e estender os direitos constitucionais que reforçam a participação das pessoas nas decisões políticas e governamentais. A escolha de valores substantivos deve ser realizada por órgãos com representação democrática, que são o Poder Legislativo e o Poder Executivo, em um sistema político que garanta a livre discussão de questões públicas e a ampla participação popular nos processos de decisão de temas políticos.

Essa teoria parte de dois fundamentos. Primeiro, o valor constitucional supremo é a democracia. Segundo, somente uma concepção procedimental de constituição e de revisão judicial das leis é compatível com o princípio democrático. Os únicos direitos constitucionais que devem ser

---

[61] Ely, *Democracy and distrust*, p. 92.

garantidos (*enforced*)[62] pelo Poder Judiciário são aqueles direitos que asseguram a vitalidade do processo democrático. O argumento de Ely não tem qualquer traço universalista, ou seja, ele não formula uma teoria procedimental da constituição com abrangência universal. A sua teoria é expressamente uma interpretação da Constituição norte-americana, tal como ela foi elaborada pelos *founding fathers*, que de modo geral não teriam acolhido valores morais substantivos intangíveis pelo processo democrático. Ely realiza um minucioso exame do texto original da Constituição de 1787 e de suas emendas para tentar demonstrar que os constituintes tiveram sempre em mente estabelecer princípios e direitos que facilitassem a participação popular e aprimorassem o regime democrático.

A sua interpretação da Primeira Emenda, segundo a qual o Congresso não poderá editar leis restringindo a liberdade de expressão e de imprensa e o direito de reunião, é uma amostra do foco da teoria: "as cláusulas relativas à expressão da Primeira Emenda foram centralmente dirigidas a ajudar a fazer nosso processo governamental funcionar, a assegurar a discussão pública e aberta de questões políticas, e a controlar nosso governo quando ele ultrapassar os limites".[63] Direitos relativos à investigação e ao processo criminal, como os previstos nas Emendas IV a VIII, e cláusulas como a do devido processo legal e de igual proteção da lei, dispostas nas Emendas V e XIV, vale dizer, a grande maioria dos direitos previstos no *Bill of Rights* refere-se a garantias procedimentais dos cidadãos. Ely não nega que existam cláusulas que tutelam valores substantivos, mas sustenta que elas são escassas e não exercem um papel relevante no sistema constitucional. A pouca importância das *value-oriented provisions* é notada no exemplo oferecido pelo autor como o mais significativo dos poucos valores substantivos garantidos pela Constituição: a escravidão. É que o artigo 1º, seção 9, proibiu o Congresso de editar qualquer lei proibindo o comércio de escravos até 1808. Assim, a presença de alguns elementos substanciais no sistema constitucional não interfere na constatação de que a Constituição é caracterizada principalmente por um conjunto de proteções procedimentais e por um "ainda mais elaborado esquema destinado a assegurar que, na construção de valores substantivos, o processo de decisão estará aberto a todos em um nível próximo a uma

---

[62] Uma compreensão instigante do significado do verbo *to enforce* da língua inglesa e da ausência de um termo equivalente nas línguas latinas, de grande interesse para a garantia dos direitos fundamentais, consta em Jacques Derrida, "Force de loi: "le 'fondement mystique de l'autorité'", *Deconstruction and the possibility of justice*, p. 924.
[63] Ely, *ob. cit.*, p. 93-94.

base igual, com os responsáveis pelas decisões devendo levar em conta os interesses de todos aqueles que possam ser afetados pela decisão".[64]

Ely não deixa sem resposta o argumento mais forte daqueles que desconfiam da capacidade da democracia de proteger as minorias, e que, portanto, apostam no constitucionalismo como mecanismo de proteção dos direitos fundamentais dessas minorias. É que, segundo ele, a Constituição presume que uma maioria efetiva não ameaçará desordenadamente seus próprios direitos, assim como não tratará sistematicamente os outros pior (*less well*) do que trata a si própria, presunção que é assegurada por processos de decisão que garantem, primeiro, que os interesses de todos serão real ou virtualmente representados no momento da decisão substantiva, e, segundo, que o processo de aplicação individual não será manipulado a fim de produzir na prática uma discriminação proibida em teoria.

Como já assinalei, os pontos centrais da teoria estão na precedência do princípio democrático sobre princípios e direitos substantivos, e na ilegitimidade dos juízes para adotarem decisões substantivas de valor em um regime democrático. Ely enfaticamente defende que "em uma democracia representativa a determinação de valores deve ser feita pelos nossos representantes eleitos".[65] O papel dos juízes é apenas o de reforçar os canais de representação para garantir que os interesses de todos sejam considerados nos processos de decisão política, de modo que os valores escolhidos seriam legítimos pela própria estrutura aberta e pluralista desses processos.

É preciso entender, outrossim, o contexto teórico da obra de John Hart Ely. A doutrina constitucional norte-americana viveu um período de frenéticas disputas teóricas durante a era da Corte Warren, a partir do caso *Brown v. Board of Education*, e essas disputas haviam se renovado com o caso *Roe v. Wade*, de 1973. Conforme anotei, o intenso ativismo judicial da Suprema Corte colocara em xeque postulados clássicos do direito constitucional e do próprio sistema político do país. A mais influente das contribuições teóricas desse período foi a obra de Alexander Bickel, *The Least Dangerous Branch*, de 1963, que causou grande impacto na teoria constitucional norte-americana, e, como reconheceu expressamente o próprio Ely, exerceu um papel decisivo na concepção doutrinária de *Democracy and Distrust*.[66]

A posição defendida por Bickel será examinada adiante. No entanto, para que se compreendam as preocupações teóricas que mobilizaram Ely,

---

[64] Ely, *ob. cit.*, p. 100.
[65] Idem, p. 103.
[66] Idem, p. 71.

é preciso considerar que aquele autor expôs de forma contundente o que denominou de "*countermajoritarian difficulty*". Muito embora a obra de Bickel como um todo procure fundamentar uma concepção que "acomode" democracia e constitucionalismo no sistema político-jurídico norte-americano e conceda, ao final, uma função preponderante para a justiça constitucional e para a proteção judicial dos direitos fundamentais, ela contém uma advertência célebre, destinada a afetar profundamente os debates sobre a legitimidade democrática da *judicial review:* "Mas nada, nas demais complexidades e perplexidades do sistema, que a moderna ciência política tem explorado com admirável e engenhoso labor, e algumas das quais tem tendido a multiplicar com uma fertilidade que ultrapassa o mero zelo do explorador – *nada nessas complexidades pode alterar a realidade essencial de que a revisão judicial é uma instituição desviante na democracia americana*".[67] (grifei)

Pouco mais de uma década mais tarde, quando Jürgen Habermas intervém no debate filosófico sobre a relação entre constitucionalismo e democracia, ele também sustentará que a *judicial review* é uma instituição desviante em um regime democrático. A intertextualidade revelada em *Faktizität und Geltung* esclarece que as teorias procedimentais do direito desenvolvidas no contexto norte-americano foram decisivas na elaboração da teoria deliberativa do direito proposta nessa obra. Sem embargo, entre o constitucionalismo procedimental norte-americano, inclusive o defendido por John Hart Ely, e a teoria deliberativa do direito de Habermas há diferenças importantes de fundamentação e de perspectiva. A teoria do direito do filósofo alemão está inserida em um projeto filosófico muito mais abrangente e ambicioso em relação aos debates do constitucionalismo norte-americano e cobre um espetro da teoria do Estado que transita pela ciência política, pela filosofia moral, pela sociologia e pelo Direito. Além disso, teorias procedimentais como as de Ely estão voltadas a construir uma interpretação da Constituição norte-americana, vale dizer, estudam uma constituição histórica concreta, ao passo que Habermas propõe um nítido enfoque universalista, a partir de uma concepção de constituição ideal.[68]

A filosofia do direito desenvolvida a partir da década de 80 e consolidada em *Faktizität und Geltung* representou um *giro jurídico* na biografia filosófica de Habermas.[69] Evidentemente não é possível esboçar aqui uma síntese do complexo e abrangente sistema jusfilosófico exposto naquela

---

[67] Bickel, *The Least Dangerous Branch*, p. 17-18.

[68] Frank Michelman afirma que Ely e Habermas provocaram os dois giros procedimentais (*procedural turns*) na teoria constitucional elaborada pela sua geração. Cf. "Human Rights and the Limits of Constitutional Theory", *Ratio Juris*, vol. 13, n. 1, mar. 2000, p. 63.

[69] Sobre a evolução da teoria do direito na obra de Habermas, Juan Carlos Velasco Arroyo, *La teoria discursiva del derecho*, p. 77-139; e Luiz Moreira, *Fundamentação do Direito em Habermas*.

obra. Por isso destacarei dois temas que são centrais para os objetivos deste trabalho. Em primeiro lugar, Habermas elabora uma teoria do direito na qual procura dissolver a rivalidade histórica e não-resolvida entre direitos humanos e soberania popular, estabelecendo um nexo interno entre os dois princípios. Essa teoria é uma intervenção direta no debate contemporâneo sobre a natureza do constitucionalismo democrático. Em segundo lugar, ele propõe uma teoria constitucional da democracia deliberativa, na qual a função da jurisdição constitucional está limitada a assegurar a efetividade dos processos deliberativos nos quais se forma a opinião e a vontade dos cidadãos. Ora, essa proposta teórica concerne imediatamente ao problema dos limites da jurisdição constitucional na tutela dos direitos fundamentais, justamente a questão central deste estudo.

A tese nuclear de Habermas é que os direitos humanos e a soberania popular, os quais garantem, respectivamente, a autonomia privada e a autonomia pública dos indivíduos, são idéias co-originárias no processo de constituição objetiva de uma sociedade política. Ele próprio recusa qualquer esquema em que uma forma de autonomia possa se superpor ou subordinar a outra.[70] Entretanto, examinando teorias políticas clássicas, ele registra a tensão existente entre os direitos do homem e o princípio da soberania popular na história do pensamento político, e sugere que a falta de clareza nas relações entre o *princípio da moral*, do qual se originam os direitos humanos, o *princípio do direito*, que materializa a proteção desses direitos, e o *princípio da democracia*, é de responsabilidade das teorias políticas de Kant e de Rousseau, pois em ambas existe uma concorrência não-confessada entre os direitos humanos e o princípio da soberania do povo.

Habermas propõe-se a dissolver essa rivalidade e preservar os dois princípios no interior de um sistema político ideal elaborando uma teoria do direito na qual direitos humanos e soberania popular surgem co-originariamente em uma sociedade democrática e coordenam-se para evitar a oclusão de um ou de outro. Ele reconhece que "os direitos humanos e o princípio da soberania do povo formam as duas idéias em cuja luz ainda é possível justificar o direito moderno".[71] Nesse sentido, ele está comprometido com o projeto de fazer convergir a emancipação do homem, protagonizada pelo liberalismo, com a construção de uma cidadania ativa, que marca as melhores tradições do republicanismo. No entanto, se Habermas busca fundamentar um modelo de teoria do direito no qual direitos huma-

---

[70] Habermas, *Direito e Democracia: entre faticidade e validade*, volume I, p. 138. Ver Velasco Arroyo, *La teoria discursiva del derecho*, p. 169-174.
[71] Habermas, *Direito e Democracia*, I, p. 133.

nos e soberania popular superam uma competição histórica e passam a implicar-se mutuamente na legitimação do sistema jurídico-político, no curso de sua argumentação fica evidente a prevalência dos pressupostos filosóficos que apóiam o princípio democrático. A inclinação da teoria habermasiana em direção à soberania popular descortina a dívida do seu pensamento em relação ao republicanismo de Rousseau, cujo objetivo, como se disse, era igualmente articular a liberdade pessoal com a autonomia política.[72]

Para Habermas, normas de ação só são válidas se extraídas de um processo público de deliberação coletiva, no qual todos possam participar como indivíduos livres e iguais, apresentando seus argumentos (pretensões de validade) sem constrangimentos e coações, e desde que as normas obtidas nesse processo possam ser aceitas por todos os potencialmente afetados por suas conseqüências. O autor denomina essa reivindicação de "princípio do discurso". Portanto, considerando as condições de validação de normas de ação – como são as normas jurídicas – propostas pela teoria, não admira que o princípio da democracia seja prevalecente em sua teoria do direito. Ele próprio afirma: "parto da circunstância de que o princípio da democracia destina-se a amarrar um procedimento de normatização legítima do direito. Ele significa, com efeito, que somente podem pretender validade legítima as leis jurídicas capazes de encontrar o assentimento de todos os parceiros do direito, num processo jurídico de normatização discursiva".[73]

Através da tese da co-originariedade entre direitos humanos e soberania popular, Habermas procura compor uma forma político-jurídica que concilie constitucionalismo e democracia. A idéia básica é a seguinte: o princípio da democracia resulta da interligação entre o princípio do discurso (sintetizado no parágrafo anterior) e a forma jurídica. Esse entrelaçamento produz uma gênese lógica dos direitos, segundo os seguintes estágios: antes de qualquer organização objetiva ou jurídica de um poder do Estado, os indivíduos livremente associados, submetidos ao princípio normativo do discurso e condicionados à escolha da forma jurídica como *medium* inevitável de ordenação da sociedade, já gozam de "direitos fundamentais que resultam da configuração politicamente autônoma do Direito à maior medida possível de iguais liberdades subjetivas de ação". Esses direitos garantem aos indivíduos o *status* de sujeitos de direito de

---

[72] Cf. Velasco Arroyo, *La teoria discursiva del derecho*, p. 175.

[73] Habermas, *Direito e Democracia*, vol. I, p. 145. Ver, também, Fernando Vallespín, "Reconciliación a través del derecho? Aposllilas a facticidad y validez de Jürgen Habermas", *in*: José Antonio Gimbernat (editor), *La Filosofia Moral y Política de Jürgen Habermas*, p. 199-223.

um determinado Estado e permitem a postulação judicial de direitos. Nesse momento, que seria o da constituição objetiva original de uma sociedade, não existem direitos fundamentais de defesa do indivíduo contra o Estado.[74]

No estágio seguinte, os indivíduos, já como sujeitos de direito, assumem o papel de autores de uma ordem jurídica, quando então eles devem gozar de "direitos fundamentais à participação, em igualdade de chances, em processos de formação da opinião e da vontade, nos quais os civis exercitam sua *autonomia política* e através dos quais eles criam direito legítimo".[75] Esses direitos políticos devem assegurar a participação em todos os processos de deliberação e decisão relevantes para a legislação e assegurar a previsão de direitos à concessão de condições materiais de vida que permitam ao indivíduo desfrutar, em igualdade de oportunidades, os direitos civis antes mencionados. Em resumo, o sistema de direitos habermasiano é assim composto: a) direito igual a iguais liberdades subjetivas; b) direitos de nacionalidade ou de cidadania (o direito a ter direitos de Hannah Arendt); c) direitos à prestação jurisdicional; d) direitos de participação política; e) direitos a prestações sociais.[76]

No entanto, os sistemas de direitos fundamentais especificamente adotados no uso da autonomia política não se sujeitam à imposição de um catálogo de direitos naturais de aplicação preestabelecida, que exija peremptoriamente a adoção de um determinado sistema de direitos fundamentais: "'O' sistema de direitos não existe em um estado de pureza transcendental". Para definir o sistema de direitos, os atores políticos têm a sua disposição os vários modelos constitucionais desenvolvidos nos últimos duzentos anos na Europa. Se os processos de deliberação e de decisão, inclusive no momento político de criação de uma constituição ou nos seus processos de aplicação, observarem o princípio do discurso, e os atores adotarem o agir comunicativo voltado para o entendimento, e, ainda, se essas formas de comunicação estiverem asseguradas juridicamente, pode-se supor que "todos os resultados obtidos com a forma e o procedimento correto são legítimos".[77]

---

[74] Para uma análise do sistema de direitos de Habermas, v. Kenneth Baynes, Democracy and the *Rechsstaat*: Habermas's *Faktizität und Geltung*, 206-212.

[75] Habermas, *Direito e Democracia*, vol. I, p. 159.

[76] Para uma competente análise da teoria dos direitos de Habermas, ver Rogério Soares do Nascimento, "A ètica do Discurso como Justificação dos Direitos Fundamentais na Obra de Jürgen Habermas", *in*: Ricardo Lobo Torres (org.), *Legitimação dos Direitos Humanos*, p. 451-498. Um bom resumo dela pode também ser encontrado em Kenneth Baynes, "Democracy and *Rechsstaat*: Habermas's *Faktizität und Geltung*".

[77] Habermas, *Direito e Democracia*, vol. I, p. 164.

A particularmente complexa explicação que Habermas apresenta desse aspecto decisivo de sua teoria jurídica[78] não modifica, entretanto, a sua opção por uma concepção procedimental de constituição. A tensão entre direitos humanos e princípio constitucional, de um lado, e soberania popular e princípio democrático, de outro, é resolvida formalmente através da tese da co-originariedade da autonomia pública e da autonomia privada, resultante da associação entre o princípio do discurso, enquanto substitutivo do contrato social, e a escolha pelo *medium* do Direito para a organização política de uma sociedade democrática. Essa co-originariedade implicaria uma horizontalidade e uma simetria entre as duas formas de autonomia, nenhuma podendo reivindicar supremacia sobre a outra. Mais do que isso, há entre elas uma relação de pressuposição recíproca, porquanto nenhuma está eficazmente assegurada em um sistema em que a outra não esteja igualmente assegurada. Somente uma fórmula política em que os cidadãos possam se autodeterminar em processos públicos de deliberação e decisão garante que a liberdade subjetiva de ação estará verdadeiramente protegida.

Assim, o pêndulo da tensão entre constitucionalismo e democracia, nesse concerto "formal" entre direitos humanos e soberania popular, verga-se na direção da democracia. Como Habermas reiteradamente adverte, a legitimidade do direito positivo não deriva de um direito moral superior. Somente a democracia, exercida sob as condições de validação do princípio do discurso, torna legítimo o Direito produzido. E as decisões resultantes dos processos de formação da vontade e da opinião representam a única vontade popular legítima, porque extraída de um procedimento cujos resultados todos os possíveis afetados pela decisão assentiriam. Assim, uma democracia que opera em consonância com o princípio do discurso e utiliza a forma do Direito gera decisões que são legítimas e, portanto, válidas *tout court*, porque resultam de condições procedimentais aceitas por todos os afetados pelas decisões.

Vale dizer, a tese da co-originariedade entre direitos humanos e democracia, que *prima facie* se mostra sedutora para quem pretende acolher uma teoria constitucional moderada, termina por fundamentar um modelo teórico no qual a única vinculação institucional pós-constitucional necessária se dá entre o princípio democrático e os direitos fundamentais capazes de assegurar a concretização política do princípio do discurso, notadamente os direitos políticos. Isso porque, respeitado o princípio do

---

[78] Como observou Velasco Arroyo, Habermas não separa analiticamente as questões de conceito e as de fundamentação dos direitos humanos, assim como "não chega a perfilar de modo nítido uma definição dos direitos humanos". *Ob. cit.*, p. 157-158.

discurso, mediante direitos fundamentais que dêem suporte normativo à sua concretização normativa, um regime democrático produzirá normas jurídicas que são válidas independentemente da adequação dessas normas a concepções morais ou de justiça. Ou seja, a tese da co-originariedade pressupõe uma confiança em que as condições discursivas do processo democrático, supostas pela racionalidade comunicativa, garantirão um consenso em torno dos direitos que serão assegurados, assim como de seu conteúdo e seus limites, de modo a confirmar a ligação congênita entre autonomia pública e autonomia privada. O que significa que o dissenso e a faculdade de resistir ou de "dizer não", associada aos direitos fundamentais, ou são desconsiderados ou entendidos como inválidos em face das condições formais da ética do discurso. Conforme assinalou Velasco Arroyo, "sua posição teórica pretende evitar aquela interpretação substancialista segunda a qual, os direitos humanos, dado que constituem a condição de possibilidade de um sistema democrático, hão de subtrair-se ao livre exercício das decisões democráticas".[79]

Por outro lado, decisões sobre os direitos não podem ser paternalisticamente predeterminadas ao legislador que exerce a soberania popular, nem podem ser objeto de controle *a posteriori* por um órgão de supervisão judicial da constitucionalidade das leis, o que significa que nem mesmo quando o Poder Legislativo concretiza direitos fundamentais, definindo seu conteúdo, limites e hierarquia, está a jurisdição constitucional autorizada a revisar a compatibilidade entre a constituição e as leis. É certo que Habermas não é claro o suficiente sobre o papel da jurisdição constitucional. Mas não há dúvida de que ele não admite que o Tribunal Constitucional exerça uma função de guardião de uma suposta ordem de valores de assento constitucional que se impõe sobre o processo democrático e restringe os espaços de decisão do legislador.[80]

Nesse aspecto, aparece a convergência da teoria do direito de Habermas com a teoria constitucional de John Hart Ely. Quando tenta demonstrar a ilegitimidade democrática do Tribunal Constitucional para adotar decisões substantivas de valor, ele expressamente reconhece Ely como

---

[79] Velasco Arroyo, *ob. cit.*, p. 170.
[80] Essa posição é sustentada no direito constitucional brasileiro por Marcelo Andrade Cattoni de Oliveira, "Jurisdição constitucional: poder constituinte permanente?", p. 88, onde afirma que "a jurisdição constitucional, no exercício do controle jurisdicional da constitucionalidade, deve voltar sua atuação para a garantia das condições procedimentais do exercício da autonomia por parte dos cidadãos e, com isso, garantir as condições para a realização do processo democrático, mas sem assumir a postura de um *guardião da virtude*, com base em fundamentos ético-culturais ou em fundamentos meramente político-pragmáticos".

uma fonte de inspiração[81] e afirma que a sua concepção é uma formulação "mais específica" da teoria procedimentalista do autor norte-americano.[82] Sua posição sobre a controvérsia proposta por Ely é a seguinte: "A discussão sobre o tribunal constitucional – sobre seu ativismo ou automodéstia – não pode ser conduzida *in abstracto*. Quando se entende a constituição como interpretação e configuração de um sistema de direitos que faz valer o nexo interno entre autonomia privada e pública, é bem vinda uma jurisprudência constitucional ofensiva (*offensiv*) em casos nos quais se trata da imposição do procedimento democrático e da forma deliberativa da formação política da opinião e da vontade: tal jurisprudência é até exigida normativamente. Todavia, temos que livrar o conceito de política deliberativa de conotações excessivas que colocariam o tribunal constitucional sob pressão permanente. Ele não pode assumir o papel de um regente que entra no lugar de um sucessor menor de idade".[83]

Vimos que o positivismo jurídico sustenta que uma lei produzida pelo órgão competente e pelo processo legislativo previstos na constituição é válida e obrigatória. Subjacente a essa legitimação pela legalidade está a teoria do contrato social, que atribuía ao consentimento emanado da autodeterminação dos cidadãos que participam do pacto social, o fundamento político-jurídico da legitimidade do Direito criado pelo Poder Legislativo. Para Habermas, essa legitimidade obtida por meio da legalidade procedimental não é suficiente, por isso ele substitui o modelo legitimador do contrato social por um modelo discursivo.[84] Em um mundo desencantado que rompeu com os fundamentos do direito natural e é regido por uma autocompreensão pós-metafísica, só tem legitimidade o Direito que surge

---

[81] Habermas, *ob. cit.*, vol. I, p. 326-330.

[82] Idem, p. 340.

[83] Idem, p. 347. Sobre a relação entre democracia deliberativa e jurisdição constitucional na obra do filósofo alemão, ver Cláudio Pereira de Souza Neto, *Jurisdição Constitucional, democracia e Racionalidade Prática*, p. 301-338. Ver, também, Gisele Cittadino, *Pluralismo, Direito e Justiça Distributiva*, p. 203-217.

[84] A questão da legitimidade do direito é uma preocupação de Habermas desde antes de *Faktizität und Geltung*. Nas *Tanner Lectures* de 1986, publicadas como estudos preliminares no segundo volume da tradução brasileira daquela obra, ele já expusera uma crítica à concepção weberiana de legitimidade pela legalidade. Para Weber, a dominação legal-racional é exercida através de leis produzidas conforme procedimentos formais corretos, de tal forma que basta invocar a ordem legal positiva para legitimar a criação ou a aplicação de uma norma jurídica e de uma sanção (ver *Economia y Sociedad*, p 694-752). Habermas não aceita que a legitimidade possa fundar-se exclusivamente na correção procedimental-formal do direito positivo. Os próprios procedimentos de formação da vontade política da comunidade necessitam estar atrelados a componentes éticos que tornem as normas produzidas pelos procedimentos aceitáveis por todos os afetados. A teoria discursiva do direito é a proposta habermasiana para superar os defeitos da teoria da legitimidade pela legalidade de Weber. Ver "Direito e Moral", em *Direito e Democracia*, vol. II, 193-247. Ver, ainda, Velasco Arroyo, *La teoria discursiva del Derecho*, p. 142-151.

da formação discursiva da opinião e da vontade de cidadãos que possuem os mesmos direitos. Para obterem a legitimidade democrática recomendada pelo autor, os procedimentos pelos quais normas legais são criadas devem ser efetivamente democráticos no sentido da teoria do discurso, ou seja, devem ser processos públicos de discussão e decisão, abertos à participação de todos os indivíduos como pessoas livres e iguais, capazes de expressar suas posições sem constrangimentos externos, de modo que as decisões possam ser aceitas por todos os potencialmente afetados por elas. As normas legais produzidas através desse processo comunicativamente democrático recebem uma legitimidade incontrastável que não pode ser questionada na via judicial. Uma possível incompatibilidade entre a norma legal e a constituição somente pode ser aferida pela mesma instância democrática, por meio do mesmo processo deliberativo no qual se tenha produzido a norma. Os pressupostos democráticos da teoria não aceitam que a questão da constitucionalidade substancial da legislação seja deslocada para uma instância supervisora alheia ao próprio processo democrático de formação da vontade popular. Por tais razões, Habermas dirá que "o controle abstrato de normas é função indiscutível do legislador. Por isso não é inteiramente destituído de sentido reservar essa função, mesmo em segunda instância, a um autocontrole do legislador, o qual pode assumir as proporções de um processo judicial".[85]

A transferência do poder de controle da constitucionalidade das leis para a jurisdição constitucional revela-se ainda mais perigosa para a fórmula democrática nos sistemas constitucionais contemporâneos, através dos quais se operou uma materialização do direito que significou uma "remoralização" da ordem jurídica. A interpretação e a aplicação dos princípios jurídicos incorporados às constituições e à legislação de modo geral desde a Segunda Guerra Mundial exigem uma argumentação jurídica aberta a argumentos morais e políticos visando à determinação de fins. Em modelos que aceitam o controle judicial da constitucionalidade das leis, esse Direito "moralizado" provoca um crescimento do poder da justiça e uma ampliação do espaço de decisão judicial, o que põe em risco o equilíbrio institucional do Estado de Direito, às custas da autonomia do cidadão.[86] Embora os direitos fundamentais possam ser fundamentados como direitos morais, eles não podem ser impostos paternalisticamente a um legislador soberano, sob pena de uma redução significativa da autodeterminação política dos indivíduos.[87] Habermas critica a jurisprudência do

---

[85] Habermas, *Direito e Democracia*, vol. I, 301.
[86] Idem, 306.
[87] Habermas, *ob. cit*, vol. II, 315.

Tribunal Constitucional Alemão, que concebe "autoritariamente" a Constituição como uma *ordem concreta de valores*, porque uma concepção democrática da constituição exclui a idéia de que a constituição possa assumir um determinado conjunto de valores juridicamente impostos à sociedade pela normatividade constitucional:

> "a constituição também não pode ser entendida como uma ordem jurídica global e concreta, destinada a impor *a priori* uma determinada forma de vida sobre a sociedade. Ao contrário, a constituição determina procedimentos políticos, segundo os quais os cidadãos, assumindo seu direito de autodeterminação, podem perseguir cooperativamente o projeto de produzir condições justas de vida (o que significa: mais corretas por serem eqüitativas). Somente as *condições processuais da gênese democrática das leis* asseguram a legitimidade do direito."

Como conseqüência, a teoria democrática da constituição determina à jurisdição constitucional a função de "proteger o sistema de direitos que possibilita a autonomia privada e pública dos cidadãos",[88] ou seja, basicamente os direitos de participação política; portanto, interdita-lhe discussões sobre o conteúdo, a extensão e a hierarquia dos valores morais inseridos nas normas constitucionais que definem princípios e direitos fundamentais. A jurisdição constitucional, no exercício de sua função de guardião da constituição, deve ter como encargo apenas vigiar o respeito pelos procedimentos e normas organizacionais de que depende a eficiência do processo democrático. O próprio processo democrático deverá ser capaz, em face das condições formais do agir comunicativo, pressupostas no princípio do discurso, de assegurar a proteção adequada aos direitos fundamentais.

Como referi, Ely apresenta uma concepção muito abrangente dos direitos de participação política, para muito além dos clássicos direitos de votar e de candidatar-se a cargos eletivos. Não apenas os direitos de reunião e de participação política *stricto sensu* adquirem "um lugar privilegiado" na sua perspectiva, mas também os direitos que proíbem tratamento discriminatório contra minorias étnicas ou religiosas, grupos sociais marginalizados, homossexuais, deficientes, velhos, jovens. Habermas não acompanha essa proposta. O filósofo alemão nega, reproduzindo a crítica que os teóricos constitucionais substancialistas opõem a Ely, que uma concepção procedimental de constituição deva assentar-se sobre uma "teoria substancial dos direitos fundamentais", ainda que seja uma teoria dos direitos de participação política.[89] Ele rejeita a tese de Ely, de que cabe à Suprema Corte tutelar apenas os direitos que desenvolvam e reforcem o

---

[88] Habermas, *ob. cit.*, vol. I, p. 326.
[89] Idem, p. 329.

processo democrático, porque essa versão envolve um controle de valores substantivos por parte do tribunal. Quando ele define a sua teoria da democracia constitucional, na citação acima, ele também explica o papel que reserva às cortes constitucionais:

"Partindo dessa compreensão democrática, é possível encontrar um sentido para as competências do tribunal constitucional, que corresponde à intenção da divisão de poderes no interior do Estado de direito: o tribunal constitucional deve proteger o sistema de direitos que possibilita a autonomia privada e pública dos cidadãos".[90]

Todavia, essa ambígua e lacônica declaração não esclarece a dúvida quanto aos reais limites da jurisdição constitucional e da justiciabilidade dos direitos fundamentais em uma democracia deliberativa. Admitir a tutela judicial dos inúmeros direitos fundamentais que compõem a autonomia privada seria deslocar o debate sobre reconhecimento, conteúdo e limites de direitos morais para o Poder Judiciário, que teria de desenvolver uma teoria sobre a democracia e sobre o conteúdo e a relevância dos direitos para o fortalecimento e a proteção do regime democrático, a fim de poder verificar o acerto das decisões adotadas pela soberania popular. Como o Poder Judiciário não possui a legitimidade democrática de representação da soberania popular e nem opera sob as condições formais do princípio do discurso, essa exigência terminaria por envolver a teoria em um labirinto lógico.

Portanto, parecem existir duas alternativas para salvar a coerência do constitucionalismo procedimental. Ou o controle judicial de constitucionalidade restringe-se ao funcionamento dos órgãos e processos democráticos e à garantia dos direitos de participação política, que asseguram o acesso aos processos democráticos de formação da vontade e da opinião, ainda que se possa, ao estilo de Ely, conferir a esses direitos uma concepção mais compreensiva, para incluir, por exemplo, as liberdades de expressão, associação e reunião, correndo-se o risco da incoerência apontada na tese do constitucionalista norte-americano;[91] ou a jurisdição constitu-

---

[90] Habermas, *ob. cit*, vol. I, p. 326.

[91] E esta seria uma inferência perfeitamente possível da seguinte assertiva de Habermas acerca da relação entre autonomia pública e privada: "Desta forma se explicita a intuição de que, por uma parte, os cidadãos só podem fazer um uso apropriado de sua autonomia pública, se são suficientemente independentes, em razão de uma autonomia privada, assegurada igualitariamente; e, por outro lado, somente podem alcançar uma regulação capaz de consenso de sua autonomia privada, se como cidadãos fazer um uso apropriado de sua autonomia pública". Cf. "El nexo interno entre Estado de Derecho y Democracia", in: Gimbernat, *La Filosofia Moral y Política de Habermas*, p. 31. A abertura e a indefinição do conceito permitem incluir, nas chamadas "condições de independência suficiente" para o uso apropriado da autonomia privada e da autonomia privada, todos os direitos de liberdade, igualdade e privacidade e muitos dos direitos sociais.

cional não pode tutelar direitos subjetivos, mas apenas as condições gerais de organização e procedimento do processo democrático, sem garantir especificamente direitos. Essa segunda alternativa preservaria a coerência de uma concepção puramente deliberativa da constituição, mas, para ser melhor compreendida, exigiria esclarecimentos práticos e exemplificativos sobre seu exato funcionamento e de como a garantia jurídica e jurisdicional das "condições gerais de organização e procedimento" da democracia seria feita sem o veículo dos direitos fundamentais, e esses esclarecimentos não se encontram em *Faktizität und Geltung*.

Estamos, aqui, no coração do argumento procedimentalista. O regime democrático é, para usar a expressão de Churchill, o pior dos sistemas políticos, com exceção de todos os outros. Seu valor para as sociedades humanas é, por conseguinte, inexcedível. A vida boa, nas sociedades modernas, é a vida em um Estado democrático. No entanto, a história releva que não é qualquer democracia que garante uma vida boa. É necessário assegurar algumas condições e alguns pressupostos para garantir a saúde do regime. Mais ainda: a história provou que é preciso assegurar *juridicamente* as condições e pressupostos que reforçam a vitalidade das democracias. Pois bem, a limitação de um governo democrático por direitos subjetivos, que possam ser judicialmente protegidos, representa uma reserva inaceitável para os fundamentos de uma teoria democrática "pura". Somente os direitos que reforcem os processos de deliberação e decisão de questões políticas são bem-vindos na estrutura normativa de um Estado democrático. Além disso, a pretensão teórica de fundar um regime constitucionalista no quadro de uma teoria procedimental do direito pressupõe que o sistema dos direitos é melhor tutelado pelos próprios órgãos de representação democrática, através dos processos de decisão do regime democrático, do que por cortes de justiça, que não possuem origem e controle popular.

Essa pretensão foi vigorosamente defendida pelo jusfilósofo argentino Carlos Santiago Nino em uma de suas últimas obras. Ele provavelmente não teve oportunidade de examinar a teoria procedimental do direito que Habermas expôs em *Faktizität und Geltung*. Quando Nino escreveu *The Constitution of the Deliberative Democracy*, em 1993, a obra do filósofo alemão ainda não fora traduzida, e ela não deve ter sido lida no original, já que não é citada uma única vez no livro do jurista argentino, muito embora ele examine – e refute – idéias filosóficas gerais de Habermas ao longo do seu estudo.[92] Sem embargo da inexistência de intercâmbio dou-

---

[92] Conforme advertiu Juan Carlos Velasco Arroyo, muito embora Habermas tenha estudado aspectos da teoria do direito pelo menos desde um de seus primeiros escritos, "Direito Natural e Revolução",

trinário entre as duas obras, a semelhança das posições teóricas de ambos é notável, o que revela a abrangência e a força das concepções procedimentais do direito no pensamento jusfilosófico contemporâneo. Além disso, ao contrário da concepção contextualizada de Ely, as teorias constitucionais desenvolvidas por Nino e Habermas compartilham uma visão universalista, o que recomenda um exame comparativo entre as duas propostas.

Nino começa por afirmar que o complexo casamento entre constitucionalismo e democracia provoca tensões cruciais sempre que a expansão do elemento democrático enfraquece o esquema constitucional, ou quando o fortalecimento do ideal constitucional restringe o processo democrático. Essas tensões não são facilmente observáveis por força da incerteza quanto ao valor efetivo do princípio democrático e do modelo ideal de democracia a ser adotado, bem como por causa da obscuridade do conceito de constitucionalismo.[93] Em termos muito gerais, pode-se dizer que constitucionalismo significa "governo limitado", mas essa noção comporta uma série de variações e alternativas dentro do próprio modelo constitucional. Uma definição mínima sustenta que as constituições são compostas de "um conjunto de regras delineando a organização básica do poder político e a relação entre o Estado e os indivíduos, implicando certas restrições sobre a atividade legislativa normal". Já uma concepção abrangente de constituição exige, além da organização do poder e de limites ao processo legislativo, mecanismos jurídicos que assegurem um processo político público e aberto no qual todos os afetados pelas decisões políticas tenham igual possibilidade de participar das decisões (a dimensão democrática do constitucionalismo), e que impeçam o governo, mesmo quando respaldado pela maioria, de violar os interesses individuais tutelados pelo sistema de direitos fundamentais (a dimensão liberal).

No entanto, um sistema de direitos definidos *a priori* ameaça a liberdade e a extensão do processo democrático, porque retira do campo político próprio das deliberações democráticas legítimas uma série de temas antecipadamente entrincheirados nos direitos constitucionais. Esse enfraquecimento do elemento democrático é um desvio do regime constitucional ideal, no qual democracia e direitos convivem e reforçam-se mutuamente a fim de assegurar a legitimidade do modelo. Nino, então, propõe-se a apresentar uma concepção de democracia constitucional que permita a coexistência harmoniosa dos dois princípios.

---

de 1962, antes da publicação de *Faktizität und Geltung*, em 1992, não se poderia falar propriamente de uma filosofia do direito habermasiana, que até então "só se encontrava sugerida de maneira fragmentária e carecia de uma elaboração sistemática". Em *La teoria discursiva del derecho*, p. 78.
[93] Nino, *The Constitution of deliberative democracy*, p. 2.

O autor inicialmente formula uma teoria ideal da "constituição dos direitos", destinada a encontrar um fundamento e um conteúdo para os direitos que devem ser entrincheirados pelo esquema constitucional. Em primeiro lugar, assim como Dworkin, Nino compreende os direitos fundamentais como expressões de princípios de moralidade social. Por conseqüência, eles não podem ser articulados sem uma concepção de filosofia política e moral.[94] O jusfilósofo argentino ancora sua teoria ideal dos direitos constitucionais em uma concepção liberal dos direitos, fundada nos princípios da autonomia pessoal, da inviolabilidade da pessoa e da dignidade humana, a qual já havia sido exposta detalhadamente em obra anterior, intitulada *Ética y Derechos Humanos*.[95] O princípio da *autonomia pessoal* determina os bens que formam o conteúdo dos direitos; a *inviolabilidade da pessoa* descreve a função desses direitos de estabelecimento de barreiras para proteção de interesses individuais contra reivindicações baseadas em interesses de outras pessoas ou de toda a coletividade; e a *dignidade da pessoa* permite um manejo dinâmico do conteúdo dos direitos, ao admitir que o consentimento dos indivíduos sirva como fundamento de restrições aos próprios direitos.[96]

A partir dessa fundamentação moral da teoria ideal dos direitos fundamentais, baseada nos três princípios mencionados, Nino apresenta uma teoria "robusta" dos direitos que supera a concepção estritamente liberal e assimila ao catálogo de direitos constitucionais os direitos sociais, como conseqüência da adoção do princípio da inviolabilidade da pessoa como fundamento moral da constituição ideal dos direitos. A inviolabilidade da pessoa impede que a autonomia pessoal de alguém seja restringida para promover uma maior autonomia de outras pessoas ou de toda a sociedade. Com isso, os direitos não têm apenas uma dimensão negativa típica da teoria liberal, mas possuem também uma dimensão positiva, segundo a qual "a autonomia da pessoa é violada não apenas por ações que impedem as pessoas de ter certos bens necessários para a sua autonomia, mas também quando se deixa de provê-las dos bens que compõem o conteúdo dos direitos de bem-estar (*welfare rights*)".[97]

A seguir, Nino expõe a sua concepção de democracia. Ele rejeita as teorias que separam a moralidade da política e propõe uma concepção na qual o processo democrático converta as deliberações e decisões de caráter político no espaço ideal para deliberações e decisões sobre questões de

---

[94] Nino, *ob. cit.*, p. 45-46.
[95] Carlos Santiago Nino, *Ética y Derechos Humanos*, p. 199-304.
[96] Nino, *The Constitution of deliberative democracy*, p 53.
[97] Idem, p. 64-65.

moralidade política e social. O processo democrático possui um valor epistêmico insuperável por outros processos de decisões sobre moralidade,[98] o que faz com que a democracia, desde que adotadas determinadas condições formais, seja o mais confiável procedimento para o reconhecimento de princípios morais.[99] Para o autor, o valor epistêmico intrínseco à democracia não encontra rival nos demais sistemas políticos, e essa vantagem é suficiente para justificar a escolha por uma concepção democrática de constitucionalismo.

Teorias individualistas de fundamentação moral, como as defendidas por Rawls e Dworkin, sobrecarregam o indivíduo autorizado a reconhecer, justificar e aplicar princípios morais, já que ele está condicionado a adotar um método monológico e solipsista de verificação moral. Esse método amplia a chance de equívoco do produto da reflexão moral ou de desencontro entre a moralidade social predominante e a moralidade reconhecida pelo intérprete "solista", que nem sempre poderá identificar e compreender concepções morais adotadas por outras pessoas e mesmo por toda a coletividade. Esses riscos são minimizados por meio de discussões coletivas, nas quais todos os afetados podem expor seus argumentos e suas concepções individuais:

> "Isso seria verdade por causa das vantagens propiciadas pela troca de idéias – nosso conhecimento é alargado e erros podem ser detectados mais facilmente. As chances de atingir a imparcialidade são também ampliadas. Se nós partimos da hipótese de que ninguém conhece o interesse de uma pessoa melhor do que ela própria, então a imparcialidade somente é assegurada pela participação de todos os interessados no procedimento coletivo de discussão e decisão".[100]

Para que um debate democrático atinja essa vantagem epistêmica, ele deve satisfazer as seguintes condições formais: a) todas as pessoas interessadas devem poder participar da discussão e da decisão; b) a participação deve ocorrer em uma base razoavelmente igual e sem coerções; c) os participantes devem estar aptos para expressar seus interesses e justificá-los mediante argumentos genuínos; d) os grupos de participantes devem ser de um tamanho adequado, a fim de maximizar a probabilidade de um resultado correto; e) não deve haver minorias "insuladas", e a composição de maiorias e minorias deve alterar-se conforme o tema discutido; f) as

---

[98] Ver, também ressaltando o valor epistêmico do processo democrático, Luc Tremblay, "Deliberative Democracy and Liberal Rights", *Ratio Juris*, vol. 14, n. 4, dez-2000, p. 428-429: "a legitimidade democrática deriva do fato de que a deliberação política constitui o melhor procedimento para determinar decisões políticas justas e eqüitativas".

[99] Nino, *ob. cit.*, p. 107.

[100] Idem, p. 116.

pessoas não devem ser extraordinariamente excitadas por suas emoções.[101] Observadas essas condições, mesmo decisões majoritárias e que, portanto, contrariam interesses de minorias devem ser consideradas moralmente legitimadas pelo processo de discussão e decisão adotado em um regime democrático, ou seja, o produto do processo democrático de discussão moral é presumidamente válido pela adoção dessas condições formais de deliberação: "Os resultados devem ser presumidamente bons tão-somente porque são produzidos por este tipo de procedimento. Conseqüentemente, a tensão entre o valor do procedimento e o valor dos resultados simplesmente se dissolve por causa da conexão essencial entre os dois".[102]

A tese central de Nino é de que o processo democrático que adota as condições expostas é o mais confiável procedimento epistemológico para a determinação de princípios morais intersubjetivos. O efeito dessa tese sobre a teoria constitucional é decisivo. Como os direitos fundamentais são direitos morais, no sentido de que a definição do conteúdo, dos limites e da hierarquia desses direitos depende de uma reflexão moral, e como o mais confiável procedimento de determinação de conteúdos morais é o processo democrático, não se justifica deslocar a função de proteção dos direitos fundamentais para o Poder Judiciário, cuja *performance* institucional não satisfaz os requisitos de validação moral encontrados nos processos de discussão coletiva. O valor epistêmico dos processos democráticos implica atribuir aos órgãos legislativos a função exclusiva de definição do conteúdo e dos limites dos direitos constitucionais. Como as cortes de justiça não podem reproduzir as condições procedimentais das instituições parlamentares, elas não as podem substituir no papel de órgãos de proteção dos direitos.

Assim, a tensão entre a "constituição dos direitos" e a "constituição do poder" é resolvida em favor da última.[103] Uma constituição do poder que implemente um processo democrático que confirme e fortaleça o valor epistêmico da democracia deve ser suficiente para assegurar a proteção dos direitos fundamentais. Um pré-comprometimento do sistema político com direitos que não estão à disposição do debate coletivo reduziria drasticamente o papel da democracia no arranjo institucional de um Estado, resultado que é ainda mais agravado se adotada a teoria dos direitos assumida por Nino, que incorpora direitos sociais aos direitos liberais no catálogo de direitos fundamentais de assento constitucional:

---

[101] Nino, *ob. cit.*, p. 129-130.

[102] Nino, *ob. cit.*, p. 137.

[103] "A visão deliberativa de democracia baseada no valor epistêmico do processo resolve essa tensão entre procedimento e substância. Não pode haver tensão entre o reconhecimento de direitos e a operação do processo democrático, desde que o valor do processo democrático surge da sua capacidade para determinar questões morais tais como o conteúdo, o alcance e a hierarquia dos direitos". Nino, *ob. cit.*, p. 137.

"Além disso, se nós aceitamos uma concepção forte de direitos, compreendendo não somente (direitos) negativos mas também obrigações correlativas positivas, quase todas as questões morais serão associadas com direitos fundamentais. Assim, excluir direitos do alcance da democracia deixaria o campo de operações do procedimento democrático completamente vazio. Isto levaria à conclusão, defendida por constitucionalistas como Alexander Hamilton, que uma declaração de direitos é supérflua e antidemocrática. Hamilton sustentava que a constituição do poder criaria uma declaração de direitos se nós simplesmente atingíssemos a organização política certa".[104]

Até esse ponto a teoria constitucional da democracia deliberativa de Nino é muito semelhante à teoria procedimental desenvolvida por Habermas. As duas ressaltam o "valor epistêmico" dos processos democráticos de discussão e decisão de questões morais, desde que adotadas determinadas condições procedimentais que assegurem a legitimidade da comunicação intersubjetiva entre os interessados e afetados pelo tema em discussão, e as duas concluem que um regime constitucional deve atribuir aos órgãos legislativos a competência para decisões sobre o conteúdo, os limites e a hierarquia dos princípios constitucionais e dos direitos fundamentais, e não aos tribunais e juízes, que não atuam conforme o método dos procedimentos democráticos. Ao examinar a função da jurisdição constitucional em uma democracia deliberativa, Nino argumenta em defesa dessa tese, mas apresenta ressalvas que o afastam consideravelmente de Habermas.

Em uma das mais célebres e influentes passagens da sua *opinion* em *Marbury v. Madison*, Marshall afirmou que "it is emphatically the province and duty of the judicial department to say what the law is", e como a constituição é Direito tanto quanto as leis, é competência do Poder Judiciário, no julgamento de processos judiciais, deixar de aplicar uma lei que contraria o texto constitucional. O direito constitucional moderno foi erigido sobre os alicerces desse *rationale*.[105] Nino, de um modo iconoclasta, sustenta não haver um fundamento lógico na assertiva de Marshall, de que uma contradição entre normas constitucionais e normas legais deva ser resolvida imperativamente pela ação do Poder Judiciário. Para o autor "não é verdade que um sistema que não utiliza a revisão judicial é uma impossibilidade lógica ou que tal sistema nega a supremacia da constituição. O poder de revisão judicial é um arranjo contingente mesmo quando

---

[104] Nino, *ob. cit.*, p. 138.
[105] Um exemplo simbólico da influência dessa idéia na formação do constitucionalismo liberal do século XIX encontra-se nas exposições de Rui Barbosa sobre teoria constitucional. Ver, do autor, *Atos Inconstitucionais*, p. 21-119.

o sistema tem uma constituição suprema". O poder de controle da constitucionalidade das leis pode manter-se perfeitamente conforme à mecânica constitucional em se atribuindo a competência para a revisão da questão da constitucionalidade das leis ao próprio Poder Legislativo ou mesmo mediante um apelo direto ao eleitorado, porquanto não há nenhuma inconsistência lógica em estabelecer que a única autoridade competente para reconhecer e proteger direitos fundamentais seja a própria maioria política, através dos processos deliberativos de um regime democrático. A prática constitucional britânica e o regime constitucional francês anterior à criação do Conselho Constitucional comprovam o caráter contingente da revisão judicial.[106]

Todavia, assim como Ely e Habermas, Nino não consegue levar o argumento procedimentalista às últimas conseqüências. Como Ely e Habermas, o jusfilósofo argentino também admite exceções ao princípio da injusticiabilidade do controle de constitucionalidade desenvolvido na sua teoria procedimental. Mas diferentemente dos outros dois autores, que restringem a atuação judicial à garantia do processo democrático, por meio da tutela e fortalecimento dos direitos de participação política, Nino vai bem além dessa receita minimalista. Ele recomenda o controle judicial de constitucionalidade nas seguintes situações: a) para reforçar o processo democrático, b) proteger a autonomia pessoal, e c) garantir a constituição como prática social.

A exposição sobre a primeira exceção revela a enorme dificuldade das teorias procedimentalistas em assegurar a coerência lógica do seu argumento central. A indefinição sobre quais os direitos fundamentais que podem ser objeto de tutela judicial a fim de fortalecer o processo democrático é um problema que somente pode ser resolvido mediante juízos de valor substantivos.[107] Além disso, a garantia de que os cidadãos terão acesso e oportunidade de participação em uma base livre e igual nos procedimentos coletivos de discussão e decisão não pode limitar-se aos direitos políticos *stricto sensu*, já que a qualidade e a eficácia da participação política depende de vários outros fatores. Isso fica claro quando Nino trata das *condições de garantia do processo democrático* que podem

---

[106] Nino, *ob. cit.*, p. 195-197.

[107] Luc Tremblay apresenta uma versão que tenta manter a linearidade do argumento, afirmando que "a teoria da democracia deliberativa não está tão preocupada com a proteção de interesses básicos como tais, como com a qualidade da justificação pública real do ponto de vista de cada indivíduo. A legitimidade do Direito é, portanto, uma questão procedimental. Ela não depende da conformidade do Direito com algumas normas abstratas de justiça material. Ela depende de um *processo* de decisão política que obtém um critério de justificação pública real". Cf. "Deliberative Democracy and Liberal Rights", *cit.*, p. 452.

ser tuteladas pelo Poder Judiciário. Muitas dessas condições envolvem *direitos a priori*, cujo valor não é determinado pelo processo democrático, mas antes pressuposto por ele. Ou seja, esses direitos "devem ser respeitados pelo processo democrático como pré-requisitos à sua validade".[108] O problema de coerência teórica surge na extensão do catálogo de *direitos a priori*, que pode ser objeto de garantia judicial. Não apenas os direitos políticos ativos e passivos, mas também as liberdades de expressão e de movimento, o acesso à educação, a proteção da saúde e contra a fome são pré-condições decisivas para a livre e igual participação no processo político.

Como terei ocasião de examinar adiante, a questão é que a admissão da justiciabilidade de um catálogo tão extenso de direitos fundamentais como exceção ao monopólio político da concretização constitucional é uma armadilha fatal para o procedimentalismo! E muito embora apenas Nino revele explicitamente essa incoerência, ela fica subentendida também nas abordagens de Habermas e Ely. Mas a incoerência do argumento de Nino aprofunda-se nas outras duas exceções aceitas. A permissão para a revisão judicial a fim de proteger a autonomia da pessoa destina-se a impedir que a maioria imponha à minoria ou aos indivíduos determinadas concepções de bem, frustrando assim a liberdade de autodeterminação individual e de escolha de concepções pessoais de bem. Considerando a quantidade e diversidade de bens associados aos princípios morais vertidos explícita ou implicitamente para as constituições, sobretudo nos catálogos de direitos fundamentais, o espectro da justiciabilidade dos atos dos outros dois poderes resultará substancialmente amplo, restringindo drasticamente o espaço de liberdade do processo democrático, portanto em desacordo radical com a pretensão última da teoria deliberativa assumida pelo autor.[109] O mesmo problema repete-se na terceira e última exceção, que admite a ação judicial para assegurar práticas constitucionais essenciais para a aceitabilidade moral do sistema constitucional: esta exceção pode ser instrumento para a imposição de determinadas concepções de bem socialmente estabelecidas, em contradição com a proposição da segunda exceção.

Recorde-se que, para Nino, o processo democrático é o método mais confiável para reconhecer e proteger direitos fundamentais; mais confiável inclusive do que o processo judicial. Por isso, o objetivo central de uma teoria jurídica da democracia constitucional deve ser "atingir a constitui-

---

[108] Nino, *ob. cit.*, p. 200-201.
[109] Este mesmo problema ocorre na teoria constitucional democrático-deliberativa defendida por Cláudio Pereira de Souza Neto no artigo "Teoria da Constituição, Democracia, Igualdade", p. 38, para quem, "se a deliberação majoritária chega a conclusões contrárias aos direitos fundamentais (que correspondem às condições procedimentais da democracia), se justifica o controle de tais decisões pelo judiciário".

ção ideal do poder: a democracia deliberativa". Em princípio, esse componente participativo do constitucionalismo não deixa muito espaço para a jurisdição constitucional. No entanto, ressalva o autor, essa primeira impressão é falsa, porque "o método democrático requer a satisfação de certas pré-condições para ter valor epistêmico, tais como liberdade de expressão e igual liberdade de participação política. Essas pré-condições constituem direitos que nós denominamos *a priori*, já que eles são determinados pelo método transcendental de Kant, assim como constituem pressuposições de um reconhecimento moral posterior. O reconhecimento desses direitos é exigido para que a democracia tenha um valor epistêmico. O que é considerado uma pré-condição pode ser ampliado enormemente. De fato, os assim-chamados direitos sociais (que defendi como uma extensão natural dos direitos individuais) podem ser vistos como direitos *a priori*, uma vez que a sua não-satisfação prejudica o funcionamento adequado de um processo democrático e de sua qualidade epistêmica".[110]

Após receber exceções tão extensas e indeterminadas, seria o caso de perguntar se ainda é possível considerar a concepção deliberativa da democracia constitucional de Nino como uma genuína teoria procedimental da constituição.[111] Com efeito, o balanço delicado entre princípio constitucional e democracia que o autor propõe nos últimos parágrafos de seu livro parece indicar uma clara aceitação de um sistema constitucional misto, que promova e fortaleça o processo democrático sem renunciar à garantia jurisdicional dos princípios e direitos fundamentais.

A valorização da deliberação democrática e a crítica ao fundamento individualista do constitucionalismo liberal não estão restritas, todavia, às teorias procedimentalistas do direito discutidas neste tópico. Uma outra visão de sociedade política, que remete a um outro modelo constitucional, encontra-se nas concepções republicanas, para as quais a deliberação pública da comunidade torna-se a própria *ratio essendi* da sociedade política. O próximo tópico dedica-se a estudar os fundamentos dessas teorias.

---

[110] Nino, *ob. cit.*, p. 221-222.
[111] Victor Ferreres Comella, *Justicia constitucional y democracia*, p. 171, aponta o paradoxo da teoria constitucional acerca do papel da revisão judicial das leis: "resulta paradoxal que Nino afirme que os juízes não estejam em boa posição para decidir se as leis aprovadas democraticamente vulneram ou não os direitos individuais *a posteriori* (...) e sustente, ao mesmo tempo, que os juízes estão em boa posição, ao contrário, para verificar nada menos que se o processo político satisfaz ou não as preconclições que dão à democracia um valor epistêmico (em particular, para determinar se o processo político respeita os direitos *a priori*). Isto não parece muito coerente". Luis Prieto Sanchís, "; *Justicia constitucional y derechos fundamentales*, p. 161, também sublinhando este paradoxo da concepção de Nino, diz que "variando ligeiramente as coordenadas ideológicas, o propósito restritivo (da concepção procedimental) em grande parte se esfuma e a justiça constitucional recobra toda a sua competência sobre o conjunto da normativa constitucional".

3. A constituição republicana

As concepções republicanas de sociedade política deslocam o centro de gravidade do regime político do indivíduo auto-interessado para a vida comunitária. Se a sociedade liberal constitui o Estado para garantir ao indivíduo uma estrutura institucional que elimine ou atenue os riscos que a vida em grupo representa para os projetos individuais de cada associado, a concepção comunitária propõe uma sociedade na qual o indivíduo realiza as suas capacidades subjetivas no intercâmbio existencial com a comunidade.

O retorno à filosofia política aristotélica é provavelmente o fato mais notável dessa tendência. De fato, o pensamento neo-aristotélico tem sido uma das mais expressivas correntes da filosofia política do nosso tempo. Apenas para exemplificar, a incursão mais impactante dos neo-aristotélicos talvez seja a de Alasdair MacIntyre, que em uma declaração explosiva já famosa de *After Virtue*, afirmou que "os direitos humanos não existem e acreditar neles é o mesmo que acreditar em bruxas e unicórnios".[112] Essa afirmação é sem dúvida um tiro certeiro no coração do constitucionalismo liberal, cujo centro de gravidade teórico e prático está na tutela dos direitos humanos. No entanto, essa afirmação é uma expressão perfeitamente coerente da crítica comunitarista ao pensamento liberal e à sua teoria constitucional.

A teoria política aristotélica parte de uma matriz radicalmente diferente na teoria política liberal. Se para o liberalismo político é o indivíduo, a figura sobre a qual recaem as preocupações centrais e o Estado é concebido como uma entidade autônoma e potencialmente perigosa, que deve ser cercada de restrições e regulações normativas e institucionais que evitem o abuso do poder estatal e protejam o indivíduo, para as teorias políticas de inspiração aristotélica o Estado, ou a comunidade política, é o espaço próprio para o indivíduo realizar a sua felicidade, e o homem só

---

[112] Alasdair MacIntyre, *After Virtue*, p. 69.

encontra sua plenitude e só pode ser verdadeiramente feliz vivendo em harmonia com outros homens, em uma comunidade politicamente organizada para proporcionar a todos uma vida boa. Assim como a teoria política liberal supõe uma visão liberal da doutrina constitucionalista, uma teoria republicana ou comunitarista de sociedade política conduz a uma concepção de constituição sustentada por valores ético-políticos que ressaltam a harmonia entre indivíduo e comunidade. Um constitucionalismo republicano é evidentemente diferente de um constitucionalismo liberal, muito embora um não exclua necessariamente o outro.

Para além da matriz aristotélica das posições republicanas e comunitaristas, também as diferenças entre o anglo-saxão, acentuadamente individualista, e o constitucionalismo europeu, que preservou genes da concepção clássica da teoria política grega, podem ser melhor compreendidas a partir da filosofia política de Aristóteles. O equilíbrio entre o constitucionalismo liberal da tradição anglo-americana e o comunitarista de vertente européia, postulado, por exemplo, por Gustavo Zagrebelsky,[113] talvez possa ser melhor fundamentado retrocedendo a pesquisa científica às origens gregas da concepção política continental.

O constitucionalista moderno costuma estudar a constituição como um fenômeno do domínio estrito do direito público, desvinculando-a das suas circunstâncias gerais concretas. A noção de *politeia*, freqüentemente traduzida por constituição, é, em Aristóteles, como era usualmente entre os gregos dos séculos V e IV aC, uma concepção descritiva, que compreendia a natureza ou a composição do Estado como tal, a partir do seu contexto político histórico.[114] Ora, essa concepção de constituição, exatamente por ser estranha ao pensamento constitucional contemporâneo, não pode ser bem entendida senão depois de uma prévia investigação sobre a teoria política geral de Aristóteles, que, por sua vez, só pode ser compreendida quando examinada na tradição cultural da civilização grega, que culminou na democracia do século V aC, e que atingia seu ocaso na época em que viveu Aristóteles. A concepção de que o homem é um animal político e que só realiza plenamente sua felicidade vivendo em comunidades políticas foi uma característica geral da cultura grega, que já estava plenamente desenvolvida quando o estagirita formulou sua teoria política.

---

[113] Conforme analisarei mais adiante, Zagrebelsky desenvolve uma visão conciliadora do constitucionalismo liberal e da concepção política comunitarista, sustentando que a convivência entre os dois modelos é uma característica do constitucionalismo europeu, que o diferencia do modelo constitucional norte-americano, exclusivamente liberal e centrado na proteção dos direitos individuais. Ver *El derecho dúctil*, p. 58-60.

[114] Charles Howard McIlwain, *Constitucionalismo Antiguo e Moderno*, p. 41-60.

O valor superior da sua obra está em ser uma elaboração teórica sobre os fundamentos comunitários da vida política grega dos séculos que o antecederam.

Ao menos desde Esparta, a *polis* tornara-se o ideal de organização social dos gregos. Como disse Werner Jaeger, "descrever a cidade grega é descrever a totalidade da vida dos gregos".[115] Viver em uma cidade era a única forma de viver politicamente; não viver em cidades significava, para os gregos, não ter vida política. Na Atenas do século V, a idéia de *polis* encontraria seu apogeu sob a forma de uma comunidade democrática e autárquica, na qual a política cumpria um papel decisivo no governo da cidade. Era na *polis* que os gregos podiam desenvolver plenamente suas virtudes e se realizar como seres humanos. O supremo bem humano, a verdadeira felicidade, somente podia ser encontrada na vida na cidade. É verdade que para eles a esfera da vida pública era essencialmente política, e a da vida privada era muito mais estreita do que hoje a consideramos. Assim, moral, religião e educação são temas eminentemente políticos, porque concernem à excelência da vida comunitária. Aristóteles dirá mais claramente: a *polis* não existe apenas para os homens *viverem juntos*, mas para *viverem bem juntos*, para terem nela uma vida boa, onde possam realizar suas virtudes e ser felizes.[116]

A natureza e o *telos* da *polis* estão definidos nas primeiras linhas de *A Política*: "A cidade tem por finalidade o soberano bem", que é produzir a felicidade plena dos membros da comunidade. O Estado não é, portanto, apenas uma associação de indivíduos para a garantia de seus interesses particulares ou para a defesa de agressões externas, a celebração de contratos e a realização de trocas. O Estado grego é uma organização social na qual o homem atinge seu supremo bem, que é viver em comunidade, educado para valorizar a honra e a virtude. A concepção comunitária da organização política grega distingue-se profundamente, como se percebe, das sociedades liberais modernas, muito mais próximas, em seus fundamentos políticos, da "associação de armas" que Aristóteles rejeitava como espécie de sociedade política. Sem embargo, com razão Werner Jaeger assinala que "em tempo algum o Estado se identificou tanto com a dignidade e o valor do Homem. Aristóteles designa o Homem como ser político e, assim, distingue-o do animal pela sua qualidade de cidadão".[117] De fato, para compreender a idéia de *polis* ou Estado na teoria política aristotélica

---

[115] Werner Jaeger, *Paidéia*, p. 107.
[116] *A Política*, p. 53.
[117] Werner Jaeger, *Paidéia*, p. 146.

é indispensável conhecer a concepção teleológica da natureza humana na sua filosofia.[118]

Para o estagirita, o homem é um animal político – *politikon zoon* –, porque sua natureza tende para a sociedade política. A natureza de cada coisa é precisamente o seu próprio fim, aquilo para o qual o ser da coisa naturalmente tende. O homem não pode desenvolver plenamente suas aptidões vivendo isoladamente; ele necessita integrar-se em uma comunidade humana para completar-se. O homem individual é um ser inacabado que tende à vida política para realizar o seu supremo bem: a sua felicidade, e não apenas para melhor proteger seus interesses privados,[119] ou para regular relações econômicas e sociais naturalmente conflitivas, como pensavam então os sofistas e mais recentemente os contratualistas de todos os matizes.[120] A esse propósito, diz o autor, em *A Política*: "Os homens tampouco se reuniram para formar uma sociedade militar e se precaver contra as agressões, nem para estabelecer contratos e fazer trocas ou outros contratos".[121]

Diferentemente de Platão, que encontra na necessidade o fundamento exclusivo da vida em sociedade, Aristóteles fundamenta a natureza política do homem em dois pilares. Reconhece a existência de uma *base natural*, a necessidade que temos dos outros para subsistirmos e realizarmos nosso bem, decorrente da nossa insuficiência natural enquanto seres, e uma *base racional*, o interesse, já que na vida em comunidade podemos viver melhor do que solitariamente.[122] Mas seja por necessidade, seja por interesse, os homens não visam apenas a viverem juntos quando se reúnem em sociedades políticas; eles desejam viver *bem* em comunidade, terem na cidade uma vida em comum capaz de proporcionar-lhes a felicidade.

Portanto, o elo que une os cidadãos deixa de ser apenas a necessidade e o interesse e passa a ser também a amizade, que se exerce, no plano político, através da capacidade e da liberdade de deliberar e de agir em comum. A vida comunitária não se baseia, por isso, na desconfiança e na suspeita mútuas, mas no "prazer" de compartilhar a vida na *polis* com os demais cidadãos, noção radicalmente oposta às filosofias de acento individualista, desde os sofistas até os filósofos modernos, contratualistas e utilitaristas, que fundamentam a associação política no interesse particular

---

[118] Luis Fernando Barzotto, *A Democracia na Constituição*, p. 39-83; e Bertrand Russell, *História do pensamento ocidental*, p. 107 e ss.
[119] Francis Wolff, *Aristóteles e a Política*, p. 85.
[120] Solange Vergnières, *Ética e Política em Aristóteles*, p. 158.
[121] *A Política*, p. 53-54.
[122] Idem. 53.

do indivíduo e recusam à natureza humana a necessidade do outro para realizar a felicidade individual. Para Hobbes, os homens unem-se em sociedade política por medo de serem mortos por outros homens; para Rousseau, os homens aceitam viver em sociedade por interesse, embora fossem naturalmente mais felizes se vivessem em estado natural, como selvagens. Para Aristóteles, a natureza do homem é viver com outros homens, porque só na companhia deles encontra a sua felicidade, e os homens só vivem bem em comunidade quando compartilham entre si o prazer da amizade recíproca.[123]

Por outro lado, diferentemente de outras formas de associação, a comunidade política não visa a um fim específico, parcial e transitório, mas sim a ser vantajosa para a vida como um todo de cada um de seus membros,[124] proporcionando-lhes aquilo que isoladamente não podem desfrutar: a auto-suficiência. A idéia de auto-suficiência é decisiva para compreender a noção de felicidade, que representa o bem supremo obtido pelo homem na vida comunitária. Novamente, ela parte da concepção de que a reunião dos homens em sociedades é um fato inescapável da sua natureza, e não um resultado de um pacto que os indivíduos estabelecem para melhor proteger seus interesses privados, em contraste com uma suposta vida pré-estatal, tal como sustentam os contratualistas. Se todos os homens se associam em comunidades, é porque eles não se bastam a si mesmos vivendo isoladamente e necessitam associar-se com outros para complementarem-se, a fim de realizarem suas capacidades. O bem perfeito é aquele que se basta, que é auto-suficiente. Se o homem só adquire a auto-suficiência vivendo em comunidade, na família, com seus amigos ou na cidade, então seu supremo bem somente pode ser atingido na vida comunitária,[125] de onde se conclui que o homem é, por essência, um animal político.

A antropologia subjacente a essa concepção é, como se vê, nitidamente anti-individualista. Como assinala Francis Wolff, também nesse aspecto Aristóteles diverge do contratualismo, para quem aquilo que é perfeito e completo é o indivíduo, tal como pensava Protágoras, que compreendia o ser humano como um indivíduo acabado e rebelde por natureza à vida política, da qual só participa para proteger seus interesses pessoais. Para Aristóteles, porém, o homem individual é um ser inacabado e que carece da integração com outros homens na *polis* para realizar a sua felicidade. Sua incompletude e imperfeição fazem com que ele procure viver com outros seres incompletos e imperfeitos para juntos constituírem

---

[123] Vergnières, *Ética e Política em Aristóteles*, p. 115.
[124] *Ética a Nicômaco*, VIII, 1160-a 9.
[125] *Etica a Nicômaco*, I, 1097 b 8-11.

uma cidade completa e perfeita, ou seja, uma comunidade autárquica, conceito chave na filosofia política aristotélica.[126] As idéias de bem supremo e autarquia, aqui, coincidem: "O bem supremo parece de fato bastar-se a sim mesmo. E por aquilo que se basta a si mesmo entendemos não aquilo que baste a um só homem que leve uma vida solitária, mas também a seus pais, seus filhos, sua mulher, seus amigos e seus concidadãos, pois o homem é por natureza um animal político".[127]

Uma comunidade humana é "uma sociedade estabelecida, com casas e famílias, para viver bem, isto é, para se levar uma vida perfeita e que se baste a si mesmo",[128] e não uma associação de homens ligada apenas pelo lugar e unida por uma convenção de garantia, capaz de mantê-los no dever recíproco. A tendência gregária do homem, dirigida pela necessidade ou pelo interesse, não é suficiente para produzir uma verdadeira comunidade política, representada na figura da *polis* grega. Enquanto o mero gregarismo promove a proteção de certos interesses ou a satisfação de determinadas necessidades que isoladamente não podem ser protegidas ou satisfeitas, a sociabilidade política, que ele considera natural no homem, envolve a participação em uma obra comum: a comunidade. Essa característica natural da comunidade política, de ser uma obra comum de seus membros, implica que o Estado exerce funções que vão muito além da segurança individual e da propriedade e da facilitação do comércio e dos contratos. O Estado tem um papel muito mais ativo na vida social, sobretudo na educação dos cidadãos.

Outra conseqüência da concepção autárquica de bem presente na filosofia política aristotélica está no bem-estar econômico dos membros da comunidade. O realismo filosófico de Aristóteles fica evidente quando ele admite que, embora a felicidade seja um produto da excelência moral obtida pela educação ética, o homem também necessita de bens externos para ser feliz. Ele precisa de amigos, fortuna, beleza, deve ter certa independência da penúria; a felicidade também exige prosperidade, para a comunidade e para o indivíduo. A vida do espírito representa a mais alta fonte de felicidade, mas o homem não pode estar submetido a condições econômicas em que suas necessidades básicas não estejam atendidas. Assim como na educação, o bem-estar da comunidade é função política da *polis* e deve ser promovida pela comunidade; portanto, não é assunto de interesse meramente privado de cada cidadão. A desigualdade é a principal fonte de sedições, e um bom governo deve evitar que o povo seja pobre

---

[126] Wolff, *Aristóteles e a Política*, p. 85.
[127] *Ética a Nicômaco*, I, 5, 1097 b 8-11.
[128] *A Política*, p. 55.

demais; então, o melhor emprego das rendas públicas é auxiliar amplamente os pobres a comprarem terras ou os instrumentos necessários a suas lavouras, ou abrir um pequeno comércio, o que servirá também aos ricos.[129] Para combater a desigualdade, chega mesmo a elogiar leis antigas de outros povos que não permitiam a ninguém possuir terras ou as possuir acima de certa quantidade.[130]

A descrição aristotélica da natureza e dos elementos constitutivos de uma comunidade política converge, portanto, para reivindicar uma concepção ético-política de Estado, evocando o justo político como o valor nuclear da vida comunitária. O apelo a uma ordem comunitária justa era algo que já estava presente no pensamento político grego antes de Aristóteles. O próprio recurso ao Direito como modo de organizar a sociedade, típico do processo de urbanização que caracterizou a civilização grega e culminou com a democracia ateniense, revela que os gregos pretendiam impor uma ordem racionalmente determinada às suas sociedades. Seguindo essa tendência já dominante no pensamento político grego de sua época, Aristóteles preocupou-se em conceber os fundamentos básicos de uma comunidade política justa a partir da realidade das organizações sociais gregas, centradas na *polis*. Para ele, a cidade deve ter uma ordem política justa, e essa ordem é moldada pela constituição e pelas leis que governam a cidade. Essa ordem comunitária justa é o justo político (*dikaion politikon*), vale dizer, a justiça da comunidade política, diferente da justiça doméstica (*oikonomikon dikaion*), que vige na esfera privada dos cidadãos e regula as relações entre marido e mulher, pais e filhos, senhores e escravos. O fim da justiça política é produzir uma convivência pacífica, estável e organizada entre os cidadãos[131] e a autarquia da comunidade.[132]

O justo político supõe a organização da sociedade política através da constituição. É a constituição de cada comunidade que deve instituir e resguardar os elementos constitutivos que fazem de uma comunidade uma sociedade política justa. A idéia de constituição ou *politeia* exerce um papel central na teoria política aristotélica. A constituição compreende o regime político geral de uma *polis*. Em *A Política,* ele a conceitua como "a ordem ou distribuição dos poderes que existem em um Estado, isto é, a maneira como eles são divididos, a sede da soberania e o fim a que se propõe a sociedade civil".[133] Assim como acontece com relação ao justo

---

[129] *A Política*, p. 239.
[130] Idem p. 181.
[131] Eduardo Bittar, *A justiça em Aristóteles*, p. 124-128.
[132] Alasdair MacIntyre, *Justiça de quem? Qual racionalidade?*, p. 136.
[133] *A Política*, p. 149.

político, não existe uma constituição ideal e universalmente aplicável a todos os Estados. A boa constituição é aquela adequada ao *telos* natural da cidade, ou seja, conforma-se à natureza peculiar de cada *polis*, deve respeitar a diversidade dos povos, e não os sujeitarem a modelos que lhes são estranhos. A função da constituição é promover um Estado justo, pois a justiça é a maior virtude política. Mas não havendo um conceito universal e absoluto de justo político, pois o que é politicamente justo depende de fatores contingentes a cada comunidade, não pode haver também uma única constituição que promova justiça para todo e qualquer Estado. Por conseguinte, a melhor constituição é aquela que melhor se adapta às circunstâncias próprias das diferentes comunidades, fazendo com que cada uma delas cumpra o seu *telos*, o seu bem, que é determinado por fatores naturais específicos.

Evidentemente Aristóteles não faz qualquer alusão a direito fundamental ou a qualquer categoria aproximada ou semelhante. Mas não apenas porque na Grécia antiga a idéia de direitos fundamentais fosse inteiramente ignorada, como de resto a própria idéia de direito subjetivo o foi até o final de Idade Média.[134] É que a própria oposição entre Estado e indivíduo e a necessidade de garantir determinados bens ou interesses individuais contra o Estado é inconcebível no esquema da filosofia política aristotélica. Como já assinalei, o fato de o homem ser um animal político significa que o seu bem só pode ser atingido na *polis*, onde o cidadão compartilha com os outros membros da comunidade o prazer de viver bem em conjunto e onde ele participa ativamente das decisões que concernem à vida pública da "cidade", que abrange um espectro material muito mais amplo do que o está sob o comando da política contemporânea. O cidadão não está em oposição à cidade; ele é parte do todo que ela representa e com ela está perfeitamente integrado, não havendo necessidade de proteger-se do Estado. Por conseguinte, é dispensável e até impensável a existência de direitos subjetivos de defesa do indivíduo contra o Estado.[135]

A inexistência de direitos subjetivos do indivíduo contra o Estado na constituição aristotélica não significa, contudo, que não exista qualquer preocupação com o abuso do poder e com as conseqüências do abuso sobre

---

[134] Michel Villey, *Le droit et les droits de l'homme*, p. 81 e ss.; e *La formation de la pensée juridique moderne*, p. 240-268.

[135] Para uma argumentação contemporânea do potencial desagregador dos direitos individuais em contraste com o bem da comunidade, ver Patrick Fraisseix, "Les droits fondamenteaux, prolongement ou dénaturation des droits de l'homme", in: *Revue du Droit Public*, n. 2-2001, onde sustenta que "o homem não se realiza mais no cidadão que se agrega em um conjunto social e democrático, mas no indivíduo singularizado animado pelo gozo do que lhe é devido." *Ob. cit.*, p. 597. No mesmo sentido, Zagrebelsky, *El derecho dúctil*, p. 87 e ss.

os membros da comunidade. Aristóteles defende expressamente, na *Ética a Nicômaco* e em *A Política*, uma forma de Estado de Direito como o regime político ideal, definido como o governo das leis sobre os homens, e não o inverso, que seria o regime nocivo a ser evitado. A esse regime ideal ele chama *república*. Portanto, a proteção dos indivíduos é feita por meio da estrutura política geral da *polis*, do modo de distribuição de poder, da origem e sede da soberania e dos limites ao exercício da autoridade, e não pela existência de poderes individuais de defesa contra o governo da cidade. A falta de mecanismos de proteção dos indivíduos em relação ao poder estatal é, aliás, uma das principais diferenças entre o constitucionalismo aristotélico e o moderno. Naquele, a constituição é uma idéia geral descritiva da natureza ou da composição do organismo comunitário,[136] não é uma lei destacada do sistema político, que consolide normativamente princípios jurídicos ou direitos, pretensamente permanentes ou duradouros da comunidade, e funcione como limite externo da legitimidade do sistema político. A constituição não é superior ao sistema político, este não está subordinado àquela, pois essa noção, central ao constitucionalismo moderno, só surgiu posteriormente na Europa, no final da Idade Média e princípio da era moderna.[137] Não há lugar para a separação entre constituição como direito e constituição como realidade.[138] A constituição é a própria comunidade política.

Pois bem, ao estabelecer a vida comunitária como o *locus* único e necessário da felicidade humana, o comunitarismo republicano aristotélico fragiliza o indivíduo frente ao Estado; ele desconsidera o potencial opressivo de uma concepção comunitária de bem, que, sendo compulsória, restringe e mesmo priva os indivíduos de desenvolverem e exercerem concepções pessoais alternativas de bem. Nesse sentido, uma constituição aristotélica supõe o risco de constituir um Estado autoritário. Mas por outro lado, revela a real importância da vida societária para a natureza humana. Os homens não são selvagens irascíveis ou mônadas perversas que se agregam exclusivamente por medo de serem assassinados e para protegerem seus bens; são seres que realizam suas capacidades naturais na relação com os outros seres, na vida em grupo, no prazer de compartilhar e coexistir. A coexistência é fonte de felicidade humana, não a causa da desgraça perpétua do homem. A compreensão de que a natureza humana é eminentemente social determina a rejeição da concepção individualista do liberalismo moderno, para o qual, na síntese de MacPherson, a socie-

---

[136] McIlwain, *Constitucionalismo antiguo y moderno*, p. 55.
[137] Idem, p. 56-60.
[138] Ibidem.

dade se reduz a uma série de relações competitivas entre indivíduos naturalmente dissociados e independentes, sem nenhuma ordem natural de subordinação.[139] Ou seja, o constitucionalismo comunitarista de Aristóteles contrapõe-se diretamente às idéias reguladoras do constitucionalismo liberal, que recusa à vida comunitária qualquer papel protagonista na felicidade humana.

Os críticos do Estado liberal recuperaram os fundamentos da teoria política aristotélica para propor um modelo de sociedade que valorize o elemento comunitário e atenue a referência individualista da modernidade, acusada de engendrar uma sociedade permanentemente conflitiva de indivíduos auto-interessados, que usam o espaço público unicamente para assegurar a satisfação dos seus objetivos privados. Charles Taylor, eminente representante do republicanismo contemporâneo, define que as "Sociedades políticas, na compreensão de Hobbes, Locke, Bentham ou do senso comum do século XX que eles ajudaram a moldar, são estabelecidas por conjuntos de indivíduos a fim de obter benefícios, por meio da ação comum, que eles não poderiam conseguir individualmente. A ação é coletiva, mas sua meta permanece individual. O bem comum é constituído a partir de bens individuais, sem deixar restos".[140]

Para as sociedades liberais, não pode haver um bem comum, porque o Estado tem que ser neutro em relação ao pluralismo das concepções individuais de bem dos seus integrantes. Por isso as concepções procedimentais exercem tanta sedução no pensamento político da modernidade, justamente porque fornecem um fundamento de legitimação para essa renúncia a um bem comum que parece ser uma condição operacional do liberalismo político.[141] Taylor recusa-se a aceitar essa renúncia a uma concepção de bem comum reafirmando o vínculo de solidariedade entre os indivíduos e argumentando que "a tese republicana é tão relevante e verdadeira hoje quanto o foi na idade antiga ou nos primórdios da idade moderna, quando foram articulados os paradigmas do humanismo cívico".[142] A fim de expor a sua concepção, ele divide as sociedades políticas em dois modelos.

As sociedades liberais estão representadas pelo Modelo A, que se concentra na garantia dos direitos individuais e da igual proteção da lei. A capacidade dos cidadãos consiste no poder de reivindicar esses direitos e assegurar tratamento igualitário e de influenciar os responsáveis pelas

---

[139] C. B. MacPherson, *A teoria política do individualismo possessivo*, p. 28.
[140] Charles Taylor, "O debate liberal-comunitário", *Argumentos Filosóficos*, p. 204-205.
[141] Luis Fernando Barzotto, *A Democracia na Constituição*, p. 202.
[142] Charles Taylor, *ob. cit.*, p. 213.

decisões políticas. Nesse modelo, a participação no regime político não tem valor em si. O seu valor está na capacidade de determinar ações estatais que favoreçam as preferências individuais. As sociedades republicanas, representadas no Modelo B, definem a participação dos cidadãos do autogoverno como "a essência da liberdade, como parte daquilo que tem de ser assegurado". Os cidadãos de uma república vivem uma aventura comum na qual compartilham valores comuns que são extraídos exatamente da experiência da participação política em um espaço público no qual os interesses individuais são sublimados em benefício do bem da comunidade. Para o republicanismo não há aqui um potencial de opressão da maioria ou do poder do Estado, mas a própria realização da natureza societária do homem.

A concepção de Estado da tese republicana não está assentada em um sistema de direitos subjetivos que o indivíduo está autorizado a usar como "trunfos" contra o uso opressivo do poder,[143] e sim, como assinala Habermas, "na garantia de um processo inclusivo de formação da opinião e da vontade, dentro do qual civis livres e iguais se entendem sobre quais normas e fins estão no interesse comum de todos. Com isso, exige-se do cidadão republicano muito mais do que a simples orientação pelo próprio interesse".[144] O Estado é uma comunidade de cidadãos imantada por um conjunto de valores éticos concebidos e preservados ao longo da história de cada comunidade, valores que lhe conferem uma determinada identidade ético-política. A formação, a preservação e a substituição de valores deve ser o resultado de uma participação ativa da cidadania, através de instâncias e procedimentos de deliberação e decisão das questões que concernem à vida política da comunidade.

Essas idéias são compartilhadas por correntes teóricas republicanas e comunitaristas que têm participado ativamente dos debates contemporâneos sobre teoria constitucional. As incursões na teoria constitucional das concepções republicanas e comunitaristas identificam nas constituições um repositório dos valores éticos reconhecidos consensualmente como constitutivos da comunidade. Parte do pensamento republicano recusa que as constituições assumam valores substantivos que possam ser imponíveis normativamente à sociedade por um Poder Judiciário que seja o guardião da preservação desses valores selecionados. A constituição deve apenas acolher os processos de deliberação pública nos quais se forma a opinião e a vontade e fomentar a participação ativa dos cidadãos nesses processos,

---

[143] Para uma crítica da noção de direitos fundamentais como "trunfos" do indivíduo, ver Luis Fernando Barzotto, *A Democracia na Constituição*, p. 198.
[144] Habermas, *Direito e Democracia*, I, p. 355.

já que a legitimidade de um regime político deriva justamente da abertura das instâncias de discussão e decisão das questões públicas e da efetiva participação da cidadania. Essa concepção pode ser denominada de *republicanismo clássico ou puro*.

Um outro segmento da doutrina republicana ou comunitarista interpreta a constituição como uma ordem concreta de valores ético-políticos substantivos assumida pela comunidade como constitutiva do Estado, valores esses que estão acolhidos nos princípios constitucionais e nos direitos fundamentais. Essa concepção tem na "jurisprudência dos valores" desenvolvida pelo Tribunal Constitucional Federal da Alemanha a aplicação mais sofisticada e influente.[145] No caso *Lüth*, julgado em 1958, o Tribunal Constitucional assentou que "a Lei Fundamental não quer ser uma ordem neutra de valores, (mas) estabeleceu também, em sua seção de direitos fundamentais, uma ordem objetiva de valores, e que precisamente com isso põe de manifesto um fortalecimento por princípio da pretensão de validade dos direitos fundamentais. Este sistema valorativo, centrado na personalidade humana, que se desenvolve livremente dentro da comunidade, e em sua dignidade, tem que valer enquanto decisão jusconstitucional básica, para todos os âmbitos do Direito".[146] A visão do sistema de direitos fundamentais, como uma ordem objetiva de valores resultante de uma ordem cultural, remonta, no direito público alemão, pelo menos a Rudolf Smend, para quem "o sentido concreto de um catálogo de direitos fundamentais reside em normatizar uma série concreta, de uma certa unidade fechada, vale dizer, um sistema de valores ou bens, um sistema cultural".[147] Este acento "comunitarista" da *jurisprudência dos valores* do Tribunal Constitucional da Alemanha significa que a ordem de valores recolhida pela constituição é uma transposição dos valores consensualmente assumidos como fundamentais pela comunidade histórica que implementou um determinado pacto constitucional, e que verteu em normas jurídicas um compromisso ético-político que não poderia obter a mesma força motivacional e a mesma estabilidade social sem o recurso ao *medium* do Direito.

---

[145] Ver Konrad Hesse, *Elementos de Direito Constitucional da República Federal de Alemanha*, p. 239-244.

[146] Cf. Böckenförde, *Escritos sobre derechos fundamentales*, p. 106, e Alexy, *Teoria de los derechos fundamentales*, p. 148.

[147] Cf. Alexy, *Teoria de los derechos fundamentales*, p. 148. Embora a concepção axiológica dos direitos fundamentais advogada por Rudolf Smend seja considerada a origem doutrinal da teoria desenvolvida pelo Tribunal Constitucional Federal, o matiz comunitarista que estou expondo pode ser perfeitamente reconduzido a aspectos da ciência do direito de Savigny e da filosofia do direito de Hegel.

No Brasil, uma importante contribuição doutrinária para demonstrar o impacto da teoria germânica da constituição como ordem concreta de valores foi elaborada por Gisele Cittadino, que não apenas classifica o constitucionalismo alemão desenvolvido a partir da decisão do caso *Lüth* como *comunitarista*, como afirma que a sua influência direta sobre os constituintes de 1986/1988, ou através dos constitucionalistas espanhóis e portugueses contagiados pelo direito constitucional germânico, produziu uma constituição comunitarista. Resgatando a biografia literária e acadêmica e a trajetória política de importantes constitucionalistas brasileiros, que exerceram funções ativas no processo constituinte ou que eram suficientemente respeitados para formarem as opiniões que surgiram e venceram na Assembléia Constituinte, Gisele Cittadino conclui que houve um amplo predomínio das idéias de juristas "comunitários" na elaboração da Constituição Federal de 1988. Ela cita, entre outros, José Afonso da Silva, Paulo Bonavides, Fábio Konder Comparato, Carlos Roberto Siqueira de Castro, Eduardo Seabra Fagundes e Dalmo de Abreu Dallari, como "constitucionalistas comunitários" que, ou participaram diretamente da elaboração do texto, ou tiveram suas concepções doutrinárias vertidas para a lei fundamental de 1988.

Os "constitucionalistas comunitários" brasileiros dividem com a jurisprudência de valores do Tribunal Constitucional alemão e com a concepção comunitarista a compreensão da constituição como "uma ordem concreta de valores partilhada pela comunidade que, através dos mais diversos mecanismos de participação político-jurídica, deve buscar *realizá-la*, concretizando, assim, o seu direito à autodeterminação".[148] Conforme a autora, a Constituição Federal não é apenas formada por regras e princípios de natureza deontológica, mas sobretudo por uma dimensão axiológica expressa em um conjunto de valores eleitos no curso do processo constituinte pela soberania popular como valores fundamentais da "comunidade" brasileira. A dimensão axiológica supera a dimensão deontológica, porque "o conceito de *bom* tem primazia sobre o de *dever ser*, na medida em que os princípios expressam os 'valores fundamentais' da comunidade".[149]

Um outro traço da identidade *comunitária* da Constituição Federal estaria na adoção de um regime de democracia participativa e de um esquema de concretização constitucional aberto a uma comunidade plural de intérpretes. A previsão de institutos como a iniciativa popular de leis,

---

[148] Gisele Cittadino, *Pluralismo, Direito e Justiça Distributiva*, p. 227.
[149] Idem, p. 46.

plebiscitos e referendos, e, sobretudo, a abertura da jurisdição constitucional mediante a legitimação de vários órgãos e entidades para a propositura de ações de controle concentrado de constitucionalidade, assim como a criação de diversos instrumentos processuais para esse fim, demonstram a intenção constituinte de instituir um regime comunitário de interpretação e aplicação dos valores constitucionais. A autora confere especial importância à abertura da jurisdição constitucional: "De qualquer forma, não há dúvida de que a principal característica 'comunitária' do texto constitucional se encontra precisamente na idéia de *comunidade de intérpretes*, que pressupõe, por um lado, uma concepção de *Constituição aberta* e, por outro lado, a adoção de diversos e novos institutos que asseguram a determinados intérpretes informais da Constituição a capacidade para deflagar processos de controle, especialmente judiciais".[150] Entre esses instrumentos processuais estariam o mandado de segurança coletivo, a ação popular, a denúncia de irregularidades ou ilegalidades ao Tribunal de Contas, o mandado de injunção, a ação de inconstitucionalidade por omissão e a ação direta de inconstitucionalidade.

Cittadino elenca "as várias 'marcas comunitaristas' no ordenamento constitucional": a presença, já no preâmbulo, da igualdade e da justiça como valores supremos da sociedade brasileira; os princípios da dignidade da pessoa humana e o objetivo de construir uma sociedade justa e solidária; a adoção de diversos institutos processuais que asseguram o alargamento do círculo de intérpretes da constituição, revelando um compromisso com a soberania popular e com a democracia participativa; e quando confere ao Supremo Tribunal Federal atribuições jurídico-políticas de uma corte constitucional.[151] Além disso, a autora destaca que uma das características decisivas do constitucionalismo comunitário brasileiro instituído a partir de 1988 é o papel do Supremo Tribunal Federal e do Poder Judiciário de modo geral na proteção judicial dos valores comunitários selecionados pela lei fundamental. O Poder Judiciário transforma-se no guardião dos valores que formam o "sentimento constitucional" da comunidade, e por isso, ao exercer um papel de protagonista ativo do processo de concretização desses valores, deve interpretar a constituição vinculando-se à eticidade substantiva da comunidade.[152]

Entretanto, esse deslocamento da garantia dos valores ético-políticos de uma comunidade constitucionalmente organizada para um Poder Judiciário que se responsabiliza pelo reconhecimento e pela delimitação do

---

[150] Cittadino, *ob. cit.*, p. 48.
[151] Idem, p. 228.
[152] Ibidem.

conteúdo desses valores é um desvio radical da rota do republicanismo clássico. O republicanismo que remonta a Aristóteles e que foi recuperado na modernidade como um dos grandes paradigmas da teoria e da prática políticas, seguramente admite uma transposição dos valores éticos substantivos compartilhados por uma determinada comunidade histórica para o plano constitucional. Provavelmente não haja outro modo mais eficiente de estabilizar politicamente e motivar moralmente sociedades plurais, como são as sociedades contemporâneas, sem a normatização jurídica que resulta da constitucionalização dos valores em princípios e regras. No entanto, o republicanismo, na sua forma clássica, também presume que o reconhecimento e a definição concreta dos valores permanece uma função da comunidade através da participação livre e igual nos processos de deliberação pública. Ora, a transferência dessa função para uma instância não-democrática representa, no mínimo, um desvio do republicanismo clássico e inaugura um novo modelo político que bem poderíamos chamar de *republicanismo substancialista*.

Habermas, no entanto, critica a idéia de que a constituição é uma ordem concreta de valores materiais que possa ser tutelada pela corte constitucional. Para ele, "ao deixar-se conduzir pela idéia da realização de valores materiais, dados preliminarmente no direito constitucional, o tribunal constitucional transforma-se numa instância autoritária. No caso de uma colisão (de valores), *todas* as razões podem assumir o caráter de argumentos de colocação de objetivos, o que faz ruir a viga mestra introduzida no discurso jurídico pela compreensão deontológica de normas e princípios do direito".[153] Claro, Habermas rejeita aspectos centrais da tese republicana na argumentação em favor da sua teoria deliberativa da democracia. Ele procura retirar o peso ético que recai sobre o cidadão de uma república, que está constrangido a ter uma vida política participativa, assim como desconecta o processo democrático de um conjunto de convicções éticas consensualmente assumidas. A teoria do discurso fornece uma forma de legitimação do Direito em processos deliberativos de formação da vontade e da opinião, que respeitam determinados pressupostos comunicativos e regras procedimentais, e permitem que durante o processo deliberativo venham à tona os melhores argumentos, inclusive quanto ao reconhecimento, ao conteúdo e aos limites dos princípios constitucionais e dos direitos fundamentais.

Conquanto note-se uma contradição em relação ao "elogio" ao constitucionalismo comunitário brasileiro erigido a partir da Constituição Fe-

---

[153] Habermas, *Direito e Democracia*, I, p. 321.

deral de 1988, sentido sobretudo na primeira parte de sua obra, Gisele Cittadino termina por referendar, ao final, a crítica habermasiana ao constitucionalismo republicano ou comunitarista. Afirmando que o constitucionalismo comunitário brasileiro esquece que os valores e interesses predominantes na sociedade brasileira não constituem a identidade da comunidade em seu conjunto, e que nenhum discurso ético pode equilibrar os conflitos de interesses sociais no Brasil, ela rejeita a idéia de constituição como ordem concreta de valores:

"Com efeito, se não podemos caracterizar a sociedade brasileira como congruente e harmônica, tampouco podemos nos referir à Constituição como uma ordem de valores compartilhados por nossa comunidade. Não podemos, como querem os 'comunitários', tomar as normas jurídicas como bens atrativos sobre os quais recaem preferências valorativas. A garantia do sistema de direitos constitucionais, que certamente foi instituído com o objetivo de enfrentar os antagonismos e as divisões provenientes do nosso perverso pluralismo social, só será possível se tomarmos as normas constitucionais em um sentido deontológico, ou seja, tão-somente como comandos que obrigam seus destinatários igualmente, sem exceção".[154]

Ao final, receita um constitucionalismo procedimental instituído em torno de princípios jurídicos universais cuja implementação e inscrição na história política brasileira se faça por meio de processos de formação da opinião e da vontade, nos quais a soberania popular assuma forma política. Ainda que não descarte a atuação do Poder Judiciário, ela sustenta que o sistema de direitos fundamentais "apenas terá efetividade mediante a força da vontade concorrente dos nossos cidadãos em processos políticos deliberativos".[155] Contudo, como já se disse, a teoria procedimental de Habermas não está ancorada em nenhum valor ou princípio ético substantivo, mas nos pressupostos formais da ética do discurso. A legitimidade do Direito resulta exclusivamente da submissão das pretensões de validade morais e jurídicas de indivíduos e grupos aos processos democráticos de formação da vontade e da opinião.[156] Isso vale inclusive para o reconhecimento, o conteúdo e os limites dos princípios constitucionais e dos direitos fundamentais, que portanto não podem ser impostos por uma "elite

---

[154] Cittadino, *ob. cit.*, p. 230.

[155] Idem, p. 231.

[156] Ver Lenio Streck, *Jurisdição Constitucional e Hermenêutica*, p. 137: "Habermas propõe um modelo de democracia constitucional que não tem como condição prévia fundamentar-se nem em valores compartilhados, nem em conteúdos substantivos, mas em procedimentos que asseguram a formação democrática da opinião e da vontade e que exigem uma identidade política não mais ancorada em uma 'nação de cultura', mas, sim, em uma 'nação de cidadãos'".

intelectual" investida da função de intérprete e protetor moral dos valores constitucionalizados da comunidade. E a leitura da obra de Gisele Cittadino não convence de que ela está realmente determinada a acompanhar Habermas até as últimas conseqüências do argumento procedimental. Ainda assim, no direito constitucional brasileiro, a concepção da autora é uma das mais próximas às correntes republicanas e deliberativas do pensamento jurídico-político ocidental.

No entanto, no Direito brasileiro talvez ninguém tenha apresentado uma versão de democracia constitucional tão assumidamente aristotélica quanto Luis Fernando Barzotto em *A Democracia na Constituição*.[157] Conquanto ressalve que a democracia constitucional não é uma reedição da república aristotélica e que sua perfilhação à idéia de democracia deliberativa baseia-se na tipificação de um modelo extraído de alguns elementos nucleares da teoria política do filósofo grego, Barzotto afirma que a filosofia prática de Aristóteles contém os conceitos mais adequados para compreender a concepção de democracia assumida pela Constituição Federal de 1988: o povo como comunidade, a idéia de império do direito como império da justiça, a noção de vida boa para o homem como *telos* do Estado e, principalmente, a atividade política como atividade guiada pela razão prática (*phronesis*).[158]

O autor primeiro rejeita a concepção rousseauniana de democracia, que ele denomina de plebiscitária, porque ela se sustenta em um voluntarismo político que não tem compromisso *a priori* com qualquer concepção de bem do homem ou da comunidade, e que se manifesta na noção misteriosa e mística de "vontade geral". A vontade do povo é soberana, expressa-se na vontade geral e materializa-se por meio da lei, que ocupa o centro do sistema jurídico. A lei é a expressão da vontade geral, da vontade da totalidade do povo, e não de cada um dos membros da comunidade, ainda que ela possa resultar apenas da maioria do povo. Como a vontade geral está sempre certa e é sempre justa, porque o povo não pode ser injusto consigo ou errar contra si mesmo, a lei nunca é errada nem injusta, com o que a soberania popular se converte na soberania parlamentar. Nesse modelo político, "o discurso, a troca de argumentos, o diálogo não são instrumentos que permitam encontrar a vontade geral. Ao contrário, sua

---

[157] Para compreender a afiliação aristotélica de Luis Fernando Barzotto, ver "Prudência e jurisprudência – Uma reflexão epistemológica sobre a *jurisprudentia* romana a partir de Aristóteles", *Anuário do Programa de Pós-gradução em Direito da UNISINOS*, 1998/99, p. 163-192, e "Justiça social: gênese, estrutura e aplicação de um conceito", *Revista do Ministério Público do Rio Grande do Sul*, n. 50, 2003, p. 19-56.
[158] Essa síntese encontra-se exposta na nota de rodapé n. 1 do capítulo n. 5, p. 175 da obra mencionada.

ausência é uma garantia de que a deliberação majoritária expressa a vontade geral". Esses fundamentos tornam o funcionamento da democracia plebiscitária puramente voluntarista e irracional, sujeito a mudanças de direção a qualquer momento, porque não tem qualquer compromisso com uma concepção racional de vida boa para as pessoas e de bem comum para a comunidade.[159]

A seguir, ele refuta também a concepção de democracia procedimental defendida por Hans Kelsen. Como Rousseau, Kelsen é partidário de uma concepção voluntarista de democracia, a qual entende como um método de tomada de decisões políticas, composto por uma série de regras e procedimentos, dentre as quais se destaca a regra da maioria. A democracia constitucional kelseniana baseia-se em uma cosmovisão individualista que busca proteger o indivíduo em face da sociedade e do Estado. O ser humano é um indivíduo auto-interessado e anti-social (individualismo antropológico), capaz de conhecer a verdade política monologicamente (individualismo epistemológico) e dotado de valores que se encontram exclusivamente na sua dimensão afetiva particular (individualismo ético). Como existe uma pluralidade de valores individuais no mundo e como esses valores são irracionais e não podem tornar-se objetivamente compartilháveis, não é possível estabelecer valores fixos como fins para as ações humanas e as instituições sociais. A democracia, sendo um método político de organização social, não busca realizar o bem comum, porque ele não é objetivamente determinável. Como conseqüência, a democracia, e o Direito que lhe corresponde, pode visar a qualquer fim. No paradigma relativista da democracia procedimental kelseniana a determinação dos fins sociais é delegada sem constrangimentos constitucionais substantivos à liberdade de escolha do legislador, que não está limitado por qualquer valor ou bem estipulado *a priori*.[160]

Por fim, sustenta que a democracia constitucional instituída na Constituição Federal de 1988 não é liberal, porque não está fundada em uma concepção de governo neutro em relação à questão da vida boa para a pessoa humana e para a comunidade.[161] Ao contrário, a Constituição brasileira "não é neutra acerca do que é vida boa para o ser humano. Ela contém uma determinada concepção de vida boa", expressa em finalidades, objetivos e bens específicos a se realizarem pela República, no âmbito de um Estado Democrático de Direito. A comunhão desses fins e bens constitucionalmente reconhecidos torna o povo brasileiro uma comunida-

---

[159] Luis Fernando Barzotto, *A Democracia na Constituição*, p. 85-130.
[160] Barzotto, *ob. cit.*, p. 131, 174.
[161] Idem, p. 193.

de, ou seja, "uma associação humana fundada na busca de um bem que é comum a todos os seus membros".[162]

Compreender o povo como uma comunidade destinada a proporcionar uma vida boa para todos permite identificar a democracia instituída pela nossa Constituição como uma *democracia deliberativa*. Há duas razões para essa identificação. Primeiro, ela imprime um caráter racional à democracia, porque a determinação de bens comuns às pessoas fornece critérios objetivos para a argumentação exigida nos processos de discussão e deliberação. Segundo, quando assumimos que o povo é uma comunidade de pessoas humanas, admitimos que as pessoas são "substâncias individuais de caráter racional", dotadas de uma dignidade intrínseca insubstituível e irredutível ao bem do todo social. Dado o caráter racional da pessoa humana membro da comunidade, o regime democrático deve ser deliberativo e não voluntarista, porque somente o exercício da razão prática permite atingir a vida boa para os indivíduos e o bem comum para a comunidade.[163]

Barzotto propõe, então, uma concepção de democracia constitucional que denomina de *institucionalista*, com base em Carl Schmitt. Na perspectiva do institucionalismo, "o direito positivo é uma ordem concreta de relações de justiça", e a própria constituição não deve ser entendida como um sistema de normas ou como a decisão fundamental do povo brasileiro, mas "um complexo de relações de justiça expresso em um texto normativo" que estabelece como finalidade comunitária o bem comum, considerado "como conjunto de condições que permite a cada um realizar-se plenamente como pessoa". Essas "relações de justiça" residem nas diversas referências, explícitas e implícitas, a diferentes manifestações da justiça no texto da Constituição de 1988 (justiça social, justiça particular, justiça distributiva, justiça comunitativa). Outro fator que corrobora a tese institucionalista é a presença de um rol de valores definidos já no Preâmbulo e em todo o texto constitucional: liberdade, igualdade, solidariedade, bem-estar, justiça social, desenvolvimento, segurança, função social da propriedade, valores que assumem uma dimensão jurídica ao serem implantados na Constituição.[164] Nesse ponto, é visível a semelhança entre a tese institucionalista do autor e a concepção de constituição como ordem

---

[162] Barzotto, *ob. cit.*, p. 177. Compare-se a visão do autor com a "proposição nuclear", nitidamente semelhante, sustentada por Gomes Canotilho em *Constituição dirigente e vinculação do legislador*: "a programática de uma constituição dirigente, democraticamente fixada e compromissoriamente aceitê, aspira tornar-se a dimensão visível de um projeto de justo comum e de direcção justa". *Ob. cit.*, p. 22.

[163] Idem, p. 180-181.

[164] Idem, p. 189-193.

concreta de valores, desenvolvida pelo Tribunal Constitucional Federal alemão e assumida como paradigma do constitucionalismo republicano.

Os bens necessários à vida boa e ao bem comum estabelecem deveres de justiça para o Estado, para a sociedade e para as próprias pessoas que compõem a comunidade. Considerados da perspectiva da comunidade, esses bens são chamados de *valores*, que são metas para a ação coletiva da comunidade na consecução do bem comum. Na perspectiva das pessoas, os bens são chamados de *direitos*, o que significa que o bem acolhido no direito é algo devido como dever de justiça a uma pessoa humana.[165] Mas esses direitos não são "trunfos políticos" que os indivíduos possuem para sua defesa, conforme a tradição liberal. Na concepção teleológica, os direitos fundamentais são considerados "instituições que protegem certos bens que compõem a vida boa para o homem". Eles não existem contra outras pessoas, mas para possibilitar a coexistência com elas. De fato, dada a natureza social da pessoa humana, todos os direitos fundamentais têm uma função social, porque todos estão vinculados às determinações da justiça social referentes ao bem comum.[166]

Ao reconhecer uma série de bens na forma de direitos e valores, a Constituição de 1988 explicitou a concepção de vida boa e de bem comum para os membros da República brasileira. Conseqüentemente, o processo democrático tem uma finalidade preestabelecida constitucionalmente, e as decisões políticas nele tomadas passam a ser *aplicações* dos parâmetros definidos *a priori* pela Constituição. Esse aspecto demonstra que a Constituição Federal não pode ser entendida como liberal, justamente porque ela "pré-constituiu" o bem da comunidade. Entretanto, se esse argumento poderia indicar que Barzotto advoga um republicanismo substancialista, que interpreta a constituição como uma ordem de valores com conteúdo predeterminado e indisponível às instâncias democráticas, a sua exposição sobre a função da razão prática, no sentido grego de *phronesis*, na definição dos conteúdos dos valores e direitos constitucionais, cuida de afastar as dúvidas sobre o caráter deliberativo da democracia brasileira.

A definição racional dos conteúdos de valores e direitos fundamentais que asseguram a vida boa e o bem comum exige o pluralismo de idéias e pontos de vista, porque nenhuma idéia ou ponto de vista goza de acesso privilegiado ao conteúdo dessas categorias. Assim, "somente no confronto das várias opiniões é que a deliberação pode aproximar-se da verdade prática sobre a vida boa e o bem comum". A "aplicação" dos valores e

---

[165] Barzotto, *ob. cit.*, p. 194-195.
[166] Idem, p. 198-200.

direitos constitucionais em circunstâncias concretas exige a deliberação entre os membros da comunidade, seja para determinar o conteúdo de cada valor ou direito, seja para combiná-los da melhor maneira possível.[167] Como ninguém sabe *a priori* qual o significado exato de liberdade, segurança, desenvolvimento, o conhecimento dos direitos individuais e sociais não pode ser monopólio de uma ou de algumas pessoas; ele deve estar sempre sendo construído democraticamente através do diálogo que caracteriza o uso da razão pública.[168]

Portanto, a Constituição brasileira é republicana e assume uma concepção de democracia deliberativa porque estabelece um conjunto de bens que se materializam em valores e direitos fundamentais, os quais constituem o *telos* jurídico-político da vida comunitária, e porque a aplicação desses bens em circunstâncias concretas – na produção de leis, regulamentos e decisões judiciais, por exemplo – exige processos de deliberação coletiva através dos quais se faça uso da razão prática dirigida a obter, pelo diálogo entre os diferentes pontos de vista, o conceito mais adequado para preencher o conteúdo dos direitos fundamentais e dos valores previstos na Constituição.

A teoria da democracia constitucional de Luis Fernando Barzotto realiza uma "constitucionalização" do republicanismo aristotélico. Quando afirma que a definição do conteúdo dos princípios, valores e direitos constitucionais somente pode ocorrer através do processo democrático, o autor adota uma posição identificada com a concepção clássica de república. No entanto, a deliberação democrática não é livre na fixação dos conceitos de vida boa para as pessoas e de bem comum para a comunidade, porquanto a própria Constituição estabelece conceitos de vida boa e de bem comum através dos princípios, valores e direitos fundamentais acolhidos no seu texto. É que essas categorias constitucionais fornecem um *telos* ao menos parcialmente determinado para o debate democrático.[169] Se não existissem essas pautas que predeterminam parcialmente o sentido da vida boa e do bem comum, os participantes do debate poderiam postular qualquer finalidade, o que identificaria o modelo republicano ao procedimentalismo relativista de base kelseniana. Assim, a democracia constitu-

---

[167] Barzotto, *ob. cit.*, p. 204.

[168] Idem, p. 206.

[169] De modo geral, a teoria constitucional de Barzotto possui muitos pontos de encontro com a concepção de Jeremy Waldron, inclusive quanto à interpretação que ambos fazem da democracia deliberativa na teoria política de Aristóteles. Cf. *A dignidade da legislação*, p. 113-149. No entanto, ao aceitar que os direitos e princípios fundamentais condicionem pelo menos parcialmente o debate democrático, Barzotto explicita uma reserva constitucional em relação à democracia deliberativa que Waldron não admite.

cional não é um regime político em que os fins coletivos são livremente decididos pela deliberação pública. Os direitos fundamentais, os princípios e os valores constitucionais vinculam parcialmente o conteúdo das decisões tomadas nos processos democráticos. Por conseguinte, "correto é tudo aquilo que conduz à finalidade; incorreto, o que afasta dela".[170]

Barzotto não se detém na função da justiça constitucional no arranjo institucional da democracia deliberativa. É certo que o acento deliberativo da sua concepção republicana privilegia os processos democráticos no reconhecimento e na definição dos conteúdos constitucionais. Como ele assinala reiteradamente, o significado concreto da vida boa e do bem comum deve ser atingido pelo uso da razão prática em processos dialógicos abertos a todos os membros da comunidade, porque somente o debate racional entre múltiplos pontos de vista pode produzir um significado conforme o *telos* da comunidade. Entretanto, como os direitos fundamentais, os princípios e os valores constitucionais fornecem pautas parcialmente determinadas quanto a esse *telos*, de modo que decisões democráticas podem ser classificadas como *corretas* ou *incorretas*, conforme sejam ou não compatíveis com aquelas pautas, não é de modo algum infundada a pergunta sobre o papel da justiça constitucional como guardiã dos fins constitucionalmente definidos. Até porque a Constituição brasileira estudada pelo autor também incorpora, entre as nossas instituições governamentais, o controle judicial de constitucionalidade das leis. Portanto, não se pode fugir da discussão quanto à função do Poder Judiciário na garantia dos conteúdos dos direitos, valores e princípios pré-definidos, ainda que apenas parcialmente, pela constituição, já que *essa parcial predefinição implica logicamente uma restrição material aos processos de deliberação democrática.*

O autor não esclarece a função da justiça constitucional na democracia deliberativa instituída pela Constituição Federal. É verdade que alguns aspectos da sua teoria sugerem a necessidade de um controle judicial da aplicação dos conteúdos constitucionais pelas instâncias democráticas. A própria idéia de conteúdos definidos *a priori* permite essa ilação. Contudo, o máximo que se obtém da exposição sobre a justiça constitucional são referências muito vagas, que não esclarecem a sua posição. Quando se refere especificamente à atividade judicial, Barzotto afirma que ela deve ser entendida como uma continuação do processo deliberativo democrático, e o juiz deve dar continuidade, em cada caso, à discussão democrática que se expressa nas leis e decretos dos poderes legitimados pelo voto

---

[170] Barzotto, *ob. cit.*., p. 207.

popular.[171] Ele também admite que o controle de constitucionalidade e as vedações ao poder de reforma constitucional impõem limites à soberania popular.[172] Sem embargo, a teoria da democracia constitucional desenvolvida por Barzotto demonstra a dificuldade de conferir coerência lógica a qualquer concepção de democracia deliberativa que tente acomodar o princípio democrático como eixo da vida política, com fins ou valores pré-constituídos e que restringem o espaço de decisão dos processos democráticos. É impossível evitar a pergunta sobre quem fiscaliza o respeito pelas restrições à democracia e quais são os limites da autoridade fiscalizadora.

Percebe-se uma semelhança fundamental entre a teoria da democracia deliberativa e o republicanismo clássico: a exigência de participação política nos processos de deliberação e decisão de questões políticas, inclusive de questões constitucionais como o conteúdo e os limites dos princípios e direitos fundamentais, e uma recusa de uma função ativa do Poder Judiciário como guardião dos valores materiais de uma ética comunitária expressa ou não em normas constitucionais. Por outro lado, como vimos, há um outro republicanismo que, embora permaneça centrado na participação política dos cidadãos de uma comunidade organizada em torno de um conjunto de valores éticos, também reconhece na constituição a ordem concreta expressiva desses valores. Esse republicanismo, que denominei de *substancialista*, é uma espécie de *intermezzo* entre as teorias constitucionais radicalmente democráticas e as teorias substancialistas da constituição, e por isso retomarei alguns de seus aspectos na última parte deste capítulo. Antes, porém, é preciso examinar as teorias substancialistas do direito constitucional.

---

[171] Barzotto, *ob. cit.*, p. 192.
[172] Idem, p. 204.

4. Os direitos na ofensiva: a teoria substantiva da constituição

Como já foi dito, é possível identificar uma tensão congênita entre princípio constitucional e soberania popular desde os primeiros esboços dos Estados democrático-constitucionais. Entretanto, o surgimento de um novo tipo de constitucionalismo no curso do século XX acelerou e agravou o confronto. Vimos, ainda, que a fórmula do regime constitucional liberal reservava uma função tímida às constituições, reduzidas a uma fonte normativa dos órgãos e procedimentos responsáveis pela elaboração das leis, estas sim encarregadas da produção de normas jurídicas. As constituições liberais previam também alguns poucos direitos individuais fundamentais, as denominadas liberdades públicas, que operavam não tanto como direitos subjetivos, mas como limites negativos ao conteúdo das leis. Nesse esquema, o princípio constitucional de limitação do poder do Estado estava contido em um espaço que a rigor não ameaçava a liberdade de conformação normativa do Poder Legislativo, que preservava a sua supremacia na competência de produzir Direito.

As constituições do segundo pós-guerra quebram essa estrutura de acomodação. Embora mantenham a função histórica de contenção do poder e organização do Estado e dos processos de produção de normas, elas reagem à grande crise política e moral da civilização humana na primeira metade do século XX e às profundas transformações socioeconômicas que tornaram as sociedades industrializadas muito mais complexas. Essa reação processa-se com uma mudança radical da estrutura e das funções assumidas pelas constituições que vêm sendo elaboradas desde 1945. O constitucionalismo que surge desloca o seu centro de gravidade da soberania parlamentar e da supremacia da lei para um sistema de direitos fundamentais diversificado, abrangente e expansivo, e que incorpora nas constituições valores morais, políticos e sociais que, até meados do século passado, pertenciam ao discurso filosófico dos direitos humanos. Com isso, as constituições rompem o postulado positivista da pureza da ordem jurídica e promovem o reencontro do Direito com a moral, exatamente por intermédio da positivação dos direitos humanos nos sistemas de direitos fundamentais.

A crise político-moral e as transformações socioeconômicas mudam as constituições e as constituições mudam o Direito. Com efeito, as constituições deixam de ser o instrumento de limitação e organização do governo e convertem-se na ordem jurídica global das comunidades políticas. Os sistemas de direitos fundamentais protegem um espectro muito amplo de bens, valores e interesses humanos substantivos, direitos que amplificam as relações entre Estado e indivíduo e invadem as relações privadas antes reservadas à autonomia privada regulada pelo direito civil. Com isso se processa uma materialização e uma centralização das constituições e de todo o sistema jurídico em torno dos direitos fundamentais. A idéia de "substantividade" ou materialidade das constituições decorre, por um lado, de uma oposição conceitual às teorias que radicam as constituições na função de garantia da democracia procedimental, e, de outro lado, justamente na assunção de uma função de *blindagem* de determinados valores substantivos incorporados no sistema de direitos fundamentais. Esse fenômeno, que ocorreu em todo o mundo ocidental, foi responsável pelo surgimento das concepções substantivas de constituição, seguramente as concepções mais representativas da evolução das democracias constitucionais ao longo das últimas décadas.

Como pretendo analisar adiante, a doutrina constitucional brasileira que influenciou a elaboração da Constituição Federal de 1988 e a surpreendentemente prolífica e instigante teoria constitucional que vem sendo produzida no país desde então se alinham quase integralmente às concepções substantivas de constituição. Conquanto juristas de orientação liberal ainda defendam uma constituição minimalista, no sentido kelseniano, não chega a haver ainda, no discurso teórico brasileiro, uma disputa entre concepções constitucionais rivais sobre o sentido da Constituição Federal de 1988, de modo que é possível perceber a instauração de uma hegemonia do constitucionalismo baseado em direitos no nosso cenário jurídico. Prova disso é a atração que exercem sobre os constitucionalistas brasileiros as concepções dos dois mais importantes teóricos da doutrina substantiva, Ronald Dworkin e Robert Alexy, os quais, segundo Giorgio Bongiovanni, fundaram uma nova idéia geral de Direito, ao desenvolverem o que denominou de teorias "constitucionalísticas" do direito.[173] Entretanto, para entender a importância dessas teorias constitucionais na evolução histórica

---

[173] Giorgio Bongiovanni, *Teorie "costituzionalistiche" del diritto. Morale, diritto e interpretazione in R. Alexy e R. Dworkin*, p. 49-58.

recente do Direito e da política e para compreender os seus próprios fundamentos, parece ser indispensável estudar a gestação da concepção substantiva no cenário onde ela não apenas surgiu, mas onde ela ainda hoje é alvo de intensas objeções e ressalvas: o direito constitucional norte-americano.

De fato, o problema da natureza intrinsecamente antidemocrática da *judicial review* é uma questão jurídica e política recorrente na tensão interna do sistema constitucional norte-americano. Enquanto a Suprema Corte praticou uma auto-restrição severa e não interveio na produção do Direito senão eventualmente, como ocorreu ao longo do século XIX, a tensão pareceu controlada e reservada ao plano da especulação teórica. No entanto, assim que o tribunal abandonou a doutrina da *self-restraint* e adotou um ativismo judicial em defesa dos valores do liberalismo econômico, a clivagem entre o princípio constitucional e os fundamentos democráticos do Estado tornou-se enérgica. A acusação básica era de que o controle de constitucionalidade das leis pelos tribunais consistia uma prática ofensiva aos princípios de um regime democrático. Contudo, já em 1952, antes portanto do início da revolução ativista promovida pela Corte Warren, Eugene Rostow publicou um artigo que se tornou um marco histórico da concepção substantiva de constituição, intitulado *The democratic character of judicial review*. Segundo Rostow, "o ataque à revisão judicial como não-democrática sustenta-se na premissa de que a Constituição deveria evoluir sem controle judicial. Os proponentes dessa visão entendem que a Constituição deve significar o que o Presidente, o Congresso e os legislativos estaduais dizem que ela significa".[174]

Rostow afirma que "é uma grande simplificação sustentar que uma sociedade não pode ser democrática a menos que os seus parlamentos tenham poderes soberanos. A qualidade social de uma democracia não pode ser definida por uma fórmula tão rígida". O objetivo final de uma sociedade é garantir o máximo de liberdade possível para os seres humanos, e o propósito de uma constituição é assegurar às pessoas uma sociedade livre e democrática. A constituição provê a sociedade de um governo para atingir essas finalidades, mas esse governo não tem poderes irrestritos. Os direitos liberais são limites aos poderes dos governos, e a função judicial é garantir a tutela desses direitos. Essa restrição não afeta o caráter democrático de uma sociedade, na medida em que a garantia da liberdade é essencial para uma democracia saudável.

Essa tese, de caráter liberal-progressista para os padrões dos Estados Unidos, obteve franco predomínio no período em que a Suprema Corte foi

---

[174] Eugene Rostow. "The democratic character of judicial review", *Harvard Law Review* 66 (1952).

presidida pelo *Chief Justice* Earl Warren, durante o qual o tribunal, após alguns anos de retorno a uma postura de autolimitação, exerceu um ativismo judicial fortemente comprometido com os direitos civis e políticos, com os quais promoveu uma série de reformas no direito norte-americano, determinando a eliminação da segregação racional, a redistribuição dos distritos eleitorais, a proteção da privacidade contra leis que proibiam o uso de métodos contraceptivos e a garantia de direitos dos acusados. Nesse período, a grande referência doutrinária do constitucionalismo norte-americano foi Alexander Bickel, cuja principal obra, *The Least Dangerous Branch*, conquanto padeça de ambigüidades que refletem a intensidade do conflito entre constitucionalismo e democracia no ambiente jurídico norte-americano, converteu-se na mais importante defesa do instituto da *judicial review* naqueles anos em que ela esteve sob forte pressão.

Entretanto, sem qualquer dúvida, o principal teórico da concepção substantiva de constituição é Ronald Dworkin.[175] Há vários caminhos para introduzir um estudo sobre a teoria constitucional do direito elaborada por Dworkin, mas todas elas revelariam a rigorosa coerência interna da concepção constitucional que, ao longo de quase quatro décadas, ele vem sistematicamente divulgando. Preferi iniciar rastreando traços elementares da sua doutrina em posições teóricas que antecederam a aparição dos seus escritos no Direito norte-americano. Dworkin defende uma teoria constitucional na qual juízes e tribunais, e especialmente a Suprema Corte, devem fazer, e têm legitimidade para tanto, a afirmação de valores substantivos da moralidade pública, pressupostos nos direitos fundamentais dos indivíduos. A proteção judicial dos direitos através da revisão das leis por juízes e tribunais é uma característica distintiva de excelência do modelo de Estado constitucional norte-americano, e por isso deve ser reconhecida e preservada. Nada assegura que decisões adotadas pelo parlamento ou pelo presidente possam oferecer mais garantia a esses direitos, apenas pela origem democrática dessas decisões, do que aquelas adotadas pelo Poder Judiciário no exercício da *judicial review*.

O ponto de onde quero começar o exame da teoria constitucional de Dworkin está em uma passagem do ensaio *O fórum do princípio*, de 1981. Um dos alvos do ensaio é a teoria procedimental da constituição exposta no livro de John Hart Ely, publicado no ano anterior. Dworkin pretendeu desacreditar as duas mais importantes correntes doutrinárias que imputam

---

[175] V. Keith Whittington, *Constitutional interpretation*, p. 27-30. Para Whittington, "Dworkin é o mais criterioso dos teóricos dos direitos fundamentais. Para ele, a revisão judicial não apresenta nenhuma 'dificuldade' contra-majoritária séria, porque o constitucionalismo sempre pretende controlar maiorias" (p. 27).

à revisão judicial das leis um potencial antidemocrático que deveria ser evitado através de artifícios interpretativos: a) a teoria da intenção original (*original intent*), segundo a qual os tribunais, no exame da constitucionalidade das leis, devem limitar-se a aplicar a intenção dos constituintes, sem introduzir valores próprios ou concepções morais modernas contrastantes com os valores acolhidos pelos constituintes; e b) a teoria procedimental, que encarrega os tribunais tão-somente da função de policiar os processos da democracia para assegurar que as decisões neles tomadas respeitem os interesses de todos.

Dworkin primeiro mostra que essas teorias, ao tentarem evitar julgamentos judiciais substantivos, aplicando a intenção original ou protegendo os direitos que reforçam o processo democrático, estão, na verdade, adotando julgamentos judiciais substantivos. A sua posição, no entanto, é exposta de seguinte modo: "Minha visão é que o Tribunal deve tomar decisões de princípios, não de política – decisões sobre quais direitos as pessoas têm sob nosso sistema constitucional, não decisões sobre como se promove melhor o bem-estar geral –, e deve tomar essas decisões elaborando e aplicando a teoria substantiva da representação, extraída do princípio básico de que o governo deve tratar as pessoas como iguais".[176] A distinção entre *principles* e *policies*, essencial para compreender essa tese, já havia sido exposta em *The model of rules I*, publicado em 1967, e sua importante repercussão no direito constitucional fora apresentada em *Constitutional cases*, publicado em 1972.

O autor, portanto, reivindica que a garantia dos direitos pela *judicial review* deve ser realizada mediante decisões de princípios, e não através de decisões de política. Essa distinção tem antecedentes históricos interessantes no direito constitucional norte-americano, em obras doutrinárias que utilizaram conceitos semelhantes com a função de servir de critério de legitimação do controle judicial de leis no âmbito de uma democracia constitucional. O primeiro teórico a sustentar que o controle de constitucionalidade de leis somente estava legitimado quando fundado em princípios foi Herbert Wechsler, no seu famoso ensaio intitulado *Toward neutral principles of constituional law*, de 1959. Wechsler argumenta que, embora a revisão judicial das leis seja uma instituição inevitável do modelo constitucional norte-americano, a Suprema Corte deve evitar julgamentos baseados em critérios de conveniência e concentrar-se na tentativa de obter princípios neutros sobre os direitos constitucionais. Para o autor, julgamentos *ad hoc* sempre foram "o mais profundo problema" do constitucio-

---

[176] Dworkin, *Uma questão de princípio*, p. 101.

nalismo norte-americano. Como antídoto contra esse vício intolerável daquele sistema jurídico, sustenta que "o principal elemento constitutivo do processo judicial é precisamente que ele deve ser genuinamente baseado em princípios, fundando cada passo do processo de julgamento em análises e razões que transcendam o resultado imediato que é atingido".[177] A essência do método judicial está em decidir sobre fundamentos de adequada neutralidade e generalidade, testados não somente no momento da aplicação, mas em quaisquer outras situações em que os princípios estejam implicados. Portanto, cortes e juízes têm legitimidade para controlar os atos dos outros poderes com base em normas constitucionais, mas, para serem legítimos, julgamentos sobre constitucionalidade devem ser fundados em princípios neutros, ou seja, *standards* que transcendam o caso em exame e possam ser aplicados em todas as situações idênticas no futuro.

Alexander Bickel admite que julgamentos sobre normas constitucionais devem basear-se em princípios neutros. Todavia, apresenta objeções importantes à concepção de Wechsler. Ele parte de uma noção basicamente idêntica de princípio neutro, que concebe como "uma declaração coerente da razão que permite produzir resultados iguais para casos iguais, sejam eles ou não imediatamente aceitáveis ou convenientes".[178] No entanto, ele recusa a rigidez conferida por Wechsler ao conceito de princípios neutros, que devem se isolar de questões de conveniências (*expediency*). Para Bickel, o sistema democrático de governo norte-americano é marcado por uma tensão original entre princípio e conveniência, e essa tensão não pode ser evitada na *judicial review*. Assim, muito embora julgamentos de constitucionalidade devam basear-se em princípios neutros, nem sempre será possível evitar a adoção de julgamentos de conveniência. Aliás, freqüentemente será mesmo desejável a associação entre princípio e conveniência,[179] como é exemplo a decisão em *Brown v. Board of Education*, na qual a Suprema Corte declarou o princípio geral da proibição da segregação racial, mas determinou que as medidas concretas para eliminar a segregação deveriam ser adotadas com *all deliberated speed*, ou seja, com a máxima velocidade possível, mas respeitando circunstâncias particulares que pudessem impedir o cumprimento imediato da decisão.

---

[177] Wechsler, "Toward neutral principles of constitutional law", *Harvard Law Review* 73 (1959) p. 15. Para um detalhado estudo da tese de Wechsler, inclusive com análise de sua aplicabilidade no direito constitucional espanhol, ver Enrique Alonso García, *La interpretación de la Constitución*, p. 32-63.

[178] Bickel, *The Least Dangerous Branch*, p. 59.

[179] Bickel, *ob. cit.* p. 68-69.

Por conseguinte, a idéia de que a legitimidade da *judicial review* dependia de julgamentos baseados em princípios já possuía antecedentes conspícuos na doutrina constitucional norte-americana. A teoria de Dworkin, no entanto, possui duas diferenças fundamentais. Primeiro, a sua concepção de princípio é substantiva, enquanto os conceitos propostos por Wechsler e Bickel adotam um padrão formal de vaga inspiração kantiana. Para eles, princípios neutros ou gerais são aqueles que permitem "transcender o resultado imediato atingido no caso" e possam "produzir resultados iguais para casos iguais". Nenhum dos dois pressupõe qualquer conteúdo para que os princípios sejam considerados neutros. Dworkin admite que a legitimidade de julgamentos constitucionais deve basear-se em princípios, mas defende que o princípio é "um padrão que deve ser observado, não porque vá promover ou assegurar uma situação econômica, política ou social considerada desejável, mas porque é uma exigência de justiça ou eqüidade ou alguma outra dimensão da moralidade".[180] Observe-se, pois, que o conceito de princípio não é formal, mas nitidamente substantivo, já que tem seu conteúdo preenchido por valores morais, vinculados à idéia de justiça ou a outras dimensões da moralidade. Conforme declarou na passagem de *O fórum do princípio* transcrita acima, o controle de constitucionalidade dos atos dos demais Poderes somente é legítimo quando fundado em princípios, e não em políticas (*policies*). Uma *policy* é "aquele tipo de padrão que estabelece um objetivo a ser alcançado, em geral uma melhoria em algum aspecto econômico, político ou social da comunidade".[181] Julgamentos de política são atribuições exclusivas dos Poderes Legislativo e Executivo e não podem ser objeto de controle ou aplicação pelos tribunais.

Essa teoria evidentemente circunscreve o papel da revisão judicial no arranjo institucional de uma democracia constitucional. *Prima face*, poder-se-ia localizá-la no elenco de esforços doutrinários que há décadas vêm tentando estabelecer um limite para a função da *judicial review*, compatível com o princípio democrático, sem no entanto eliminá-la do sistema de governo. Esses esforços respondem a uma espécie de "princípio da acomodação dos opostos", expressamente definido como objetivo de várias contribuições teóricas para o tema. Bickel, por exemplo, declara como propósito essencial de sua obra elaborar uma *tolerable accomodation* do controle de constitucionalidade com a teoria e prática da democracia.[182] É

---

[180] Dworkin, *Taking Rights Seriously*, p. 22. Tradução de Nelson Boeira para a edição brasileira, da Martins Fontes, p. 36.
[181] Idem, ibidem.
[182] Bickel, *ob. cit.*, p. 28.

claro que a teoria do direito de Dworkin também visa a um balanceamento entre constitucionalismo e democracia, a fim de preservar os dois princípios em um mesmo sistema de governo. Entretanto, Dworkin não se propõe a oferecer razões e estratégias para reduzir o papel da *judicial review*, a fim de minimizar o seu caráter contramajoritário e desviante da democracia. Ao contrário, ele se dedica a uma *tour de force* teórica vigorosa e coerente para demonstrar que um regime constitucional não está exclusivamente fundado no princípio democrático, que a proteção judicial dos direitos reforça a vitalidade da democracia, e que o cânone básico de uma democracia constitucional, o *princípio da igual consideração e respeito* por todos os indivíduos, é freqüentemente melhor assegurado em um sistema em que os tribunais tenham competência para controlar os atos dos demais poderes, do que em sistemas que concedem soberania absoluta aos Poderes Legislativo e Executivo.

Como esclarece Giorgio Bongiovanni, essa ligação entre princípio, moral e direito é o eixo da teoria "constitucionalística" do direito de Dworkin.[183] Já no ensaio *Constitutional cases*, publicado em *Taking Rights Seriously*, ele advertia que o direito constitucional não pode obter avanços genuínos sem colocar o problema dos direitos contra o Estado em sua agenda e produzir uma fusão entre direito constitucional e teoria moral, sugerindo inclusive, exemplificativamente, a adoção da filosofia moral da John Rawls como uma das alternativas de qualidade para o desenvolvido da teoria dos direitos.[184] Mais adiante, essa ligação será levada a suas últimas conseqüências com a defesa da *moral reading of the Constitution*, apresentada na obra *Freedom's law*. A trajetória da sua teoria revela uma tentativa de propor um modelo de constitucionalismo democrático no qual a supremacia dos direitos fundamentais, sintetizados pelo princípio da *equal concern and respect*, forneça o fundamento de legitimidade suficiente para que a jurisdição constitucional controle e limite os atos dos Poderes Legislativo e Executivo, sempre que estiver em jogo a garantia de um direito ameaçado pelo Estado, sem com isso afetar o caráter democrático do governo.

A premissa inicial de Dworkin é de que a teoria constitucional americana não se resume a uma simples teoria majoritária da democracia. A Constituição foi projetada para proteger os cidadãos individuais e os gru-

---

[183] Giorgio Bongiovanni. *Teorie "costituzionalistiche" del Diritto. Morale, diritto e interpretazione in R. Alexy e R. Dworkin*, p. 77 e ss.
[184] Dworkin, *Taking Rights Seriously*, p. 149. Essa sugestão foi depois ironizada por John Hart Ely: "Nos gostamos de Rawls, vocês gostam de Nozick. Nós ganhamos: 6 a 3". V. *Democracy and distrust*, p. 58.

pos minoritários contra decisões da maioria, ainda quando a maioria aja convencida de estar promovendo o interesse geral. Os direitos dos cidadãos individuais e dos grupos minoritários estão tutelados por meio de cláusulas vagas, que necessitam de uma operação interpretativa ou de construção.[185] Não há dúvida de que essa interpretação é competência dos tribunais, segundo a doutrina formulada desde *Madison v. Madison*. Contudo, a "construção" das normas constitucionais de direitos fundamentais com conteúdo vago é disputada por duas "filosofias gerais" acerca do método a ser adotado pelos tribunais nessa operação. O programa do *ativismo judicial* sustenta que compete às cortes de justiça definir o significado das cláusulas com conteúdo aberto da constituição, adaptando-as, inclusive, às mudanças surgidas na história social. Já o programa da *restrição judicial* defende que os tribunais devem permitir que decisões sobre o sentido das cláusulas constitucionais abertas sejam tomadas pelos outros poderes, que possuem origem popular e legitimidade democrática.[186]

A doutrina da restrição judicial assenta-se em duas concepções distintas. A *teoria do ceticismo político* argumenta que os indivíduos não possuem direitos morais contra o Estado, mas apenas direitos legais, ou seja, apenas aqueles expressamente garantidos no texto constitucional. Não é preciso aqui explicar que essa teoria tem aplicação praticamente restrita ao cenário constitucional norte-americano, em face do número reduzido de direitos fundamentais previstos na Constituição daquele país. Já a *teoria da deferência judicial*, de caráter efetivamente universal e particularmente importante para este estudo, sustenta que o conteúdo dos direitos fundamentais é *sempre controverso e discutível*, e, por isso, cabe às instituições políticas com legitimidade democrática, e não aos tribunais, decidir quais os direitos que devem ser reconhecidos e em que extensão.[187] A teoria da deferência judicial descende da concepção de supremacia do princípio da democracia sobre o princípio constitucional no modelo político do constitucionalismo democrático, e, conforme já apontei, propõe que questões envolvendo princípios morais ou políticos devem ser resolvidas pelos poderes democráticos.

Dworkin rejeita essa visão majoritária de democracia, porque entende que em questões de princípio moral ou político, instituições representativas não funcionam necessariamente melhor do que os tribunais; ao contrário, há boas razões para acreditar que, ao menos em determinadas situações, os tribunais são muito mais efetivos na tutela dos direitos do

---

[185] Dworkin, *op. cit.*, p. 132.133.
[186] Idem, p. 137.
[187] Idem, p. 138.

que os poderes de origem eleitoral. A tutela de direitos fundamentais de indivíduos e de grupos minoritários é a medula do constitucionalismo, e se o constitucionalismo é uma teoria política boa ou má já não tem importância, porque não há dúvida de que foi a teoria política adotada pelos Estados Unidos.[188] A leitura moral da constituição, que o autor sustenta ser o método correto de interpretação constitucional, não é uma licença para os juízes imporem à sociedade as suas próprias convicções morais e políticas. O próprio texto constitucional é portador de uma moralidade interna que deve ser compreendida e "construída" com base no critério da *integridade*, que propõe uma interpretação sistematicamente coerente dos preceitos constitucionais, considerando também interpretações passadas conferidas à constituição por outros juízes. Nenhum juiz americano poderia, por exemplo, derivar regras de igualdade econômica da Constituição, simplesmente porque o seu texto e a história de sua interpretação não dão qualquer suporte a essa pretensão.[189] Portanto, Dworkin reconcilia a *judicial review* com o princípio da democracia ao mostrar que os juízes, ao adotarem a leitura moral da constituição, apenas concretizam valores políticos e morais eleitos pelo próprio povo, no exercício do poder constituinte, o momento supremo da soberania popular.

Por outro lado, Dworkin também rejeita a concepção majoritária de democracia, porque a considera incompatível com o constitucionalismo. Ele defende uma *concepção constitucional de democracia*, a qual define como um regime de governo em que "as decisões coletivas sejam tomadas por instituições políticas cuja estrutura, composição e práticas tratam a todos os membros da comunidade com igual consideração e respeito".[190] Esse regime pressupõe que decisões políticas de rotina sejam tomadas por agentes públicos escolhidos em eleições populares, mas não exclui que, em *ocasiões especiais*, instituições e procedimentos "não-majoritários" sejam empregados, porque se revelam mais eficazes na proteção dos direitos que garantem a igual consideração e respeito por todos os indivíduos. Vale dizer, a concepção constitucional de democracia propõe a coexistência de instituições e procedimentos baseados na premissa majoritária com instituições e procedimentos desvinculados dela, cada um deles obtendo seu espaço e sua legitimidade pela capacidade de proteger e promover com maior eficiência o princípio fundamental da igual consideração e respeito. A rigor, não é possível entender o projeto teórico de

---

[188] Dworkin, *op. cit.*, p. 142.
[189] Dworkin, *Freedom's Law: a moral reading of the American Constitution*, p. 10-11.
[190] Idem, p. 17.

Dworkin sem compreender o sentido e a relevância desse princípio para sua teoria:

"o processo político de uma comunidade deve expressar uma concepção *bona fide* de igual consideração pelos interesses de todos os membros, o que significa que decisões políticas que afetam a distribuição de riqueza, benefícios e obrigações devem ser consistentes com a igual consideração por todos. A qualidade de membro de uma comunidade moral envolve reciprocidade: uma pessoa não é um membro a menos que ela seja tratada como tal pelos outros, o que significa que os membros da comunidade devem tratar as conseqüências de qualquer decisão coletiva para suas vidas como uma razão tão igualmente significativa quanto são as conseqüências para a vida de qualquer outro".[191]

Por fim, Dworkin refuta a acusação dos comunitaristas de que decisões substantivas de valor refletem com mais extensão e qualidade os interesses da comunidade quando são obtidas nos processos de deliberação dos órgãos legislativos, do que quando são adotadas por tribunais. Embora o Poder Legislativo deva ter a responsabilidade sobre a maior parte das decisões políticas e morais, a *judicial review* pode fornecer às democracias constitucionais "uma espécie superior de deliberação republicana" sobre *algumas questões,* através de uma forma de participação da comunidade e de estrutura das decisões que seja ao mesmo tempo uma alternativa e um reforço ao processo democrático.[192]

A teoria constitucional de Dworkin insere-se na tradição liberal do pensamento político-jurídico que concentra na proteção dos direitos fundamentais a *ratio essendi* dos regimes de governo fundados no princípio do Estado de Direito. A extensão da influência de suas idéias para o pensamento liberal talvez só encontre paralelo na obra filosófica de John Rawls, que, como tentarei mostrar, também propõe uma teoria constitucional substancialista. O impacto da teoria da justiça como eqüidade do filósofo norte-americano John Rawls sobre o pensamento político contemporâneo tem sido percebido com nitidez cada vez maior. A publicação de *Uma Teoria da Justiça,* em 1971, e os diversos trabalhos de explicação e revisão publicados pelo autor desde então suscitaram extensos debates na filosofia moral, na filosofia política e até mesmo na teoria jurídica. No âmbito da teoria jurídica, há ao menos uma área que não pode ignorar a teoria da justiça de Rawls: a doutrina do direito constitucional. O amplo e decisivo uso da idéia de constituição na fundamentação da teoria da justiça como eqüidade, mediante referenciais teóricos e práticos em tudo

---

[191] Dworkin, *Freedom's Law*, p. 25.
[192] Idem, p. 31.

familiares ao pensamento jurídico, deve merecer atenção da parte dos juristas preocupados em desenvolver uma teoria constitucional adequada às sociedades democráticas contemporâneas.

Já em *Uma Teoria da Justiça,* Rawls havia utilizado a idéia de constituição em setores importantes da sua fundamentação teórica. Era visível que a justiça como eqüidade era tributária da experiência constitucionalista das democracias ocidentais modernas, notadamente da história constitucional norte-americana das décadas de 50 e 60. Nos ensaios publicados ao longo dos anos 80, compilados em *Political Liberalism,* de 1993, a influência do constitucionalismo torna-se explícita: "O problema do liberalismo político consiste em formular uma concepção de justiça política para um regime democrático constitucional que a pluralidade de doutrinas razoáveis – característica da cultura de um regime democrático livre – possa endossar".[193]

O primeiro aspecto a ser analisado quanto ao papel que a idéia de constituição desempenha na concepção política da justiça de Rawls concerne ao conceito de constituição que ele utiliza ao longo de seus escritos. Em *Uma Teoria da Justiça*, a constituição é definida como "um procedimento justo que satisfaz as exigências da liberdade igual", e "deve ser estruturada de modo que, dentre todas as ordenações viáveis, ela seja a que tem maiores probabilidades de resultar em um sistema de legislação justo e eficaz".[194] Mais recentemente, no ensaio *As Liberdades Fundamentais e sua Prioridade,* ele reafirma que a constituição é compreendida como "um procedimento político justo, que incorpora as liberdades políticas iguais e procura assegurar seu valor eqüitativo de modo que os processos de decisão política estejam abertos a todos 'numa base aproximadamente igual'".[195]

Essas definições de constituição poderiam sugerir a adesão de Rawls a uma concepção meramente procedimental da constituição, na linha de Ely. Todavia, considerar a constituição tão-somente um procedimento justo que deve satisfazer o princípio da participação política contradiz o núcleo da fundamentação da teoria de Rawls, fundada em princípios substantivos de justiça.[196] O extenso desenvolvimento que a sua teoria política sofreu desde a publicação *de Uma Teoria da Justiça* permite perceber que o filósofo norte-americano não adere à concepção procedimental da constituição; na verdade, ele a critica e esboça um alinhamento à concepção

---

[193] Rawls, *O Liberalismo Político*, p. 26.
[194] Rawls, *Uma Teoria da Justiça*, p. 241.
[195] Rawls, *O Liberalismo Político*, p. 393.
[196] Rawls, *Uma Teoria da Justiça*, p. 241-249.

substantiva defendida por Ronald Dworkin. Porém, em nenhum momento ele esclarece suficientemente a ambigüidade na descrição do conceito e da função da constituição que aparece no esquema teórico de *Uma Teoria da Justiça* e nos escritos posteriores, de modo que o leitor interessado em desvendar o enigma da teoria constitucional de Rawls está obrigado a adotar a técnica do círculo hermenêutico para extrair do sistema do autor a sua verdadeira posição, relacionando a obra como um todo e suas partes significativas para a compreensão do tema.

Em *Justice as Fairness*, conquanto não exponha uma definição clara sobre sua concepção constitucional, Rawls sintetiza com precisão as teorias procedimental e substantiva. Um regime constitucional (no sentido substantivo) consiste em um sistema político em que a constituição protege as liberdades e os direitos fundamentais dos indivíduos ao prever em seu texto uma declaração de direitos que funciona como limite constitucional à legislação, e, por conseguinte, ao princípio democrático. Já a concepção de democracia procedimental caracteriza-se pela inexistência de limites substantivos à legislação, e qualquer decisão tomada com a observância de regras meramente procedimentais é juridicamente válida.[197] A concepção constitucional sustenta que um Estado justo deve estabelecer um catálogo de direitos fundamentais intangíveis pelo processo democrático, que funcionem como limites ou espaços de imunidade à democracia. Na concepção procedimental de democracia, um regime político é justo quando estão asseguradas condições justas de livre e igual participação dos indivíduos nos processos de decisões públicas, independentemente dos resultados materiais dessas decisões, ainda que possam elas determinar restrições a direitos fundamentais.

Como assinalei, Rawls várias vezes associa a constituição a um procedimento que assegura a participação dos indivíduos nos processos políticos em que os princípios de justiça devem ser aplicados, posição que o aproxima da concepção procedimental de constituição defendida por Ely. Não obstante, há pelo menos duas razões consistentes para afirmar que é falsa essa primeira impressão, causada pela mencionada imprecisão do conceito de constituição na sua obra e pelo surpreendente desinteresse do autor em elaborá-lo com maior profundidade e coerência, embora ele próprio advirta que sua teoria não é dirigida imediatamente a juristas.[198]

A primeira delas é a explícita rejeição à democracia procedimental e a subseqüente adesão ao conceito substantivo de constituição no único

---

[197] Rawls, *Justice as Fairness: a Restatement*, p. 145.
[198] Rawls, *O Liberalismo Político*, p. 427.

escrito em que se manifestou expressamente sobre a controvérsia, *Justice as Fairness: a Restatement*.[199] A segunda razão é que a concepção procedimental, ao sustentar que a liberdade de participação política é o único valor substantivo que deve ser protegido em nível constitucional em um regime democrático, é manifestamente antagônica à teoria da justiça como eqüidade. Basta lembrar que, nas primeiras linhas de *Uma Teoria da Justiça*, é dito que cada pessoa possui uma inviolabilidade fundada na justiça que nem mesmo o bem-estar da sociedade como um todo pode afetar. Além disso, a teoria da justiça como eqüidade está assentada sobre a prioridade das liberdades básicas sobre outros bens e interesses, princípio que significa a intangibilidade dos direitos que asseguram as liberdades básicas, inclusive pelos processos deliberativos. Em passagem na qual aceita a noção de "conteúdo mínimo do direito natural" de Hart, Rawls argumenta a favor da intangibilidade das liberdades básicas pelo processo político:

> "Quando os princípios liberais regulam efetivamente as instituições políticas básicas, eles satisfazem três requisitos de um consenso constitucional estável. Primeiro, dado o fato do pluralismo razoável – o fato primeiro que leva a um governo constitucional como um *modus vivendi* –, os princípios liberais satisfazem a exigência política urgente de fixar, de uma vez por todas, o conteúdo de certas liberdades e direitos políticos fundamentais, e de lhes atribuir uma prioridade especial. Fazer isso retira essas garantias da agenda política e as coloca além do cálculo de interesses sociais, estabelecendo assim, clara e firmemente, as normas da competição política. Considerar aquele cálculo relevante para as questões dessa natureza ainda deixa em aberto o *status* e o conteúdo de tais liberdades e direitos; submete-os às circunstâncias cambiantes de tempo e lugar e, por intensificar muito as controvérsias políticas, aumenta perigosamente a insegurança e a hostilidade da vida pública".[200]

De fato, a teoria da justiça como eqüidade e o conceito político de justiça estão fundados sobre uma visão liberal de sociedade que implica a inviolabilidade de valores substantivos mínimos, inclusive em face do exercício democrático da autonomia pública. Portanto, sua concepção de constituição está muito mais próxima da teoria substantiva, ainda que ela simultaneamente tente equilibrar o entrincheiramento (*entrenchment*) das liberdades fundamentais com o princípio democrático, que na teoria de Rawls tem excepcional relevo, em face do postulado do "fato do pluralis-

---

[199] Rawls, *Justice as Fairness*, p. 145.
[200] Rawls, *O Liberalismo Político*, p. 208.

mo". Isso porque o elemento de identificação teórica da teoria procedimental é justamente a inexistência de direitos constitucionais com conteúdo moral substantivo que funcionem como limites ao processo democrático. A concepção de constituição exposta na *Teoria da Justiça* definitivamente não é compatível com essa tese. Por isso, a teoria constitucional de Rawls deve ser classificada entre as doutrinas constitucionalistas substantivas.

Além disso, a epistemologia moral assumida na teoria da justiça rawlsiana funda-se na capacidade do indivíduo de conhecer a verdade moral através de uma reflexão solitária e autônoma, na qual o debate moral potencial ou real existente na sociedade exerce um papel virtualmente supérfluo e apenas informativo do processo individual de descoberta da verdade moral.[201] Essa concepção epistemológica da moral fundamenta com argumentos filosóficos uma teoria substantiva da *judicial review*, na medida em que dá legitimidade teórica à tese de que, em uma democracia constitucional centrada na proteção dos direitos fundamentais, os juízes e tribunais são intérpretes privilegiados e competentes dos princípios morais inerentes a esses direitos.[202] Ao contrário de Habermas, cuja epistemologia moral sustenta que a verdade moral somente pode ser encontrada em processos de discussão coletiva e por isso pressupõe a existência de procedimentos democráticos de debate político, a teoria de Rawls baseia-se em um processo monológico de pesquisa moral plenamente de acordo com os processos de interpretação e aplicação de normas jurídicas utilizados historicamente pelo Poder Judiciário. Por isso, como disse Carlos Santiago Nino, "não é por acaso que muitos juristas rawlsianos favorecem um poder judicial amplo para controlar leis criadas democraticamente". Citando Michael Walzer, Nino ironicamente sugere que os juízes são os "novos reis-filósofos" dessas doutrinas jurídicas.[203] Dworkin, o mais influente dos constitucionalistas de orientação substancialista, assume declaradamente a importância de Rawls para sua teoria do Direito, e o famoso juiz Hércules, personagem central da sua doutrina, é a mais ousada descrição de um rei-filósofo – sem a coroa – da literatura jurídica moderna.

---

[201] Para uma crítica da epistemologia moral rawlsiana, v. Jeremy Waldron, *A dignidade da legislação*, p. Para Waldron, o problema na concepção de Rawls não está na ordem da seqüência de quatro etapas de aplicação dos princípios de justiça, mas em "que a seqüência de etapas não permite *absolutamente nenhum lugar* para a deliberação entre as pessoas que discordam quanto à justiça. (...) A idéia de deliberação entre pessoas que discordam quanto a quais conclusões a primeira etapa (a posição original) geraria ou –mais provavelmente – que discordam quanto a ser a posição original uma maneira de enfrentar as questões da justiça não desempenha nenhum papel". V. *ob cit.*, p. 88-89.

[202] Carlos Santiago Nino, *The Constitution of deliberative democracy*, p. 115.

[203] Nino, *ob. cit.*, p. 115.

No direito constitucional brasileiro formado após a Constituição Federal de 1988, como já antecipei, há uma nítida preferência por este modelo teórico. A percepção de Gisele Cittadino a esse respeito é perfeita: o pensamento constitucional brasileiro, de modo geral, interpreta a Constituição Federal brasileira como uma ordem concreta de valores, materializada nos direitos fundamentais, cuja garantia deve ser promovida pelo Poder Judiciário. Isso significa que começa a prevalecer, na nossa doutrina constitucional, a idéia de que a Constituição gravita em torno do seu sistema de direitos fundamentais, os quais são portadores de valores substantivos que devem ser interpretados e protegidos através da jurisdição constitucional. Um autor tão importante e representativo do pensamento constitucional brasileiro como Paulo Bonavides advoga enfaticamente em favor de um ativismo judicial para garantir os direitos fundamentais, em face da crônica incompetência do Estado brasileiro para assegurá-los através do processo democrático.[204]

Uma defesa convicta da concepção substantiva de constituição é apresentada por Lenio Luiz Streck. Em *Jurisdição Constitucional e Hermenêutica*, ele examina as teses de procedimentalistas e substancialistas e se posiciona sobre o conflito teórico propondo uma *resistência constitucional* por parte dos juízes e tribunais que permita transformar a jurisdição constitucional no guardião das *promessas da modernidade*, concretizadas nas constituições históricas.[205] Para o autor, "a tese substancialista parte da premissa de que a justiça constitucional deve assumir uma postura intervencionista, longe da postura absenteísta própria do modelo liberal-individualista-normativista que permeia a dogmática jurídica brasileira".[206] O Poder Judiciário, ao invés de se manter passivo diante da sociedade, deve adotar uma atitude de "intervencionismo substancialista", a fim de assegurar o cumprimento dos preceitos e princípios enunciados no sistema de direitos fundamentais e no núcleo político do Estado social previstos na Constituição Federal de 1988.[207]

Lenio Streck parte de uma concepção *maximalista* de constituição, segundo a qual as constituições não mais se restringem a organizar o poder do Estado e a limitá-lo através do sistema de separação dos poderes e de um catálogo de liberdades públicas que garantem a autonomia privada dos

---

[204] Paulo Bonavides, *Curso de Direito Constitucional*, p. 551 e ss.
[205] Lenio Luiz Streck, *Jurisdição constitucional e hermenêutica: uma nova crítica do direito*, p. 27-168. Ver, ainda, do autor, *Hermenêutica Jurídica e(m) Crise*. As *promessas da modernidade* vertidas para as constituições residem, por exemplo, na idéia de igualdade, na justiça social e na realização dos direitos fundamentais, cf. *Jurisdição constitucional e hermenêutica*, p. 33.
[206] Idem, p. 160.
[207] Idem, p. 161.

indivíduos, mas assimilam também direitos sociais devidos pelo poder público e programas de ação política dirigidos a assegurar a realização dos valores constitucionais. Esse novo modelo de constituição pressupõe a jurisdição constitucional como instrumento institucional da garantia de efetividade do projeto constitucional.[208]

Embora não explicite, percebe-se que o autor concebe dois fundamentos de legitimidade da jurisdição constitucional sobre os quais apóia sua construção. Por um lado, a sua legitimidade tem um *fundamento histórico* extraído da "experiência de inúmeras nações", que aponta para o fato de que o Estado Democrático de Direito não pode funcionar sem uma justiça constitucional, tanto assim que ela vem sendo adotada em diversos países de diferentes lugares do mundo, como "uma condição de legitimidade e credibilidade política dos regimes constitucionais democráticos"; por outro lado, a jurisdição constitucional assenta-se em um *fundamento político-institucional* derivado da natureza do Estado constitucional, que implica a soberania e supremacia da constituição, e, por via de conseqüência, o caráter constituído e subordinado do Poder Legislativo. No Estado constitucional contemporâneo, a soberania do parlamento cede em face da supremacia da constituição, e o respeito pela separação dos poderes é suplantado pela prevalência dos direitos dos cidadãos:

"A idéia base é a de que a vontade política da maioria governante de cada momento não pode prevalecer contra a vontade da maioria constituinte incorporada na Lei Fundamental. O poder constituído, por natureza derivado, deve respeitar o poder constituinte, por definição originário. Esse reconhecimento do papel da justiça *constitucional torna indispensável reconhecer a necessidade da intervenção de um poder* (no caso, o Judiciário ou os Tribunais Constitucionais não pertencentes – *stricto sensu* – ao Judiciário), mediante o instrumento de *controle de constitucionalidade*".[209] (grifos no original)

A concepção constitucional de Lenio Streck está fundada em três pressupostos teóricos claros: a) desconfiança com relação ao processo democrático; b) o caráter histórico-concreto das constituições; c) a confiança na força normativa da constituição, do Direito e da jurisdição constitucional.

No que concerne ao primeiro pressuposto, muito embora o autor admita que os processos democráticos constituam uma parte importante de um regime democrático, não os considera mais do que uma parte dele,

---

[208] Lenio Luiz Streck, *ob. cit.*, p. 95-106.
[209] Idem, p. 99-101.

e, de qualquer modo, eles próprios não podem prescindir de juízos substantivos.[210] Ao examinar criticamente a teoria deliberativa de Habermas, Streck assinala que o filósofo alemão não percebe a especificidade do componente jurídico que sustenta o fenômeno constitucional, e por isso "cai em um certo sociologismo" que obscurece o diferencial do constitucionalismo do Estado Democrático de Direito.[211] No momento em que Habermas expõe uma fórmula de Estado na qual o Direito só pode ser produzido legitimamente através de procedimentos democráticos adequados à ética do discurso, ele está mantendo o debate sobre questões constitucionais fundamentais, como o conteúdo e os limites dos direitos fundamentais, no terreno da política, ao passo que o paradigma do Estado Democrático de Direito propõe justamente o deslocamento do *locus* de garantia dos valores constitucionais e dos direitos fundamentais para o Poder Judiciário ou os tribunais constitucionais.

Demonstrando o seu pessimismo em relação à capacidade do processo democrático para promover o projeto constitucional, Streck postula que o procedimentalismo pode fazer sentido nas democracias "onde os principais problemas de exclusão social e dos direitos fundamentais já foram resolvidos", porquanto os processos deliberativos que exigem "uma comunicação sem constrangimento nem distorção pressupõe(m) uma sociedade definitivamente emancipada, com indivíduos autônomos", exigência que é, por um lado, potencialmente utópica, e, por outro, inaplicável à realidade da democracia brasileira, onde o Estado social não se concretizou, o intervencionismo estatal apenas gerou concentração de riquezas, e os parlamentos não apenas adotam mecanismos que não permitem uma formação legitimamente democrática da vontade e da opinião nacionais, como delegam suas funções legislativas ao "decretismo" do Poder Executivo.[212]

O segundo pressuposto teórico da concepção desenvolvida pelo autor parece-me de extrema relevância. De fato, uma teoria da democracia constitucional está exposta ao permanente perigo de uma visão uniformizadora da idéia que lhe sustém, exatamente pelo caráter de modelo ou fórmula geral em que se converteu na cultura política ocidental. No entanto, uma teoria constitucional consistente deve mesclar *elementos de historicidade* com *elementos de universalismo*. Uma teoria constitucional deve ter três propósitos: a *descrição* do sistema constitucional, a *justificação* do siste-

---

[210] Streck, *ob. cit.*, p. 132.

[211] Idem, p. 143.

[212] Idem, p. 164. Citando o cientista político argentino Guillermo O'Donnell, Streck acusa que vivemos no Brasil em um regime de democracia delegativa, em face do abuso do recurso a medidas provisórias pelo Poder Executivo.

ma e a *aplicação* da teoria. Qualquer desses três momentos deve conter elementos de *universalismo* e elementos de *historicidade*. Lenio Streck faz isso ancorando a sua teoria constitucional na filosofia heideggeriana, que, como se sabe, está centrada na natureza necessariamente histórica da experiência social e da racionalidade humana.[213]

Streck afirma que, assim como não existe um constitucionalismo, mas vários constitucionalismos, não é possível falar de uma teoria geral da constituição, porque cada constituição está determinada pela sua própria *identidade nacional*. Posto que a teoria da constituição possa ter "um núcleo (básico) que albergue as conquistas civilizatórias próprias do Estado Democrático (e Social) de Direito", assentado no binômio democracia e direitos humanos, os demais elementos componentes de uma teoria constitucional devem respeitar as especificidades regionais e a identidade nacional de cada Estado.[214] Desse *rationale*, o autor conclui que é necessário elaborar uma teoria da constituição para países periféricos ou de modernidade tardia, nos quais as promessas da modernidade não foram ainda cumpridas. Essa teoria deve contemplar uma constituição *todavia* dirigente, que possa vincular o legislador aos direitos fundamentais individuais e sociais e permitir que a concretização desses direitos seja assegurada pela jurisdição constitucional.[215]

Por fim, o autor fundamenta a assunção de uma concepção constitucional substancialista a partir da confiança na capacidade de que o Direito, a constituição e o Poder Judiciário possam dar conta do *resgate das promessas da modernidade* consubstanciadas nos princípios constitucionais e nos direitos fundamentais. Streck assevera que o Estado de Direito "não se realiza pela simples declaração constitucional dos procedimentos legitimadores"; ele exige um novo modelo constitucional que supere a tutela da igualdade formal em favor da igualdade material e funcione como "fundamento do ordenamento jurídico e expressão de uma ordem de convivência assentada em conteúdos materiais de vida". Nesse novo modelo, o Poder Judiciário deve assumir uma "postura intervencionista" e uma atitude de "resistência constitucional", garantindo amplo acesso à jurisdição constitucional, através dos vários institutos processuais criados pela Constituição de 1988, e protegendo concretamente os direitos fundamen-

---

[213] Martin Heidegger, *Ser e Tempo*, vol. II, p. 176-252. A aplicação das concepções filosóficas de Heidegger e Gadamer por Lenio Streck concentra-se, principalmente, no capítulo 5 de *Jurisdição constitucional e hermenêutica*, onde ele introduz o conceito da "Nova Crítica do Direito", fundada em uma interpretação jurídica e constitucional construída sobre a hermenêutica filosófica dos filósofos alemães.

[214] Streck, *ob. cit.*, p. 112.

[215] Idem, p. 111-114.

tais sonegados à população pelo legislador e pelo Poder Executivo. Essa proteção deve incluir uma tutela judicial ponderada dos direitos sociais, sem impor uma demasiada judicialização da política, mas sem se inibir na tarefa de atuar ativamente na materialização dos valores e princípios constitucionais.[216]

A teoria constitucional exposta por Lenio Streck encontra-se no pólo oposto ao ocupado pelas concepções procedimentalistas do direito no âmbito do constitucionalismo democrático. Enquanto estas radicalizam o compromisso com os processos democráticos, Streck propõe um *maximalismo* constitucional e, mais do que um ativismo, um *intervencionismo* judicial.[217] Sua tese aproxima-se do ponto criticado por parte da doutrina constitucional norte-americana, a qual censura a *supremacia do Poder Judiciário*, estabelecida pela Suprema Corte daquele país a partir dos anos 50. Essa concepção maximalista tem entre suas principais fontes teóricas as obras de dois autores italianos que, em períodos diferentes, "fizeram ou têm feito as cabeças" dos constitucionalistas brasileiros: Mauro Cappelletti, muito lido nos anos 80 e até meados dos anos 90, e Luigi Ferrajoli, um dos autores mais acatados da moderna doutrina jurídica nacional.

Cappelletti é autor de estudos de direito constitucional comparado particularmente importantes para a compreensão do movimento de dimensões internacionais de aproximação entre o modelo de sistema jurídico de origem romano-germânica, desenvolvido na Europa continental, e o modelo do *common law*, praticado nos países anglo-saxões. Cappelletti mostra como, no curso do século XX, surgiu um novo padrão constitucional que denomina de *costituzionalismo moderno*, caracterizado pela ampla admissão de catálogos abrangentes de direitos fundamentais nas constituições e pela criação e fortalecimento dos sistemas de controle judicial da constitucionalidade das leis. Esse novo modelo provocou a superação da fórmula clássica da separação de poderes como principal instrumento jurídico-político de limitação do poder, e a substituiu por um modelo de "compartilhamento de poderes" (*sharing of powers*). Segundo Cappelletti, nesse sistema, a suposta ilegitimidade democrática do Poder Judiciário para controlar a atividade dos outros dois poderes resta superada, entre outras razões, porque os direitos fundamentais têm como sua razão de ser a limitação da vontade da maioria para proteger a esfera inviolável de

---

[216] Streck, *ob. cit.*, p. 156-168.
[217] Também Andreas Krell defende a adoção de um regime de supremacia judicial para a ordem constitucional brasileira, com base no qual deve haver um amplo intervencionismo do Poder Judiciário para assegurar a eficácia dos direitos sociais. Cf. Andréas J. Krell, *Direitos sociais e controle judicial no Brasil e na Alemanha*, p. 85-102.

liberdade dos indivíduos e das minorias. Além disso, o processo jurisdicional tem um núcleo fundamental de *democraticità*, já que ele é essencialmente participatório, porquanto para ter acesso a ele basta a promoção de uma ação pela parte interessada.[218]

Na obra *Juízes legisladores?*, Cappelletti investiga as raízes do crescimento da função de controle jurisdicional das atividades dos Poderes Legislativo e Executivo nos Estados contemporâneos e apresenta argumentos que afirmam a legitimidade democrática do Poder Judiciário nas democracias constitucionais. Um dos principais aspectos enfocados pelo autor está nas conseqüências jurídicas do surgimento da legislação social do Estado de bem-estar ao longo do século XX. A configuração normativa dessa espécie de legislação caracterizou-se pela criação de direitos subjetivos a prestações estatais, os *direitos sociais*, cuja satisfação requer uma intervenção ativa do Estado, "freqüentemente prolongada no tempo". Ao contrário dos direitos individuais liberais, os direitos sociais não podem ser simplesmente "atribuídos" ao indivíduo: eles exigem uma ação permanente do poder público para financiar, subsidiar, remover barreiras socioeconômicas e promover programas sociais. Para o autor, embora os juízes possam inicialmente resistir a atuar na proteção judicial desses novos direitos subjetivos, negando seu caráter preceptivo ou auto-executável, "mais cedo ou mais tarde" eles deverão aceitar a nova concepção de Direito inserida em uma ordem constitucional social e assumir funções de controle e comando do cumprimento do dever do Estado de intervir na esfera social. Pois bem, essas modernas funções judiciais exigem do Poder Judiciário uma atitude ativista, dinâmica e criativa, dotada de um inevitável grau de discricionariedade na interpretação e aplicação dos direitos sociais.[219]

Os catálogos de direitos fundamentais liberais e sociais constituem o elemento central de quase todas as constituições do século XX, sobretudo daquelas editadas após a Segunda Guerra Mundial, e a proteção jurisdicional desses direitos por conseqüência converteu-se, também, em parte importante dos regimes constitucionais das democracias ocidentais. Esses dois elementos formativos do constitucionalismo moderno expressam uma desconfiança em relação à idéia da soberania popular, a qual estava fun-

---

[218] Em "Costituzionalismo moderno e ruolo del potere giudiziario nelle società contemporanee", publicado na Revista de Processo, n. 68, 1992, p. 47-58, Cappelletti elabora um "decálogo" de fundamentos da legitimidade democrática do controle jurisdicional das leis. Contudo, como se sabe, a sua obra mais conhecida sobre essa temática é *O Controle Judicial de Constitucionalidade das Leis no Direito Comparado*. Ver, ainda, do autor, "Repudiando Montesquieu? A expansão e a legitimidade da 'justiça constitucional'", *Revista do Tribunal Regional Federal da 4ª Região*, n. 40, 2001, 15-50.
[219] Mauro Cappelletti, *Juízes Legisladores?*, p. 40-42.

dada no pressuposto da "sabedoria das maiorias parlamentares", que restou fortemente abalado em diversos países europeus. No entanto, as normas constitucionais que definem direitos fundamentais são redigidas de forma breve e sintética e remetem o esclarecimento do seu enigmático conteúdo a valores abertos, como liberdade, dignidade, igualdade, democracia, justiça. Objeta-se que o poder de concretizar os conteúdos dos direitos fundamentais transfere um poder excessivo aos tribunais. Cappelletti tenta, então, expor a sua teoria das *virtudes passivas* do Poder Judiciário a fim de fundamentar e justificar essa transferência.[220]

Tomando de empréstimo a expressão cunhada pelo jurista norte-americano Alexander Bickel, o autor italiano afirma que o Poder Judiciário está dotado de determinadas *virtudes passivas* no exercício de suas funções, as quais o tornam o ramo menos perigoso (*The Least Dangerous Branch*) para o controle dos outros dois poderes e a garantia dos direitos fundamentais.[221] O Poder Judiciário está subordinado a determinadas regras de funcionamento que o fazem um poder estatal naturalmente autolimitado. Em virtude dos princípios da demanda e do contraditório, representados nos antigos aforismos *nemo judex sine actore* e *audiatur et altera pars*, os juízes e tribunais somente podem agir nos casos e controvérsias levados a juízo pelas partes, e, ainda, condicionados pelo princípio do contraditório, que garante a todas as partes do processo o direito de se defenderem e serem ouvidas. Os juízes também estão obrigados, por uma tradição jurídica milenar, a respeitar o princípio da imparcialidade, segundo o qual *nemo judex in causa propria*. Esses limites processuais são, ao mesmo tempo, as "virtudes passivas" e a grande força que o processo jurisdicional tem em relação aos processos de natureza política *stricto sensu*. São eles que restringem a criatividade judicial na definição dos conteúdos dos direitos fundamentais e tornam o Poder Judiciário a instância propícia para a tutela efetiva dos direitos fundamentais em um regime democrático

Cappelletti admite que a mais forte objeção contra a criatividade inerente aos processos judiciais da jurisdição constitucional é justamente a natureza contramajoritária ou antidemocrática do Judiciário. No entanto, ele elabora uma vigorosa defesa das virtudes democráticas do processo judicial, inclusive na comparação com o processo legislativo e os procedimentos administrativos. O autor recorda que juízes e tribunais, ao contrário dos legisladores, estão obrigados a fundamentar por escrito as suas

---

[220] Mauro Cappelletti, *Juízes legisladores?*, p. 61-68.
[221] Consoante veremos adiante, a expressão *virtudes passivas* utilizada originalmente por Alexander Bickel, refere-se às técnicas de autolimitação do Poder Judiciário na revisão judicial da constitucionalidade das leis, desenvolvidas no direito constitucional norte-americano.

decisões, dever que hoje é geralmente uma garantia de assento constitucional. A fundamentação das decisões judiciais procura convencer o público da legitimidade das posições assumidas e assegurar que as decisões não resultam de caprichos ou predileções subjetivas dos juízes. Além disso, a facilidade de acesso aos tribunais é muito superior à de outros órgãos do governo. Isso porque para "abrir as portas de um tribunal" basta "o pedido da parte", ao passo que os caminhos para uma pessoa obter audiência perante as câmaras legislativas e os departamentos administrativos permanecem "cobertos de mistério". A virtude do acesso faz com que grupos marginalizados do processo político possam obter nos tribunais audiência e acesso ao debate público de um modo que não obteriam nos processos políticos, nos quais só falam e são ouvidos os grupos com força política.

Como Alexander Bickel, Cappelletti vê no Poder Judiciário uma combinação de elementos extremamente valiosa: por um lado, o juiz atua em um "'isolamento' típico do estudioso, isolamento crucial na 'descoberta dos valores duradouros da comunidade'"; de outro lado, ele tem a obrigação cotidiana de tratar "com a realidade viva de controvérsias concretas", ao contrário do legislador, que lida com problemas abstratos e gerais. A combinação única entre isolamento e imediatidade constitui a força institucional da função jurisdicional, que permite aos tribunais "encontrarem-se continuamente em contato direto com os problemas mais concretos e atuais da sociedade, mantendo-se ao mesmo tempo, nada obstante, suficientemente independentes e afastados das pressões e caprichos do momento".[222]

Além de reconhecer as virtudes democráticas dos processos judiciais, Cappelletti adverte também que a noção de democracia não pode ser reduzida a uma idéia meramente majoritária. Democracia significa também participação, tolerância e liberdade, e a garantia desses valores democráticos exige um Poder Judiciário independente e ativo. No cumprimento dessa função, a atividade jurisdicional terá inevitavelmente um certo grau de criatividade jurídica. Assim, *o problema real e concreto do concerto entre jurisdição constitucional e democracia está na medida dessa criatividade e das suas restrições.*[223] Ou seja, o equilíbrio entre o constitucionalismo dos direitos e o princípio da soberania popular pressupõe o controle judicial dos atos do parlamento e da administração, mas simultaneamente exige uma teoria dos limites da jurisdição constitucional. Esse é o tema que ocupará todo o terceiro capítulo deste estudo.

---

[222] Cappelletti, *ob. cit.*, p. 104.
[223] Idem, p. 103.

Luigi Ferrajoli também se dedica a descrever esse "constitucionalismo moderno" que surgiu ao longo do século XX e fundamentar a sua legitimidade. A defesa desse modelo tem nesse outro autor italiano uma perspectiva bem definida: ele elabora uma teoria filosófica dos direitos fundamentais e pensa o constitucionalismo a partir da sua tutela jurisdicional. Para o autor, o Direito e o Estado contemporâneos estruturam-se sob o que ele denomina de *paradigma constitucional*, no qual o princípio da soberania popular e a regra da maioria subordinam-se aos princípios fundamentais expressos pelos direitos fundamentais, que são relativos ao que não é lícito decidir – os direitos de liberdade – e ao que não é lícito não decidir – os direitos sociais.[224] Assim, os direitos fundamentais configuram vínculos substanciais impostos tanto às decisões das maiorias políticas, quanto ao livre mercado, vínculos que não são uma autolimitação revogável a qualquer tempo pelo poder soberano, mas um sistema de limites materiais a ele supra-ordenados.

O constitucionalismo que resulta da positivação dos direitos fundamentais e da sua compreensão como limites e vínculos substanciais ao legislador corresponde a uma revolução em relação ao paradigma positivista do Direito, centralizado no princípio da legalidade formal como expressão direta da soberania popular, que se manifestava como onipotência parlamentar. Sob o paradigma da democracia constitucional, para que "uma norma seja válida, além de vigente, não basta que ela tenha sido editada de acordo com o procedimento predisposto para sua produção, senão que também é necessário que os seus conteúdos substanciais respeitem os princípios e os direitos fundamentais estabelecidos na Constituição".[225]

Esse paradigma de democracia substancial do constitucionalismo moderno representa, sim, uma mudança do conteúdo e dos limites da política legislativa. No modelo do positivismo jurídico do Estado liberal, a supremacia parlamentar e a onipotência e onisciência do legislador significavam que a constituição não era materialmente vinculante para a atividade política. No paradigma constitucionalista, o projeto constitucional estabelece uma vinculação interna – jurídica – para a política, particularmente pelo dever imposto pela constituição ao legislador de garantir os direitos fundamentais, que materializam um conteúdo indisponível à atividade política.[226] Como diz o autor:

---

[224] Luigi Ferrajoli, *Diritti fondamentali*, p. 19-20. Ver, também, do autor, o ensaio "El derecho como sistema de garantias", publicado na coletânea *Derechos y garantias*, p. 15-35, e o artigo "Giurisdizione e Democrazia", *Revista da AJURIS*, n. 75, setembro de 1999, p. 424-444.

[225] Idem, p. 34.

[226] Idem p. 145-150.

"Em suma, dentro de um Estado constitucional de direito, a relação entre política e direito é de recíproca correspondência: não é mais somente o Direito a ser subordinado à política enquanto seu produto e instrumento, mas é outrossim a política que é por sua vez subordinada ao direito enquanto seu instrumento, estando as suas escolhas vinculadas aos princípios constitucionais e supra-ordenadas normativamente".[227]

Essa passagem releva a complexidade a que está exposta a teoria constitucional. De fato, uma concepção constitucional *rights-based* não pode ser simplesmente indiferente ao componente político da concretização infraconstitucional dos direitos fundamentais, sob pena de atribuir ao Poder Judiciário uma supremacia institucional incontrastável pelos demais poderes, concedendo-lhe não apenas a última palavra, mas a única palavra realmente válida no tocante à definição do conteúdo, da eficácia e da hierarquia dos direitos. É preciso, portanto, buscar um equilíbrio entre a constituição dos direitos e a constituição do poder. É sobre esse equilíbrio que se começa a expor no último item deste capítulo.

---

[227] Ferrajoli, *ob. cit.*, p. 149.

5. Uma composição razoável: constitucionalismo e democracia reconciliados?

Como esta exposição sobre as diferentes teorias e visões sobre a tensão entre constitucionalismo e democracia pretende evidenciar, o problema de Rousseau está longe de ter uma solução consensual. A convivência entre autodeterminação moral e autogoverno, ou, para usar a expressão de Habermas, entre autonomia privada e autonomia pública, pressupõe um conflito interno permanente que parece sujeitar o constitucionalismo democrático ou a um movimento pendular incessante, ou a um conflito recorrente entre os dois pólos de sustentação do modelo.

Mas é inatingível uma composição entre o princípio constitucional e o princípio da democracia? Um estudo atento da doutrina constitucional de um dos grandes advogados da concepção substancialista de democracia constitucional, Ronald Dworkin, aponta para a viabilidade de construir uma "terceira via" nesse debate, capaz de reconciliar os dois princípios. Na exposição sobre a teoria de Dworkin, mais de uma vez destaquei no texto que, ao defender a legitimidade democrática da *judicial review* e da leitura moral da constituição, ele não propõe uma visão absolutista de constitucionalismo dos direitos. Repetidas vezes o autor enfatiza que, em uma democracia constitucional, "ao menos em ocasiões especiais", sobre "questões especiais" de moral e política, o regime funciona melhor quando defere aos tribunais o poder de decidir sobre elas. Nem de longe está proposta uma eliminação dos órgãos e processos democráticos, nem mesmo a redução da sua importância institucional. Claro, restam ainda grandes problemas a resolver para tornar a teoria aceitável: quais são essas questões especiais, por que elas são especiais, quais são as ocasiões especiais, e por que elas são especiais. Mas é inegável que ela sugere a convivência entre jurisdição constitucional e órgãos e processos propriamente democráticos.

Não é possível aceitar as concepções puramente procedimentais, para as quais o princípio do constitucionalismo deve apenas ser a estrutura formal que garante o funcionamento do regime democrático, sem proteger valores substantivos apriorísticos. A proposta de *limitar* a jurisdição constitucional a uma função de reforço dos direitos de participação política e de policiamento de procedimentos democráticos, formulada por Ely e Habermas, não esclarece quais são efetivamente os direitos de que a democracia depende para se desenvolver e quais os limites de atuação dos tribunais na tutela dos processos democráticos. As questões formuladas por Frank Michelman expõem a fragilidade do procedimentalismo: quais são as condições prévias necessárias de um debate democrático efetivamente justo e aberto? Um procedimento é realmente democrático na presença ou na ausência de certos controles sobre a desigualdade econômica ou sobre certas garantias positivas sociais e econômicas, como subsistência, trabalho, saúde, moradia e educação? Na ausência ou na presença de ações afirmativas contra discriminações sociais, culturais e econômicas? Na ausência ou na presença de restrições à liberdade de expressão em situações radicais, como manifestações violentas, ou sobre a liberdade religiosa em escolas públicas, ou de controles sobre gastos eleitorais? Todas essas questões referem-se a valores substantivos, que estão longe de serem apenas direitos de participação política, e são objeto de graves discussões sobre serem ou não condições e pressupostos indispensáveis para a vitalidade e a eficiência de uma democracia.[228]

Além disso, as teorias procedimentais contradizem-se: ao recusarem a legitimidade de normas jurídicas que excluem do processo democrático alguns valores substantivos predefinidos por uma constituição, caem em uma contradição auto-anulatória, pois assumem como valor substantivo um determinado conceito de democracia e uma determinada configuração dos direitos de participação política. Ou seja, a recusa de pré-comprometimento constitucional de certos valores substantivos é feita em nome de outros valores substantivos, e não de um procedimento neutro. Conforme define Michelman, "o constitucionalismo inevitavelmente significa o estabelecimento de alguns *a priori* fixados, de um conjunto de primeiros princípios concretamente inteligíveis, não-negociáveis e não-discutíveis", não importando se esses primeiros princípios se referem à própria legitimidade do poder, ou à legitimidade de um debate que determina a legiti-

---

[228] Frank Michelman, "How Can the People Ever Make the Law?", in: James Bohman and William Rehg (editors), *Deliberative Democracy*, p. 162. Ver, também, Michelman, "Constitutional authorship", in: Larry Alexander (editor), *Constitutionalism*: philosophical foundations, p. 64-98; Laurence Tribe, "The Puzzling Persistence of Process-Based Constitutional Theories", *Yale law Journal*, vol. 89: 1063-1080, 1980.

midade do poder.[229] A opção pelo modelo constitucionalista envolve sempre a limitação do governo por meio de alguns princípios jurídicos e direitos fundamentais que são portadores de valores morais e políticos substantivos. A adoção de um regime democrático não altera o resultado determinado pela escolha simultânea do princípio constitucional: em um constitucionalismo democrático, a constituição limita o governo democrático. Como disse William Brennan Jr., confiança na democracia é uma coisa, confiança cega é outra bem diferente.[230]

Ainda assim, a idéia de autogoverno ou de autonomia pública, que é o fundamento da democracia e da soberania popular, é um valor constitutivo elementar das sociedades que adotaram e desenvolveram o modelo das democracias constitucionais. O sentido de pertencimento a uma comunidade moral e de participar de uma aventura comum (*common venture*), como referiu o juiz Learned Hand, e a certeza de viver sob regras que foram decididas em um processo aberto de deliberação que contou com a minha participação ou a de um representante por mim eleito, e que levou em consideração os meus interesses, constituem os fundamentos do ideal democrático. O princípio do constitucionalismo não pode e não deve reprimir ou reduzir a importância e a função do princípio democrático, porque, se a finalidade histórica das constituições é limitar o governo para proteger o indivíduo, é preciso estar consciente de que nenhum regime político tem tanta legitimidade e protege tanto os indivíduos quanto o democrático.

Um modelo constitucional que lance na conta de um conjunto de princípios de significado fluido e aberto a discussões morais a imposição de uma soberania absoluta dos direitos fundamentais, da qual resulte uma supremacia do Poder Judiciário comete o erro de asfixiar o exercício da política e das deliberações legislativas, que são a alma de uma sociedade democrática. A advertência de Gustavo Zagrebelsky para o contexto europeu é perfeitamente adequada para o contexto brasileiro: "apresentar os direitos individuais como fundamento absoluto da vida coletiva pareceria, certamente, como uma excessiva desvalorização da lei e uma hipertrofia da jurisdição, em detrimento da liberdade e espontaneidade da via propriamente política e dos direitos que são função dela".[231] É necessário atentar que a sobreposição de um constitucionalismo maximalista *rigths-based*

---

[229] Michelman, *Brennan and Democracy*, p. 50. No mesmo sentido Ferrajoli, para quem o constitucionalismo estabelece a esfera do *decidível que não* e do *não-decidível que não*. Cf. *Diritti fondamentali*, p. 19-20.

[230] Cf. Idem, p. 61.

[231] Gustavo Zagrebelsky, *El derecho dúctil*, p. 60.

sobre o princípio democrático pode implicar o ofuscamento do legislador por um Poder Judiciário que tem o monopólio da interpretação e aplicação dos conteúdos fluidos das normas jusfundamentais, quadro no qual o exercício da democracia pelo legislador seria uma experiência laboratorial cujos resultados – a lei – seriam mais ou menos úteis, conforme coincidam ou não com os significados constitucionais construídos pelos juízes.

Essa advertência de modo algum é uma recusa da concepção substancialista, que é em parte subscrita nesse trabalho. O propósito é salientar a urgência para a produção de um modelo equilibrado de democracia constitucional. Zagrebelsky, neste ponto, tem toda razão: "Hoje, certamente, os juízes têm uma grande responsabilidade na vida do Direito desconhecida nos ordenamentos do Estado de Direito legislativo. Mas os juízes não são os senhores do Direito no mesmo sentido em que o eram os legisladores no século passado. São mais exatamente os garantes da complexidade estrutural do Direito no Estado constitucional, vale dizer, os garantes da necessária e dúctil coexistência entre lei, direitos e justiça. E mais, poderíamos afirmar como conclusão que entre Estado constitucional e qualquer 'senhor do Direito' há uma radical incompatibilidade. O Direito não é um objeto de propriedade de um, senão que deve ser objeto de cuidado de todos".[232]

Uma composição ideal do modelo de democracia constitucional, capaz de realizar uma conciliação institucional interna que, embora não elimine completamente as tensões entre os dois princípios, possa permitir-lhes a coexistência, sem supremacia de um sobre outro, supõe três condições. *Primeiro*, a garantia de um debate público aberto, amplo e irrestrito, realizado através das instituições e dos processos democráticos de deliberação e decisão de questões públicas aos quais todos possam ter acesso e nos quais os interesses de todos os indivíduos sejam considerados. *Segundo*, que alguns valores substantivos, institucionalizados pelos princípios e direitos constitucionais por obra da própria soberania popular, no processo constituinte, não estão à livre disposição dos órgãos e processos de decisões políticas, porque garantem bens e interesses essenciais à dignidade do ser humano, e que não podem estar sujeitos ao risco de serem vítimas de maiorias ou minorias governantes opressoras. *Terceiro*, que embora esses princípios e direitos constitucionais substantivos possam ter seu sentido e conteúdo interpretados e aplicados pelos órgãos que exercem as funções legislativas e administrativas, o modelo constitucional reserva ao poder judicial a prerrogativa de intervir na interpretação e na aplicação

---

[232] Gustavo Zagrebelsky, *ob. cit.*, p. 153.

conferidas às normas constitucionais pelos outros poderes, sempre que, de acordo com a interpretação do próprio poder judicial, eles frustrarem o sentido e a finalidade da constituição e, com esse erro, violarem bens e interesses essenciais para a dignidade da pessoa humana e para a justiça política da comunidade.

A exposição sobre as conseqüências da adoção de um modelo *dúctil* de constitucionalismo democrático sobre a teoria dos direitos fundamentais será objeto do segundo capítulo do livro, no qual desejo aprofundar os argumentos expostos neste primeiro capítulo com o propósito de justificar a legitimidade jurídico-política da proteção judicial dos princípios e direitos fundamentais da constituição em um regime democrático e de propor um modo de coexistência institucional entre a jurisdição constitucional e os órgãos da democracia deliberativa.

Capítulo II
Os direitos fundamentais e os limites entre democracia e jurisdição constitucional

1. A teoria constitucional entre o universal e o contingente

Otto Friedrich conta que, quando Hugo Preuss foi encarregado de escrever a Constituição alemã de 1919, a Alemanha, assim como a maioria das outras nações, tinha pouca experiência de governos constitucionais. Para suprir essa inexperiência histórica, Preuss reuniu o que considerava os melhores elementos de todos os sistemas constitucionais em funcionamento na época. Como nos Estados Unidos, a Alemanha teria um presidente forte e com a legitimidade da origem democrática; conforme o modelo britânico, teria um primeiro ministro responsável perante o parlamento; a participação política das minorias estaria assegurada por um sistema de representação proporcional copiado da França; a esses produtos de importação do mercado do constitucionalismo internacional, agregou algumas instituições remanescentes do governo imperial, como a autonomia dos *länder*. Como tudo isso terminou todos sabem: a mais trágica das histórias da civilização humana. Mas os problemas que implodiriam o regime constitucional de Weimar, diz Friedrich, não se originaram da Constituição, um documento essencialmente democrático, mas da sociedade que ela deveria representar, "ferozmente dividida por ideologias, classes e religiões", e humilhada pelas conseqüências da derrota na primeira guerra, inteiramente incapaz de aderir ao projeto de sociedade assumido na Constituição de 1919. Citando o historiador político Richard Watts, Friedrich lembra que a história das constituições democráticas fora até então a história dos povos em busca de um documento político racional, sob o qual pudesse viver; a tragédia da constituição de Weimar foi ter começado e terminado como "um documento à procura de um povo".[233]

---

[233] Otto Friedrich, *Antes do dilúvio*, p. 64-65. Para uma narrativa "técnica" da *rise and fall* do constitucionalismo weimariano e suas circunstâncias, ver R. C. Van Caenegen, *An historical introduction to western constitutional law*, p. 270-291. Gustavo Gozzi, *Democrazia e diritti, Germânia: dallo Stato di diritto alla democrazia costituzionale*, p. 77-115; Marco Aurélio Peri Guedes, *Estado e Ordem Econômica e Social*: a experiência constitucional da República de Weimar e a Constituição Brasileira de 1934, p. 35-98.

Essa interpretação do fracasso da Constituição de Weimar ilustra o dilema vivenciado pelo constitucionalismo no seu processo de afirmação histórica nas diversas comunidades humanas. Por um lado, o constitucionalismo resulta de um *impulso universalizante* que se manifesta em uma categorização abstrata e generalizante de concepções teóricas e experiências reais de organização jurídico-política das sociedades. Por outro lado, a aplicação dos modelos abstratos de constitucionalismo está inexoravelmente sujeita à ação dos *fatores endêmicos* próprios de cada comunidade política, que podem aceitar, modificar e até rechaçar os elementos componentes dos modelos universais. Evidentemente esse não é um fenômeno específico do constitucionalismo e da teoria constitucional. Os conflitos entre o universal e o contingente, entre o uno e o múltiplo ou entre a essência e a existência são temas recorrentes e decisivos da filosofia em geral. Henrique de Lima Vaz sustenta que esses contrastes estabelecem as questões fundamentais do pensamento filosófico da modernidade. Em síntese magnífica, ele afirma que

> "A estrutura metafísica do ser finito, traduzida na dialética da *diferença na identidade* entre *essência* e *existência*, tem a sua face *ontológica* como relação entre o *universal* da essência e o *singular* da existência. Pela *essência* o ser finito situa-se numa dimensão de universalidade lógica e, enquanto tal, participa do universal lógico ou do *conceito* universal no qual nossa inteligência exprime a essência. Pela *existência*, o universal da *essência* está enraizado na *singularidade* ôntica pela qual o ser é em si mesmo em sua identidade mais radical. A inteligibilidade da essência permaneceria irremediavelmente *abstrata* se não fosse inteiramente penetrada pela inteligibilidade *concreta* do *esse* singular. A essência manifesta assim sua estrutura dialética como participação do *abstrato* no *concreto*".[234]

O estatuto da essência é constituído através da transcendência das existências individuais em um universal abstrato portador da identidade última e integradora das singularidades concretas. A instituição metafísica do universal abstrato permite que, com a recondução dos singulares concretos ao conceito ou categoria universal, seja possível conceber os múltiplos de forma ordenada e representativa de uma certa unidade.[235] Essa

---

[234] Henrique C. de Lima Vaz, *Raízes da modernidade*, p. 171.
[235] Idem, p. 196: "Lembremo-nos de que a oposição primordial do uno e do múltiplo manifesta-se inicialmente a nós através da própria experiência sensível. Nela o múltiplo não se apresenta como multidão caótica, indistinta e confusa, mas surge como múltiplo ordenado segundo uma escala de distinção dos indivíduos entre si e das classes que reúnem os indivíduos numa primeira forma de unidade. Essa pluralidade distinta de indivíduos e classes é, por sua vez, circunscrita por nossa razão dentro da noção universalíssima de *ser* (*ens commune*)."

dissociação entre a essência no universal e a existência no singular não deve determinar uma autonomização ôntica das duas categorias. É a dialética entre o uno e o múltiplo que permite a confirmação e a reafirmação de que o uno é o uno do múltiplo, e vice-versa. É a preservação da essência no singular que dá a ele a identificação necessária para preservá-lo enquanto unidade ordenada de múltiplas manifestações individuais, capaz de ser pensada e compreendida por meio da razão abstrata. No entanto, o singular não se deixa reduzir ao universal, a concretude da existência resiste a reproduzir pura e simplesmente a abstração da essência. De outro lado, a pretensão de conservação da unidade do universal pode exigir um nível tão elevado de abstração que já não seja possível encontrar qualquer identificação dos múltiplos no uno. Por isso aparecem os dilemas próprios da metafísica da subjetividade no pensamento filosófico da modernidade: "Como introduzir a diferença na identidade sem relativizar o ser uno e absoluto na pluralidade no múltiplo?";[236] Até onde é possível estender a diferenciação do singular sem romper com a identidade que o faz a existência contingente, ainda que apenas até certo ponto, de uma determinada essência universal?

O constitucionalismo transformou-se, ao longo dos últimos dois séculos, em uma experiência internacional. A partir da sua gestação na Inglaterra medieval, passando pela sua consolidação institucional nos Estados Unidos ao final do século XVIII e chegando até as adaptações e modernizações engendradas nos diversos contextos europeus do século XX, o constitucionalismo parece ter encontrado uma fórmula relativamente estável que lhe confere uma determinada *identidade*, vale dizer, um conjunto de elementos de reconhecimento que lhe garantem uma *unidade conceitual*. Seria possível, então, falar de uma *essência* ou de um *universal constitucional* ao qual poder-se-ia reconduzir as *existências constitucionais singulares e concretas* a ponto de reconhecer entre elas uma *identidade* na *diferença*, conformadora de uma mutiplicidade ordenada de constitucionalismos, correspondentes, em maior ou menor grau, à *essência constitucional abstrata*.

Existem inúmeras tentativas teóricas mais ou menos competentes de descrever os elementos de identificação do constitucionalismo enquanto um conceito universal. Uma tentativa interessante está presente na abordagem sobre o constitucionalismo "ideal" de Carlos Santiago Nino.[237]

---

[236] Henrique C. de Lima Vaz, *op. cit.*, p. 99.

[237] A concepção de constituição ideal remonta a Carl Schmitt, que de forma crítica a considerava uma idéia jurídica politicamente comprometida com o Estado de Direito burguês: "No processo histórico da Constituição moderna prosperou tanto um determinado conceito ideal, que, desde o século

Conforme este autor, "em termos gerais, todos concordam que constitucionalismo significa algo como 'governo limitado'. Mas a palavra tem um espectro de significados que varia na sua densidade conceitual".[238] A mais fraca (*thinnest*) concepção de constitucionalismo está associada à idéia básica de *rule of law*, isto é, reporta-se à existência de certas regras jurídicas fundamentais que limitam em alguma medida a ação dos órgãos do governo, sejam eles ou não democráticos. Uma concepção ligeiramente mais densa é, por isso mesmo, mais específica acerca do modo pelo qual os órgãos governamentais estão limitados pelo Direito, exigindo para tanto uma constituição, não necessariamente escrita. Qualquer que seja o conteúdo dessa constituição, ela deve ser entrincheirada (*entrenched*) por processos de revogação e reforma mais difíceis do que os aceitos para leis ordinárias. O conceito geral vai se tornando mais denso à medida que são acrescentadas determinadas regras mais específicas, exigindo-se, por exemplo, que as normas legais sejam gerais, públicas, não-retroativas, estáveis e que sejam aplicadas com imparcialidade; ou, ainda, quando se institui a separação de poderes, com ênfase na independência do Poder Judiciário. Uma nova e decisiva dimensão é adicionada ao conceito de constitucionalismo quando a constituição reconhece direitos individuais que não podem ser usurpados por nenhum órgão do Estado. Com o acréscimo do controle de constitucionalidade das leis (*judicial review*) o constitucionalismo torna-se ainda mais denso, porquanto o Poder Judiciário independente se converte na única instituição estatal capaz de proteger aqueles direitos e, portanto, autorizada a anular a legislação que os sujeita a risco. Por fim, a densidade da concepção constitucional aumenta dramaticamente quando o princípio democrático é adicionado às exigências anteriores e passa a requerer esquemas institucionais específicos de eleição e funcionamento dos órgãos legislativos e executivos.[239]

XVIII, só se tem designado como Constituições aquelas que correspondiam às demandas de liberdade burguesa e continham certas garantias da dita liberdade". Cf. *Teoría de la Constitución*, p. 59. Segundo o conceito ideal, a constituição deve ser um sistema de garantias da liberdade burguesa, assegurando a divisão de poderes através de uma constituição escrita. Para Carl Schmitt, a particularidade do ideal constitucional burguês "consiste em que se adota uma organização do Estado desde um ponto de vista crítico e negativo frente ao Estado – proteção do cidadão contra o abuso do poder do Estado – . Os meios e métodos do controle sobre o Estado se organizam mais do que o próprio Estado; criam-se seguranças contra ataques estatais, e trata-se de introduzir freios no exercício do poder público"; *ob. cit.*, p. 62. Ver, sobre a constituição ideal na teoria de Carl Schmitt, Menelick de Carvalho Netto, "A hermenêutica constitucional e os desafios postos aos direitos fundamentais", *in*: José Adércio Leite Sampaio (coordenador), *Jurisdição Constitucional e Direitos Fundamentais*, p. 141-163.

[238] Carlos Santiago Nino, *The Constitution of deliberative democracy*, p. 3.
[239] Idem, p. 3-4.

Claro que essa concepção comporta variações inclusive quanto à ênfase posta em alguns de seus elementos. O constitucionalismo europeu contemporâneo tende a exigir uma participação mais decisiva do princípio democrático na configuração do modelo, ao passo que o constitucionalismo norte-americano enfatiza a proteção dos direitos individuais e confere ao Poder Judiciário uma função mais ativa na defesa desses direitos. Como esse conceito ideal de constituição não é de modo algum estático e está aberto à dinâmica da história, não seria nenhuma demasia acrescentar à concepção uma escala ainda mais densa na qual figurariam normas impondo ao Estado a realização de determinados programas, fins e tarefas dirigidas à criação de condições sociais e econômicas mais justas, inclusive por meio de direitos sociais.[240] A assimilação dessa nova escala está em consonância com a evolução do constitucionalismo em praticamente todos os países que adotaram novas constituições a partir da Segunda Guerra Mundial.

Pois bem, se é possível elaborar uma concepção teórica ideal e abstrata de constituição e constitucionalismo, através da reunião de um conjunto de elementos de reconhecimento da identidade básica que os transforma em modelos universais, então é também viável produzir uma teoria constitucional abstrata e universal que dê conta de capturar e expor a *essência do constitucionalismo*. Essa *teoria constitucional ideal* permitiria *descrever*, *justificar* e *aplicar* os elementos formadores da *essência constitucional* nas experiências constitucionais singulares, de modo a manter a uniformidade teórica e institucional na multiplicidade de constituições concretas. O grande problema dessa relação de conformidade e coerência entre o *uno* e o *múltiplo* constitucional está justamente no trágico exemplo histórico da Constituição de Weimar. Como fazer para adaptar o bem-sucedido conjunto de elementos essenciais e universais do constitucionalismo aos fatores endêmicos de experiências histórico-constitucionais concretas, sem impor o império do universal e a indiferença à contingência, assumindo assim o risco de colonizar contextos culturais diferenciados através da constituição ideal, ou, como na República de Weimar, de produzir as condições de um fracasso inevitável da experiência constitucional?

Antes mesmo de tentar respostar questões tão delicadas da teoria constitucional, é necessário trazer à tona o discurso crítico à pretensão universalista do constitucionalismo. A própria expansão dos Estados constitucionais democráticos no século passado provocou o aparecimento ou a

---

[240] Lenio Luiz Streck, *Jurisdição constitucional e hermenêutica*, p. 95-100.

descoberta da dilemática relação entre a *constituição ideal* e as *constituições histórias*. O primeiro grande confronto ocorreu com o "renascimento constitucional" europeu na segunda metade do século XX. O mais influente modelo constitucional, até então, estava na constituição norte-americana, que tem entre seus elementos de identificação praticamente todas as características citadas por Carlos Santiago Nino. Trata-se de uma constituição que organiza o governo limitando a sua atuação através da separação dos poderes e da instituição de direitos individuais, e que possui um Poder Judiciário independente e com competência para julgar a constitucionalidade dos atos legislativos e administrativos.[241] O eixo gravitacional da constituição dos Estados Unidos corresponde à história do constitucionalismo anglo-americano: a limitação do poder, inclusive do poder das maiorias, pelos direitos individuais.[242]

Entretanto, o modelo constitucional adotado pelos países europeus após a Segunda Guerra Mundial adaptou o princípio constitucional anglo-americano a fatores jurídico-políticos endêmicos à história européia. É certo que o novo constitucionalismo europeu aceitou o princípio constitucional da limitação do governo, instituindo catálogos de direitos fundamentais e deferindo ao Poder Judiciário a competência funcional de fiscalizar a constitucionalidade das leis. Sem embargo, o constitucionalismo europeu manteve, em graus diferentes, a sua histórica vinculação ao princípio da soberania popular e às conseqüências institucionais decorrentes dessa relação: a persistência, novamente em graus variados, da idéia da supremacia parlamentar, a recusa da admissão do controle difuso de constitucionalidade, uma maior liberdade legislativa na conformação do conteúdo dos direitos fundamentais. Além disso, o constitucionalismo europeu acrescentou elementos originais, historicamente desconhecidos do seu congênere anglo-americano, como a inclusão de direitos sociais, econômicos e culturais nos catálogos de direitos fundamentais e a previsão

---

[241] Ver, sobre o constitucionalismo norte-americano, Richard S. Kay, "American Constitutionalism", in: Larry Alexander (editor), *Constitutionalism: philosophical foundations*, p. 16-63.

[242] Como diz Gustavo Zagrebelsky, "Para a concepção americana, os direitos são anteriores tanto à Constituição como ao governo (ou, segundo um modo de se expressar mais usual entre nós, ao Estado). Segundo a famosa argumentação 'circular' do *Federalist* de ascendência lockeana (direitos naturais dos cidadãos, soberania popular, delegação aos governos do poder necessário para proteção dos direitos), as Cartas constitucionais eram o ato mediante o qual o povo soberano delegava livremente nos governantes" (*sic*). Nesse sistema, a lei "derivava dos direitos, justamente o contrário do que se sucedia na França, onde eram os direitos que derivavam da lei. Aqui, a soberania da lei, ali, a soberania dos direitos". Prossegue o autor: "A concepção individualista dos direitos como patrimônio natural conduzia a desconfiar das assembléias onipotentes, em que se diluem as consciências individuais. A *balanced constitution* era um instrumento para frear a natural ambição pessoal dos legisladores e criar um sistema de governo 'republicano' (não 'democrático'), favorável para a preservação dos direitos mediante um sistema de *checks and balances*." Cf. *El derecho dúctil*, p. 55-57.

de normas constitucionais definidoras de programas, tarefas e fins dirigidos à atuação do Estado em benefício da realização de justiça social.[243]

A afirmação de uma "concepção européia de constituição", que se contrapõe à "concepção americana de constituição", coloca em xeque, desde logo, a possibilidade de um conceito único de constitucionalismo e de uma teoria geral da constituição. No entanto, a crítica não se restringe a apontar as diferenças entre os constitucionalismos europeu e norte-americano. Ela assinala que a historicidade é um fenômeno inerente a qualquer *existência* constitucional, ou, para usarmos a terminologia de Carlos Santiago Nino, a todas as *constituições históricas*, que inevitavelmente se sujeitam aos fatores, circunstâncias e condições próprios do contexto histórico e cultural de cada comunidade política. Como diz Canotilho, uma teoria da constituição necessita ser constitucionalmente adequada, ou seja, a compreensão teórica da constituição, se quiser ganhar um sentido teórico-prático, deve ter como ponto de referência central a "situação constitucional concreta, historicamente existente num determinado país".[244] Não haveria, portanto, um constitucionalismo nem uma teoria da constituição, mas sim constitucionalismos e teorias das constituições para cada sistema constitucional historicamente concreto de um determinado país.[245]

No Brasil, um dos críticos mais contundentes da universalidade da teoria constitucional tem sido Lenio Streck.[246] O autor propõe uma relação entre a teoria constitucional de caráter universal ou a *essência constitu-*

---

[243] Conforme Zagrebelsky, "Pode-se afirmar, portanto, que na Europa se mantém uma concepção de Estado, enquanto se manifesta através da lei, como sujeito dotado originariamente de poderes próprios, ontologicamente distintos dos direitos dos indivíduos. Não cabe dizer que a lei se admita somente em função dos direitos individuais, porque pode estar legitimamente animada por interesses públicos que não sejam simplesmente a tradução legislativa dos direitos individuais. Em alguns casos, e de modo particularmente acusado nas Constituições que contêm normas programáticas ou *Staatszielbestimmungen*, a perseguição de objetivos inclusive vem imposta constitucionalmente. Na época atual da democracia, ademais, o Estado, e em particular o Estado-legislador, é também, por sua vez, expressão de uma ordem de direitos, os direitos políticos, intrinsecamente diferentes dos que se orientam à perseguição de interesses individuais. Estes direitos servem para mover a participação dos cidadãos na comum determinação da direção política da vida coletiva, e não são, simplesmente, expressão de direitos na sua dimensão individual"; *El derecho dúctil*, p. 59.

[244] Canotilho, *Constituição dirigente e vinculação do legislador*, p. 154.

[245] O próprio Canotilho, nas transcrições da videoconferência que manteve com juristas brasileiros reunidos no Estado do Paraná, em fevereiro de 2002, inseridas posteriormente na obra organizada por Jacinto Nelson de Miranda Coutinho, *Canotilho e a constituição dirigente*, p. 34, refere que "a certa altura, (começou) a ter a sensação de que deveríamos estabelecer talvez um novo diálogo, que era de não falarmos em constitucionalismo, não falarmos em teoria da Constituição, falarmos talvez de *teorias das constituições* e possivelmente colocarmos em rede a idéia de interconstitucionalidade, dos vários constitucionalismos, dos vários questionamentos".

[246] Ver, do autor, *Jurisdição constitucional e hermenêutica*, 106-126 e 169-223; ver, ainda, Menelick de Carvalho Neto, "Hermenêutica constitucional: desafios postos aos direitos fundamentais", p. 141-163.

cional e a teoria de uma constituição singular e concreta, que me parece a mais correta e equilibrada. Para Streck, "é necessário que se entenda a teoria da Constituição enquanto *uma teoria que resguarde as especificidades histórico-fatuais de cada Estado nacional*. Desse modo, a teoria da Constituição deve ter um núcleo (básico) que albergue as conquistas civilizatórias próprias do Estado Democrático (e Social) de Direito, assentado, como já se viu à saciedade, no binômio democracia e direitos fundamentais. Esse núcleo derivado do Estado Democrático de Direito faz parte, hoje, de um núcleo básico geral-universal que comporta elementos que poderiam confortar uma teoria geral da Constituição e do constitucionalismo do ocidente. Já os demais substratos constitucionais aptos a confortar uma teoria da Constituição derivam das especificidades regionais e da identidade nacional de cada Estado".[247]

Existe efetivamente uma concepção universal com um conteúdo relativamente sólido de constituição, composto de alguns elementos de identificação estáveis. O conceito de constituição ideal, descrito por Carlos Santiago Nino, com os acréscimos dos direitos fundamentais sociais e das normas impositivas de programas, tarefas e fins estatais, configura uma concepção particularmente fiel de uma constituição ideal material. Desde uma ótica mais simplificada, também é possível atribuir ao "binômio" formado pelo princípio democrático e pelos direitos fundamentais uma espécie de *núcleo mínimo universal* das constituições, de que fala Lenio Streck.[248] Em qualquer das suas versões, desde uma concepção *thin* até um conceito *thick* de constituição ideal, teríamos uma *essência constitucional* de caráter abstrato e universal, uma espécie de *constituição metafísica*, que permitiria orientar e conduzir as experiências constitucionais concretas de cada país – as *existências constitucionais* –, que seguiriam uma trajetória singular guiada pelos elementos universais da experiência constitucionalista, porém ainda assim endereçadas às particularidades específicas de cada Estado.

Mas a relação entre a constituição ideal e a constituição real deve ser necessariamente *dialética*, deve submeter-se a um círculo hermenêutico e a um intercâmbio de horizontes de sentido. Nem é possível uma subsunção do modelo concreto à fórmula universal, nem pode o modelo concreto afastar-se tanto ou ignorar tão completamente a base conceitual ideal que deixe de ser uma concretização do conceito abstrato, ou que perca os elementos que permitem preservar a identidade constitucional mesmo na

---

[247] Lenio Luiz Streck, *Jurisdição constitucional e hermenêutica*, p. 112.
[248] Carlos Santiago Nino aceita essa redução ao núcleo básico do conceito ideal de constituição à democracia e aos direitos fundamentais, cf. *The Constitution of deliberative democracy*, p. 10-11.

diferença. Todavia, a imposição de uma concepção constitucional *soberba* ou a simples *colonização* de experiências constitucionais concretas por *imperialismos conceituais* inteiramente indiferentes à história singular de uma sociedade é a receita para a tragédia de Weimar. A dialética entre a constituição ideal e a constituição real pressupõe um movimento original de um povo que, consciente das suas circunstâncias históricas, políticas, sociais e culturais, busca no mercado internacional de idéias e experiências constitucionais uma fórmula bem-sucedida de Estado para aplicar às suas instituições jurídico-políticas, respeitando o contexto interno. A soberba e a indiferença em relação às contingências históricas particulares de um Estado são interpretadas pelo povo "colonizado" como um ataque, que aciona imediatamente o seu sistema imunológico. Cedo ou tarde, e em geral por uma *via dolorosa*, o elemento estranho será expulso.

Por isso é preciso levar muito a sério advertências como as que Lenio Streck insistentemente faz sobre a constitucionalização brasileira de 1988.[249] Por um lado, é necessário preservar e fortalecer o *núcleo universal* da Constituição Federal, os princípios que a fazem uma experiência singular e concreta de uma *essência constitucional* ancorada na promoção dos direitos humanos e no regime democrático. De outro, não se pode perder de vista que o Brasil é um país periférico, extremamente desigual, de modernidade tardia, no qual nem mesmo as premissas do constitucionalismo liberal chegaram a vingar plenamente, quanto menos as condições materiais do Estado de bem-estar social. Não é possível decretar o anacronismo dos direitos sociais ou a falência do dirigismo constitucional lendo apenas as páginas dos cadernos de notícias internacionais. Para um país ainda parcialmente pré-moderno e que mal ingressou na modernidade,[250] dar o "pulo do gato" sem escalas à pós-modernidade parece mais um artificialismo festivo e inconseqüente. Se efetivamente é possível reivindicar uma teoria constitucional constitucionalmente adequada e socialmente responsável em relação ao seu contexto de aplicação, os teóricos constitucionais não se devem deixar hipnotizar pela sedução reducionista e alienante da *metafísica constitucional*;[251] pelo contrário, devem antes de tudo compreender que a tragédia de Weimar é perigosa porque é polimorfa e sorrateira.

---

[249] Lenio Streck, *Jurisdição constitucional e hermenêutica*, p. 112-120.

[250] Ver Luís Roberto Barroso, "Fundamentos teóricos e filosóficos do novo direito constitucional brasileiro (pós- modernidade, teoria crítica e pós-positivismo)", p. 29-66.

[251] Lenio Luiz Streck, "A crise da hermenêutica e a hermenêutica da crise: a necessidade uma nova crítica ao direito (NCD)", *in*: José Adércio Leite Sampaio (coordenador), *Jurisdição Constitucional e Direitos Fundamentais*, p. 101-140.

Os limites entre o exercício da jurisdição constitucional e o princípio democrático ou entre os direitos fundamentais e a democracia não podem, portanto, receber uma solução *ideal* ou *importada*, ao modo de uma *colonização dogmática*. A compreensão dos fundamentos, do conteúdo e da eficácia dos direitos fundamentais, a tensão entre liberdade e vinculação do legislador e do administrador em face do sistema de direitos e a extensão do espaço de ação da jurisdição constitucional na concretização judicial dos princípios e direitos fundamentais da Constituição deve contas à ordem constitucional pensada e implantada em 1988, assim como à comunidade que a erigiu em estatuto jurídico concreto da sua existência política singular e irreproduzível.

2. A teoria dos direitos fundamentais

O centro de gravidade do constitucionalismo contemporâneo são os direitos fundamentais. No direito constitucional do positivismo jurídico, os direitos fundamentais operavam como limites externos eventuais impostos à atividade essencialmente discricionária de criação legislativa do Direito. A teoria constitucional pós-positivista nem de longe reduz o sistema de direitos a mero limite à liberdade do legislador. Já se viu que as disputas doutrinárias oscilam entre modelos constitucionais que atribuem ao processo democrático o protagonismo no reconhecimento e na definição do conteúdo normativo dos direitos fundamentais, e outros que identificam no Poder Judiciário o guardião ideal do sistema de direitos. No entanto, qualquer deles assume que os direitos fundamentais consubstanciam o eixo normativo em torno do qual devem se ajustar e movimentar as relações públicas e privadas na vida comunitária, ainda que, conforme argumenta Waldron, uma teoria constitucional *rights-based* não implique necessariamente, de um ponto de vista lógico, a existência de um sistema de jurisdição constitucional.[252]

A teoria dos direitos pode ser investigada desde de uma ótica ideal, elaborada a partir de um enfoque de filosofia do direito, filosofia política ou teoria geral da justiça, como também pode ser estudada partindo da perspectiva de uma determinada constituição histórica. Não apenas temos a possibilidade de adotarmos esses diferentes enfoques, como eles podem ser inteiramente independentes no momento teórico-expositivo. Contudo, já não parece cientificamente recomendável ignorar a interdependência entre as mais influentes concepções filosóficas formuladas na perspectiva de uma teoria ideal dos direitos, com os catálogos de direitos fundamentais que se têm inserido nas declarações e pactos internacionais de direitos e, sobretudo, nas constituições produzidas desde as primeiras décadas do século XX. O estudo dessa interdependência revela a existência de um

---

[252] Cf. Jeremy Waldron, *Law and Desagreement*, p. 214 e ss.

sólido fluxo e intercâmbio de idéias teóricas e experiências institucionais que se faz determinante nos momentos de construção das teorias e de elaboração das constituições.

O plano de exposição deste trabalho não contempla um estudo analítico das teorias dos direitos fundamentais. De resto, há literatura suficiente e qualificada sobre esse tema no direito constitucional brasileiro, de modo que nada teria a acrescentar às abordagens doutrinárias que considero referenciais sobre a questão.[253] Ainda assim, desejo examinar alguns aspectos da teoria dos direitos fundamentais que entendo relevantes para a compreensão do meu argumento.

2.1. A pluralidade moral do sistema de direitos fundamentais

A teoria geral dos direitos fundamentais opera, em regra, com três categorias distintas de direitos fundamentais. Os *direitos liberais*, que tutelam as liberdades públicas, a igualdade e a privacidade dos indivíduos, os *direitos sociais*, que asseguram aos seus titulares o provimento de serviços públicos destinados a garantir-lhes o bem-estar material, e os *direitos políticos*, que permitem aos cidadãos a participação na vida política do Estado. Como se sabe, a Declaração Universal dos Direitos Humanos de 1948 e os Pactos Internacionais de 1966 também dividiram os direitos do homem em três classes: os direitos civis, os direitos políticos e os direitos sociais, econômicos e culturais. As constituições criadas desde a Segunda Guerra Mundial incorporaram catálogos de direitos fundamentais com direitos liberais, direitos políticos e direitos a prestações sociais, que correspondem à classificação dos textos internacionais. A divisão nestas três diferentes categorias é também adotada tanto por teóricos do Direito, quanto por filósofos políticos que se dedicam ao estudo dos direitos fundamentais. Teorias ideais dos direitos, como as elaboradas por Jürgen Habermas e Carlos Santiago Nino, apresentam esquemas muito próximos aos reconhecidos nas declarações e pactos internacionais de direitos humanos e nos catálogos de direitos fundamentais das constitucionais nacionais.

No entanto, apesar da recorrente tríplice divisão teórica dos direitos fundamentais, de modo geral os estudos doutrinários reconduzem todas as espécies de direitos a instrumentos jurídicos destinados a proteger os bens e valores associados exclusivamente aos direitos liberais. Por essa lógica,

---

[253] Ver Ingo Sarlet, *A eficácia dos direitos fundamentais*, p. 27-204; Gilmar Ferreira Mendes, *Hermenêutica constitucional e direitos fundamentais*, p. 197-209; e Ricardo Lobo Torres, "A cidadania multidimensional na era dos direitos", *in*: Ricardo Lobo Torres (org.), *Teoria dos direitos fundamentais*, p. 239-335.

todo o sistema de direitos, e com ele a própria ordem constitucional, tem como escopo final assegurar a autonomia privada dos indivíduos, os quais só podem gozar do desenvolvimento das suas personalidades quando têm plenamente garantidas as suas liberdades. A dignidade da pessoa humana é, assim, equiparada à fruição "do mais amplo sistema de liberdades iguais para todos". Os direitos sociais e os direitos de participação política não têm um valor autônomo: eles não tutelam bens ou valores que são um fim em si mesmos porque asseguram diretamente a dignidade humana ou o pleno desenvolvimento da personalidade do homem. Nesta visão, direitos sociais e direitos políticos são instrumentalizados como meios para atingir o único verdadeiro fim da espécie humana, aquele em nome do qual se erigiu o constitucionalismo e a democracia: a liberdade individual.

Neste tópico, pretendo fazer uma crítica a esta concepção, que chamarei de concepção *unidimensional* do conteúdo moral do sistema de direitos fundamentais. Certamente o unidimensionalismo moral pode ser a interpretação mais adequada para alguns sistemas constitucionais. Há fortes indícios de que esta seja a situação do direito constitucional norte-americano, que mantém vínculos históricos sólidos com o liberalismo político e econômico. Porém, há também evidências consistentes de que a visão unidimensional é incompatível com grande parte dos sistemas constitucionais contemporâneos, sobretudo aqueles que se formaram já sob o influxo da filosofia dos direitos humanos que emergiu do segundo pós-guerra e se cristalizou na Declaração de Direitos de 1948. Esses sistemas constitucionais expressam uma concepção *pluridimensional* do conteúdo moral dos direitos fundamentais. Considero o sistema constitucional instituído pela Constituição Federal de 1988 um caso exemplar de *pluridimensionalismo moral*, e neste tópico tentarei argumentar nesse sentido.

A questão da dimensão moral do sistema de direitos reflete decisivamente na relação entre democracia e direitos fundamentais. A concepção pluridimensional representa um *pré-comprometimento forte* da ordem constitucional e, por conseqüência, uma restrição mais acentuada da liberdade de decisão dos órgãos de direção política do Estado. A concepção unidimensional tende a reduzir o grau de pré-comprometimento do regime democrático e a deixar um espaço de ação bem mais amplo para as instâncias políticas. Portanto, parece importante definir desde logo para o leitor como interpreto a extensão do pré-comprometimento jurídico-moral e político implicado pelo sistema de direitos fundamentais da Constituição brasileira.

Com o objetivo de demonstrar a fraqueza da perspectiva liberal do sistema de direitos e, em todo o caso, a sua inadequação para o direito constitucional brasileiro, tomarei a teoria da justiça de John Rawls como exemplo dessa concepção. O princípio liberal da teoria da justiça como eqüidade (*justice as fairness*) manifesta-se já na célebre passagem da abertura do livro, em que se fixa o conceito de inviolabilidade da liberdade individual: "Cada pessoa possui uma inviolabilidade fundada na justiça, que nem mesmo o bem-estar da sociedade como um todo pode ignorar. Por essa razão, a justiça nega que a perda de liberdade de alguns se justifique por um bem maior partilhado por todos".[254] Uma sociedade justa é aquela em que as liberdades da cidadania igual são consideradas invioláveis. Rawls esclarece que em sua teoria da justiça, as liberdades básicas não apenas são prioritárias, como "têm um valor absoluto", e só podem ser limitadas ou negadas "a fim de salvaguardar uma ou várias das liberdades básicas, e jamais em nome do bem público ou de valores perfeccionistas".[255]

Sem embargo do comprometimento primordial com a proteção das liberdades, a concepção de Rawls sustenta-se também em um princípio igualitário de justiça distributiva, segundo o qual os valores sociais básicos – os bens primários –, as próprias liberdades, mas também as oportunidades e as riquezas, devem ser distribuídas igualitariamente, salvo se uma distribuição desigual desses bens seja mais vantajosa para os menos afortunados da sociedade. A famosa fórmula dos dois princípios de justiça, o primeiro deles tutelando as liberdades básicas e o segundo, a igualdade material, revela o compromisso com uma visão de justiça muito particular no pensamento e na *praxis* política ocidental. Contrapondo-se a correntes que acentuam ora a proteção da liberdade, ora a promoção da igualdade material, e invariavelmente admitem o sacrifício, em maior ou menor medida, do outro princípio, a concepção de justiça política de Rawls recolhe o núcleo do pensamento social-democrata do segundo pós-guerra, consistente na produção de uma teoria política que permita o avanço da igualdade econômica e social sem o sacrifício das liberdades públicas.

Como se sabe, os princípios de justiça da concepção de Rawls são formulados através de um artifício de representação meramente intelectual e não-histórico, articulado na idéia de posição original, a qual funciona como um substituto para o contrato social, em que os representantes das pessoas consideradas como livres e iguais, dotadas de um senso de justiça razoável e de uma capacidade racional para adotar uma visão de bem, deliberam sob o recurso também artificial e meramente intelectual do véu de ignorância, que visa a impedir às partes representantes o conhecimento

---

[254] John Rawls, *Uma Teoria da Justiça*, p. 4.
[255] John Rawls, *Justiça e Democracia*, p. 149/150.

de aspectos subjetivos e objetivos dos próprios representantes e das suas sociedades. Conquanto a posição original seja um artifício mental decisivo para a fundamentação da teoria da justiça como eqüidade, ela representa apenas o primeiro de uma série de quatro estágios de aplicação dos princípios de justiça. Esses estágios estão organizados em seqüência e juntos compõem um sistema de concretização progressiva dos princípios, por meio do qual se avança desde a formulação abstrata dos princípios de justiça até a sua aplicação concreta nas instituições básicas de uma sociedade democrática e constitucional.

O primeiro estágio é representado pela própria posição original, que, como assinalei, é uma situação mental hipotética e não-histórica em que pessoas razoáveis e racionais, em um estado de igualdade e imparcialidade proporcionado pelo véu de ignorância, deliberam para escolher os princípios básicos de uma sociedade justa. Neste primeiro estágio, não há qualquer âncora institucional, e o procedimento de deliberação e escolha dos princípios ocorre apenas no plano intelectual, em estágio que se pode definir como a *posição original em sentido estrito*.[256] No segundo estágio, a aplicação dos princípios de justiça ocorre em uma convenção constituinte, e os princípios adotados na posição original devem ser concretizados em uma constituição, escrita ou não-escrita. O terceiro é o estágio legislativo, no qual devem ser estabelecidas políticas públicas sociais e econômicas que visem a maximizar as expectativas de longo prazo dos membros menos favorecidos da sociedade; por fim, o quarto é o da aplicação das regras a casos particulares pelos juizes e administradores e da observância delas pelos cidadãos em geral.

A seqüência de quatro estágios demonstra a influência decisiva do sistema político-jurídico dos estados constitucionais ocidentais na formulação da teoria da justiça de Rawls. Com efeito, o sistema de estágios seqüenciais é basicamente o mesmo de qualquer sistema jurídico ocidental e sua fórmula revela uma curiosa proximidade com a estrutura dinâmica da *Teoria Pura do Direito* de Hans Kelsen,[257] que parte de uma norma

---

[256] A coerência exigiria que se dissesse que neste estágio não há exatamente aplicação dos princípios de justiça, porque a posição original, tal como formulada por Rawls, é um procedimento de escolha original dos princípios de justiça, que são construídos pelas partes e, portanto, não preexistem à posição original. No entanto, revela-se neste ponto certa incoerência quanto ao caráter construtivista da posição original, pois, como apontou Michael Sandel, os princípios de justiça não são formulados ou construídos através do recurso da posição original. A rigor, os dois princípios são concebidos previamente por Rawls, que depois os submete ao esquema procedimental puro da posição original para demonstrar que são princípios que tornam justa a estrutura básica de sociedades democráticas, e por isso seriam aceitos unanimemente pelas partes representativas. Ver Michael Sandel, *Liberalism and the limits of justice*, p. 122-132.
[257] Hans Kelsen, *Teoria Pura do Direito*, p. 215 e ss.

fundamental igualmente hipotética (pressuposta) e não-histórica, desprovida de conteúdo – ao menos de conteúdo jurídico –, e define escalas ou estágios do sistema jurídico que condicionam formal e materialmente a validade das escalas posteriores. Como se sabe, a *estrutura escalonada da ordem jurídica* de Kelsen tem a seguinte seqüência de "estágios": 1º) a norma fundamental; 2º) a constituição; 3º) a legislação e o costume; 4º) administração, jurisdição e negócios jurídicos privados. Percebe-se facilmente, portanto, a semelhança com o sistema de estágios seqüenciais de Rawls, o que reforça a impressão de que a ligação da teoria com o modelo das instituições político-jurídicas dos estados constitucionais liberais é determinante para algumas soluções propostas por Rawls.

A constituição é o primeiro estágio de *efetiva aplicação* dos princípios de justiça. Sobre essa escala, diz Rawls: "suponho que, depois de adotados os princípios de justiça, na posição original, as partes procuram formar uma convenção constituinte. Aqui devem decidir sobre a justiça de formas políticas e escolher uma constituição: elas recebem delegação, por assim dizer, para essa convenção. Observando as restrições dos princípios de justiça já escolhidos, elas devem propor um sistema para os poderes constitucionais de governo e os direitos básicos do cidadão".[258] No entanto, ele propõe que apenas o primeiro princípio de justiça deve ser aplicado no estágio constitucional. Como se sabe, o primeiro princípio de justiça determina que "cada pessoa tem o mesmo direito inviolável a um esquema plenamente adequado de iguais liberdades básicas, compatível com o mesmo esquema de liberdades para todos". O segundo princípio – segundo o qual "as desigualdades sociais e econômicas devem satisfazer a duas condições: primeiro, elas devem estar vinculadas a cargos e posições abertas a todos sob condições de igualdade eqüitativa de oportunidades, e segundo, elas devem garantir o maior benefício aos mais desfavorecidos membros da sociedade" – deve ser aplicado nos estágios subseqüentes.[259]

É certo que Rawls não teve a pretensão de elaborar uma teoria da constituição dentro da sua obra. Ele próprio adverte que sua concepção de justiça é uma visão filosófica e, portanto, não deve ser considerada um método de responder a perguntas de juristas, e sim um quadro de referência que os juristas, se o acharem convincente, podem utilizar para orientar suas reflexões.[260] Todavia, não apenas a doutrina e a experiência constitucionais norte-americanas têm nítida influência sobre pressupostos fundamentais da teoria da justiça como eqüidade, como a própria teoria se

---

[258] John Rawls, *Uma Teoria da Justiça*, p. 213.
[259] John Rawls, *Justice as Fairness*, p. 42.
[260] John Rawls, *O Liberalismo Político*, p. 427.

utiliza extensamente da noção de constituição. E não se deve esquecer que, na evolução da teoria da justiça, Rawls foi esclarecendo que sua concepção política de justiça é dirigida a encontrar princípios de justiça social para um Estado constitucional democrático.[261]

Pode-se apontar pelo menos duas razões para a distribuição da aplicação dos princípios nos estágios constitucional e legislativo, tal como propõe o autor. Em primeiro lugar está a vinculação estreita com a experiência constitucional norte-americana que referi acima. A Constituição de 1787 prevê apenas alguns direitos individuais de liberdade, e não apenas não acolhe nenhum direito social ou econômico, como não trata de nenhum princípio destinado a promover justiça social ou reduzir as desigualdades econômicas. A longevidade da Constituição norte-americana e a estabilidade política e social para a qual tem sido decisiva naquela sociedade autorizam afirmar que ela representa um exemplo de "constituição bem-sucedida". Mas é no mínimo mais problemático dizer, no âmbito de uma concepção política de justiça com a ambição de promover uma sociedade igualitária, que este modelo é em si "justo e viável". Dificilmente se pode sustentar que uma constituição absolutamente liberal, tal como a norte-americana, pode ser justa e viável para produzir uma sociedade igualitária.

Uma segunda razão para aplicar o segundo princípio de justiça apenas no estágio legislativo decorre, provavelmente, da falta de densidade normativa do princípio. Embora seja perfeitamente possível fazer derivar normas da primeira parte do segundo princípio, que garante a igualdade eqüitativa de oportunidades através do amplo acesso a cargos e posições, a segunda parte do segundo princípio, denominada de *princípio da diferença*, pelo qual as desigualdades econômicas e sociais só se justificam caso sirvam ao maior benefício dos membros menos favorecidos da sociedade, mostra-se vaga e imprecisa demais para que dela se possam extrair, diretamente, normas constitucionais. Falta-lhe, como se disse, densidade normativa. A partir do enunciado e mesmo da fundamentação do princípio da diferença não é possível extrair direitos sociais e econômicos, o regime de propriedade, o sistema tributário ou de distribuição de riquezas compatível com o igualitarismo e instituições concretas que possam reequilibrar as desigualdades sociais e econômicas pressupostas pelo princípio. A definição de normas e subprincípios, capazes de concretizar o segundo princípio de justiça exige o conhecimento detalhado de circunstâncias e condições subjetivas e objetivas, sobretudo de ordem econômica, política e social, o qual, de acordo com a fórmula dos quatro estágios, não está

---

[261] John Rawls, "A idéia de razão pública revista", *O direito dos povos*, p. 174-185.

ainda disponível aos representantes na convenção constituinte, isso porque o véu de ignorância, embora já menos espesso, restringe ainda substancialmente o conhecimento das partes representativas.[262] É natural, portanto, que se difira a aplicação do segundo princípio ao estágio legislativo, no qual o véu de ignorância é muito menos espesso, e, por conseguinte, o grau de conhecimento das circunstâncias e condições subjetivas e objetivas reais da sociedade, bem mais abrangente.[263]

Portanto, a pretensão de equilibrar a proteção da liberdade com a promoção da justiça social, que é o objetivo fundamental da teoria da justiça de Rawls, se faz em um quadro teórico tipicamente liberal. Como vimos, as liberdades fundamentais, tal como as define o primeiro princípio de justiça, devem receber proteção constitucional, e o fato de que estejam protegidas pela constituição é suficiente para estabelecer um regime constitucional justo, ainda que o segundo princípio de justiça, que se destina a promover a igualdade material diretamente, não tenha e nem deva ter assento constitucional, ficando relegado a concretizar-se em estágios posteriores da aplicação dos princípios de justiça. Como diz em *Justice as Fairness*, "a estrutura básica é organizada de modo que, quando se segue as regras de cooperação publicamente reconhecidas, e se honra as pretensões que as regras especificam, a distribuição particular de bens que resulta é aceitável como justa (ou, no mínimo, como não-injusta), qualquer que venha a ser essa distribuição".[264]

Ao entrincheirar as liberdades básicas e apenas as liberdades básicas, antepondo-as, de modo absoluto, à garantia de bens de interesse social ou comunitário, essa concepção insere-se em um espectro político nitidamente liberal, e o predicado igualitarista torna-se expressivamente condicionado e impreciso. De fato, a prioridade absoluta das liberdades básicas, que só aceita restrição quando interesse à tutela das próprias liberdades, recolhe um cânone clássico do liberalismo político como doutrina abran-

---

[262] Para uma análise da aplicação da noção de "véu de ignorância" no direito constitucional, ver Adrian Vermeule, "Veil of Ignorance Rules in Constitutional Law", *Yale Law Journal*, volume 111, n. 2, novembro de 2001, p. 399-433.

[263] Neste ponto há uma surpreendente simetria entre a concepção de Rawls e a posição sustentada pelo jurista conservador alemão Ernst Forsthoff. Como se viu no capítulo anterior, Forsthoff defendeu que na Lei Fundamental de 1949, apenas os direitos de liberdade dizem respeito propriamente ao Estado de Direito, e somente o princípio do Estado de Direito deve ser o objeto de proteção constitucional. O princípio do Estado social e os direitos sociais devem ser regulados através da legislação ordinária, porque "não possuem uma dimensão fixa, regulável *a priori*"; portanto, "necessitam de graduação e diferenciação, porque têm um significado racional apenas nos limites em que, no caso singular, é adequado, necessário e possível", sendo que a determinação destes limites "*deve ser reservada à legislação e à administração que segue a lei*" (grifei). Cf. *Stato di diritto in trasformazione*, p. 47.

[264] John Rawls, *Justice as Fairness*, p. 50.

gente. Todavia, considerar a teoria da justiça como eqüidade uma doutrina política abrangente contradiz os fundamentos da concepção política de justiça de Rawls, que busca, pela idéia de consenso sobreposto (*overlapping consensus*), respeitar o fato do pluralismo razoável nas sociedades democráticas contemporâneas construindo um sistema político infenso ao domínio de doutrinas filosóficas, políticas, econômicas ou religiosas abrangentes.

Por conseguinte, a despeito da preocupação central que a redução das desigualdades sociais e econômicas a níveis justos, que está irrecusavelmente presente na teoria da justiça como eqüidade, e em que pese a sofisticação do argumento do princípio da diferença como fator de promoção de igualdade material e justiça social, é a liberdade, não a igualdade, a grande protagonista da concepção de justiça política de John Rawls. Há implícita, na fundamentação da teoria, uma crença profunda de que somente com a proteção absoluta e abrangente das liberdades fundamentais é possível atingir a justiça social. Esse é, sem dúvida, um mérito "igualitarista" da *justice as fairness*. Mas salta aos olhos, ao fim e ao cabo, que a fortaleza teórica da idéia de justiça como eqüidade tem como real propósito proteger as liberdades básicas do indivíduo: elas é que são irrenunciáveis, invioláveis, urgentes; elas é que desfrutam de esquemas institucionais concretos, eficientes e historicamente testados de garantia.

Por isso a constituição de Rawls é liberal. A prioridade das liberdades é a marca das constituições liberais desde a norte-americana de 1787 até a alemã de 1949. A constituição de Rawls é essencialmente a do Estado de Direito liberal, que se propõe a conciliar e equilibrar a proteção da autonomia privada, através da garantia constitucional das liberdades fundamentais, com a promoção da autonomia pública, assegurando o exercício da liberdade política e a supremacia do princípio democrático, como ele próprio define nesta síntese notavelmente expressiva da sua concepção de constituição: "uma constituição especifica um procedimento político justo e incorpora as restrições que protegem as liberdades e, ao mesmo tempo, assegura sua prioridade. O resto fica a cargo do estágio legislativo. Uma constituição desse tipo está em conformidade com a idéia tradicional de governo democrático, ao mesmo tempo em que abre um espaço para a instituição da revisão judicial".[265] Dificilmente pode-se encontrar melhor definição para o Estado de Direito liberal moderno.

É bem verdade que em *O Liberalismo Político*, de 1992, Rawls tenta atender àqueles que acusaram sua teoria da justiça de ser uma defesa do

---

[265] John Rawls, *O Liberalismo Político*, p. 396.

liberalismo econômico norte-americano inserindo a noção de *mínimo social* entre os chamados elementos constitucionais essenciais (*constitutional essencials*) a serem garantidos já no estágio constitucional.[266] No entanto, as referências a esse *mínimo essencial* são tão vagas, escassas e carentes de justificação, sobretudo quando contrastamos com a exaustiva fundamentação da essencialidade dos direitos liberais, que não se pode dizer que essa mudança afetou a prioridade das liberdades básicas e a instrumentalização dos direitos sociais para maximizar a fruição da liberdade.[267] Basta ver que, nos mesmos parágrafos em que menciona o mínimo essencial, o autor afirma que "é mais urgente estabelecer os elementos essenciais que lidam com as liberdades básicas" e "é muito mais fácil atestar se esses elementos essenciais estão sendo realizados".[268]

A teoria de Rawls sobre a prioridade das liberdades no esquema constitucional interessa a este estudo por ser representativa da concepção liberal do sistema de direitos fundamentais. O resultado, aliás, teria sido substancialmente idêntico se tivesse sido utilizada a teoria dos direitos que Habermas expõe em *Direito e Democracia* como exemplo de concepção constitucional que prioriza a tutela das liberdades fundamentais clássicas e endereça a garantia dos direitos sociais para o plano da política.[269] Como disse Rodolfo Arango, "Habermas oferece uma fundação absoluta dos direitos civis e políticos em contraste com uma fundação relativa dos direitos sociais e ecológicos. Os últimos dependem de paradigmas variáveis de Direito e têm que ser definidos pela via da participação política" ... "(A concepção de democracia de Habermas) é um conceito idealizado, o qual pressupõe a existência de direitos à autonomia e à participação política, mas não está preocupado em assegurar que as condições materiais

---

[266] Rawls, "A idéia de razão pública", em *O Liberalismo Político*, p. 278-281. Ana Paula de Barcellos examina essa "mudança de rota" de Rawls no artigo "O mínimo existencial e algumas fundamentações: John Rawls, Michael Walzer e Robert Alexy", *in*: Ricardo Lobo Torres (org.), *Legitimação dos direitos humanos*, p. 11-49, e na obra *A eficácia jurídica dos princípios constitucionais*, p. 124-130. Nesse sentido, comentando a reversão do chamado "paroquialismo" de Rawls com a adoção da idéia de mínimo social, Rodolfo Arango, "Basic Social Rights, Constitutional Justice, and Democracy", *Ratio Juris*, vol. 16, n. 2, jun-2003, p. 142-143.

[267] Conforme fica nítido no ensaio "As liberdades fundamentais e sua prioridade", o último capítulo de *O Liberalismo Político*, p. 343-430.

[268] Rawls, "A idéia de razão pública", *cit.*, p. 280.

[269] Michel Villey mostra que a associação entre proteção da liberdade e garantia de direitos subjetivos remonta a Kant, para quem "o direito é o conjunto de condições que possibilitam a coexistência das liberdades individuais. Seu único objetivo é a liberdade, deduzido imediatamente por Kant dos primeiros princípios inerentes à Razão individual"; cf. *Filosofia do Direito*, p. 145. Portanto, não é de estranhar que Rawls e Habermas, cujas filosofias da justiça possuem sólida influência kantiana, direcionem o sistema de direitos para a preservação da liberdade.

para esta autonomia e participação sejam exercidas efetivamente por cada indivíduo".[270]

De fato, essa visão está tão incorporada à teoria constitucional, que mesmo autores que defendem uma compreensão coordenada e horizontal entre os direitos humanos terminam por reconduzir todo o sistema de direitos a instrumentos de tutela da liberdade.[271] Heiner Bielefeldt, por exemplo, critica a hierarquização dos direitos da teoria da justiça de Rawls sobretudo porque ela não resolve o problema da organização justa de sociedades onde não estão garantidas as condições materiais básicas para uma vida digna. Para Bielefeldt, é preciso desistir da hierarquização entre direitos de liberdade e direitos sociais e promover a sua materialização conjunta em uma ordem social livre, onde todos os direitos estejam "submetidos ao imperativo da concretização da liberdade". Seres humanos são seres materiais, que necessitam de bens materiais para assegurar a sua sobrevivência e viver com liberdade. Por isso os direitos econômicos e sociais, na medida em que materializam condições materiais prévias indispensáveis para a concretização da liberdade, são eles mesmos *direitos originais à liberdade*. Assim, embora sejam distintos quanto ao *modo* de serem juridicamente garantidos, direitos civis e políticos e direitos econômicos e sociais concorrem para realizar um mesmo fim: a concretização do princípio fundamental da liberdade.[272]

No Brasil, essa orientação é defendida pelo Ministro Gilmar Ferreira Mendes com muita clareza: "A garantia dos direitos fundamentais enquanto direitos de defesa contra intervenção indevida do Estado e contra medidas legais restritivas dos direitos de liberdades não se afigura suficiente para assegurar o pleno exercício da liberdade." E completa: "Vinculados à concepção de que ao Estado incumbe, além da não intervenção na esfera da liberdade pessoal dos indivíduos, garantida pelos direitos de defesa, a tarefa de colocar à disposição os meios materiais e implementar as condições fáticas que possibilitem o efetivo exercício das liberdades fundamentais, os direitos fundamentais a prestações objetivam, em última análise, a garantia não apenas da liberdade-autonomia (liberdade perante o Estado), mas também da liberdade por intermédio do Estado, partindo da premissa de que o indivíduo, no que concerne à conquista e manutenção

---

270 Rodolfo Arango, "Basic Social Rights, Constitutional Justice, and Democracy", *Ratio Juris*, vol. 16, n. 2, jun-2003, p. 147.

271 Uma defesa exemplar desse ponto de vista encontra-se em Ernst Böckenförde, *Escritos de derechos fundamentales*, p. 69-71. Para o autor, todos os direitos fundamentais da Lei Fundamental, assim como os princípios da democracia e do Estado Social confluem para a função de conservação e garantia da liberdade do indivíduo e de uma sociedade livre.

272 Heiner Bielefeldt, *Filosofia dos direitos humanos*, p. 116-127.

da sua liberdade, depende em muito de uma postura ativa dos poderes públicos".[273]

Essa redução do sistema de direitos fundamentais a um equipamento jurídico de garantia da liberdade ou das liberdades do homem não pode satisfazer a uma visão complexa da pessoa humana em uma democracia constitucional comprometida com a proteção da dignidade humana. É irrecusável que a tutela das liberdades como meio de garantir a autonomia do homem é um valor supremo e uma grande conquista da civilização humana. A história do constitucionalismo e do direito constitucional está intimamente ligada à afirmação política e sobretudo jurídica dos direitos de liberdade.[274] É certo, também, que a garantia de determinados bens materiais é imprescindível para o exercício das liberdades subjetivas de ação. Mas a redução do constitucionalismo e do sistema de direitos fundamentais a uma organização político-jurídica destinada a proteger a autonomia privada é uma defesa ideologicamente comprometida do pensamento liberal da sociedade burguesa, completamente incapaz de dar conta de uma compreensão complexa da pessoa humana que está presente nas sociedades contemporâneas. Para o pensamento liberal, a "vida boa" para o homem é a vida livre de constrangimentos externos, na qual ele assegura a sua autonomia como espaço de liberdade para decidir sobre o que é bom para si e para escolher, executar ou modificar sem limites os seus próprios planos e projetos pessoais de vida. O direito liberal que resulta dessa concepção "atribui a todos os membros da sociedade, independentemente de sua situação material e intelectual, a chance de assumir sua liberdade plena".[275]

Que esse seja um bem decisivo e, portanto, fundamental para o homem moderno e para as sociedades contemporâneas é uma certeza que não deve ser relativizada.[276] Que a isso se resuma a garantia de uma vida boa para a pessoa humana através dos sistemas de direitos fundamentais é algo que não pode ser compatível com o pluralismo moral inerente às democracias constitucionais. Mais do que isso, só é compatível com o constitucionalismo liberal, "enquanto instância garantidora da liberdade", que, por sua vez, só se pode compatibilizar com a realidade se o sistema jurídico partir de uma abstração das condições materiais da vida social e

---

[273] Gilmar Ferreira Mendes, *Hermenêutica constitucional e direitos fundamentais*, p. 202-203.

[274] Ver, por todos, Niccola Mateucci, *Organización del poder y libertad*, p. 259-284.

[275] Hans-Georg Flickinger, *Em nome da liberdade: elementos da crítica ao liberalismo contemporâneo*, p. 15.

[276] Uma excelente síntese da importância história do liberalismo individualista para o constitucionalismo moderno pode ser encontrada em Maurizio Fioravanti, *Los derechos fundamentales. Apuntes de história de las constituciones*, p. 35-45.

da complexidade subjetiva do homem. Como diz Hans-Georg Flikinger, "não se pode negar o incômodo experimentado frente a essa realidade. Pois, com todas as precauções do direito, não podemos fechar os olhos a uma visão social que aparentemente não consegue evitar a miséria material, a falta de educação, ou a marginalização de segmentos inteiros dessa mesma sociedade. Certamente, as causas disso não podem ter algo a ver com uma suposta falta do desdobramento da liberdade".[277]

Essa não é apenas uma questão de filosofia constitucional ou de teoria política dos direitos humanos. Ela tem repercussões práticas bem concretas no direito constitucional. A *reductio ad libertate* do fundamento último do sistema de direitos fundamentais leva, no direito constitucional em geral, a um enfraquecimento da fundamentalidade dos direitos sociais, econômicos e culturais, à defesa da sua desconstitucionalização, da sua injusticiabilidade e da delegação da sua concretização jurídica à discricionariedade do legislador e do administrador. Pois se, ao fim e ao cabo, o que efetivamente importa é a garantia da liberdade, e formulam-se teorias e produzem-se evidências de que é possível garantir uma vida livre por intermédio de mecanismos e estratégias alternativas menos "problemáticas", mais baratas e mais eficazes do que os direitos fundamentais sociais, então está justificada a flexibilização, a desconstitucionalização ou até a desaparição desses direitos do cenário jurídico.[278] No direito constitucional brasileiro ela alimenta teses como a da inaplicabilidade direta e conseqüente injusticiabilidade geral dos direitos sociais e a da limitação da extensão da cláusula pétrea do art. 60, § 4º, IV, da Constituição Federal aos direitos individuais do art. 5º, ou seja, aos direitos liberais.

A concepção liberal do sistema de direitos fundamentais não expressa a complexidade do constitucionalismo democrático contemporâneo, radicado na proteção da dignidade humana, a qual está fundada em uma visão complexa e plural de pessoa. A proteção da dignidade da pessoa humana por meio de um sistema de direitos fundamentais sintetiza a idéia de "vida boa" para o homem e para a comunidade em uma democracia constitucional, idéia essa que é voltada para alcançar "o máximo de preservação da subjetividade (da pessoa humana) com o máximo de participação nos valores comunitários".[279] A "vida boa", nas democracias constitucionais comprometidas com os direitos humanos, promove uma visão complexa da pessoa humana, que não alcança a felicidade e o livre desenvolvimento

---

[277] Hans-Georg Flickinger, *Em nome da liberdade*, p. 16.
[278] Cf. sugerem algumas propostas da chamada "terceira via". Ver Anthony Giddens, *Para Além da Esquerda e da Direita*, e *The third way: the renewal of social democracy*.
[279] Miguel Reale, *Nova fase do direito moderno*, p. 63.

da sua personalidade apenas pela garantia das liberdades, ainda que sem liberdade evidentemente a vida boa não possa existir. A educação não traz felicidade apenas porque amplia o acesso e a fruição da liberdade. A saúde não é apenas um pressuposto biológico do exercício da autonomia de ação do homem.[280] A preservação de um meio ambiente ecologicamente equilibrado não se restringe a assegurar o espaço físico existencial de um homem que só é feliz porque é livre, e é feliz apenas porque é livre. A imprescindibilidade da liberdade para a felicidade humana e a inviolabilidade jurídica que dela deve resultar não encerram as demandas por bens necessários para garantir a *eudaimonia* humana em uma vida comunitária, de onde bens como a educação, a saúde e o trabalho têm um valor autônomo e respondem por aspectos fundamentais da felicidade humana e da justiça da sociedade. Da mesma forma, a participação nas decisões públicas da vida política da sociedade deve ser uma fonte autônoma de realização da personalidade humana, e não somente um meio ou um instrumento jurídico para assegurar e otimizar o exercício da autonomia privada.

Por isso, o sistema de direitos deve ser fundamentado a partir de uma visão complexa de pessoa humana e de um conceito compreensivo de existência digna em uma vida comunitária. Uma ordem constitucional ancorada em um sistema de direitos fundamentais composto por direitos de liberdade, direitos políticos e direitos sociais, como a ordem constitucional brasileira, não é neutra em relação à concepção de dignidade do homem ou de vida boa para a pessoa humana e nem tem na garantia da liberdade dos indivíduos membros da comunidade a sua finalidade última.[281] Nesse sentido, o direito constitucional das democracias constitucionais baseadas em sistemas complexos de direitos fundamentais deve atender ao apelo de Dworkin e inclusive avançar em relação à sua proposta. Ou seja, os constitucionalistas devem desenvolver uma teoria moral dos direitos fundamentais que resulte de uma fusão entre o direito constitucional e a filosofia moral.[282] Isso acontece porque inevitavelmente o sistema de direitos fundamentais de uma constituição histórica encarna a

---

[280] Para Oscar Vilhena Vieira, "os direitos sociais básicos não devem ficar vulneráveis simplesmente por serem instrumentais à realização dos direitos civis e políticos, mas pelo seu próprio *status* de direitos morais, como os direitos civis e políticos. Nesse sentido, a violação do direito à alimentação básica do indivíduo é tão grave quanto uma agressão física; privá-lo de educação é tão grave quanto impedir seu acesso a informação ou restringir-lhe a liberdade de expressão, pois fere igualmente a dignidade. Assim, os direitos básicos à alimentação, moradia, educação e saúde também compõem o rol de direitos essenciais à realização da igualdade e da dignidade entre os cidadãos". Cf. *A Constituição e sua reserva de justiça*, p. 231.

[281] Cf. Luis Fernando Barzotto, *A Democracia na Constituição*, p. 193.

[282] Ronald Dworkin, *Taking rights seriously*, p. 149.

adoção de uma determinada concepção de justiça ou de moralidade política. E, como vimos, constituições com sistemas complexos de direitos fundamentais dificilmente podem ser reconduzidas a um modelo filosófico liberal, no qual toda a estrutura normativa constitucional está voltada para assegurar a autonomia individual.

Neste sentido é que Luis Fernando Barzotto tem razão quando apresenta a sua teoria moral dos direitos fundamentais na Constituição Federal brasileira. Como ele diz, a constituição brasileira não é liberal, porque não é neutra acerca do que é vida boa para o ser humano. Ela contém uma determinada "concepção de vida boa", que por sua vez está fundada em uma compreensão multidimensional de pessoa, e essas múltiplas dimensões da pessoa "estabelecem alguns bens como necessários para o pleno desenvolvimento ou para a vida boa do ser humano (liberdade, saúde, segurança, educação, etc.)". Assim, "afirmar no texto constitucional a dignidade da pessoa humana equivale a afirmar que o ser humano é merecedor ou credor dos bens necessários para que ele alcance a vida boa como pessoa, isto é, como ser concreto, individual, racional e social (...) Esses bens, necessários à vida boa, quando considerados na perspectiva da comunidade, são chamados de valores. Os valores integram o bem comum, o conjunto de condições que permite a todos os membros da comunidade alcançarem a vida boa. Os valores formam o conteúdo dos deveres de justiça social (...). Os bens, quando são referidos às pessoas como conteúdo de um dever de justiça, são chamados de 'direitos'. Dizer que a liberdade é um valor significa que o bem liberdade constitui uma meta para a ação coletiva. Afirmar que é um direito significa que é um bem devido a uma pessoa humana".[283]

Esse enfoque recusa a redução dos direitos a trunfos políticos conferidos ao indivíduo para assegurar a sua autonomia em face do Estado. É certo que o sistema de direitos deve também tutelar a liberdade da pessoa humana enquanto *substância individual* portadora de uma dimensão de singularidade e privacidade, que deve ser protegida da interferência do Estado e de outros indivíduos. No entanto, em uma democracia constitucional "os direitos fundamentais devem ser vistos como instituições que protegem certos bens que compõem a vida boa para o homem".[284] Por conseqüência, o fundamento último da constituição, a proteção da existência digna para todos os membros da comunidade, deve radicar-se em uma concepção multidimensional de dignidade da pessoa humana, uma concep-

---

[283] Luis Fernando Barzotto, *A Democracia na Constituição*, p. 194.
[284] Idem, p. 198.

ção em torno da qual gravite a totalidade do sistema de direitos fundamentais. Uma interpretação constitucionalmente adequada do princípio da dignidade da pessoa humana como idéia-fonte do sistema de direitos fundamentais deve compreender uma composição analítica de todos os direitos que, no programa da Constituição, garantem a vida boa para a pessoa humana. Conforme Ingo Sarlet, se os direitos fundamentais constituem explicitações da dignidade da pessoa, em cada direito fundamental se faz presente um conteúdo ou uma projeção da dignidade da pessoa.[285] Portanto, garantir a cada membro da comunidade "igual consideração e respeito" (*equal concern and respect*), no sentido de Dworkin, exige levar a sério também os direitos sociais *lato sensu* e vislumbrar na proteção à saúde, à educação, ao meio ambiente, ao trabalho ou à assistência social, tanto quanto nos demais direitos de prestação, bens portadores de um valor autônomo para a felicidade humana, que devem ser juridicamente garantidos não porque protegem ou reforçam a liberdade do homem, mas porque são por si próprios indispensáveis à dignidade da existência humana. Por isso o conceito dogmático-analítico do princípio da dignidade da pessoa que Ingo Sarlet apresenta é o mais adequado à Constituição Federal:

> "Assim sendo, temos por dignidade da pessoa humana *a qualidade intrínseca e distintiva de cada ser humano que o faz merecedor do mesmo respeito e consideração por parte do Estado e da comunidade, implicando, neste sentido, um complexo de direitos e deveres fundamentais que assegurem a pessoa tanto contra todo e qualquer ato de cunho degradante e desumano, como venham a lhe garantir as condições existenciais mínimas para uma vida saudável, além de propiciar e promover sua participação ativa e co-responsável nos destinos da própria existência e da vida em comunhão com os demais seres humanos*". (grifo no original)[286]

Esta concepção complexa do sistema constitucional de direitos fundamentais, centrada em um conceito multidimensional de dignidade da pessoa humana, permite fundamentar algumas proposições dogmáticas acerca da estrutura e da funcionalidade dos direitos na Constituição Federal. Em primeiro lugar, a inexistência de uma diferença estrutural rígida entre os direitos fundamentais e a complementaridade e indispensabilidade de todos esses direitos, inclusive dos direitos sociais *lato sensu*, permite

---

[285] Ingo Sarlet, *Dignidade da pessoa humana e direitos fundamentais*, p. 87.
[286] Idem, p. 60. Neste sentido, também Vieira de Andrade, para quem "o princípio da dignidade da pessoa humana está na base de *todos* os direitos constitucionalmente consagrados, quer dos direitos e liberdades tradicionais, quer dos direitos de participação política, que dos direitos dos trabalhadores e direitos a prestações sociais". Cf. *Os Direitos Fundamentais na Constituição Portuguesa de 1976*, p. 102.

fundamentar a identidade *prima facie* do regime jurídico de aplicabilidade judicial das normas jusfundamentais, superando os entraves ainda consistentes da doutrina da injusticiabilidade das normas programáticas e da interpretação conservadora do § 2º do art. 5º da Constituição. Por outro lado, permite também sustentar uma interpretação compreensiva da cláusula pétrea do art. 60, § 4º, IV, estendendo a blindagem constitucional a todos os direitos fundamentais indispensáveis para assegurar a todos a existência digna em toda a complexidade e multidimensionalidade em que ela foi concebida na Constituição, independentemente da classe do direito.[287]

Entretanto, a elaboração de uma teoria dos direitos, fundada em um pluralismo moral extraído de um conceito multidimensional de vida humana digna, não implica a aceitação de um perfeccionismo moral, que pressupõe a exigibilidade de todas as condições para satisfazer as necessidades de cada pessoa em todos os sentidos possíveis. Como observa Rodolfo Arango, essa visão não é defensável, porque está fundada em um mundo ideal pleno de bondade e sem egoísmo que não é realista. Além disso, o perfeccionismo moral elimina a autonomia do indivíduo e conduz, inevitavelmente, ao autoritarismo, "porque somente por meio de um controle absoluto na alocação de direitos e deveres, tanto quanto da distribuição de bens e responsabilidades, seria viável satisfazer exaustivamente as necessidades humanas".[288] Por isso, uma teoria jurídico-moral dos direitos fundamentais somente é compatível com o *minimalismo moral*,[289] o qual permite equilibrar a satisfação das necessidades das pessoas com a preservação da autodeterminação humana. De acordo com Arango, para uma teoria dos direitos baseada no minimalismo moral, "o que pode ser moralmente exigido dos outros, da família, da comunidade ou do Estado, é o que é necessário para evitar a degradação de não ser capaz de viver sob condições culturais e materiais básicas, permanecendo ao encargo de cada indivíduo melhorar sua situação, seja ela material, espiritual ou intelectual".[290]

Uma conseqüência importante da rejeição do perfeccionismo e da assunção do minimalismo moral na teoria dos direitos reside na opção pelo princípio da subsidiariedade como uma característica *prima facie* da pro-

---

[287] Para uma defesa bem fundamentada da extensão aos direitos sociais da limitação material do art. 60, § 4º, IV, CF, v. Ingo Sarlet, "Os direitos fundamentais sociais como 'cláusulas pétreas'", *Revista da AJURIS*, n. 89, março de 2003, p. 101-121.
[288] Rodolfo Arango, "Basic Social Rights, Constitutional Justice, and Democracy", p. 149.
[289] Sobre o minimalismo moral na história da filosofia do direito, v. Alfonso Ruiz Miguel, *Una filosofía del derecho en modelos históricos*, p. 119-121 e 124-127.
[290] Rodolfo Arango, "Basic Social Rights, Constitutional Justice, and Democracy", p. 149.

teção dos direitos a prestações sociais.[291] Pelo princípio da subsidiariedade, ensina Arango, o Estado somente está obrigado a atuar positivamente "quando a pessoa se encontra em circunstâncias pessoais que afetam sua vida autônoma e digna de maneira não previsível nem suportável". Por isso, o Estado só está obrigado a intervir quando "a capacidade de atuar por parte da comunidade e do indivíduo se esgota ou se torna inadequada ante uma situação concreta".[292] Nem sempre a atuação estatal será subsidiária, como ocorre se compreendermos o direito à proteção ambiental como direito social, já que neste caso a atuação positiva é um dever primário do Estado. Em outros casos, a subsidiariedade é atenuada, podendo existir regimes de atuação primária do Estado, como os direitos à saúde e à educação. Contudo, o princípio da subsidiariedade é plenamente válido para direitos sociais como moradia, trabalho, assistência social e proteção de crianças, idosos e deficientes.

Uma teoria jurídico-moral do sistema de direitos fundamentais da Constituição Federal brasileira, tal como a assumida neste tópico, corresponde a um conceito material de direito fundamental.[293] No entanto, uma teoria material dos direitos parece ser exigida pelo conteúdo ético-jurídico do sistema de direitos fundamentais da Constituição brasileira, que não é uma constituição neutra com relação à "vida boa" para o indivíduo e para a comunidade. Por conseguinte, não se adota um conceito meramente formal de direitos fundamentais,[294] que não parece estar à altura do signi-

---

[291] O princípio da subsidiariedade encontra-se reconhecido no conceito de Alexy para os direitos a prestações: direitos a prestações são direitos a algo que o titular do direito, caso dispusesse de meios financeiros suficientes e encontrasse no mercado oferta suficiente, poderia obter também de pessoas privadas. Cf. *Teoría de los derechos fundamentales*, p. 428 e 482.

[292] Rodolfo Arango, "La justiciabilidad de los derechos sociales fundamentales", *Revista de Derecho Público*, n. 12, Faculdade de Derecho, Universidad de los Andes, Bogotá, 2001.

[293] A opção por uma teoria jurídico-moral do sistema de direitos da Constituição brasileira e por um conceito material de direitos fundamentais não é indiferente à acesa polêmica doutrinária sobre o tema. Para exemplificar, basta lembrar que um autor paradigmático da teoria dos direitos fundamentais como Luigi Ferrajoli não apenas critica as concepções materiais, como tem sustentado, em escritos recentes, um conceito meramente formal de direitos fundamentais: "Proponho uma definição teórica puramente formal ou estrutural de direitos fundamentais: são 'direitos fundamentais' aqueles direitos subjetivos que cabem universalmente a 'todos' os seres humanos enquanto dotados do *status* de pessoa, de cidadãos ou de pessoa capaz de agir"; cf. *Diritti fondamentali*, p. 5. Segundo explica o autor, a sua definição é formal "no sentido que precinde da natureza dos interesses e das necessidades tutelados com o seu reconhecimento enquanto direitos fundamentais, e se baseia unicamente no caráter universal da sua imputação" (*ob. cit.*, p. 6). Vários dos comentários de outros autores incluídos na obra mencionada examinam e criticam o conceito formal de Ferrajoli, sendo especialmente interessantes os artigos de Anna Pintore, "Diritti insaziabili", p. 179-200, Luca Baccelli, "Diritti senza fondamento", p. 201-216, e Ermanno Vitale, "Sulla fundazione dei diritti fondamentali", p. 217-234. Assinalando que a teoria constitucional de Ferrajoli mantém-se próxima do positivismo jurídico, v. Giorgio Bongiovanni, *Teorie "costituzionalistiche" del diritto*, p. 38-39.

[294] No sentido proposto por Robert Alexy, *Teoría de los derechos fundamentales*, p. 63-66.

ficado ético-jurídico fundamental do sistema de direitos da Constituição de 1988. Isso não determina uma exclusão do critério formal para a definição do conceito de direito fundamental, mas ele seguramente não é compatível com a sua adoção como critério único. Conforme aponta Ingo Sarlet, no caso brasileiro, a redução dos direitos fundamentais ao conceito formal é insuficiente e inadequada inclusive em termos formais, em face da cláusula de abertura do sistema de direitos prevista no art. 5º, § 2º, que remete para uma concepção material de direitos fundamentais.[295] Entretanto, a complexidade da questão não recomenda tratar do tema nos limites deste estudo.

2.2. Os direitos fundamentais e a democracia

A tensão entre o princípio constitucional e o princípio democrático é em grande parte reflexo da tensão entre direitos fundamentais e democracia. A idéia de direitos fundamentais que se firmou no constitucionalismo moderno representa em geral o estabelecimento de limites negativos e positivos ao processo democrático. Os direitos fundamentais exercem uma função negativa ou restritiva quando proíbem a prática de determinadas condutas ao Estado e a particulares, e exercem uma função positiva ou diretiva quando impõem, principalmente ao Estado, a prática de outras condutas. O Estado é, portanto, o principal destinatário dos direitos fundamentais. Quando um determinado Estado vive sob um regime democrático, no qual a competência pela criação legítima do Direito é monopolizada pelo Poder Legislativo, a exclusão de determinados conteúdos normativos do poder de disposição legislativa da população, e a conseqüente limitação do sistema democrático por meio de direitos inflexíveis, parece entrar em choque com a própria razão de ser da democracia. Mas sobre esse tema não devemos nos deixar seduzir por simplificações didáticas. A relação entre direitos e democracia é tão rica quanto complexa.

Muitas das discussões teóricas sobre a relação entre direitos e democracia são feitas em um plano puramente ideal, o que é muito comum em

---

[295] Ingo Sarlet, *A eficácia dos direitos fundamentais*, p. 79 e ss. O conceito de direito fundamental proposto pelo autor sintetiza a sua concepção mista (material-formal) fundada na interpretação da Constituição Federal: "Direitos fundamentais são, portanto, todas aquelas posições jurídicas concernentes às pessoas, que, do ponto de vista do direito constitucional positivo, foram, por seu conteúdo e importância (fundamentalidade em sentido material), integradas ao texto da Constituição, e, portanto, retiradas da esfera de disponibilidade dos poderes constituídos (fundamentalidade formal), bem como as que, por seu conteúdo e significado, possam lhes ser equiparados, agregando-se à Constituição material, tendo ou não assento na Constituição formal (aqui considerada a abertura do Catálogo)" (p. 80). Esta é, também, a concepção acolhida até o momento pelo Supremo Tribunal Federal, conforme julgamento da ADIn n. 939-7/DF, j. em 15.12.1993.

análises de filósofos e teóricos políticos. Outras discussões adotam uma perspectiva predominantemente abstrata, embora se deixem permear por elementos de sistemas constitucionais concretos, o que é freqüente nas abordagens de teóricos do Direito anglo-americano, onde simplesmente não existe um catálogo de direitos fundamentais em uma constituição escrita – caso da Grã-Bretanha – ou o catálogo existente contém apenas alguns poucos direitos, descritos por expressões excessivamente vagas. A perspectiva que pretendo explorar neste tópico não é ideal nem abstrata nesses dois sentidos; tomarei como modelo as constituições de países democráticos, escritas depois da Segunda Guerra Mundial, e portadoras de um catálogo extenso, complexo e relativamente concreto de direitos fundamentais, tal como a Constituição Federal de 1988.

Nas constituições que seguem este modelo, há um fator que considero decisivo para compreender a relação entre direitos fundamentais e regime democrático: os direitos fundamentais são pré-comprometimentos escolhidos pela própria soberania popular, no exercício do poder constituinte originário, e convertidos em direitos constitucionais atribuídos aos indivíduos, inclusive – e sobretudo – em face dos próprios órgãos governamentais criados pelo poder constituinte originário. O fato de que os direitos fundamentais tenham como *locus* institucional a dimensão constitucional tem conseqüências decisivas para a sua compreensão e funcionalidade jurídicas. Significa, em primeiro lugar, que a soberania popular já tomou uma decisão sobre quais os direitos que são elevados à categoria de direitos constitucionais fundamentais, imponíveis inclusive em relação aos órgãos do Estado; significa, também, em geral, que em parte já houve uma decisão sobre o conteúdo, a extensão e a eficácia desses direitos, e esses elementos dos direitos fundamentais já não estão à livre disposição dos órgãos de direção política do Estado, instituídos pelo mesmo poder constituinte originário.

Outra importante conseqüência da localização constitucional dos direitos fundamentais refere-se à sua diferenciação teleológica em relação aos direitos subjetivos clássicos, consolidados pela pandectística alemã do século XIX. Os direitos subjetivos situados ao nível da legislação são categorias jurídicas instituídas pelo legislador e por este endereçadas, por um lado, às pessoas que possam ingressar em relações jurídicas nas quais incidirá um direito legal, e, por outro, aos juízes que devam decidir casos judiciais nos quais estejam em jogo esses direitos subjetivos legais. Os direitos fundamentais têm, no entanto, uma estrutura normativa e uma funcionalidade sistemática bem diferente. Como se disse, os direitos fundamentais são produtos do poder constituinte originário ou derivado, e não do legislador. Do ponto de vista da origem normativa, eles se encontram no mesmo nível hierárquico-normativo das competências legislativas, porquanto ambos pertencem à escala constitucional do ordenamento jurídico; mas do ponto de vista funcional, a sua relação com o Poder Legislativo é muito complexa. Isso porque os direitos fundamentais são categorias jurídicas endereçadas pelo poder constituinte a todos os poderes públicos do Estado e a todos os membros, individuais ou coletivos, da comunidade que vive sob as normas de determinada constituição. Logo, diferentemente dos direitos subjetivos legais, dirigidos pelo legislador à administração pública, aos juízes e às pessoas privadas, os direitos fundamentais são endereçados pelo constituinte *sobretudo ao legislador*, embora também aos administradores públicos, aos juízes e às pessoas privadas.[296]

Mas as diferenças entre direitos fundamentais e direitos subjetivos legais não se restringem à dimensão normativa e ao endereçamento assimétrico. A estrutura normativa dos direitos subjetivos legais é substancialmente concreta, e os destinatários das respectivas normas geralmente não encontram problemas para a definição do conteúdo e da eficácia do direito na sua aplicação. Isso acontece mesmo quando os direitos subjetivos legais decorrem de cláusulas gerais instituídas por lei, ainda que neste caso o conteúdo dos direitos delas extraídos tenha contornos e elementos materiais não tão precisos. Já os direitos fundamentais são dotados quase invariavelmente de uma estrutura normativa materialmente imprecisa, construída com elementos lingüísticos que remetem a categorias da ética, da justiça ou de outra dimensão da moralidade, ou a categorias do domínio econômico ou político. Por isso, a compreensão do conteúdo e a delimitação da eficácia dos direitos fundamentais não são alcançadas, em regra, com o recurso operativo normalmente utilizado no manejo dos direitos subjetivos legais, o método de aplicação subsuntiva das normas jurídicas. Não que a subsunção esteja de todo afastada da aplicação de direitos fundamentais, mas ela só pode ser utilizada no estágio final de aplicação do direito, depois que o intérprete definiu seu conteúdo e delimitou sua eficácia através de outros métodos, distintos da subsunção, que permitam uma prévia "concretização" do direito fundamental, a fim de habilitá-lo para a aplicação em situações concretas.

Assim, seja porque estão situados na dimensão constitucional, seja pelo seu conteúdo carente de concretização ou densificação normativa, os direitos fundamentais estão endereçados também e sobretudo ao legisla-

---

[296] Um estudo muito influente sobre a relação entre a categoria do direito subjetivo e o conceito de direitos fundamentais sociais foi desenvolvido por José Reinaldo de Lima Lopes, "Direito subjetivo e direitos sociais: o dilema do judiciário no Estado social de Direito", *in*: José Eduardo Faria (org.), *Direitos humanos, direitos sociais e justiça*, p. 113-143.

dor. E neste ponto surgem problemas excruciantes de teoria e de práxis constitucional, como, por exemplo: a) a discricionariedade legislativa na definição do conteúdo e na delimitação da eficácia dos direitos fundamentais; b) a vinculação impositiva ou programática do legislador aos direitos fundamentais; c) a existência de um monopólio ou de uma preferência legislativa na concretização desses direitos; d) a possibilidade e a extensão do controle judicial das leis que regulam direitos fundamentais; e) os limites autônomos e heterônomos do controle judicial de leis; f) a definição quanto ao caráter subsidiário, suplementar ou concorrencial da jurisdição constitucional em relação à competência legislativa de concretização dos direitos fundamentais. Pergunta-se, por exemplo, se os direitos fundamentais são temas exclusivamente de Direito, ou se pertencem, também, ao domínio da política; se a sua localização constitucional significa uma exclusão cabal ou apenas parcial do processo democrático na tarefa de definição do seu conteúdo normativo e da sua eficácia jurídica.

A tendência atual quanto a este aspecto, principalmente no Brasil, é focar o debate sobre essas questões cruciais nos direitos sociais *lato sensu*, cuja compreensão e aplicação jurídicas remetem a fatores econômicos, sociais e administrativos e, por via de conseqüência, consubstanciam naturalmente temas tipicamente políticos, ainda que de política constitucional. Sem embargo, também os direitos fundamentais liberais carecem de definições que estão a cargo do processo democrático. A definição da extensão da proteção da propriedade, da liberdade de imprensa, da liberdade econômica, a construção de uma rede normativa que estabeleça uma convivência dúctil entre esses bens constitucionais com a função social da propriedade, com a proteção da privacidade individual e da imagem e honra social da pessoa, a proteção do ambiente, da saúde pública e do trabalho, são tarefas encomendadas pela constituição e requeridas pelo princípio democrático inicialmente ao legislador.

A decisão sobre questões morais e políticas envolvidas na concretização legislativa de princípios constitucionais semanticamente insuficientes é uma tarefa que em um regime democrático pertence originariamente às instâncias de representação política dos membros da comunidade, que devem discutir abertamente, por meio dos processos de formação da vontade e opinião públicas, qual a melhor conformação concreta dos princípios constitucionais. Evidente que em uma democracia constitucional essa liberdade de conformação legal dos conteúdos constitucionais pelas instâncias democráticas não é em absoluto livre, no sentido de consistir em uma discricionariedade constitucionalmente irresponsável, ou seja, uma liberdade que não tem a constituição como parâmetro normativo permanente e objetivo, não está a ela vinculada e nem lhe deve prestar contas.

Mas a normatividade vinculativa da constituição, principalmente em se tratando de direitos fundamentais, não importa em uma blindagem absoluta dos conteúdos constitucionais em face do processo democrático. A diretividade constitucional não pode ser confundida com o autoritarismo anti-histórico de um constitucionalismo contrademocrático e temeroso das "massas". É esse equilíbrio tão delicado e assim mesmo tão indispensável que está em jogo na relação entre a tutela judicial dos direitos fundamentais e a autodeterminação democrática da comunidade. Uma teoria da justiciabilidade dos direitos fundamentais, tanto dos direitos liberais, como dos direitos sociais, não pode ser indiferente às implicações democráticas para o sistema de direitos que resulta do paradigma da democracia constitucional.

Todavia, há também o reverso da medalha. A teoria constitucional elaborada a partir de uma constituição que contenha um sistema de normas jurídicas prevendo direitos fundamentais não está autorizada a entregar a concretização legal desses direitos à livre administração dos processos democráticos. Essa concepção exclusivamente deliberativa ou procedimental do conteúdo e da eficácia dos direitos fundamentais ignora o elemento propriamente constitucional da proteção jurídica dessa espécie de direitos, que se sustenta em uma reserva ou em um receio histórica e institucionalmente fundado em relação à capacidade de opressão e de indiferença das maiorias e das instâncias de representação política de um regime democrático. O fato de uma comunidade constituir-se como uma democracia não significa que assuma uma concepção absoluta e ilimitada de democracia. O fato de uma comunidade constituir-se reservando um conjunto articulado de direitos fundamentais significa, outrossim, que os processos democráticos estão vinculados a conteúdos constitucionalmente exigidos, ainda que as instâncias de decisão política possam desfrutar de uma margem de liberdade na decantação dos conteúdos normativos vinculativamente esboçados para os direitos fundamentais na constituição, assim como na construção legislativa de soluções para os conflitos de convivência da rede de direitos fundamentais na prática jurídico-política.

Esse paradoxo apenas releva que os direitos fundamentais possuem duas diferentes dimensões em relação à democracia. Robert Alexy afirma que o paradoxo existe porque os próprios direitos fundamentais apresentam uma contradição. Por um lado, são *democráticos* porque os direitos de liberdade e igualdade "asseguram o desenvolvimento e existência de pessoas que, em geral, são capazes de manter o processo democrático na vida e porque eles, com a garantia da liberdade de opinião, imprensa, radiodifusão, reunião e associação, assim como com o direito eleitoral e com as outras liberdades políticas asseguram as condições de funcionamento da democracia". E eles são *ademocráticos* porque desconfiam do processo democrático, subtraindo da maioria parlamentar poderes de decisão.[297] Em relação especificamente ao caráter procedimental da democracia, o autor já havia assinalado que "Em alguns aspectos decisivos, os direitos fundamentais são não-procedimentais. Isto mostra, com toda a agudeza, a sua relação com o procedimento legislativo democrático. Nem tudo o que pode ser resultado de discussão e votação no parlamento é jusfundamentalmente possível. Os direitos fundamentais asseguram certamente, por uma parte, a participação direta e indireta no procedimento democrático. Nessa medida são procedimentais. Mas, por outra, ao impor limites materiais a este procedimento, são não-procedimentais".[298] Com razão, Alexy aponta que "Esse caráter duplo dos direitos fundamentais deve ser antipático a defensores de uma doutrina pura. Esses espreitam de ambos os lados do problema. Há tanto adeptos de um processo democrático ilimitado quanto ao conteúdo (em geral, eles são idealistas rousseaunianos dissimulados ou abertos), como céticos democráticos, para os quais existe uma ordem dada das coisas que pelo progresso democrático somente é posta em ordem e, por isso, deveria ser protegida ainda muito mais intensamente por direitos fundamentais e outros princípios constitucionais do que isso hoje, em geral, ocorre".[299]

É essa dupla dimensão da relação entre direitos fundamentais e democracia que permite compreender e conviver com o paradoxo que estabelece entre eles um vínculo ambivalente de recíproca dependência e de concorrência. Assim, vou utilizar basicamente a classificação de Alexy para propor a seguinte compreensão dos direitos fundamentais em relação à democracia:

1) Os *direitos fundamentais* possuem uma *dimensão democrática*, por duas razões

a) *os direitos fundamentais são democráticos*, porque estão sujeitos a uma *concretização preferencialmente democrática*, vale dizer, o processo de reconhecimento e de definição do seu conteúdo e da sua extensão pertence originariamente ao âmbito da política e, portanto,

---

[297] Robert Alexy, "Direitos Fundamentais no Estado Constitucional Democrático", *Revista de Direito Administrativo*, 217, jul/set 1999, p. 65/66, tradução de Luís Afonso Heck, ou na tradução espanhola de Alfonso García Figueroa, "Derechos fundamentales en el Estado constitucional democrático", p. 37-38, onde se utiliza a expressão "antidemocráticos". Na *Teoría de los derechos fundamentales*, Alexy já havia sustentando um conceito formal de direitos fundamentais, vinculado a sua elevação do plano legislativo: "os direitos fundamentais são posições tão importantes que a sua outorga ou não outorga não pode ficar nas mãos de uma maioria parlamentar" (p. 432 e 494).

[298] Robert Alexy, *Teoría de los derechos fundamentales*, p. 472-473.

[299] Robert Alexy, "Direitos Fundamentais no Estado Constitucional Democrático", p. 66.

está adstrito às competências funcionais dos órgãos de direção política do Estado, através dos quais a comunidade politicamente ativa delibera, escolhe e decide sobre a concretização infraconstitucional dos direitos fundamentais.

b) *os direitos fundamentais são democráticos*, porque funcionam como *pressupostos jurídico-institucionais da democracia constitucional*, porquanto são eles que asseguram ao processo democrático condições justas para um sistema de participação política e um regime de decisão fundados na liberdade e na igualdade entre todas as pessoas. Os direitos fundamentais veiculam posições jurídicas subjetivas, como a liberdade de expressão, de imprensa, de filiação partidária, de reunião, o direito de votar e de candidatar-se a cargos eletivos, a igualdade de sufrágio, o direito à informação, o direito à educação, que são "condições funcionais" para a existência, qualidade e legitimidade política do processo democrático.

2) *Os direitos fundamentais são ademocráticos*, porque exprimem *posições jurídicas subjetivas que vinculam positiva e negativamente os órgãos do Estado*, inclusive as instâncias de representação democrática, impondo-lhes, ao mesmo tempo, limites e direção. Os direitos fundamentais protegem uma pluralidade de bens e valores que a comunidade determinou constitucionalmente como necessária e indispensável para assegurar a todas as pessoas uma existência moralmente digna. A constitucionalização desses bens e valores através de direitos fundamentais significa uma elevação relativa do núcleo de moralidade por eles representados para além da esfera de "decidibilidade" do processo democrático. Robert Alexy define que "O sentido dos direitos fundamentais consiste justamente em não deixar nas mãos da maioria parlamentar a decisão sobre determinadas posições do indivíduo, vale dizer, em delimitar o campo próprio de decisão daquela".[300] Talvez seja ainda mais do que isso. O sentido dos direitos fundamentais consiste em vincular o processo político-democrático em geral a determinados bens e valores, julgados essenciais para a dignidade moral da pessoa humana e para a justiça da própria comunidade.

A reserva desses bens e valores ao plano constitucional representa a sua elevação da esfera do que é livremente "decidível" pelos órgãos de direção política do Estado, como define Ferrajoli.[301] Para o autor italiano, "se as regras sobre representação e sobre o princípio da maioria são normas formais em relação ao que é *decidível* pela maioria, os direitos

---

[300] Robert Alexy, *Teoría de los derechos fundamentales*, p. 412.
[301] Luigi Ferrajoli, *Diritti fondamentali*, p. 18-22.

fundamentais circunscrevem aquilo que podemos chamar *esfera do indecidível*: do *não decidível que*, e do *não decidível que não*, ou seja, das obrigações públicas correspondentes aos direitos sociais".[302] Ou ainda, na bela síntese de Michael J. Perry, os direitos fundamentais correspondem a certas coisas que não devem ser feitas a nenhum ser humano, e certas outras coisas que devem ser feitas a todos os seres humanos,[303] obrigações dirigidas igualmente às instâncias de legislação e governo.

Essa elevação *relativa* de determinados bens e valores da esfera do politicamente decidível, por meio da constitucionalização dos direitos fundamentais, tem uma justificativa histórica que não pode ser honestamente desconsiderada. Por um lado, a história da opressão do indivíduo e da redução e mesmo supressão da sua autonomia por governos autoritários e que não reconheciam no Direito e na moralidade qualquer limite de ação é tão eloqüente e recorrente que não pode ser ignorada ou subestimada na organização jurídico-política das sociedades contemporâneas. Mas nem mesmo uma confiança razoável na estabilidade democrática e na auto-responsabilidade das instituições governamentais justifica um relaxamento em relação à advertência perene da história política das comunidades humanas acerca da propensão inata do homem a abusar de posições de poder sempre que não lhe estão antepostos limites de ação. Sociedades e épocas auto-identificadas como politicamente avançadas e moralmente progressistas sucumbiram e ainda sucumbem à tentação de restringir a autonomia humana em nome de interesses freqüentemente obscuros, quando não cínicos. E nem mesmo as melhores democracias passam no teste da história quando o assunto é a efetiva garantia da liberdade e da igualdade do homem.

Esse raciocínio é válido quando pensamos sobre a concretização dos direitos humanos pelas instâncias de direção política do Estado. Novamente a história testemunha contra a plena liberdade política dos governos e dos legisladores no reconhecimento e na proteção efetiva desses direitos. Canotilho tem razão quando afirma que os grandes avanços civilizatórios recentes da humanidade têm origem em movimentos políticos.[304] Mas a história desses movimentos políticos também revela que onde eles não

---

[302] Ferrajoli, *ob.cit.*, p. 18.

[303] Michael J. Perry, *The Idea of Human Rights*, p. 43. Para Perry, "O coração da idéia de direitos humanos (...) é esta: cada ser humano, simplesmente como um ser humano, é sagrado (é 'inviolável', tem "dignidade inerente", é 'um fim em si mesmo'); portanto, certas escolhas devem ser feitas e certas outras escolhas rejeitadas; em particular, certas coisas não devem ser feitas para nenhum ser humano e certas outras coisas devem ser feitas a todo ser humano."

[304] Conforme exposto na videoconferência transcrita na obra organizada por Jacinto Nelson de Miranda Coutinho, *Canotilho e a constituição dirigente*, p. 26.

encontram estabilização jurídica em documentos constitucionais juridicamente vinculantes, inclusive à própria atividade política das instâncias democráticas, aqueles avanços tendem a oscilar entre promessas frustradas e ilusões perdidas no jogo duro dos interesses políticos e econômicos. A constitucionalização dos direitos pode nada garantir em relação ao aperfeiçoamento moral das comunidades políticas, como mostra a já antiga história constitucional da América Latina. Mas a inoperância normativa das constituições latino-americanas está muito além da inefetividade dos direitos fundamentais. E mesmo assim, ao menos no Brasil, os pequenos e periclitantes avanços civilizatórios efetivamente realizados nas últimas décadas devem a sua persistência e resistência em face dos movimentos neoliberais a um mínimo de normatividade constitucional que se pôde desenvolver e garantir na ordem jurídica brasileira.

Por isso, os direitos fundamentais liberais e sociais devem ter seu conteúdo e sua extensão concretizados preferencialmente pelos órgãos de direção política do Estado, mas não estão inteiramente à livre disposição deles, porque o conteúdo moral essencial dos direitos não pertence à *esfera do livremente decidível* pela democracia. Em um Estado democrático-constitucional, *direitos fundamentais são bens e valores representativos de escolhas políticas sólidas e permanentes, que vinculam materialmente os órgãos e processos de deliberação democrática*. Isso porque, como disse Rodolfo Arango, "uma sociedade sem dignidade humana, acostumada ao sofrimento humano e à degradação da vida, e cega à marginalidade e à discriminação, não é uma sociedade que pode aspirar a construir e identificar-se a si mesma como um Estado de Direito constitucional, democrático e social".[305]

Como se vê, a tensão entre direitos fundamentais e democracia transita por um delicado e inseguro equilíbrio. Por um lado, os direitos fundamentais são constituídos pela democracia; porém, uma vez criados, eles convertem-se em instrumentos de garantia da legitimidade moral do regime democrático. A democracia também é constituída finalisticamente para assegurar os direitos fundamentais; no entanto, depois de instituídos os direitos, cabe à política democrática a definição sobre o seu conteúdo e a eficácia. É esse o fenômeno da co-originariedade de que trata Habermas.[306]

---

[305] Rodolfo Arango, "Basic Social Rights, Constitutional Justice, and Democracy", p. 147.

[306] Habermas, *Direito e Democracia*, vol. 1, p. 116-139. Entretanto, é preciso esclarecer que a idéia de co-originariedade de direitos humanos e soberania popular se articula sob a premissa da teoria discursiva do direito, exposta na obra citada. Para o autor, "o almejado nexo interno entre soberania popular e direitos humanos só se estabelecerá, se o sistema dos direitos apresentar as condições exatas sob as quais as formas de comunicação – necessárias para uma legislação politicamente autônoma – podem ser institucionalizadas juridicamente". Adiante, ele diz que "a co-originariedade da autonomia

Contudo, o filósofo alemão resolve o paradoxo em favor da prevalência da liberdade de conformação democrática dos direitos fundamentais, ao passo que a opção que defendo dá à esfera política apenas uma preferência relativa na concretização infraconstitucional do sistema de direitos, preservando o caráter materialmente vinculante dos direitos fundamentais e, exatamente por isso, reservando ao Poder Judiciário a função relevantíssima de guardião do pluralismo moral individual e comunitário do sistema de direitos fundamentais. O problema passa a ser, então, como articular a coexistência entre jurisdição constitucional e democracia. Mas antes de expor como entendo deva ser essa articulação, gostaria de explicitar ainda alguns aspectos importantes da relação entre os direitos e a política.

2.3. Os direitos e as circunstâncias da política

O modelo de democracia constitucional que defendo ser o melhor modelo em termos ideais e o mais adequado à Constituição brasileira concilia, como veremos adiante, a democracia procedimental, os direitos fundamentais e a jurisdição constitucional. Porém, não existe nenhum impedimento lógico ou histórico para a adoção de modelos alternativos de democracia constitucional. É possível conceber democracias com constituição, mas sem direitos nem jurisdição constitucional, assim como democracias constitucionais com direitos, mas sem jurisdição constitucional.[307] Já mencionei que mesmo os teóricos da democracia procedimental mais críticos da jurisdição constitucional admitem que os direitos fundamentais são essenciais para a legitimidade e a eficiência do regime democrático. Alguns dos teóricos estudados no primeiro capítulo, como Habermas e Nino, censuram a prática constitucional de atribuir aos tribunais, e não aos próprios parlamentos, a tarefa de tutelar os direitos fundamentais. No entanto, ressaltei também que nenhum desses filósofos leva este argumento às últimas conseqüências, porquanto sempre admitem que, de modos e

---

privada e pública somente se mostra, quando conseguimos decifrar o modelo da autolegislação através da teoria do discurso, que ensina serem os destinatários simultaneamente os autores de seus direitos. A substância dos direitos humanos insere-se, então, nas condições formais para a institucionalização jurídica desse tipo de formação discursiva da opinião e da vontade, na qual a soberania do povo assume figura jurídica". *Ob. cit.*, p. 138-139. Sobre a idéia dos direitos fundamentais na teoria discursiva de Habermas, ver Rogério Soares do Nascimento, "A Ética do Discurso como Justificação dos Direitos Fundamentais na Obra de Jürgen Habermas", *in*: Ricardo Lobo Torres, *Legitimação dos Direitos Humanos*, 451-498. A posição de Habermas sobre o caráter vinculante dos direitos fundamentais nunca é suficientemente clara, o que tem motivado interpretações contraditórias sobre a questão. Alguns estudiosos de sua obra entendem que ele admite que os direitos humanos limitem a política, ao passo que boa parte de seus intérpretes sustenta que Habermas defende que compete aos processos de deliberação democrática o reconhecimento e a proteção dos direitos fundamentais. Entretanto, o conjunto da sua obra parece depor em favor da última interpretação.

[307] Cf. Luis Prieto Sanchís, *Justicia constitucional y derechos fundamentales*, p. 15.

em graus diferentes, a jurisdição constitucional garanta direitos fundamentais contra as decisões dos órgãos políticos.

A concepção de democracia constitucional que tem sido defendida por Jeremy Waldron parece ser aquela que leva mais longe a fórmula da democracia com direitos, mas sem jurisdição constitucional.[308] Os leitores familiarizados com a obra deste autor poderão estranhar a invocação das suas idéias em um estudo que se pretende endereçado à realidade constitucional brasileira, já que a sua concepção de democracia constitucional é profundamente ligada à realidade constitucional anglo-americana. Waldron opõe ao judicialismo constitucional norte-americano uma construção teórica baseada no constitucionalismo sem jurisdição constitucional da Inglaterra.[309] O meu interesse em discutir a sua teoria constitucional está em demonstrar como é possível sustentar a justiciabilidade dos direitos fundamentais mesmo em um marco teórico de exaltação às virtudes da política democrática.

Waldron diz que não apenas a idéia de democracia não é incompatível com a idéia de direitos fundamentais, como há mesmo uma congruência natural entre direitos e democracia.[310] Existem certos direitos que, se não forem respeitados em uma comunidade, nenhuma legitimidade política pode ser obtida por qualquer procedimento de decisão majoritária. Ele pergunta:

"Não é apropriado, então, que decisões majoritárias sejam limitadas por direitos que satisfaçam essa fórmula? Dificilmente alguém poderia reclamar de tais limitações em nome da democracia, porque uma democracia não limitada por tais direitos seria pouco digna do nome. Tal objeção seria dirigida contra o estabelecimento ou a proteção das verdadeiras condições que fazem da democracia um ideal válido de ser aspirado".[311]

Entretanto, embora admita que existe uma importante conexão entre direitos e democracia e que alguns direitos individuais podem ser considerados condição para a legitimidade de decisões majoritárias, ele não extrai dessas duas tomadas de posição a conclusão típica do constitucionalismo contemporâneo: da premissa de que a proteção de alguns direitos fundamentais é um pressuposto para a legitimidade do regime democráti-

---

308 Sobre a teoria constitucional de Waldron, v. Juan Carlos Bayón, "Derechos, democracia y constitución", p. 211-238.

309 Esta posição fica nítida no 10º capítulo de *Law and Desagreement*, intitulado *Between Rights and Bill of Rights,* no qual ele argumenta contra a adoção de uma declaração formal de direitos na Grã-Bretanha, sugerida, entre outros, por Dworkin.

310 Waldron, *Law and Desagreement*, p. 282.

311 Idem, p. 284.

co, não se segue que os direitos fundamentais devam ser garantidos pelo Poder Judiciário contra as decisões majoritárias dos órgãos políticos. Levar os direitos a sério não significa produzir uma declaração de direitos que possa ser garantida por um tribunal, mas sim instituir um cultura política que aceite o desacordo moral como inerente à democracia e permita uma discussão pública livre e vigorosa sobre o conteúdo dos direitos.[312]

Waldron vale-se da tese de Rawls sobre as circunstâncias da justiça[313] para argumentar que as decisões sobre direitos estão sujeitas às *circunstâncias da política*. A vida política de uma comunidade é caracterizada: *a)* pela existência de um desacordo razoável entre as concepções morais individuais sobre a justiça; e *b)* pela necessidade de instituir mecanismos para resolver os impasses decorrentes do desacordo a respeito da justiça e decidir em comum sobre o conteúdo das leis e dos direitos.[314] A discordância moral é um atributo natural da vida política e não deve ser reprimida pela busca de consensos artificiais. Em uma exposição sobre política, "imaginar eliminada a persistência da discordância é como desejar eliminada a escassez em qualquer exposição da justiça distributiva".[315] Como há uma necessidade, sentida pelos membros de uma comunidade, de instituir mecanismos para a decisão coletiva sobre as questões onde impera o desacordo, é preciso escolher o mecanismo mais adequado para a tomada de decisões em comum. Para Waldron, o procedimento mais adequado em um regime democrático é a decisão majoritária:

> "A decisão majoritária não é apenas um processo decisório eficaz, é um processo respeitoso. Respeita os indivíduos de duas maneiras. Primeiro, respeita e considera seriamente a realidade das suas diferenças de opiniões quanto à justiça e ao bem comum. A decisão majoritária não requer que a opinião de ninguém seja menosprezada ou silenciada por causa da importância imaginada do consenso. Ao impor o nosso apoio e o nosso respeito como processo decisório, ela não exige que nenhum de nós finja haver um consenso quando não há, meramente porque pensamos que deveria haver – quer porque qualquer consenso é melhor do que nenhum, quer porque a visão que impressiona *alguns* de nós como correta parece tão evidentemente correta por si que não conseguimos imaginar como alguém poderia sustentar o contrário".[316]

---

[312] Waldron, *Law and Desagreement*, p. 310-311.
[313] Sobre as circunstâncias da justiça, v. Rawls, *Uma teoria da justiça*, p. 136.
[314] Waldron, *Law and Desagreement*, p. 102, e *A dignidade da legislação*, p. 187.
[315] Waldron, *A dignidade da legislação*, p. 187.
[316] Idem, p. 193, e *Law and Desagreement*, p. 111.

Decisões sobre direitos são decisões sujeitas às circunstâncias da política, ou seja, à existência e persistência de um desacordo razoável e à necessidade de adotar procedimentos para decisões coletivas. E assim como nas decisões políticas em geral, também nas decisões sobre direitos o procedimento majoritário é aquele que mais respeita as diferenças de opinião dos indivíduos quanto à justiça e ao bem comum. A transferência do poder de decidir sobre direitos para os tribunais ignora as circunstâncias da política e desrespeita a capacidade moral dos indivíduos, ao deferir a um punhado de juízes a competência para decidir sobre questões que afetam a totalidade ou a um grande número de pessoas, sem que as suas opiniões morais tenham sequer a oportunidade de serem consideradas.

Mas se os direitos fundamentais são justamente limites externos ao funcionamento dos órgãos políticos, como os direitos podem ser garantidos se eles estão à mercê de decisões majoritárias? Como o respeito pelos direitos pode ser consistente com um processo de decisão que não estabelece limites *a priori* para os resultados políticos?[317] Uma teoria dos limites sem garantia (*enforcement*) institucional não é o mesmo que nenhuma teoria dos limites?[318] Em suma, é realmente viável a proteção dos direitos sem a jurisdição constitucional? Para Waldron, não apenas é viável, como é a única forma de tratar a todos efetivamente como iguais, dado que o desacordo moral é inevitável. Decisões de tribunais não respeitam o desacordo de opiniões sobre os direitos, porque implicam sempre a imposição das opiniões dos juízes responsáveis pela decisão judicial sobre as opiniões de todos os demais indivíduos da comunidade. Somente o procedimento majoritário típico do processo legislativo realmente respeita o desacordo moral e o autogoverno na esfera política. Por isso, o único modo de conciliar a democracia com a função de limite dos direitos é a instituição de uma cultura política que estimule a autolimitação do próprio Poder Legislativo.[319]

O leitor pode estar pensando sobre qual o efetivo interesse da teoria constitucional de Waldron, se ela está nitidamente na contramão de todo o desenvolvimento do constitucionalismo democrático ocidental depois da Segunda Guerra. A indisfarçável tonalidade rousseauniana da concepção de Waldron curiosamente rejeita a mais celebrada conquista da história política e jurídica norte-americana e remete o constitucionalismo para um arranjo institucional muito semelhante ao legiscentrismo de matriz francesa. A sua confiança em um legislador ético e sem limites constitucionais,

---

[317] Waldron, *Law and Desagreement*, p. 303.
[318] Idem, p. 307.
[319] Idem, 310-312.

ou, como diz Prieto Sanchís, em um "legislador absoluto, mas virtuoso",[320] enfrenta a desconfiança em relação ao abuso do Poder Legislativo com a esperança quase sobrenatural de que o florescimento de uma "cultura política de liberdade" seja suficiente para introjetar nos órgãos legislativos um senso de autolimitação em relação aos direitos fundamentais. Ao final, fica-se com a impressão amarga de que os *direitos injusticiáveis* de Waldron não são exatamente direitos fundamentais em seu sentido histórico de pré-comprometimentos do poder constituinte, mas ideais políticos mais ou menos genéricos que servem apenas para orientar a livre discussão parlamentar sobre o real conteúdo dos direitos.

Ocorre que, se rejeitarmos a proposta de eliminar a justiciabilidade dos direitos, mas aceitarmos os pressupostos teóricos de valorização da legislação como o procedimento mais adequado e respeitoso para a tomada de decisões sobre o conteúdo normativo concreto dos direitos fundamentais, teremos à disposição uma vigorosa defesa da compatibilidade entre democracia e direitos fundamentais. Os direitos fundamentais são direitos morais, ou seja, direitos que expressam imediatamente valores morais escolhidos pela soberania popular no exercício do poder constituinte. No entanto, como raramente os direitos fundamentais possuem densidade normativa suficiente já no próprio texto constitucional, a necessidade de especificar o seu conteúdo normativo para conferir-lhes eficácia jurídica exige a interposição de uma instituição concretizadora. Nos Estados modernos, essa tarefa pode ser executada por qualquer um dos três poderes. Todavia, o fato de que as comunidades políticas contemplam uma pluralidade de concepções morais sobre os mesmos valores acolhidos nos direitos fundamentais, e a circunstância de que existe um desacordo razoável entre as concepções ou opiniões individuais exige que a instituição responsável pelas decisões sobre o conteúdo jurídico concreto dos direitos fundamentais funcione de tal modo, que as diferentes concepções morais possam realmente influir nas discussões e deliberações destinadas a concretizar os direitos. Ou seja, a preferência pela *interpositio legislatoris* em relação, por exemplo, à *interpositio jurisdictionis*, é uma preferência racional resultante de circunstâncias inerentes à confluência entre direitos fundamentais e princípio democrático em um mesmo modelo de Estado. Portanto, a razão de ser do princípio da deferência judicial às decisões legislativas não é apenas uma imposição da idéia geral de democracia, mas é também o dever de respeito a uma instituição mais bem aparelhada para expressar o fato do pluralismo moral e a circunstância do desacordo razoável entre concepções individuais.

---

[320] Luis Prieto Sanchís, *ob. cit.*, p. 70.

O argumento talvez fique mais claro com a utilização de exemplos práticos. Existe um sólido desacordo moral quanto à legitimidade da realização do aborto. A questão da licitude do aborto está diretamente associada à concretização de direitos fundamentais: de um lado, o direito à vida do feto; de outro, o direito à liberdade de autodeterminação da mulher. No mercado de concepções morais sobre a questão, temos desde posições radicais nos dois pólos, que são totalmente contrárias ou totalmente favoráveis a toda e qualquer modalidade de aborto, até posições intermediárias que admitem o aborto necessário para salvar a vida da gestante, o aborto de gravidez resultante de estupro e o aborto eugênico. Essas diferentes posições estão amparadas por argumentos de ordem religiosa, filosófica, médica, econômica, e há mesmo argumentos de ordem prática. Muito provavelmente o consenso em torno da legitimidade do aborto seja inatingível, porque o desacordo entre as posições rivais é insuperável através da discussão argumentativa. O único modo de decidir, respeitando as diversas concepções morais adversárias, é o processo legislativo típico das instituições parlamentares, com discussão e deliberação entre os representantes das opiniões rivais, e decisão através do sistema majoritário. O Código Penal brasileiro considera crime o aborto, isentando de pena os abortos praticados para salvar a vida da gestante ou quando a gravidez resulta de estupro. O fato de que o direito infraconstitucional tenha proibido e criminalizado o aborto não elimina o sólido desacordo moral sobre o tema na sociedade brasileira, mas parece correto dizer que, de modo geral, há um sentimento de legitimidade política e moral na decisão jurídica expressa no Código Penal. Nos Estados Unidos, onde a liberação do aborto resultou de uma decisão da Suprema Corte no exercício do controle judicial de constitucionalidade das leis, há um persistente desconforto em relação à legitimidade política e moral de uma decisão adotada por um colegiado de juízes, em um tipo de procedimento em que não há propriamente abertura à intervenção dos representantes das diversas concepções morais sobre a questão. Embora não concorde, como veremos adiante, com o argumento do caráter antidemocrático da jurisdição constitucional, e também não concorde plenamente com a solução encontrada pelo legislador brasileiro para a colisão de direitos fundamentais na questão do aborto, devo admitir que ela soa bem mais legítima do que a solução judicial norte-americana.

Outro bom exemplo de desacordo moral concerne à legitimidade da instituição de cotas raciais no ingresso em cursos universitários.[321] Esse

---

[321] Sobre as ações afirmativas no acesso à educação, a referência literária pioneira no Direito brasileiro é a obra de Joaquim Barbosa Gomes, *Ação afirmativa & princípio constitucional da igualdade*, p. 93-129.

desacordo reflete a tradicional dificuldade de articular igualdade formal e igualmente material em situações concretas da vida política. No âmbito do direito constitucional, trata-se de um típico *hard case*, porque o princípio constitucional da igualdade permite qualquer uma das duas manifestações da isonomia, sem predeterminar a preferência pela isonomia formal ou pela material. Argumenta-se, em síntese, que o sistema de cotas é por definição discriminatório, e portanto conflita inexoravelmente com o princípio constitucional da igualdade. No caso brasileiro,[322] a inconstitucionalidade seria ainda mais pronunciada, tendo em conta que a Constituição Federal expressamente enuncia, no art. 206, I, a aplicação específica do princípio isonômico no acesso à escola, e ainda prescreve que "o acesso aos níveis mais elevados de ensino" dar-se-á "segundo a capacidade de cada um" (art. 208, V). Por conseguinte, uma lei instituindo o sistema de cotas seria inevitavelmente inconstitucional no Direito brasileiro. De outro lado, sustenta-se que uma política constitucional igualitarista deve ter como escopo fundamental promover políticas públicas voltadas para a superação de desigualdades substanciais empiricamente constatadas na realidade nacional, e a discriminação positiva no acesso universitário revela-se uma opção de direção política capaz de enfrentar a histórica exclusão dos negros das universidades brasileiras. Assim, embora o sistema de cotas implique uma restrição à igualdade formal no acesso ao ensino superior, ele encontra justificativa constitucional na comprovação da necessidade, adequação e razoabilidade da sua implantação para atingir uma finalidade de revelo igualmente constitucional: a integração social dos negros. Pois bem, estando em conflito duas manifestações do princípio constitucional da igualdade, o acesso universal que valoriza a igualdade formal, e as cotas raciais que ressaltam a igualdade material, a opção por

---

[322] A esse respeito, vale lembrar a histórica polêmica judicial que os mecanismos de ação afirmativa despertaram nos Estados Unidos desde que foram implantados na década de 60. Em 1978, no famoso caso *Regents of the University of Califórnia v. Bakke*, a Suprema Corte havia declarado inconstitucional o sistema de cotas por violação ao princípio da igual proteção da lei. Para um exame crítico das posições da Suprema Corte sobre as ações afirmativas, v. os artigos de Dworkin "Affirmative Action: Does It Work?" e "Affirmative Action: Is It Fair?", publicados em *Sovereign Virtue*, p. 386-526, e a obra Joaquim Barbosa Gomes, citada na nota anterior, que transcreve a decisão, já traduzida, às pp. 245-295. Entretanto, no caso *Grutter v. Bollinger*, julgado em 24 de junho de 2003, e decidido por cinco votos contra quatro, a Suprema Corte revogou a decisão de *Bakke* e considerou constitucional o sistema de cotas raciais implantado pela Faculdade de Direito da Universidade de Michigan, sob o fundamento de que a diversidade racial nas universidades é um interesse estatal relevante (*compelling state interest*), que justifica a restrição ao princípio do igual acesso à universidade. Contudo, neste mesmo dia, julgando o caso *Gratz v. Bollinger*, referente ao sistema de "pontos extras" para candidatos a vagas para o *College of Literature, Science and Arts* na mesma Universidade de Michigan, a Suprema Corte, por seis votos contra três, considerou inconstitucional o método de benefício a minorias – negros, hispânicos e índios americanos – através de pontos extras, por se tratar de um sistema "mecânico e não individualizado".

um ou outro sistema parece efetivamente pertencer à esfera da política democrática, porquanto qualquer das duas encontra-se dentro das margens fixadas pela Constituição, que tanto valoriza o princípio da igualdade formal, como estabelece ser um dos objetivos fundamentais da República a erradicação da marginalização e a promoção de uma sociedade sem discriminações (art. 3º, II e III).[323]

Em suma, em um Estado democrático, a definição do conteúdo e dos limites dos direitos fundamentais é primariamente uma competência institucional dos órgãos parlamentares e se sujeita ao fato do pluralismo e às circunstâncias da política. Portanto, a deferência judicial à concretização legislativa dos direitos fundamentais é um elemento essencial para a legitimidade política de uma democracia constitucional. Mas a exaltação das virtudes democráticas do processo legislativo de concretização dos direitos fundamentais não pode determinar uma regressão ao minimalismo constitucional do positivismo jurídico. O fato do pluralismo moral e a sujeição às circunstâncias da política conferem aos órgãos de representação democrática a primazia no desenho definitivo dos direitos, mas não lhe conferem liberdade absoluta e irrestrita, porque em uma democracia constitucional os direitos fundamentais são direitos constitucionais, isto é, direitos que não estão à disposição do arbítrio do legislador. O legislador pode conformar os direitos, mas não pode violá-los. A evolução do constitucionalismo contemporâneo consistiu exatamente no abandono da onipotência do legislador, inerente à concepção procedimental do constitucionalismo positivista. O constitucionalismo moderno materializa o conteúdo essencial do Direito positivo no plano superior da constituição, por meio dos princípios e direitos fundamentais. Por conseguinte, se, como vimos no item anterior, é a própria natureza das normas constitucionais de direitos fundamentais que recomenda e até exige a concretização legislativa dos direitos, é a própria natureza da democracia constitucional que transforma o exercício da concretização legislativa dos direitos fundamentais em uma atividade materialmente vinculada às decisões do poder constituinte.

Quando retratei a teoria constitucional de Dworkin no primeiro capítulo, salientei que a sua concepção substancialista não promove uma trans-

---

[323] Em sentido contrário, recusando a adequação constitucional das cotas racias no acesso universitário, v. Luis Fernando Barzotto, "Justiça social: gênese, estrutura e aplicação de um conceito", p. 44-55. Para o autor, as políticas de cotas violam o princípio distributivo próprio ao ensino universitário, previsto no art. 208, V, da Constituição Federal (princípio do acesso segundo a capacidade/mérito individual), pois trata as pessoas como meios e não como fins. Segundo Barzotto, "em cada distribuição, deve verificar-se a causa da distribuição, isto é, o critério de distribuição próprio a cada esfera distributiva" (p, 54).

ferência pura e simples do poder de concretização infraconstitucional dos direitos fundamentais do Poder Legislativo para o Poder Judiciário. Os legisladores também são guardiões dos princípios constitucionais, e embora a Suprema Corte tenha autoridade para invalidar leis inconstitucionais, isso não implica negar que "os legisladores tenham uma responsabilidade paralela para fazer eles próprios julgamentos constitucionais e recusar a aprovação de leis que consideram inconstitucionais. Também não significa que, porque tribunais têm poder para concretizar alguns direitos constitucionais, tenham também poder para concretizar todos eles".[324] Mas *pelo menos em algumas questões especiais de moralidade política* na aplicação de direitos fundamentais os tribunais "podem fornecer um tipo superior de deliberação republicana", que torna legítima a sua atuação como órgão de controle dos limites dos atos dos parlamentos.[325] Ou seja, o que Dworkin está ressaltando é que determinadas questões especiais envolvendo o conteúdo, os limites e a eficácia dos direitos fundamentais não estão à disposição da política legislativa e por isso devem ser protegidas por uma instituição contram-majoritária encarregada da tutela dos direitos.

Parece possível organizar essas "questões especiais", que exigem uma supervisão contramajoritária das decisões políticas sobre direitos fundamentais, em duas categorias gerais. A primeira delas corresponde às normas constitucionais cujo enunciado já possui limites claros à liberdade de conformação legislativa do respectivo direito fundamental. O inciso IV do artigo 5º da Constituição Federal estabelece que "é livre a expressão da atividade intelectual, artística, científica e de comunicação, independentemente de censura ou licença". Essa norma constitucional protege, entre outras liberdades públicas, o direito de liberdade de imprensa. Por certo o Poder Legislativo pode regulamentar o exercício da atividade de comunicação por meio de lei, instituindo inclusive restrições e requisitos ao exercício das atividades de imprensa,[326] mas pode-se afirmar também que o legislador não tem nenhuma liberdade para instituir normas, órgãos e procedimentos de censura ao conteúdo das matérias jornalísticas, inclu-

---

[324] Dworkin, *Freedom's Law*, p. 33-34.

[325] Dworkin, *idem*, p. 31.

[326] Ver, sobre o tema, Jayme Weingartner Neto, *Honra, Privacidade e Liberdade de Imprensa*, p. 327-330, que afirma: "Não se conclui, do texto do inciso X do artigo 5º da Constituição Federal, pela propalada 'retirada da autonomia legal da legislação ordinária, ou, melhor dito, pela supressão da liberdade de conformação legislativa jurídico-penal" (p. 327); no mesmo sentido Gilmar Ferreira Mendes, *Hermenêutica constitucional e direitos fundamentais*, p. 236: "o texto constitucional não só legitima, mas também reclama eventual intervenção legislativa com o propósito de concretizar a proteção dos valores relativos à imagem, à honra e à privacidade".

sive em função da vedação expressa contida no artigo 220, § 2º,[327] e que se o fizesse produziria uma lei inconstitucional, por violação ao direito fundamental de liberdade de imprensa. O inciso XXIV do art. 5º tutela o direito de propriedade, ao dispor que "a lei estabelecerá o procedimento para desapropriação por necessidade ou utilidade pública, ou por interesse social, mediante justa e prévia indenização em dinheiro". O legislador tem ampla liberdade para disciplinar os casos de necessidade ou utilidade pública e de interesse social que autorizam a expropriação de bens; tem também liberdade para regular o procedimento através do qual será processada a desapropriação, mas não tem nenhuma liberdade para criar hipóteses de desapropriação em que o poder público possa expropriar propriedades pagando um preço vil ou pagando com títulos da dívida pública ou qualquer outro bem que não seja dinheiro. Se o fizesse, estaria produzindo lei inconstitucional por ofensa ao direito de propriedade.

A segunda categoria corresponde àqueles casos em que a Constituição não estabeleceu parâmetros precisos de limitação à atividade de conformação legislativa dos direitos fundamentais, deixando uma ampla margem de liberdade ao legislador para definir o conteúdo e os limites concretos dos direitos. Nesses casos, a verificação do respeito ao direito fundamental pelo legislador depende uma interpretação constitucional apurada do conteúdo essencial intrínseco de cada direito e do sistema constitucional com um todo. Somente uma interpretação constitucional *moralmente reflexiva e dialética* pode justificar a invalidação das escolhas políticas de um legislador democraticamente legitimado para concretizar os direitos fundamentais. Assim, se devemos reconhecer a legitimidade de decisões do Poder Legislativo na definição legal dos direitos fundamentais envolvidos na criminalização do aborto e na estipulação de cotas raciais para ingresso em universidades públicas, isso não significa que a totalidade das soluções legislativas sobre essas questões de profundo desacordo moral seja compatível com a Constituição Federal e esteja excluída do controle dos limites constitucionais do poder de legislar, atribuído ao Poder Judiciário. O aborto eugênico, nos casos de inviabilidade absoluta da vida do feto, parece ser hoje um caso em que não se justifica restringir o direito à liberdade de autodeterminação da mulher em benefício de uma vida biologicamente inviável. Pode-se sustentar, portanto, que o sistema jurídico brasileiro garante à mulher o direito de realizar aborto nas hipóteses de comprovada inviabilidade da vida do feto, a despeito da vedação – já inconstitucional – prevista no Código Penal.

---

[327] O § 3º do artigo 220 da Constituição estabelece: "é vedada toda e qualquer forma de censura de natureza política, ideológica e artística".

Do mesmo modo, a liberdade política do legislador para estabelecer cotas raciais de acesso universitário não é irrestrita. O caso da Lei nº 3.708, de 9 de novembro de 2001, do Estado do Rio de Janeiro é um exemplo paradigmático de inconstitucionalidade material por violação ao princípio da proporcionalidade, vale dizer, por excesso do Poder Legislativo. A lei estadual instituiu um sistema de cotas raciais no elevado percentual de 40% das vagas da Universidade do Estado do Rio de Janeiro (UERJ) e da Universidade Estadual do Norte Fluminense (UENF) para as populações negras e pardas, quantitativo que parecia efetivamente representar um exemplo nítido de medida legal desproporcional e, por conseqüência, inconstitucional, em face do direito constitucional à igualdade de acesso ao ensino superior. Essa lei foi expressamente revogada e substituída pela Lei Estadual nº 4.151, de 4 de setembro de 2003, que impõe às universidades estaduais fluminenses, a fim de promover as desigualdades étnicas, sociais e econômicas (cf. art. 1º), o estabelecimento de reserva de vagas em todos os seus cursos universitários para alunos carentes, pertencentes a três grupos sociais: oriundos de escolas públicas, negros e portadores de deficiência. Muito embora o art. 2º permita que as próprias universidades fixem os percentuais das vagas reservadas, o art. 5º dispõe que, nos primeiros cinco anos de vigência da lei, as universidades deverão reservar, em todos os seus cursos, 20% das vagas para candidatos oriundos da rede pública de ensino, 20% para candidatos negros e 5% para portadores de deficiência. O novo percentual de cotas raciais é muito mais razoável em comparação com o percentual da lei anterior, o que indica que o Governo e o Poder Legislativo do Estado do Rio de Janeiro reconheceram que o percentual inicial violava o princípio da proporcionalidade e portanto era inconstitucional, pois restringia excessivamente o princípio constitucional e o direito fundamental à igualdade no acesso ao ensino superior,

Em suma, ainda que a concretização dos direitos fundamentais esteja amplamente sujeita às circunstâncias da política no sentido de Waldron, em face da existência de um pluralismo de concepções morais, políticas ou religiosas e de um desacordo razoável entre essas concepções, freqüentemente o constituinte fez opções explícitas por uma das concepções, restringindo ou eliminando a liberdade de conformação legislativa dos direitos. Outras vezes, conquanto a opção do constituinte não esteja explícita no texto constitucional, é possível esclarecer através da interpretação constitucional, que algumas escolhas políticas seguramente não respeitam o conteúdo normativo constitucionalmente predeterminado dos direitos fundamentais. Isso acontece porque, em uma democracia constitucional moderna, a política dos direitos fundamentais nunca é onipotente ou soberana, é sempre uma política subordinada à constituição. Ou seja, levar os direitos a sério significa que os direitos fundamentais não são imunes à política democrática, mas também que os órgãos políticos não possuem discricionariedade para concretizar o conteúdo dos direitos. Se não fosse assim, direitos fundamentais não seriam direitos, mas recomendações. E o elemento realmente distintivo do constitucionalismo moderno está em transformar os direitos fundamentais em verdadeiros direitos subjetivos da pessoa humana, no sentido forte da expressão.

2.4. A democracia e o custo dos direitos

A evolução dos estudos teóricos sobre os direitos fundamentais, já sob o influxo do chamado neoconstitucionalismo,[328] tem submetido a um rígido escrutínio racional alguns dos mais arraigados tabus do direito público. Entre estes tabus podemos mencionar a tese do caráter programático dos direitos sociais. Costuma-se dizer que a satisfação dos direitos sociais envolve custos, e a alocação de recursos econômicos é uma prerrogativa dos órgãos de direção política do Estado. Portanto, o problema do custo dos direitos conduz a um duplo regime jurídico dos direitos fundamentais: os direitos liberais não dependem de recursos econômicos, logo podem ser tutelados diretamente pelo Poder Judiciário; os direitos sociais, por seu turno, dependem de alocação de recursos, por isso são direitos injusticiáveis, cuja satisfação subordina-se inteiramente a decisões políticas. Atualmente essa distinção não pode ser sustentada apoditicamente, como o foi desde o surgimento dos primeiros direitos constitucionais sociais. Para melhor compreender a visão contemporânea da relação entre o custo dos direitos e a democracia, uma abordagem esclarecedora deve começar pela classificação dogmática dos direitos fundamentais, elaborada pela doutrina constitucional contemporânea.

A doutrina do direito constitucional produziu uma classificação dogmática dos direitos fundamentais que tem sido amplamente acatada. De acordo com essa classificação, *direitos liberais* ou *direitos de defesa* são direitos fundamentais que expressam posições jurídicas subjetivas de defesa da esfera de autonomia individual, que é composta por um conjunto de valores, bens e interesses considerados imprescindíveis para a realização da personalidade humana. O objeto da relação jurídica pressuposta na garantia dos direitos liberais é a "omissão" do Estado e dos demais membros da comunidade, no sentido de uma abstenção de condutas lesivas da

---

[328] Sobre o neoconstitucionalismo, v. Paolo Comanducci, "Neo-constitucionalism: An Attempt at Classification", *Journal for Legal and Social Theory*, vol. 6-2002, n. 2, p. 215-232.

esfera de autonomia individual. *Direitos de participação política* são os direitos fundamentais que atribuem aos seus titulares, posições jurídicas subjetivas de participação na vida política do Estado. Eles se manifestam principalmente nos direitos políticos: o direito ao voto, o direito de candidatar-se e de exercer cargos públicos eletivos. O objeto distintivo e caracterizador dos direitos de participação está no poder jurídico de tomar parte ativa na formação da vontade política e das escolhas públicas da comunidade. Os *direitos sociais* ou *direitos a prestações* são posições jurídicas subjetivas que protegem bens, valores e interesses cuja satisfação depende do provimento de condições materiais de ordem econômica, social e cultural por meio de serviços e instituições de caráter público. O objeto da relação jurídica jusfundamental consiste em um dever de agir dirigido geralmente ao Estado (mas não apenas ao Estado),[329] que deve assegurar, aos titulares do direito, o provimento de prestações materiais ou jurídicas, destinadas a garantir a satisfação de condições econômicas, sociais e culturais necessárias para a fruição do direito social.[330]

Como se percebe, os conceitos dogmáticos das classes de direitos fundamentais utilizam como critério operacional distintivo da estrutura e do funcionamento de cada espécie o objeto da relação jurídica instituída pela norma jusfundamental entre o titular do direito fundamental e o destinatário passivo da norma.[331] No entanto, as três classes de direitos fundamentais compreendem apenas o núcleo essencial de cada direito, através do qual se reconhece a sua função mais típica. Mas a virtude explicativa das classificações dogmáticas não esconde a complexidade estrutural e funcional de todas as espécies de direitos fundamentais, que não se resumem ao critério operacional básico que destaca o seu núcleo dogmático típico.[332] Cada direito fundamental é constituído por um con-

---

[329] Sobre a vinculação dos particulares aos direitos sociais, v. Daniel Sarmento, *Direitos Fundamentais e Relações Privadas*, p. 332-350.

[330] Esta classificação em três classes, baseada no objeto da relação jurídica de direito fundamental, está longe de ser consensual. Robert Alexy e Ingo Sarlet preferem uma classificação dual dos direitos fundamentais, dividida em direitos de defesa e direitos a prestações. Alexy trata os direitos políticos como direitos a prestações em sentido amplo, na classe dos direitos a organização e procedimento, cf. *Teoría de los derechos fundamentales*, p. 454-482; já Ingo Sarlet os inclui entre os direitos de defesa, com a ressalva de que isso não exclui os desdobramentos de natureza prestacional dos direitos políticos, cf. *A Eficácia dos Direitos Fundamentais*, p. 177-178.

[331] A classificação apresentada utiliza o critério triádico da relação jurídica que se forma entre os destinatários ativo e passivo e o objeto do direito fundamental, cf. Robert Alexy, *El concepto y la validez del derecho*, p. 182-183.

[332] Vieira de Andrade afirma que "os 'direitos' fundamentais são *posições jurídicas complexas*, encerrando em si muitas vezes uma multiplicidade de direitos e pretensões, poderes e faculdades com objecto e conteúdo diversos e até nalguns casos referidos a sujeitos (activos e passivos) diferentes (pense-se, por exemplo, nas variadas facetas do direito à greve ou da liberdade de imprensa)". Cf. *Os Direitos Fundamentais na Constituição Portuguesa de 1976*, p. 164.

junto complexo e heterogêneo de poderes, pretensões, faculdades e interesses que transcende o critério operacional próprio do tipo jusfundamental e utiliza os critérios das outras espécies de direitos. Isso significa que os direitos liberais de defesa, que exigem primordialmente deveres de abstenção, podem também exigir prestações positivas ou deveres de agir por parte do Estado para satisfazer os bens e valores protegidos pelas normas constitucionais correspondentes. Isso porque a efetiva tutela das liberdades requer, para além da abstenção do poder público e dos demais indivíduos, que o Estado proporcione condições de segurança pública e privada mediante prestações estatais positivas, normativas, institucionais e materiais, como as normas de direito penal e os órgãos de segurança pública.

Por outro lado, os direitos sociais podem também demandar uma ação defensiva, além das prestações positivas que os caracterizam. Salientam Victor Abramovich e Christian Courtis que "os direitos econômicos, sociais e culturais também podem ser caracterizados como um complexo de obrigações positivas e negativas por parte do Estado, ainda que neste caso as obrigações positivas revistam uma importância simbólica maior para identificá-los".[333] Para os direitos sociais *lato sensu* a prestação estatal representa "a substância, o núcleo, o conteúdo essencial do direito",[334] mas a sua satisfação pode também estar associada a obrigações negativas ou deveres de abstenção por parte do Estado.[335] No Direito brasileiro, esse fenômeno é nítido na própria disciplina normativa ao nível constitucional dos direitos dos trabalhadores[336] e no direito social à educação, quando a Constituição Federal consagra a proibição de discriminação no acesso e permanência na escola e a gratuidade do ensino público fundamental, normas que conferem pretensões de abstenção ao conteúdo do direito geral à educação.[337] Assim, tem razão Ingo Sarlet quando diz que os direitos fundamentais são complexos de direitos de cunho negativo e positivo que implicam um feixe conexo e diversificado de posições jurídicas fundamentais.[338]

---

[333] Victor Abramovich e Christian Courtis, *Los derechos sociales como derechos exigibles*, p. 24.

[334] Idem, p. 25.

[335] Ingo Sarlet sustenta que "os direitos fundamentais sociais na nossa Constituição também não formam um conjunto homogêneo, não podendo ser definidos restritivamente como direitos a prestações estatais. Essa ausência de homogeneidade não se baseia apenas no objeto diferenciado dos direitos sociais, que abrangem tanto direitos a prestações como direitos de defesa, mas também na diferente forma de positivação no texto constitucional, assim como assumem feições distintas no que diz com a problemática da eficácia e efetividade". Cf. "Os Direitos Fundamentais Sociais na Constituição de 1988", p. 148-149.

[336] Idem, p. 147.

[337] Idem, p. 163.

[338] Ingo Sarlet, "O Direito Fundamental à Moradia na Constituição, Algumas Anotações a Respeito do seu Contexto, Conteúdo e Possível Eficácia", in: *Arquivos de Direitos Humanos*, 2002, p. 160-164.

Como assinalam Abramovich e Courtis, "a adscrição de um direito ao catálogo de direitos civis e políticos ou ao de direitos econômicos, sociais e culturais tem um valor heurístico, ordenatório, classificatório, mas uma conceituação mais rigorosa baseada sobre o caráter das obrigações que cada direito gera levaria a admitir um *continuum* de direitos, no qual o lugar de cada direito esteja determinado pelo peso simbólico do componente de obrigações positivas e negativas que o caracterizem".[339]

Por isso é que, noutro estudo, propus a distinção, que tomei emprestada da divisão civilista da relação obrigacional, entre *direito fundamental em sentido estrito*, compreendendo tão-somente a prestação jurídica principal ou fundamental decorrente da norma constitucional atributiva do direito, vale dizer, o conteúdo nuclear que fornece a característica distintiva do direito; e *direito fundamental em sentido amplo*, composto não apenas da prestação jurídica nuclear do tipo jusfundamental, como também pelas demais prestações "acessórias" do direito, a título de poderes, pretensões, faculdades e interesses voltados à proteção integral do bem ou do valor tutelado pelo direito fundamental.[340] O conceito estrito remete à obrigação nuclear do direito, ao passo que o conceito amplo de direito fundamental compreende a multiplicidade heterogênea de obrigações positivas e negativas que compõem o conteúdo complexo de cada tipo jusfundamental.[341] Essa distinção em absoluto desconhece a correção dogmática e a utilidade teórica e prática da *summa divisio* da teoria dos direitos fundamentais; a idéia, ao contrário, é de fornecer elementos dogmáticos que tornem mais precisa a doutrina jusfundamental.

A complexidade estrutural e funcional de *todas* as classes de direitos fundamentais inviabiliza o discurso conservador e reducionista da diferença absoluta de regime de justiciabilidade conforme a natureza de cada direito. Tradicionalmente, a doutrina constitucional sustenta que apenas os direitos liberais podem ser tutelados por meio dos instrumentos processuais da atividade judiciária; já os direitos sociais padeceriam de uma congênita injusticiabilidade decorrente do seu próprio objeto, que exige sempre uma prestação material a ser cumprida pelo Estado, conforme pressupostos e condições jurídicas e materiais que não estão acessíveis ao agir judicial. As normas constitucionais que prevêem direitos sociais fa-

---

[339] Victor Abramovich e Christian Courtis, *Los derechos sociales como derechos exigibles*, p. 27.

[340] Cláudio Ari Mello, "Os direitos sociais e a teoria discursiva do direito", *Revista da AJURIS*, n. 85, t. I, março de 2002, p. 96-99.

[341] Robert Alexy utiliza a expressão *direito fundamental como um todo* para explicar esse fenômeno. Cf. *Teoría de los derechos fundamentales*, p. 240-145. Gustavo Amaral também recorre à dogmática do direito civil para destacar que "de um mesmo direito podem surgir diversas pretensões", em *Direito, escassez e escolha*, p. 114-117.

lam apenas metaforicamente de "direitos", mas a rigor elas são apenas normas que dispõem programas, fins ou tarefas atribuídas ao Estado, e portanto não conferem posições jurídicas subjetivas concretizáveis judicialmente. A jurisdição constitucional só seria viável como jurisdição das liberdades, não já como jurisdição da justiça social implementável através de decisões judiciais imponíveis coercitivamente ao Estado, representativas ao fim e ao cabo de indevidas intervenções jurisdicionais nas competências de direção política da sociedade, que devem ser exercidas com exclusividade pelo governo e pelo Legislativo.

A força ideológica dessa tese é bem conhecida e tem razões históricas fáceis de serem identificadas. Basta ver que em 1966, quando se decidiu instituir tratados internacionais visando à afirmação institucional dos direitos humanos, a comunidade internacional teve de seccionar a Declaração Universal dos Direitos Humanos em dois pactos internacionais distintos, um deles tutelando os direitos civis e políticos, diretamente aplicáveis pelos países signatários do PIDCP, e outro contemplando os direitos sociais, econômicos e culturais, pela qual os países signatários do PIDESC comprometeram-se a "adotar medidas (...) que visem a assegurar, *progressivamente*, por todos os meios apropriados, o pleno exercício dos direitos reconhecidos no presente pacto, incluindo, em particular, a adoção de medidas legislativas" (grifei). É por isso que, como criticamente comenta Flávia Piovesan, "enquanto os direitos civis e políticos, por prescindir de recursos econômicos, são auto-aplicáveis, na concepção do Pacto os direitos sociais, econômicos e culturais são programáticos. São direitos que demandam aplicação progressiva, já que não podem ser implementados sem que exista um mínimo de recursos econômicos disponível, um mínimo *standard* técnico-econômico, um mínimo de cooperação econômica internacional e, especialmente, não podem ser implementados sem que sejam efetivamente uma prioridade na agenda política nacional".[342]

Desde logo parece estar claro que a própria lógica interna do argumento exclui a sua aplicação para o conceito amplo de direitos fundamentais. Pois se a injusticiabilidade resulta do objeto dos direitos a prestações sociais, cuja materialização dependeria inevitavelmente de fatores entregues às competências dos "órgãos de direção política", esse déficit, por um lado, deveria atingir também as obrigações positivas dos direitos de defesa e, de outro, inexistiria ao menos quando os direitos sociais exigem "apenas" obrigações negativas. Assim, o argumento da ineficácia jurídica congênita dos direitos sociais, mesmo para quem aceita a tese da diferença

---

[342] Flávia Piovesan, *Direitos Humanos e o Direito Constitucional Internacional*, p.195. Ver, também, Fábio Konder Comparato, *A afirmação histórica dos direitos humanos*, p. 304-331.

de regime jurídico, aplicar-se-ia tanto para os direitos liberais quanto para os direitos sociais na sua dimensão positiva, e não já para as dimensões negativas ou defensivas dos direitos liberais e dos direitos sociais. No entanto, é preciso levar adiante a investigação a fim de examinar a validade científica do *princípio ativo* do argumento, centrado na premissa de que a diferença de regime jurídico decorre da exigência de decisão sobre recursos econômicos para a satisfação de direitos sociais, característica que não afetaria os direitos liberais.

De fato, um dos grandes tabus da doutrina dos direitos fundamentais refere-se à alegação de que, enquanto os direitos fundamentais de defesa são plenamente justiciáveis, porque sua eficácia não depende de recursos materiais, as normas constitucionais sobre direitos sociais não atribuem direitos subjetivos judicialmente tuteláveis justamente porque as prestações estatais necessárias para a satisfação do direito dependem de alocação de recursos econômicos; por conseqüência, a efetividade dos direitos sociais remete sempre à determinação prévia de políticas econômicas por parte dos órgãos de direção política, as quais não podem ser realizadas diretamente pelo Poder Judiciário. Pois bem, uma das grandes novidades da doutrina dos direitos fundamentais dos últimos anos é a sujeição desse tabu a uma verdadeira psicanálise, cujo resultado tem sido a relativização dessa tese.[343]

Em verdade, como mostram Stephen Holmes e Cass Sunstein, a satisfação de direitos fundamentais sempre envolve custos, sejam direitos civis e políticos, sejam direitos sociais. Basta ver que um dos principais meios de proteção estatal dos direitos fundamentais é o sistema penal, cuja *ultima ratio* se encontra justamente na tutela de diversos bens jurídicos jusfundamentais identificados com os direitos de defesa, como a vida, a integridade física e psíquica, a liberdade de expressão, a liberdade sexual, o patrimônio. Ora, o sistema penal demanda a existência de órgãos públicos de prevenção, repressão e punição aos crimes, e a existência e manutenção de todos eles exige a dotação de enormes volumes de recursos econômicos.[344]

---

[343] A obra referencial sobre a crítica da distinção entre direitos negativos e direitos positivos, sob um enfoque "economicista", é Stephen Holmes e Cass Suntein, *The Cost of Rights*; ver, ainda, para uma abordagem de direito comparado, Victor Abramovich e Christian Courtis, *Derechos sociales como derechos exigibles*. No direito brasileiro, também utilizando um enfoque economicista, os recentes estudos de Gustavo Amaral, *Direito, escassez e escolha*, e de Flávio Galdino, "O Custo dos Direitos", *in*: Ricardo Lobo Torres (org.), *Legitimação dos Direitos Humanos*, p. 139-222.

[344] Holmes e Sunstein, *The Cost of Rights*, p. 49-83, especialmente o capítulo quarto, cujo sugestivo título é *Watchdogs must be paid*. Segundo os autores, "os direitos liberais clássicos necessariamente dependem de relações de comando e obediência que, por seu turno, são dispendiosos para serem criados e mantidos" (p. 77).

Da mesma forma, o exercício dos direitos políticos depende da instituição e manutenção de um amplo aparato burocrático encarregado de organizar o sistema de alistamento eleitoral e de realizar todos os tipos de pleitos eleitorais, sendo que, tanto o aparelho funcional quanto os procedimentos eleitorais exigem vultosos recursos financeiros. Quando comparamos a instituição e manutenção de órgãos públicos e de procedimentos voltados para garantir a eficácia dos direitos liberais e políticos, assim como os recursos econômicos exigidos para estes fins, com a necessidade de criar e sustentar órgãos públicos e procedimentos destinados a assegurar a fruição de direitos sociais percebemos que, a rigor, o fundamento do discurso da diversidade de regime jurídico tem um forte componente ideológico.[345] [346]

A psicanálise econômica a que autores como Holmes e Sunstein têm submetido a distinção entre direitos negativos e direitos positivos e a tese da dependência da eficácia dos direitos a recursos materiais permitiu esclarecer o quanto a questão do custo financeiro da tutela judicial dos direitos está condicionada por alguns preconceitos que precisam ser tornados conscientes e escrutinados racionalmente. No entanto, o argumento da doutrina da auto-restrição judicial na tutela de direitos sociais não se resume à afirmação de que apenas esses direitos exigem recursos materiais para sua satisfação.[347]

---

[345] Neste sentido, Flávio Galdino salienta que "(o) que verdadeiramente frustra a efetivação de tal ou qual direito reconhecido como fundamental não é a exaustão de um determinado orçamento, é a opção política de não se gastar dinheiro com aquele mesmo 'direito' (...) O argumento da 'exaustão orçamentária' presta-se unicamente a encobrir as escolhas trágicas que deixaram de fora do universo do possível a tutela de um determinado 'direito'". Cf. "O Custo dos Direitos", p. 214.

[346] O caráter ideológico da distinção entre direitos liberais e sociais foi magnificamente ilustrado pela ironia de John Hart Ely, na seguinte passagem de *Democracy and distrust*, p. 59: "A experiência sugere que, de fato, haverá uma tendência sistemática nas escolhas judiciais dos valores fundamentais em favor de valores da alta classe média, classe profissional da qual é extraída a maioria dos advogados e juízes, e, para o que importa, a maioria dos filósofos morais. As pessoas compreensivelmente pensam que o que é importante para elas é o que é importante, e pessoas como nós não são exceções. Assim, a lista de valores que a (Suprema) Corte e os comentadores tendem a sustentar como fundamentais, é uma lista com a qual leitores deste livro terão pouca dificuldade de se identificar: expressão, associação, educação, liberdade acadêmica, privacidade do lar, autonomia pessoal, e mesmo o direito de não ser submetida a uma função estereotipicamente do sexo feminino e sustentada pelo marido. Mas vejam como a maioria dos teóricos dos direitos fundamentais começam a dirigir-se em direção à porta quando alguém menciona trabalho, comida ou moradia: estes valores são importantes, certamente, mas eles não são *fundamentais*".

[347] Um das mais notáveis conclusões da obra mencionada de Holmes e Sunstein consiste na afirmação de que, porque a eficácia de todos os direitos depende de recursos econômicos do Estado, todos os direitos são positivos, inclusive os direitos de liberdade: "O financiamento dos direitos básicos através de receitas de tributos ajuda-nos a ver claramente que direitos são bens públicos: são serviços sociais fundados no pagamento de tributos e na administração governamental, destinados a melhorar o bem-estar coletivo e individual. Todos os direitos são direitos positivos" (p. 48). Aderindo à tese dos autores norte-americanos, Flávio Galdino, "O Custo dos Direitos", p. 182-214. Com efeito, as críticas

Pode-se demonstrar a diferença quanto ao regime de eficácia jurídica entre os tipos de direitos recorrendo ao exemplo utilizado pelos próprios autores norte-americanos.[348] Para proteger os direitos fundamentais à liberdade de escolha e à privacidade como limites negativos às leis que proíbem a realização de aborto, bastam a declaração de inconstitucionalidade e a expedição de ordens de soltura, se os acusados por crime de aborto porventura estiverem presos. Mas para condenar o Estado a criar órgãos e procedimentos de informação, apoio e atendimento médico-hospitalar às mulheres interessadas em realizar abortos, como meio de proteger a saúde física e psíquica da gestante, o Poder Judiciário estará impondo ao Estado a obrigação positiva de organizar um serviço público, cujo funcionamento depende de custeio e planejamento para atender igualmente a todas as situações para as quais se destina. No primeiro caso, o cumprimento da decisão judicial que tutela o direito não interfere na administração de recursos públicos e na organização de serviços estatais. No segundo caso, a eficácia da decisão judicial depende da criação de um serviço público inexistente ou insuficiente, e que precisa ser instituído ou ampliado para que o direito seja satisfeito.[349]

O enfoque de Holmes e Sunstein alinha-se à tradição da teoria econômica do direito, e por isso caracteriza-se por um acento economicista, tanto assim que eles sugerem assimilar o custo financeiro à própria concepção de direitos.[350] Dentro dessa lógica, os autores estão corretos quando dizem que todos os direitos dependem de recursos financeiros para serem satisfeitos. Porém, a classificação dogmática dos direitos fundamentais tem como referência a espécie de prestação jurídica exigida pela norma constitucional para o cumprimento do respectivo direito fundamen-

---

a alguns dos pressupostos envolvidos no estudo dogmático das espécies de direitos fundamentais não devem obscurecer aspectos corretamente apontados pela dogmática jusfundamental. A despeito da improcedência, ou pelo menos do debilitamento das distinções quanto ao custo econômico da satisfação dos direitos e das teses da *reserva do possível* e *proibição de surpresa orçamentária*, parece inegável que efetivamente a satisfação dos direitos econômicos, sociais e culturais depende, em geral, de programas governamentais e políticas públicas vinculados a projeções e estratégias globais de governo.

[348] Os autores referem-se à decisão *Roe v. Wade*, de 1973, em que a Suprema Corte considerou inconstitucional a proibição do aborto nos Estados Unidos.

[349] Este aspecto foi já objeto de análise crítica por Ingo Sarlet, inclusive utilizando outros exemplos, em "O Direito Fundamental à Moradia na Constituição: Algumas Anotações a Respeito de seu Contexto, Conteúdo e Possível Eficácia", p. 160-164.

[350] Para os autores, a atenção ao custo permite um melhor entendimento da natureza de todos os direitos, incluindo os direitos constitucionais, e se a teoria dos direitos deseja capturar o modo através do qual os direitos estruturam e conduzem as condutas reais, então deveria levar em conta a realidade dos custos econômicos. Cf. *The Cost of Rights*, p. 97-98.

tal em um caso concreto.[351] Os planos de abordagem são diferentes, muito embora sejam também complementares. Enquanto os autores norte-americanos propõem uma teoria econômica dos direitos, a classificação dogmática dos direitos fundamentais pertence ao campo estrito da ciência do direito, por isso o enfoque da classificação coincide com a perspectiva do juiz.[352] Como anota Ingo Sarlet, a concepção de Holmes e Sunstein coloca em relevo, por um lado, que não se pode sustentar a dicotomia entre direitos negativos e positivos apenas no critério da relevância econômica; por outro lado, a eficácia social dos direitos fundamentais não se encontra apenas na dependência de uma decisão judicial ou do reconhecimento de sua eficácia jurídica. Mas essas conclusões não invalidam a afirmação de que os direitos fundamentais possuem diferenças jurídicas de objeto e de função.[353]

Portanto, a tutela judicial desses direitos, de forma individual ou coletiva, não pode simplesmente ignorar essa característica inerente ao provimento das prestações estatais de proteção de direitos sociais *lato sensu*. Essa realidade não significa em absoluto uma renúncia à exploração das possibilidades de contribuição de uma jurisprudência constitucional ativista para a otimização da eficácia e da efetividade desses direitos. Sem embargo, mesmo um judiciário ativista não pode adotar uma atitude de onipotência em relação aos complexos fatores envolvidos na satisfação das prestações sociais. Por isso, cabe à teoria constitucional propor fundamentos e sugestões que permitam uma relação equilibrada entre a tutela judicial dos direitos e a preservação das competências de planejamento e estratégia dos órgãos de direção política do Estado.

---

[351] Evidentemente que a validade científica da distinção entre direitos de defesa e direitos a prestações dá por supostos a preexistência e o funcionamento da estrutura básica dos órgãos de Estado, incluindo Poder Judiciário, já que todos os direitos, liberais, políticos e sociais, dependem do sistema judicial para serem garantidos. Assim como a própria previsão constitucional ou legal de direitos depende da existência de uma assembléia constituinte e de um Poder Legislativo, qualquer um dos dois custeados com recursos fiscais.

[352] Nesse sentido Robert Alexy, *Teoría de los derechos fundamentales*, p. 33: "A ciência do Direito, tal como é cultivada na atualidade, é, antes de tudo, uma disciplina prática porque sua pergunta central reza: o que é devido nos casos reais ou imaginados? Esta pergunta é colocada desde uma perspectiva do juiz. Isso não significa que a ciência do Direito não possa adotar, ademais, outras perspectivas, nem que nela se trate sempre diretamente da solução de casos concretos, mas significa que a perspectiva do juiz é a que caracteriza primariamente a ciência do Direito e que os enunciados e teorias expostas nela desde esta perspectiva, por mais abstratos que possam ser, estão sempre referidos à solução de casos, vale dizer, à fundamentação de juízos concretos de dever ser".

[353] Ingo Sarlet, "O Direito Fundamental à Moradia na Constituição, Algumas Anotações a Respeito do seu Contexto, Conteúdo e Possível Eficácia", p. 161-163.

3. A jurisdição constitucional e a democracia

A concepção de democracia constitucional sustentada neste estudo já foi brevemente introduzida ao final do primeiro capítulo e, de resto, foi sendo antecipada no exame dos pontos explorados até aqui. Neste tópico pretendo expor mais detalhadamente a posição assumida. Como se disse, a democracia constitucional é uma tentativa de responder ao desafio lançado por Rousseau às sociedades políticas já há mais de dois séculos: o caminho para a constituição de um Estado ideal está em "encontrar uma forma de associação que defenda e proteja com toda a força comum a pessoa e os bens de cada associado, e pela qual cada um, unindo-se a todos só obedeça, contudo, a si mesmo e permaneça tão livre quanto antes".[354] Vale dizer, a constituição ideal deve articular a proteção dos bens e valores que asseguram à pessoa humana uma vida digna e às comunidades uma estrutura social justa, com a garantia de que as normas de proteção desses bens e valores resultem de processos de deliberação pública abertos à participação livre e igual de todas as pessoas da comunidade.

Porém, o espectro de concepções correspondentes à democracia constitucional contempla, de um lado, desde concepções minimalistas de constituição e teorias que sacrificam o princípio constitucional em favor da democracia deliberativa fundada no princípio da soberania popular, até, de outro lado, concepções que hipostasiam a constituição em detrimento do elemento democrático e sobrecarregam o Poder Judiciário, outorgando-lhe uma supremacia institucional sobre os demais órgãos do Estado na concretização das normas constitucionais. A concepção defendida neste estudo busca um equilíbrio possível entre os dois pólos. Dentre as várias teorias examinadas no primeiro capítulo, ela se aproxima da *concepção republicana substancialista* de democracia constitucional. Além disso, trata-se de uma *concepção de democracia constitucional constitucionalmente adequada*, ou seja, que decorre de uma compreensão teórica de uma constituição histórica concreta, a vigente Constituição Federal do Brasil.

---

[354] Rousseau, *O Contrato Social*, p. 20-21.

A teoria da democracia constitucional pressupõe a *coexistência dúctil* das seguintes condições, já expostas ao final do primeiro capítulo: 1º) o *elemento democrático*, segundo o qual a constituição deve garantir que a concretização dos princípios e valores nela instituídos seja realizada por órgãos e processos de deliberação democrática aos quais todas as pessoas da comunidade possam ter pleno acesso, e nos quais os interesses de todos os indivíduos sejam considerados em um debate público, aberto e irrestrito; 2º) o *elemento moral substantivo*, pelo qual a constituição eleva e assegura alguns bens e valores substantivos, materializados no processo constituinte em princípios e direitos fundamentais por obra da própria soberania popular, e que são retirados da livre disposição dos órgãos e processos de direção política, porque garantem a vida digna da pessoa humana e a justiça política da comunidade; 3º) o *elemento judicial*, que outorga ao Poder Judiciário a função de guardião do equilíbrio entre o elemento democrático e o elemento moral substantivo, permitindo-lhe participar e até intervir na interpretação e aplicação das normas constitucionais dos órgãos de direção política da sociedade, sempre que, de acordo com a interpretação do próprio poder judicial, eles frustrarem o sentido e a finalidade da constituição e, com esse erro, violarem bens e valores essenciais à dignidade da pessoa humana e à justiça da comunidade.

A Constituição brasileira institui um regime plenamente democrático e confere uma função central e essencial aos órgãos e procedimentos de expressão da soberania popular. O acento democrático está presente na afirmação da forma republicana e do princípio do Estado Democrático de Direito, no artigo 1º, *caput*, na definição da cidadania e do pluralismo político como fundamentos da República, nos incisos II e IV do artigo 1º, na coexistência da democracia representativa com a democracia direta no parágrafo único do mesmo artigo 1º, no estabelecimento de um amplo sistema de exercício da soberania popular no artigo 14, com a instituição e extensão do sufrágio universal e igualitário e de institutos de democracia direta, como o plebiscito, o referendo e a iniciativa legislativa popular.[355]

No entanto, a Constituição brasileira não é uma constituição meramente procedimental, porque não se resume a instituir órgãos e procedimentos democráticos, responsáveis pela determinação dos conteúdos jurídicos, e a estabelecer alguns limites materiais aos poderes do Estado. Ela recolhe um conjunto de princípios e direitos fundamentais que expressam bens e valores derivados de uma concepção de "vida boa" para as pessoas e para a comunidade como um todo. O próprio artigo 1º estabelece

---

355 V. José Afonso da Silva, *Curso de Direito Constitucional Positivo*, p. 113-120; e Luis Fernando Barzotto, *A Democracia na Constituição*, p. 175.

como fundamentos da República valores substantivos, como a cidadania, a dignidade da pessoa humana, o trabalho e a livre iniciativa. O artigo 3º contempla como objetivos da República a construção de uma sociedade moralmente comprometida com valores substantivos como a liberdade (inc. I), a igualdade (incs. III e IV), a justiça política (incs. I e IV) e social (incs. I, III e IV) e a solidariedade (inc. I). Depois, os artigos 5º, 6º e 7º e ao longo de todo o texto constitucional estão prescritos diversos princípios e direitos fundamentais que estão diretamente associados a conteúdos substantivos de justiça política e social e de outras esferas da moralidade.[356]

Ela também não é uma constituição da democracia deliberativa, que confia inteiramente aos órgãos de direção política do Estado o reconhecimento e a definição do conteúdo, hierarquia e extensão de bens e valores expressos pelos seus princípios e direitos fundamentais. A Constituição Federal instituiu um complexo e sofisticado sistema de fiscalização judicial da constitucionalidade das leis, mesclando o modelo clássico de controle difuso, praticado no país desde 1891, com o modelo europeu de controle concentrado. A permanência do sistema difuso e concreto de controle da constitucionalidade, previsto no art. 102, III, representa a opção por um amplo e democrático controle judicial dos poderes legislativo e executivo, na medida em que permite a qualquer pessoa submeter a qualquer juiz da organização judiciária, a apreciação sobre a constitucionalidade de um ato normativo que esteja a causar dano ou a ameaçar direito subjetivo seu. O sistema concentrado e abstrato foi introduzido no Brasil em 1965, com a representação por inconstitucionalidade, mas a partir de 1988 passou a compreender um conjunto de ações diretas de competência originária do Supremo Tribunal Federal, no âmbito da Federação, e dos Tribunais de Justiça, no âmbito dos Estados.[357] O atual sistema brasileiro conjuga ação direta de inconstitucionalidade (art. 102, I, *a*), ação declaratória de constitucionalidade (art. 102, I, *a*), ação direta de inconstitucionalidade por omissão (art. 103, § 2º), argüição de descumprimento de preceito fundamental (art. 102, § 1º) e representação de inconstitucionalidade interventiva (art. 36, III), instrumentos processuais que permitem o controle de emendas constitucionais, leis complementares, leis ordinárias, leis delegadas, medidas provisórias e tratados, tanto no

---

[356] Cf. Luis Fernando Barzotto, *A Democracia na Constituição*, p. 175-207.

[357] Sobre a evolução do sistema brasileiro de controle de constitucionalidade, v. Gilmar Ferreira Mendes, *Controle de Constitucionalidade*, p. 169 e ss.; José Carlos Moreira Alves, "A evolução do controle da constitucionalidade no Brasil", *in*: Sávio de Figueiredo Teixeira (coordenador), *As Garantias do Cidadão na Justiça*, p. 1-14; Osvaldo Luiz Palu, *Controle de Constitucionalidade*, p. 93 e ss.

nível federal, quanto nos níveis estadual e municipal. Possivelmente não existe em outra constituição um sistema tão abrangente e variado de revisão jurisdicional da constitucionalidade das leis.[358]

A associação entre um extenso catálogo de princípios e direitos fundamentais e um complexo e abrangente sistema de controle judicial da constitucionalidade das leis sinaliza para um modelo constitucional no qual o Poder Legislativo não goza de uma supremacia incontrastável, nem é o representante de uma soberania popular absoluta e ilimitada e, por conseqüência, não dispõe de total liberdade na definição de fins e valores no plano legal. Por um lado, o exercício do Poder Legislativo é limitado e condicionado normativamente pelas normas constitucionais e, de outro, é limitado e controlado institucionalmente pelo exercício da jurisdição constitucional. Essa coexistência, no plano constitucional, entre regime democrático e órgãos e procedimentos de representação e exercício da soberania popular, com um catálogo amplo e generoso de direitos fundamentais normativamente vinculantes à legislatura e uma jurisdição constitucional extremamente abrangente está fadada a produzir sérios problemas de definição de limites entre as competências do domínio legislativo e as funções do domínio judicial.[359] A estas questões tentarei propor respostas no item seguinte.

3.1. O domínio da democracia deliberativa

Uma constituição republicana como a brasileira está fundada na valorização da democracia deliberativa. A vida política e social de uma comunidade republicana expressa uma *common venture* na qual estão envolvidas todas as pessoas que convivem nesta comunidade e que compartilham a sua existência em um espaço comum a todos, ao qual se reconduzem em maior ou menor medida todas as existências individuais. Uma comunidade republicana não é uma associação de indivíduos que estabelecem um contrato de convivência pacífica para garantir o livre exercício das suas ambições pessoais, na qual os direitos funcionam como trunfos que garantem o indivíduo de uma sempre latente guerra contra a comunidade. Mesmo que a observação sociológica permita descrever, em boa medida com razão, a sociedade brasileira como um tipo de sociedade empiricamente estruturada por valores individualistas e egoístas, desde uma perspectiva da teoria constitucional os atores jurídicos e políticos não

---

[358] Para uma comparação do sistema brasileiro com os adotados em diversos outros países, v. Alexandre de Moraes, *Jurisdição Constitucional e Tribunais Constitucionais*.
[359] A idéia da existência de "domínios" próprios da democracia e da justiça constitucional é explorada por Robert Post, *Constitutional Domains*, e Lawrence Sager, "The Domain of Constitutional Justice", *in*: Larry Alexander (editor), *Constitutionalism*: philosophical foundations, p. 235-270.

podem ignorar que o projeto constitucional escolhido pela sociedade brasileira se define como uma república constitucional democrática.

Uma comunidade republicana deve estar fundada na valorização da democracia deliberativa, porque a sua *ratio essendi* parte do postulado da liberdade e igualdade de todas as pessoas e do conseqüente dever de igual consideração e respeito que a comunidade, atuando coletivamente, e seus indivíduos devem a cada uma das pessoas humanas que nela vivem. Como as pessoas são livres e iguais e merecem igual consideração e respeito, a vida político-jurídica da sociedade deve estar organizada para ser o resultado da expressão dos interesses de todos os seus membros.[360] Uma república que trata a todos como pessoas livres e iguais e com igual consideração e respeito, é uma associação política que deve ser governada publicamente por todos os indivíduos que compõem a comunidade.[361] Como a autonomia pública é uma exigência da verdadeira república, conclui-se que esta pressupõe a democracia. Por isso um regime republicano deve contemplar órgãos, procedimentos e normas para a prática efetiva da democracia. É a prática da democracia que materializa a idéia de que a experiência comunitária é uma aventura comum, um projeto de vida política e social no qual a existência individual se consorcia à existência na comunidade.

A democracia é valiosa por pelo menos duas razões especialmente importantes. Primeiro, porque a legitimidade moral de um regime democrático não encontra rival em outros regimes políticos. Uma república democrática em que estão presentes os pressupostos discursivos estudados por Habermas tende a promover uma substancial aceitação e participação dos cidadãos na vida política da comunidade.[362] As normas de ação, inclu-

---

[360] V. Jeremy Waldron, *Law and Disagreement*, p. 88-118.

[361] Sobre o "sujeito da democracia na Constituição de 1988", v. Luis Fernando Barzotto, *A Democracia na Constituição*, p. 176-181. A concepção constituição republicana que está sendo defendida no texto encontra na obra de Barzotto uma de suas principais referências teóricas, como se observa da seguinte passagem do trabalho citado: "A democracia constitucional brasileira é, assim, uma democracia deliberativa na medida em que somente um regime baseado na deliberação, na razão prática, está em conformidade com a concepção do povo como comunidade de pessoas humanas. A pessoa humana, por sua dignidade de ser racional, deve participar das decisões que afetam sua vida, ela exige justificativas racionais para todo ato de poder no interior da comunidade e se recusa a obedecer a leis, comandos e ordens que não podem se justificar argumentativamente. Por fim, não deve ser esquecida a lição de Aristóteles: a razão prático-política é essencialmente dialógica. A exigência de um 'império da razão' no âmbito público, que esteja em conformidade com a dignidade da pessoa humana, exige a existência de um âmbito de discussão e deliberação" (p. 181). No entanto, como se verá adiante, a concepção que considero adequada, tanto na perspectiva da constituição ideal, quanto em relação à Constituição brasileira vigente, aparta-se da teoria da democracia deliberativa de Barzotto no que concerne às funções da jurisdição constitucional, sobretudo quanto à garantia dos direitos fundamentais.

[362] Habermas, *Direito e Democracia*, I, p. 154 e ss.; sobre a ética do discurso na sua obra, v., também, *Consciência moral e agir comunicativo*, p. 61-141.

sive as normas jurídicas, produzidas por órgãos compostos democraticamente, cujos procedimentos permitem a participação livre e igualitária das pessoas em deliberações públicas, abertas e isentas de constrangimentos, possuem um grau de legitimidade moral e política sem paralelo em qualquer outro regime de governo, justamente por corresponder, na mais alta medida, à idéia fundamental de pessoa humana, como ser racional e livre, que deve ser tratado com igual consideração e respeito. As normas jurídicas que obtêm reconhecimento e têm seu conteúdo e sua eficácia definidos através de órgãos e processos da democracia deliberativa são legítimas justamente porque são o produto de um método dialógico e argumentativo de discussão entre os membros da comunidade, que podem expressar-se e manifestar-se individual ou coletivamente, a fim de que seus valores e interesses sejam ouvidos, debatidos e considerados nas instâncias e processos de decisão de questões comunitárias. Na medida em que o sistema político é aberto à participação e à consideração dos valores e interesses de todos os membros e grupos da comunidade e as decisões sobre normas resultam de deliberações argumentativas conduzidas por pautas de ética discursiva, os resultados democráticos devem ser aceitos por todos os seres racionais que participaram ou tiveram a oportunidade de participar, diretamente ou representados, da deliberação pública.

Em segundo lugar, como salienta Carlos Santiago Nino, a democrática deliberativa tem um valor epistêmico que também não parece encontrar adversário nos demais sistemas políticos.[363] A utopia do rei-filósofo capaz de tudo saber e compreender e de bem avaliar e julgar quaisquer situações é uma quimera desmentida pela história. O conhecimento e o juízo são atividades que com muita dificuldade transcendem o universo reduzido da compreensão contingente do mundo do indivíduo. O diálogo e a troca de experiências que ocorrem no contato social são os principais combustíveis do conhecimento e do juízo, por isso a transcendência desde o indivíduo em direção ao outro, seja ele um outro indivíduo ou uma outra cultura, pressupõe o debate e a deliberação. Por isso que, em questões envolvendo a definição de normas jurídicas endereçadas à comunidade, a democracia revela-se o regime ideal, porque é a democracia deliberativa que assegura procedimentos em que a participação das múltiplas visões de mundo e de concepções morais enriquece e aprofunda o debate e permite uma *episteme* muito mais abrangente e plural sobre os valores e interesses dos indivíduos e grupos da comunidade.[364]

---

[363] Carlos Santiago Nino, *The Constitution of deliberative democracy*, p. 117-128.
[364] Sobre a "doutrina da sabedoria da multidão", v. Jeremy Waldron, *A dignidade da legislação*, p. 113-149, sobre as vantagens da deliberação coletiva em relação à reflexão individual, v. Waldron, *Law and Desagreement*, capítulo 4, intitulado "Text and Polyphony".

Uma constituição democrática, como é a brasileira, remete a concretização dos direitos fundamentais e dos princípios previstos no texto constitucional preferencialmente às instâncias democráticas do sistema jurídico-político. Exatamente pela legitimidade moral e política e pelo valor epistêmico dos órgãos e processos de deliberação democrática, o reconhecimento e a definição do conteúdo e da extensão dos direitos fundamentais e dos princípios constitucionais no plano legal compete primordialmente aos órgãos de representação da soberania popular. Esse é o fundamento da liberdade de conformação legislativa, que obtém legitimação, em uma república constitucional, na origem democrática direta dos órgãos legislativos. Portanto, não são apenas as idéias-chaves da separação de poderes e da divisão de competências que justificam a liberdade de conformação legislativa, mas a própria concepção de democracia deliberativa que decorre do princípio republicano, tal como exposto nos parágrafos anteriores. O legislador dispõe de liberdade para concretizar as normas constitucionais, definindo seus conteúdos e estabelecendo seus limites, porque é nos parlamentos que deve ocorrer a plena participação das pessoas nos processos de deliberação pública das questões políticas de interesse da comunidade, e é por meio deles que se extraem normas legitimadas pela ética discursiva e pelo valor epistêmico que se pressupõem atributos desses processos. Por isso, o Poder Judiciário de uma constituição republicana deve adotar duas espécies de posturas respeitosas em relação aos órgãos e processos de representação da soberania popular: uma postura de *deferência judicial* às decisões dos órgãos de direção política do Estado; e uma postura de *garantia e fortalecimento judicial do regime democrático*.

A *deferência judicial* atua no plano da interpretação e da aplicação da constituição e significa respeito pelas competências de concretização parlamentar – e eventualmente administrativa – das normas constitucionais e pelo espaço de liberdade de que deve gozar o legislador – e o administrador – na definição dos conteúdos e limites dos direitos fundamentais e princípios constitucionais. É verdade que deferência e respeito não podem significar, para um constitucionalismo republicano, reverência e muito menos subserviência. O Poder Judiciário é o guardião da constituição e do equilíbrio entre os direitos fundamentais e a soberania popular. Por isso os órgãos de representação da soberania popular exercem uma preferência tão-somente relativa na concretização constitucional. Ainda assim, é uma preferência legitimada pela moralidade democrático-republicana e pelo valor epistêmico das suas decisões.

Esse espaço de liberdade de conformação legislativa é tão importante no que concerne ao reconhecimento e à concretização dos direitos liberais, quanto no que se refere aos direitos sociais, muito embora a tendência contemporânea, sobretudo na doutrina jusconstitucional brasileira, seja de enfatizar o problema do conflito entre democracia e justiça constitucional no âmbito da tutela judicial dos direitos sociais. No entanto, a legitimidade moral e política e o valor epistêmico das decisões dos órgãos de direção política que afetam os direitos de defesa exigem da jurisdição constitucional um alto grau de deferência. Como examinei anteriormente, decisões sobre direito ao aborto e cotas raciais, assim como sobre liberdade de imprensa ou direitos dos homossexuais, apenas para citar os casos mais polêmicos do universo jurídico contemporâneo, dependem de juízos morais tão decisivos e penetrantes para a vida comunitária como um todo e para os seus membros em particular, que parecem ser, de fato, assuntos a serem decididos preferencialmente pelos órgãos de soberania popular, muito embora haja limites associados ao conteúdo essencial dos direitos fundamentais e princípios constitucionais que não estão à livre disposição do legislador. Alguns dos direitos dos homossexuais, como, por exemplo, o direito de manter uma união estável e de conferir a esta união efeitos patrimoniais, têm uma relação tão intensa com a vida digna das pessoas desta orientação sexual que recusá-lo seria violar o postulado republicano de que as pessoas são seres racionais e livres, merecedoras de igual consideração e respeito.[365] Já a definição do direito de adoção por casais homossexuais envolve interesses de outra pessoa para além dos parceiros e tem uma implicação profunda e dramática com valores morais associados às estruturas culturais básicas da civilização humana, estruturas essas que encontram suporte inclusive na história natural da espécie humana, e, por isso, parece razoável aceitar uma ampla liberdade dos órgãos de representação da soberania popular para deliberar e decidir sobre a questão.[366]

Contudo, é a concretização legislativa dos direitos sociais que parece conduzir às clivagens teóricas e práticas mais agudas entre o domínio da democracia deliberativa e a jurisdição constitucional dos direitos funda-

---

[365] Neste ponto, o teste da posição original de Rawls, com os seus véus parciais de ignorância, é um excelente artifício intelectual para discutir a legitimidade moral e a constitucionalidade das discriminações legais em relação aos homossexuais.

[366] Esta é uma questão extremamente delicada e que deve ser seriamente debatida em função do novo Código Civil, cuja redação literal mantém a vedação de uniões estáveis entre homossexuais e de adoção por casais homossexuais. O art. 1.723 dispõe que "É reconhecida como entidade familiar a união estável entre o homem e a mulher", ao passo que o art. 1.622 prevê que "Ninguém pode ser adotado por duas pessoas, salvo se forem marido e mulher, ou se viverem em união estável". Como se sabe, a despeito da longa tramitação legislativa, o novo Código Civil entrou em vigor depois de longos anos de debates públicos, quando a discussão envolvendo os direitos dos homossexuais já era de domínio público e inclusive já fora objeto de projeto de lei e de diversas decisões judiciais. Por isso, parece razoável entender que o Código Civil expressou a orientação racional e consciente do parlamento sobre essas questões. Outro problema é decidir se essas vedações são constitucionais.

mentais, sobretudo em face do argumento da usurpação de competências no domínio do provimento de políticas públicas. Mas mesmo que se assuma uma posição plenamente favorável à justiciabilidade dos direitos a prestações e, por conseqüência, a uma retração do recurso à doutrina da auto-restrição judicial no âmbito desses direitos, é preciso admitir que a sua garantia depende da administração de esquemas de distribuição de recursos e de programas governamentais que devem lidar com a escassez de recursos e com a definição de prioridades, e esses fatores todos recomendam a alocação preferencial da satisfação dos direitos sociais à esfera propriamente política do Estado. Por conseqüência, mesmo uma jurisdição constitucional ativista não pode tomar o lugar dos órgãos de direção política na administração dos recursos e das necessidades ligadas ao bem-estar social da comunidade.

Mas além de respeitar a liberdade de concretização constitucional do legislador, que justifica a deferência judicial como um mecanismo de auto-restrição judicial no exercício da jurisdição constitucional, o Poder Judiciário, no controle de constitucionalidade, deve *valorizar e fortalecer* a própria democracia, ou seja, deve interpretar e aplicar a constituição de modo a ampliar e garantir a democracia deliberativa. Um bom exemplo para refletir sobre o desempenho da justiça constitucional na valorização da soberania popular encontrava-se nas decisões do Supremo Tribunal Federal sobre as medidas provisórias antes da Emenda Constitucional n. 32/2001, sujeitas a recorrentes críticas da doutrina. De fato, a posição do Supremo Tribunal de admitir a edição de medidas provisórias instituindo tributos ou majorando suas alíquotas[367] ou permitindo a reedição ilimitada de medidas provisórias representou um desprestígio da democracia deliberativa em uma área particularmente sensível da soberania popular.

Um caso recente e interessante de valorização da democracia na jurisprudência constitucional pode ser encontrado em decisões do Tribunal de Justiça do Estado do Rio Grande do Sul que, em ações diretas de inconstitucionalidade, declarou inconstitucionais leis municipais instituindo plano diretor do Município sem prévia participação das entidades comunitárias legalmente constituídas. Na ação paradigmática desse grupo de decisões, o Tribunal de Justiça do Rio Grande do Sul, em 16 de setembro de 2002, declarou inconstitucional a Lei n. 1.558 do Município de Capão da Canoa, sob o fundamento de haver violado o art. 29, XII, da Constituição Federal, que exige a "cooperação das associações representativas no

---

[367] Na vigência da redação original da Constituição, o Supremo Tribunal reconhecia a constitucionalidade da instituição de tributos por medida provisória, cf. ADIn-MC 1.417-DF, p. em RTJ 162/502, e AgRg em RE 231.639-0-PR, p. RT 771/177.

planejamento municipal", e do art. 177, § 5º, da Constituição Estadual, o qual determina aos Municípios que assegurem a participação de entidades legalmente constituídas na definição do plano diretor. Na fundamentação, entendeu a Corte estadual que para respeitar o princípio da participação popular não é suficiente dar ampla publicidade à comunidade pelos órgãos de imprensa, como fizera a administração municipal. A democracia participativa somente é garantida quando existe a efetiva oportunidade de interferir na decisão sobre o planejamento municipal. Segundo o voto do relator, "A norma constitucional não se satisfaz com a mera publicidade dos atos legiferantes, mas, sim, exige, em conformidade com a sua correta exegese, a efetiva participação dos representantes comunitários da sua progênie, mediante audiência pública, na qual serão consultados, pondo-se em debate os pontos controversos".[368] Na mesma linha de exercício do controle de constitucionalidade voltado a reforçar o processo democrático, o Supremo Tribunal Federal decidiu, também recentemente, por desconstituir decreto presidencial que, com base no art. 22 da Lei n. 9.985/2000, ampliara os limites territoriais da área de preservação do Parque Nacional da Chapada dos Veadeiros, sob o fundamento de que o decreto não observou a "exigência legal da precedência de consulta pública para criação de unidade de conservação da natureza". O Supremo Tribunal entendeu que o parecer apresentado pelo Conselho Consultivo do Parque, instituído por Portaria do IBAMA, não substitui a exigência legal de consulta pública, porquanto os membros daquele conselho não têm poderes para representar a população local.[369]

Assim, a interpretação da constituição pelo Poder Judiciário deve, por um lado, fortalecer o regime democrático, e, por outro, não pode sufocar a atividade política e nem a substituir na condução política do Estado. Zagrebelsky alerta que o escopo geral de uma constituição pluralista "é preservar intacta a possibilidade da competição política e social, isto é, impedir que uma força, uma maioria, um movimento consigam impor modelos políticos-culturais totalizantes, que excluam todos os outros, de uma vez por todas. A interpretação constitucional visa à organização de uma sociedade aberta ao conflito, ao qual as partes possam aceder sem discriminações e privilégios".[370] Para o autor italiano, o caráter aberto

---

[368] Cf. ADIn n. 70003026564 (*Procurador-Geral de Justiça v. Município de Capão da Canoa*), do Tribunal de Justiça do Rio Grande do Sul, rel. Des. Clarindo Favretto, j. em 16.09.2002; no mesmo sentido a ADIn n. 70001688878 (*Procurador-Geral de Justiça v. Município de Imbé*) e a ADIn n. 70002576239 (*Procurador-Geral de Justiça v. Município de Bento Gonçalves*).

[369] Cf. MS 24.184-DF, Relatora Ministra Ellen Gracie, julgado em 13.8.2003, e publicado no Informativo n. 317.

[370] Gustavo Zagrebelsky, *La giustizia costituzionale*, p. 53.

de uma constituição democrática outorga aos órgãos da justiça constitucional a determinação e a defesa das regras da competição política, não a sua direção.[371] Por isso, um dos cânones da interpretação constitucional que defende consiste em que a jurisdição constitucional "não deve prejudicar a liberdade do processo político e a mais ampla participação nele".[372]

Nesse mesmo sentido, Canotilho sustenta que a legislação não conforma a constituição, mas é conformada por ela. No entanto, a constituição necessita da concretização do seu âmbito normativo, e essa tarefa pertence, em primeira linha, ao legislador democraticamente legitimado.[373] A aporia da vinculação constitucional implica que, por um lado, "o legislador deve considerar-se materialmente vinculado, positiva e negativamente, pelas normas constitucionais; por outro lado, ao legislador compete 'atualizar' e 'concretizar' o conteúdo da constituição".[374] A constituição democrática é uma ordem normativa aberta que pressupõe uma "mediação política" atenta à "reserva do possível" e que oferece espaço para "diferentes variáveis de conformação política, embora esta conformação não se possa entender normativo-constitucionalmente desvinculada".[375] Assim, mesmo em uma ordem constitucional repleta de imposições dirigentes que estabelecem sérias restrições à atividade legislativa, ao legislador se reserva um espaço irredutível de atuação.[376] Em suma, "o bloco constitucional dirigente não substitui a política; o que se torna é premissa material da política".[377]

3.2. O domínio da jurisdição constitucional

O reconhecimento da legitimidade ética, política e jurídica e do valor epistêmico da democracia deliberativa não conduzem a uma disponibilização completa e ilimitada da concretização constitucional para os órgãos de representação democrática. Tenho insistido que as teorias constitucionais da democracia deliberativa não são compatíveis com regimes constitucionais como o brasileiro e, de resto, como os da maioria dos países ocidentais contemporâneos, que centralizam a ordem constitucional em sistemas de direitos fundamentais e instituem órgãos de jurisdição constitucional para assegurar a plena eficácia jurídica e social desse sistema de

---

[371] Gustavo Zagrebelsky, *op. cit.*, p. 54.
[372] Idem, p. 54.
[373] Canotilho, *Constituição dirigente e vinculação do legislador*, p. 62-63.
[374] Idem, p. 63.
[375] Idem, p. 148.
[376] Idem, p. 232.
[377] Idem, p. 463.

direitos. A característica mais importante do Estado Democrático de Direito consiste justamente nessa migração de conteúdos morais da esfera do político para a esfera do jurídico, movimento que implica e exige a afirmação do Poder Judiciário como mecanismo de garantia institucional dos conteúdos constitucionalizados.

Esse é um dos problemas centrais da teoria procedimental da constituição de Habermas, como aponta Lenio Luiz Streck. A teoria constitucional habermasiana volta-se, ao fim e ao cabo, e em certo aspecto contraditoriamente, para uma revalorização da política no âmbito das democracias constitucionais, ignorando a "especificidade do jurídico presente nas Constituições".[378] Robert Alexy mostra que "as constituições modernas compreendem duas classes ou categorias de normas. A primeira classe contém normas que constituem e organizam a legislação, a jurisdição (*adjudication*) e a administração". Essas normas disciplinam e promovem a democracia como regime político. "A segunda classe contém normas que limitam e dirigem o poder público", sendo as normas que conferem direitos fundamentais os mais proeminentes exemplos dessa classe.[379] Além disso, as constituições modernas tendem a deferir ao Poder Judiciário, ou a algum de seus órgãos, a função de guarda da constituição. Pois bem, como diz Alexy, "se a Constituição garante ao indivíduo direitos frente ao legislador, e (também) para a garantia desses direitos prevê um Tribunal Constitucional, então a intervenção do Tribunal Constitucional no âmbito da legislação para a garantia desses direitos não é uma assunção anticonstitucional das competências legislativas, mas algo que não só está permitido como também ordenado pela Constituição".[380]

Por conseguinte, nas democracias constitucionais, além do domínio dos órgãos de direção política, há um domínio próprio da jurisdição constitucional. Interessa saber, portanto, os seus fundamentos e atributos jurídico-políticos. Os pontos examinados a seguir visam a demonstrar, por um lado, que as constituições modernas pressupõem um regime constitucionalista de expressão da soberania popular, que converte os órgãos da jurisdição constitucional em representantes do poder constituinte; de outro lado, que o exercício da jurisdição constitucional não apenas é compatível

---

[378] Lenio Streck, *Jurisdição constitucional e hermenêutica*, p. 143. No mesmo sentido Luis Prieto Sanchís, *Justicia constitucional y derechos fundamentales*, p. 159: "(em Habermas) a tensão entre os direitos e a decisão política, que se torna patente tão logo abandonamos o modelo ideal, não é confiada a uma argumentação a partir de razões, senão que se resolve mediante uma ordem transitiva na qual a primazia correspondente à autonomia pública, ou seja, à política".

[379] Robert Alexy, "Constitutional Rights, Balancing, and Rationality", *Ratio Juris*, vol. 16, n. 2, jun-2003, p. 131.

[380] Alexy, *Teoría de los derechos fundamentales*, p. 527.

com a democracia deliberativa, como é um fator decisivo para a legitimidade e eficiência do regime democrático.

3.2.1. Regime constitucionalista da soberania popular

Em uma democracia constitucional guiada pelo modelo republicano substancialista, o exercício da deliberação democrática não está sujeito a um regime exclusivamente político. Ao contrário, o constitucionalismo republicano pressupõe um regime constitucionalista de expressão da vontade popular. Como assinala Philippe Blachèr, "a enunciação de um regime *constitucionalista* de expressão da vontade geral repousa sobre a idéia segundo a qual a supremacia da Constituição supõe a instituição de um controle constitucional de constitucionalidade".[381] A soberania popular não é livre para a criação do Direito. Os princípios constitucionais e os direitos fundamentais ao mesmo tempo limitam e dirigem a deliberação democrática e, por conseguinte, os atos do Poder Legislativo e do Poder Executivo. O constitucionalismo republicano determina um regime de dirigismo jurídico da esfera política, que se caracteriza por uma vinculação dos órgãos de direção política do Estado aos princípios e direitos fundamentais da constituição. Esse modelo constitucional determina, também, que o respeito da democracia deliberativa pelo sistema constitucional seja controlado pelo Poder Judiciário no exercício da jurisdição constitucional.

Por isso, a assimilação da idéia de constituição dirigente no direito constitucional brasileiro exige um avanço em relação inclusive à teoria original do dirigismo constitucional tal como formulada por Canotilho. De fato, a teoria da constituição dirigente do autor português é uma formidável *tour de force* em favor da vinculação do legislador ao sistema constitucional, sobretudo no que respeita às normas programáticas das constituições sociais modernas, mas de modo algum contribui para a afirmação do controle judicial da constitucionalidade dos atos dos órgãos de direção política. A notável e merecidamente influente obra de Canotilho é também marcada por uma complexidade teórica que, por vezes, dificulta o entendimento da sua real posição no que se refere ao papel da justiça constitucional. Para o autor, "o sentido *dinâmico-programático* do bloco constitucional dirigente" conduz à construção de uma nova ordem jurídico-política, "mas isso é tarefa do legislador, das forças políticas, dos cidadãos. É uma tarefa de participação e de responsabilidade político-democrática".[382] Essa afirmação é o ponto de partida de uma posição "des-

---

[381] Philippe Blachèr, *Contrôle de constitutionnalité et volonté générale*, p. 31.
[382] Canotilho, *Constituição dirigente e vinculação do legislador*, p. 349.

confiada" em relação à atuação do Poder Judiciário na concretização do programa normativo de uma constituição dirigente, posição que fica clara na seguinte passagem:

"em sede de constituição dirigente, não tem grande sentido nem alcance prático falar-se dos tribunais como 'defensor da constituição'. Não que nos termos anteriormente referidos, não lhes possa caber também uma função relevante na realização constitucional. Todavia, quer pela especificidade das suas funções, quer pelos problemas de legitimação democrática, o alargamento das funções do juiz a tarefas de conformação social positiva é justamente questionável".[383]

A ambigüidade do argumento não facilita determinar com exatidão o papel da jurisdição constitucional, que exerce "uma função relevante" na concretização constitucional, mas padece de problemas estruturais e funcionais e de um déficit de legitimidade democrática que inviabilizam a sua atuação na "conformação social" do programa constitucional. Pode-se talvez inferir que Canotilho advoga por uma jurisdição constitucional ativa na proteção dos direitos liberais de defesa e por uma limitação do Poder Judiciário para concretizar direitos sociais e fins estatais. Essa leitura é referendada por afirmações como a de que "a realização da constituição dirigente não pode aquilatar-se através da dissolução do potencial da acção político-democrática numa 'curta' mentalidade de pretensões subjectivas, individualmente accionáveis. A 'perda de justiciabilidade' e a colocação dos direitos a prestações dentro da 'reserva do possível' e da 'reserva de lei' devem ser compensadas por uma *intensificação de participação democrática na política dos direitos fundamentais*".[384] Parece claro que o caminho de Canotilho não conduz à justiciabilidade dos direitos fundamentais sociais.[385]

A concepção constitucional que considero adequada à Constituição brasileira compartilha com Canotilho a fé na vocação democrática do constitucionalismo dirigente, mas propõe uma função mais abrangente e definida para a jurisdição constitucional. A garantia dos direitos fundamentais, tanto os liberais e políticos quanto os sociais, depende de um Poder Judiciário ativo e capaz de exercer uma vigilância jurídica sobre o processo político de concretização da constituição. Não é possível nem

---

[383] Canotilho, *ob. cit.*, p. 350.

[384] Idem, p. 377.

[385] Neste aspecto, não há nenhuma diferença significativa entre o Canotilho da sua tese de doutoramento e o Canotilho do polêmico artigo "Rever ou Romper com a Constituição Dirigente? Defesa de um Constitucionalismo Moralmente Reflexivo", *Cadernos de Direito Constitucional e Ciência Política*, n. 15, abril-junho 1996, 7-17 ou do prefácio à segunda edição de *Constituição dirigente e vinculação do legislador*.

uma confiança cega na democracia deliberativa, nem uma desconfiança total em relação à política. Uma constituição democrática impõe limites e direção ao processo político, e o controle do respeito desses vetores é tarefa indelegável da jurisdição. Essa é a conseqüência decisiva da assunção de um regime constitucionalista de exercício da soberania popular, vale dizer, de um regime jurídico-político que retira da esfera de disponibilidade das instâncias de representação popular alguns conteúdos considerados essenciais para assegurar e preservar a existência digna das pessoas e a justiça política da comunidade. Os bens e valores que preenchem o conteúdo dos princípios e direitos fundamentais orientam, predeterminam e limitam o espaço de decisão da democracia deliberativa. No entanto, sem a garantia do recurso à jurisdição constitucional, a pré-determinação e a limitação constitucionais do processo democrático seriam inoperantes.

3.2.2. Jurisdição constitucional como representante da soberania popular

Uma jurisdição constitucional ativa no controle do processo político não deve ser vista como uma restrição ilegítima da soberania popular. Sem dúvida que o ativismo judicial no controle da constitucionalidade importa em uma limitação da democracia. Entretanto, uma democracia constitucional como a brasileira, caracterizada pela convergência entre o elemento democrático, o elemento moral substantivo e o elemento judicial, converte a jurisdição constitucional em uma das formas de expressão da soberania popular. Este fenômeno jurídico está muito bem assinalado no contexto francês por Philippe Blachèr e pode ser aplicado para o contexto brasileiro: *a jurisdição constitucional representa a soberania popular consolidada no sistema constitucional.*

O autor francês, referindo-se ao Conselho Constitucional, afirma que "a sua contribuição (do *Conseil*) ao regime constitucionalista de expressão da vontade geral não se assemelha a de uma instância política. Sua função de controlar as leis votadas não o habilita a decidir sobre a oportunidade e as orientações político-sociais contidas nos textos legislativos. Dizer que um juiz constitucional exprime a vontade geral não significa portanto que ele substitua o legislador".[386] A participação do juiz constitucional na expressão da vontade geral ocorre, em um regime constitucionalista, porque o juiz é também ele um representante da soberania popular. Contudo, "a jurisdição constitucional não representa o mesmo povo que os repre-

---

[386] Philippe Blachèr, *Contrôle de constitutionnalité et volonté générale*, p. 130.

sentantes eleitos: enquanto estes representam 'o povo atual', o Conselho Constitucional representa o 'povo perpetual', único soberano. Por meio desta representação, o juiz constitucional permite assim separar a vontade dos representantes eleitos da vontade do soberano".[387] A jurisdição constitucional não é a única representante desse "povo perpetual" ou, se quisermos, do soberano constituinte. Ela compartilha essa representação com os órgãos de representação democrática. No entanto, em um regime constitucionalista, defende Blachèr, o juiz constitucional é também responsável por exprimir os princípios e regras contidos na constituição.

Essa é uma decorrência do regime constitucional de uma república substancialista. Em uma república democrático-deliberativa os valores jurídico-morais em torno dos quais gravita a vida comunitária somente podem ser livremente definidos e redefinidos pelos órgãos de representação política, sobretudo pelo Poder Legislativo. Todavia, em uma república constitucional substancialista, os valores fundamentais para a dignidade da pessoa e para a justiça política da comunidade não ficam inteiramente à disposição das instâncias democráticas. Neste regime, os bens e valores essenciais da comunidade protegidos através dos princípios e direitos fundamentais da constituição são tutelados pelo Poder Judiciário no exercício da função de guardião da constituição. A Constituição Federal brasileira é um modelo nítido de democracia constitucional que adota um regime republicano substancialista, ao prescrever que "compete ao Supremo Tribunal Federal, precipuamente, a guarda da Constituição". Ou seja, o Supremo Tribunal Federal e, por extensão, em virtude da adoção do controle difuso de constitucionalidade, todo o Poder Judiciário, quando exerce a jurisdição constitucional, representam a soberania popular no que concerne à garantia final dos bens e valores essenciais reconhecidos pelo poder constituinte e consolidados nos princípios e direitos fundamentais da Constituição.[388]

---

[387] Philippe Blachèr, *Contrôle de constitutionnalité et volonté générale*, p. 174.
[388] Neste ponto o constitucionalismo republicano acolhido neste trabalho aparta-se da posição sustentada por Luis Fernando Barzotto, *A Democracia na Constituição*, um dos principais referenciais teóricos do estudo. Conforme examinado no primeiro capítulo, Barzotto, conquanto não se detenha na análise da função do Poder Judiciário na democracia constitucional, toma posição pela democracia delibetativa: "Ninguém sabe *a priori* qual é o conteúdo do bem da pessoa humana e do bem comum, indicados nos direitos e nos valores expressos na constituição. É por isso que a democracia é necessária". Como ninguém sabe definitivamente o que é o ser humano e a comunidade, "ninguém pode pretender o monopólio do conhecimento do bem da pessoa e o bem da comunidade, o que significa, como foi visto, que o conhecimento dos direitos individuais e sociais e dos valores está sempre sendo construído, de modo democrático, pelo diálogo que caracteriza o uso público da razão prática". Por fim, o autor assevera que a vinculação do Estado Democrático de Direito, adotado pela Constituição brasileira, à razão prática teleológica, estabelece que o *telos* da pessoa ou da comunidade "*só pode ser determinado por meio do diálogo democrático*" (grifei); cf. *ob. cit.*. p. 205-207.

Por conseguinte, a soberania popular em uma democracia constitucional não é inexoravelmente unipolar, no sentido de que só pode manifestar-se através dos órgãos democraticamente eleitos. Sem dúvida é da essência de uma república a deliberação democrática. Mas o diferencial de uma republica constitucional como a brasileira reside justamente na previsão de uma instância jurisdicional de defesa dos princípios e direitos constitucionais fundamentais. Neste modelo, a representação da soberania popular é bipolar, na medida em que é compartilhada pela democracia deliberativa e pela jurisdição constitucional: a primeira concretiza na vida política da comunidade o programa constitucional; a segunda controla o respeito à constituição, onde residem as normas fundamentais da comunidade política eleitas pelo soberano. Logo, os juízes, quando exercem a jurisdição constitucional, são também legítimos representantes da soberania popular, e esta representação se materializa justamente na função de guarda dos princípios e direitos fundamentais expressos na constituição. Como se trata de uma representação direta da soberania popular veiculada no estágio constituinte, a jurisdição constitucional não está subordinada às decisões dos órgãos legislativos senão na medida estrita em que as leis criadas pelos parlamentos estejam em conformidade com a constituição.

3.2.3. Caráter democrático da jurisdição constitucional

A crítica mais recorrente à jurisdição constitucional consiste no suposto *déficit de legitimidade democrática* do Poder Judiciário para controlar os atos dos poderes democraticamente eleitos e para concretizar diretamente, sem a prévia *interpositio legislatoris*, os princípios e direitos fundamentais da constituição. A natureza não-democrática do Poder Judiciário decorreria, em síntese, dos seguintes aspectos: a) os juízes não são diretamente eleitos pela população, e portanto não a representam; b) as decisões judiciais não estão sujeitas a um controle direto dos órgãos de representação popular e da própria sociedade; c) o universo subjetivo do processo judicial é restrito às partes, portanto ele carece da abertura e acesso à comunidade que devem marcar os processos de deliberação democrática. Essa crítica resulta, sobretudo, de uma concepção unidimensional do fenômeno democrático, segundo a qual a democracia moderna se restringe exclusivamente a um regime político no qual as decisões políticas são tomadas em instâncias parlamentares pelos representantes eleitos da população. Contudo, uma democracia constitucional é um regime político bem mais complexo, que distribui os canais de deliberação e decisão da vida comunitária de modo bem mais abrangente. Uma concepção compreensiva de democracia permite reconhecer as *virtudes democráticas* do

Poder Judiciário. Essas virtudes podem ser resumidamente encontradas em quatro aspectos.

Em primeiro lugar, a tutela dos direitos fundamentais pela jurisdição constitucional garante e reforça a legitimidade do regime democrático. Como vimos, muito embora os direitos fundamentais possuam uma dimensão ademocrática, no sentido de expressarem a blindagem de determinados valores substantivos em face das instâncias políticas, eles também possuem uma dimensão democrática, porquanto a efetiva garantia dos direitos civis, políticos e sociais é um pressuposto jurídico e material para a legitimidade política e moral do processo democrático. Claro que essa interligação entre proteção judicial dos direitos e garantia da democracia é mais nítida nos direitos políticos, imediatamente pertinentes à participação dos cidadãos nos órgãos e processos democráticos. Ela também é sensível nos direitos liberais diretamente referidos à vida pública do cidadão, como a liberdade de associação e reunião, a liberdade de imprensa e de expressão. Todavia, sem a garantia de determinadas condições materiais associadas aos direitos sociais, como o acesso à educação, a proteção do trabalho e da saúde, e a assistência social a pessoas fisicamente desabilitadas, a democracia estará fundada em uma base desigual, discriminatória e, portanto, ilegítima. E quando os órgãos políticos falham na proteção desses direitos, cabe ao Poder Judiciário reparar essa deficiência do sistema político na garantia das condições de legitimidade do processo democrático.

Esse é o sentido da *constitutional conception of democracy* defendida por Dworkin. Democracia "significa governo sujeito a condições de igual *status* para todos os cidadãos". Enquanto os órgãos políticos respeitam as condições democráticas, as suas decisões devem ser aceitas por todos. No entanto, quando eles não as respeitam, então é em nome da própria democracia que se deve recorrer a outros procedimentos para protegê-las e respeitá-las, e o Poder Judiciário representa a melhor alternativa para uma garantia racional das condições democráticas.[389] Essas condições estão ligadas à idéia central do constitucionalismo democrático, segundo a qual todas as pessoas devem ser tratadas com igual consideração e respeito. Essa idéia, por sua vez, é o fundamento moral dos direitos fundamentais. Por conseqüência, a tutela judicial dos direitos constitucionais, na medida em que garante as condições democráticas básicas, assegura em última instância a legitimidade da própria democracia.

Em segundo lugar, o regime democrático exige um debate público contínuo e permanente entre as instituições do Estado e a cidadania a

---

[389] Dworkin, *Freedom's law*, p. 17.

respeito de todas as questões que envolvem os valores substantivos que asseguram a existência digna para as pessoas e a justiça política da comunidade. Esse debate não está restrito ao sistema de representação democrática típico dos órgãos parlamentares. A jurisdição constitucional também participa do diálogo público que deve caracterizar o regime democrático, porquanto ele é, por expressa determinação do texto constitucional brasileiro, responsável pela guarda da Constituição. O sentido das normas constitucionais não pode ser decidido de uma vez por todas por uma lei do parlamento ou por um programa executivo da administração pública. Como disse Mark Van Hoecke, "o Direito não é algo que é (completamente) feito em algum ponto, e depois simplesmente aplicado por agentes públicos, por cidadãos e por juízes nos casos concretos. *O Direito está constantemente sendo feito, adaptado e desenvolvido na prática legal, e mais notoriamente por juízes*".[390] Neste mesmo sentido, Alexander Bickel notou que os tribunais "não trabalham isoladamente para adivinhar o que é direito (*right*)". Ao contrário, a determinação do Direito pelos tribunais depende de um "colóquio contínuo" do Poder Judiciário com as instituições políticas e com a sociedade em geral.[391] Os poderes do Estado não podem ser rigidamente compartimentados. Os tribunais "freqüentemente provocam a consideração das mais intrincadas questões de princípios pelos outros poderes, engajando-os em diálogos e 'leituras responsivas'", assim como há situações em que o diálogo público sobre o significado do Direito tem início nos poderes democraticamente eleitos.[392]

Mark Van Hoecke sustenta, ao meu ver com toda razão, que a legitimidade democrática da jurisdição constitucional está fundada na *comunicação deliberativa* que se forma entre os demais poderes do Estado, o próprio Poder Judiciário e a sociedade em geral: "como o Direito é constantemente feito na e através da prática jurídica, a *legitimação* é também constantemente atingida através da comunicação deliberativa".[393] O processo judicial, pela sua própria natureza, forma "círculos comunicativos" (*communicative circles*) em escala crescente de deliberação pública, desde o círculo que envolve apenas as partes e o juiz do caso concreto, passando pelo círculo que incorpora no diálogo os tribunais superiores chamados a participar do caso e, depois, eventualmente, a doutrina jurídica, até círcu-

---

[390] Mark Van Hoecke, "Judicial Review and Deliberative Democracy: A Circular Model of Law Creation and Legitimation", *Ratio Juris*, vol. 14, n. 4., dez. 2001, p. 420.

[391] Alexander Bickel, *The Least Dangerous Branch*, p. 240.

[392] Bickel, *ob. cit.*, p. 260.

[393] Mark Van Hoecke, "Judicial Review and Deliberative Democracy: A Circular Model of Law Creation and Legitimation", p. 420.

los comunicativos que atraem o interesse da mídia e são discutidos pela opinião pública, e que podem envolver os poderes legislativo e executivo e até a sociedade como um todo.[394] A jurisdição constitucional exerce, desse modo, uma função de "fórum público" de deliberação comunitária que permite o controle social, a crítica e o debate das questões decididas pelo Poder Judiciário. Esta função de *public forum* insere a jurisdição constitucional naquela rede comunicativa que Habermas denomina de "esfera pública", onde ela atua como uma das instituições estatais que catalisam as discussões comunitárias sobre política constitucional, fator que lhe confere a legitimidade democrática que uma concepção mais convencional e estrita de democracia tende a rejeitar.[395]

O terceiro aspecto ressalta exatamente essa virtude democrática intrínseca ao processo judicial explorada por Mauro Cappelletti. Como vimos ao examinar a concepção do autor italiano no primeiro capítulo, entre as virtudes democráticas inerentes ao Poder Judiciário está a abertura do processo judicial a qualquer pessoa e a estreita proximidade entre os juízes dos processos e as partes.[396] Essa abertura à cidadania é especialmente verdadeira para um sistema de controle judicial da constitucionalidade como o brasileiro, que mescla o modelo difuso, o qual permite a qualquer indivíduo instaurar e a qualquer juiz julgar um processo de revisão judicial da constitucionalidade de leis e medidas administrativas, com o modelo concentrado, no qual os atores jurídicos representam grupos, classes, coletividades e até a sociedade em geral, e o órgão judicial é constitucionalmente instituído como guardião final da constituição. Por isso a crítica de Habermas à judicialização da política constitucional parte de uma compreensão distorcida e reducionista da atividade jurisdicional. Como apontou corretamente Kenneth Baynes, o que é importante para a noção de democracia deliberativa de Habermas não é tanto que cada um participe pessoalmente da deliberação, mas que se garanta que a opinião pública (*ou as decisões públicas*) seja formada "com base em informação adequada e

---

[394] Para o autor, o *primeiro círculo comunicativo* é formado pelas partes e pelo juiz do caso; o *segundo círculo comunicativo* acrescenta ao diálogo os tribunais superiores para os quais as partes recorrem quando não se convencem do acerto da decisão judicial; o *terceiro círculo comunicativo* surge seja porque a decisão do caso pode converter-se em precedente judicial para outros casos, a serem julgados por outros juízes e tribunais, seja porque a sua publicação pode despertar o interesse da doutrina; o *quarto círculo comunicativo* ocorre nos casos que atraem o interesse da mídia e assim pode ser conhecido e discutido por uma audiência não-jurídica; o *quinto círculo comunicativo* se dá, embora muito raramente, quando uma determinada decisão ou um determinado caso é discutido pela sociedade em geral, porque envolve questões fundamentais de ética ou política.

[395] Mark Van Hoecke, "Judicial Review and Deliberative Democracy: A Circular Model of Law Creation and Legitimation", p. 420-423.

[396] Mauro Cappelletti, *Juízes legisladores?*, p. 90-107.

razões relevantes e que aqueles cujos interesses estejam envolvidos tenham uma igual e efetiva oportunidade para fazer com que seus próprios interesses (e as suas razões) sejam conhecidos".[397] Ora, uma justiça constitucional amplamente aberta à cidadania, como a brasileira, não apenas atende a esta exigência da concepção de democracia deliberativa, como acrescenta qualidade aos debates sobre política constitucional efetuados na esfera pública.

Por fim, as decisões do Poder Judiciário respondem a um requisito fundamental da legitimidade democrática, que consiste na racionalidade das discussões e decisões públicas. A democracia constitucional é um regime político-jurídico no qual a comunidade é governada por decisões racionais que devem levar em consideração os interesses de cada um dos seus membros.[398] Como as decisões judiciais são obrigatoriamente motivadas,[399] a argumentação jurídica racional permite que a sociedade exerça sobre elas um controle público e amplo. Esse controle pode ser jurídico, através dos recursos processuais disponibilizados pelo sistema legal às partes e a terceiros interessados, e pode ser social, moral e sobretudo político, que pode ser exercido pelo processo legislativo e por emendas constitucionais. Por isso, a própria natureza do processo judicial em uma democracia constitucional implica um diálogo racional permanente entre o Poder Judiciário e a cidadania em geral. Como afirmei noutro estudo, "o próprio modo de exercício das suas funções transforma o Poder Judiciário em um singular fórum democrático, na medida em que os processos judiciais são necessariamente argumentativos e, portanto, devem fazer um uso apropriado da *razão pública* para justificar as decisões que no seu ambiente são adotadas, ao contrário de decisões políticas tomadas, por exemplo, nas esferas parlamentares, em que a fundamentação racional não prevalece".[400] Ou seja, os próprios pressupostos que conferem valor epis-

---

[397] Kenneth Baynes, "Democracy and *Rechtsstaat*: Habermas's *Faktizität und Geltung*", p. 216.

[398] Luis Fernando Barzotto vincula o Estado Democrático de Direito à razão prática teleológica. Ele define o Estado Democrático de Direito como "uma estrutura jurídico-política de uma comunidade que, sob um Estado de Justiça, delibera sobre o conteúdo da vida boa e do bem comum" (*A Democracia na Constituição*, p. 207). Por outro lado, a democracia deliberativa é "o regime que pressupõe a racionalidade do diálogo, no qual os cidadãos reunidos ponderam os argumentos sobre ações e decisões coletivas" (*ob. cit.*, p. 44). Essa racionalidade dialógica é imprescindível para a legitimidade do sistema democrático, sem dúvida nenhuma. Mas ela não exclui o Poder Judiciário. Ao contrário, é uma virtude típica do Poder Judiciário a argumentação racional das suas decisões, e o devido respeito à pluralidade de visões sobre o bem, ou seja, a inclusão da racionalidade dialógica na argumentação judicial, deve também ser uma virtude judicial, e a sua inexistência ou insuficiência deve ser compreendida como um vício grave do funcionamento do Poder Judiciário. Mas empiricamente esse vício também pode ser apontado nas instâncias formalmente democráticas.

[399] Víctor Ferrreres Comella, *Justicia constitucional y democracia*, p. 173-178.

[400] Cláudio Ari Mello, "Os direitos sociais e a teoria discursiva do direito", p. 130.

temológico à deliberação democrática legitimam a jurisdição constitucional, conforme ressalta Víctor Ferreres Comella:

"Partindo da teoria epistêmica da democracia, podemos construir um argumento a favor do controle judicial das leis. O juiz constitucional, como instância crítica dentro do processo político, pode contribuir para manter viva a cultura pública constitucional, com o que melhora a qualidade da deliberação pública que dá valor, junto à regra da maioria, à democracia".[401]

A *razão pública* empregada na jurisdição constiucional, nas decisões sobre casos especiais de moralidade política envolvidos nas questões constitucionais, torna-se vantajosa para a racionalidade da prática republicana, porque, como salienta Rawls, os juízes não podem invocar sua própria moralidade particular, ou seus próprios ideais e concepções filosóficas ou religiosas. Eles estão obrigados a "apelar para os valores políticos que julgam fazer parte do entendimento mais razoável da concepção política e de seus valores políticos de justiça e razão pública",[402] o que faz da justiça constitucional um fórum público propício para que algumas questões políticas assumam a forma de discussões de princípio, ao mesmo tempo em que educa os cidadãos e atores políticos para o debate público racional e razoável sobre os valores constitucionais.[403]

3.2.4. A democratização da jurisdição constitucional

À margem das virtudes democráticas já naturais ao processo judicial, a jurisdição constitucional opera na linha de fronteira entre Direito e política, e portanto o seu funcionamento está exposto a exigências mais intensas no que se refere à democratização formal dos seus procedimentos. Seguindo uma tendência geral dos sistemas jurídicos ocidentais, o direito constitucional brasileiro experimentou, a partir da Constituição Federal de 1988, um vigoroso movimento de democratização do acesso à jurisdição constitucional. É bem verdade que se pode apontar a necessidade de avançar ainda em muitos pontos decisivos para reforçar a legitimidade democrática da jurisdição constitucional. Assim, convém examinar brevemente os avanços já ocorridos e aqueles que ainda se deve almejar.

A avanço da democratização da jurisdição constitucional brasileira manifestou-se basicamente em dòis aspectos. O primeiro deles concerne à ampliação do acesso da cidadania aos órgãos jurisdicionais competentes

---

[401] Comella, *ob. cit.*, p. 186-187.
[402] Rawls, "A Idéia de Razão Pública", *o Liberalismo Político*, p. 287.
[403] Idem, p. 290.

para o controle abstrato de normas. O direito constitucional brasileiro é, nesse sentido, exemplar, desde que a Constituição de 1988 estendeu a lista de entidades públicas e privadas legitimadas para provocar o controle concentrado de constitucionalidade. Conquanto o Supremo Tribunal Federal – e agora a própria legislação – tenha instituído alguns dispositivos limitadores do acesso ao controle abstrato – como o requisito da pertinência temática –, o elenco de entidades habilitadas a acionar o Supremo Tribunal inegavelmente permite um amplo acesso dos setores organizados da cidadania à jurisdição constitucional concentrada.[404] Por outro lado, o controle difuso, já naturalmente acessível à cidadania, também tem sido beneficiado com a ampliação do acesso à jurisdição constitucional concreta, notadamente com a admissão do uso da ação civil pública para o exercício do controle incidental da constitucionalidade, hoje admitida inclusive pela jurisprudência do Supremo Tribunal Federal. Essa jurisprudência progressista empresta eficácia *erga omnes* às decisões judiciais das ações civis públicas que proponham o controle incidental da constitucionalidade de leis, orientação que faz da jurisdição constitucional brasileira uma das mais democráticas e abrangentes existentes na atualidade.

O outro aspecto em que se observa um avanço significativo para a democratização da jurisdição constitucional brasileira consiste na ampliação dos participantes formais dos processos de controle concentrado de normas, após a adoção de um sistema similar ao *amicus curie* pelas Leis n. 9.868/99 e 9.882/99. O art. 9º, § 1º, da Lei n. 9.868/99 e o art. 6º, § 1º, da Lei n. 9.882/92 passaram a permitir que, em caso de necessidade de esclarecimento de matéria ou circunstância de fato, poderá o relator do processo de controle abstrato suscitado no Supremo Tribunal requisitar informações adicionais, designar perito ou comissão de peritos para a emissão de parecer sobre a questão e realizar audiência pública, na qual poderá ouvir depoimento de pessoas com experiência e autoridade na matéria. Esses preceitos representam a recepção do instituto do *amicus curie*, já tradicional no controle de constitucionalidade feito pela Suprema

---

[404] A demanda de democratização dos processos de controle jurisdicional concentrado das leis é um fenômeno comum aos ordenamentos jurídicos que prevêem essa modalidade de revisão judicial. Um dos exemplos mais interessantes desse movimento está na emenda constitucional à Constituição francesa de 1958, proposta pelo então Presidente Giscard d'Estaing e aprovada pelo parlamento em 1974, que estendeu a 60 deputados ou a 60 senadores a legitimidade para suscitar o controle da constitucionalidade das leis perante o Conselho Constitucional. Cf., a respeito, Henry Rousillon, *Le Conseil Constitutionnel*. Segundo o Ministro Joaquim Barbosa Gomes, tal alteração constitucional "teve o efeito de multiplicar o número de ações de inconstitucionalidade, fazendo surgir, a partir de então dois fenômenos por nós também conhecidos desde os primeiros anos de vigência da Constituição de 1988: a judicialização da política e a politização do Direito". Cf. "Evolução do controle de constitucionalidade de tipo francês", p. 100.

Corte norte-americana, e que tem sido adotado por vários países que possuem controle abstrato de normas.[405] Na França, por exemplo, onde o instituto do *amicus curie* não está regulamentado por lei, o relator do caso apresentado perante o Conselho Constitucional pode ouvir os dirigentes dos órgãos destinatários da norma questionada ou pessoas que de alguma forma estiveram envolvidas na sua elaboração, assim como pode convocar e interrogar autoridades cuja atuação funcional tenha pertinência com o texto impugnado e colher a opinião de peritos na matéria tratada pela lei. Além disso, observações favoráveis e contrárias à lei apresentadas por pessoas físicas e jurídicas, por associações e instituições interessadas na questão, são juntadas a um *dossier de travail* preparado pelo secretariado do Conselho para a apreciação do caso.[406]

Embora as Leis n. 9.868 e 9.882 não façam referência explícita à aceitação de memoriais por terceiros interessados na matéria discutida, tal como sucede com os famosos *briefs* apresentados à Suprema Corte norte-americana, nada impede que esse sistema seja adotado por meio da ampliação do conceito de "informações", cuja coleta pelo relator é expressamente admitida nos diplomas legais citados. Ademais, posto que o *amicus curie* da legislação brasileira tenha sido regulamentado exclusivamente para as ações do controle concentrado da constitucionalidade, também nada impede que se o estenda para as ações do controle concreto e difuso, valendo-se o juiz da interpretação extensiva para ampliar o elenco de participantes no debate processual.[407] Essa providência seria extremamente interessante ao menos em ações civis públicas, mandados de injunção e ações populares, as quais normalmente têm como objeto questões que interessam a diversos grupos, classes ou setores da sociedade civil, e que poderiam intervir no processo, seja através da ampliação do instituto da intervenção de terceiros, seja simplesmente mediante a apresentação de memoriais sustentando uma das posições pertinentes ao objeto do processo.[408]

---

[405] Para exemplificar a importância do instituto na *judicial review* nos Estados Unidos, no caso *Roe v. Wade*, a Suprema Corte recebeu 78 memoriais (*briefs*), incluindo manifestações de 25 senadores, 115 depurados federais, da Associação Americana de Médicos e outros grupos médicos, 281 historiadores, 885 professores de direito e um grande número de grupos contrários ao aborto. Cf. Dworkin, *Freedom's law*, p. 45.

[406] Cf. Joaquim Barbosa Gomes, "Evolução do controle de constitucionalidade de tipo francês", p. 111. Segundo o Ministro Barbosa Gomes, todas as consultas são informais, pois não estão previstas nas normas constitucionais e legais do contencioso constitucional. Trata-se de um costume constitucional desenvolvido ao longo dos últimos quarenta anos.

[407] Cláudio Ari Mello, "Os direitos sociais e a teoria discursiva do direito", p. 122.

[408] Questão de grande interesse, caso se admita a aplicação extensiva do art. 9º, § 1º, da Lei n. 9.868/99 aos processos de controle concreto, diz respeito à sua aceitação no mandado de segurança. Como ninguém ignora, o mandado de segurança é o mais importante e utilizado recurso processual

O Ministro Gilmar Ferreira Mendes, comentando as vantagens dos mecanismos de participação da cidadania nas ações da justiça constitucional, salientou que "a participação de diferentes grupos em processos judiciais de grande significado para toda a sociedade cumpre uma função de integração extremamente importante".[409] De fato, a ampliação da interlocução dos juízes e tribunais contribui diretamente para a democratização dos processos e das decisões judiciais e, por via de conseqüência, para a afirmação da legitimidade da jurisdição constitucional. Nesse sentido, tanto a ampliação do acesso à jurisdição constitucional difusa e concentrada, quanto a abertura à participação de pessoas, grupos e instituições interessadas ou afetadas pela matéria discutida no processo, representam uma extensão do círculo comunicativo que permite transformar o poder judiciário em um fórum público de deliberação democrática sobre questões jurídicas, morais e políticas de interesse de toda a comunidade.[410]

Essa tendência de democratização da jurisdição constitucional concentrada confirmou-se com a aprovação da participação excepcional de *amicus curie* pelo Supremo Tribunal Federal, no julgamento, ocorrido em 26.11.2003, das Ações Diretas de Inconstitucionalidade nºs 2.777 e 2.765, que versavam sobre a restituição do Imposto sobre a Circulação de Mercadorias e Serviços em casos de substituição tributária.[411] Os ministros entenderam que a figura do *amicus curie* é permitida pela Lei nº 9.868/99 e significa a intervenção de terceiros interessados no processo, na qualidade de informantes. Além de especificar o fundamento legal para a admissão do instituto, o Supremo Tribunal também declarou que ele é um fator de legitimação social das decisões da corte constitucional. A sensi-

---

no sistema jurídico brasileiro para a tutela de direitos individuais violados ou ameaçados por leis e medidas administrativas inconstitucionais. No entanto, a Lei n. 1.533/51, que disciplina o processo do mandado de segurança, não prevê a realização de qualquer ato de instrução probatória no curso do procedimento, para além da produção da prova estritamente documental. Essa vedação está associada à exigência de celeridade da ação mandamental. Utilizando exatamente esse argumento, recentemente o Supremo Tribunal Federal, julgando o MS 24.414-DF, em 4.9.2003, relator Ministro César Peluzzo, recusou a possibilidade de intervenção de terceiros em mandado de segurança, por entender que o instituto da assistência é "incompatível com a celeridade imposta à ação mandamental e com o disposto no art. 19 da Lei n. 1.533/51" (cf. Informativo n. 319). Todavia, é de se ponderar que, quando o *mandamus* requer a apreciação incidental da constitucionalidade de uma lei, a relevância jurídico-política e social da decisão do caso concreto pode recomendar, mesmo que apenas excepcionalmente, a ampliação da interlocução do processo, através da aplicação extensiva do dispositivo legal citado.

[409] Gilmar Ferreira Mendes, "Controle de constitucionalidade: hermenêutica constitucional e revisão de fatos e prognoses legislativos pelo órgão judicial", in: *Direitos Fundamentais e Controle de Constitucionalidade*, p. 476.

[410] Cf. Cláudio Pereira de Souza Neto, "Teoria da Constituição, Democracia e Igualdade", p. 55-56.

[411] As informações transcritas no texto constam no Informativo n. 331 do STF, de 24-28 de novembro de 2003.

bilidade para a necessidade de legitimação democrática da jurisdição constitucional concentrada ficou expressa no voto do Ministro Celso de Mello, quando refere o princípio democrático e a "perspectiva pluralística" como valores básicos que devem ser considerados para conferir legitimidade às decisões do Supremo Tribunal Federal. O Ministro Joaquim Barbosa Gomes, por seu turno, declarou que a intervenção do *amicus curie* "é uma expressão da sociedade aberta dos intérpretes da Constituição", no sentido empregado por Peter Häberle,[412] aproximação doutrinária que já havia sido realizada por Gilmar Ferreira Mendes, no estudo citado acima. A lógica do argumento agora utilizado pelo Supremo Tribunal está bem delineada na seguinte exortação de Häberle:

"Para a conformação e a aplicação do direito processual (constitucional) resultam conseqüências especiais. Os instrumentos de informação dos juízes constitucionais – não apesar, mas em razão da própria vinculação à lei – devem ser ampliados e aperfeiçoados, especialmente no que se refere às formas gradativas de participação e à própria possibilidade de participação no processo constitucional (especialmente nas audiências e nas intervenções). Devem ser desenvolvidas novas formas de participação das potências públicas pluralistas enquanto intérpretes em sentido amplo da Constituição. O direito processual constitucional torna-se parte do direito de participação democrática".[413]

Do meu ponto de vista, a última frase desta passagem do ensaio de Häberle marca uma observação fundamental para a compreensão do papel da justiça em uma democracia constitucional. A jurisdição constitucional não é apenas uma instituição destinada a proteger os direitos individuais e sociais em face dos poderes do Estado; ela também é um espaço público de discussão democrática sobre questões de natureza constitucional. Logo, o acesso ao Poder Judiciário é ele mesmo o exercício de um direito de participação democrática, que se soma aos direitos políticos tradicionais correspondentes ao direito de sufrágio.

E é exatamente esse caráter democrático que vem assumindo a jurisdição constitucional no constitucionalismo moderno que reclama uma nova atitude dos participantes dos processos judiciais, incluindo juízes, advogados, promotores e as próprias partes. É preciso adotar uma ética comunicativa nos termos desenvolvidos pela teoria do discurso de Habermas. As partes devem renunciar à *ação estratégica*, voltada exclusivamen-

---

[412] Peter Häberle, *Hermenêutica constitucional. A sociedade aberta dos intérpretes da constituição*: contribuição para a interpretação pluralista e "procedimental" da constituição.
[413] *Idem*, p. 47-48.

te para o êxito na discussão, em favor da *ação comunicativa*, pela qual as performances dos participantes dos processos judiciais orientam-se para o entendimento, através do reconhecimento das pretensões de validez e de correção presentes nos argumentos dos demais participantes. O processo judicial ainda obedece ao paradigma herdado do direito romano justinianeu a da canonística, caracterizado pelo afastamento do juiz dos fatos diretos, pela redução do debate judicial aos documentos vertidos para os autos, pela esquematização rígida das performances processuais e pelo monopólio da escrita na articulação dos argumentos. Como registra Wieacker, nesse modelo processual, "a conformação do articulado em 'posições independentes', com a sua desmedida extensão e arrastar do processo, sobretudo em virtude dos meios jurídicos próprios para cada uma, acaba por paralisar a dialética natural deste processo de controvérsia e põe assim em perigo (tanto como o caráter indireto e a forma escrita) a integração social espontânea do direito no processo".[414]

O antídoto contra esse fenômeno paralisante da dialética é a adoção de um modelo processual aberto e dialógico e orientado pela ética comunicativa no sentido de Habermas, ou seja, uma ética processual igualitária e aberta à participação argumentativa de todos os potencialmente afetados pela decisão, pela qual as partes agem visando a um entendimento comum em relação à melhor decisão para o caso, e não visando exclusivamente ao êxito pessoal. Evidentemente, a assimilação da teoria discursiva e da ética do agir comunicativo nos processos da justiça constitucional exige das partes o abandono da atitude estratégica tradicionalmente utilizada e do juiz a adoção de uma postura exortativa e controladora das condições ideais para a comunicação voltada para o entendimento. Não há, portanto, nenhuma razão para confinar a aplicação da teoria discursiva e da ética do agir comunicativo às instituições de representação democrática, como propugna a teoria procedimental do direito do próprio Habermas. Como já havia afirmado no tópico anterior, a jurisdição constitucional pode perfeitamente reproduzir os elementos essenciais da teoria discursiva e beneficiar-se da legitimidade democrática de todos os processos deliberativos abertos à cidadania.[415] Por isso, o direito de acesso à jurisdição é uma das mais nobres expressões do direito fundamental de participação política.

---

[414] Franz Wieacker, *História do Direito Privado Moderno*, p. 202.
[415] Cláudio Ari Mello, "Os direitos sociais e a teoria discursiva do direito", p. 112-123.

4. Democracia constitucional e o equilíbrio como virtude

O projeto da democracia constitucional é ambicioso e complexo. A associação entre democracia deliberativa, direitos morais e jurisdição constitucional reclama uma ousada aliança entre horizontes filosóficos geneticamente dominantes: o comunitarismo republicano de Aristóteles, a soberania legislativa de Rousseau, o governo limitado de Locke e o judicialismo constitucional de Marshall. Porém, é justamente contra a *tentação da supremacia* que se volta o constitucionalismo democrático moderno, por isso ele é um modelo que reivindica ser uma síntese entre concepções historicamente adversárias.[416] Atualmente parece haver um certo consenso de que a instituição de uma sociedade justa e bem-ordenada depende da conciliação desses diferentes "genes" jurídico-políticos e da promoção de um equilíbrio reflexivo entre eles, e a opção por este modelo sintético provavelmente resulta da consciência histórica de que modelos fundados na preponderância de apenas um desses elementos exigem circunstâncias culturais, políticas e jurídicas extremamente difíceis de serem reproduzidas voluntariamente nas sociedades contemporâneas. Assim, se tivéssemos que escolher uma palavra para caracterizar a democracia constitucional, esta palavra deveria ser *equilíbrio*, no sentido em que Zagrebelsky empregou a expressão *direito dúctil*, como aquele que promove a coexistência e o compromisso,[417] conforme vimos ao final do primeiro capítulo.

A constituição da democracia constitucional acolhe e valoriza o princípio democrático e a deliberação pública como essenciais para a organi-

---

[416] Nesse sentido Maurizio Fioravanti, *Derechos fundamentales. Apuntes de historia de las constituciones*, p. 127-134, embora a partir de um enfoque historicista diferente do adotado neste estudo: "As constituições democráticas atuais pretendem combinar o que nas revoluções aparecia irremediavelmente separado. A tradição norte-americana da rigidez da constitucioção e a tradição revolucionária francesa – de 1789 e também de 1793 – da soberania popular e do corpo de constituinte soberano se tomam como premissas para elaborar a norma diretiva fundamental que deve se transmitir aos poderes públicos" (p. 131).
[417] Zagrebelsky, *El derecho dúctil*, p. 14-15.

zação e o desenvolvimento da comunidade política, mas não concede aos órgãos de representação democrática poderes ilimitados. Ela limita e dirige o exercício do poder político mediante a instituição de direitos fundamentais que têm como objetivo pré-comprometer o Estado a garantir existência digna a todas as pessoas e justiça política à comunidade. E ela proteje esses direitos do ataque ou da omissão das maiorias que dominam a deliberação democrática através de um Poder Judiciário independente e com poderes especiais para controlar o respeito às normas constitucionais. A constituição da democracia constitucional reconhece que a deliberação política sobre o conteúdo concreto dos direitos e princípios fundamentais é a forma mais legítima de promover uma cultura republicana sólida, mas não admite a supremacia e muito menos a onipotência parlamentar. E também reconhece que a concessão do poder de controle da constitucionalidade das leis e atos administrativos a juízes e tribunais é o mecanismo mais efetivo e eficiente para assegurar que os bens individuais e coletivos protegidos pelos direitos sejam respeitados na vida política e social, mas rejeita que o exercício desse poder justifique qualquer espécie de supremacia ou muito menos onipotência judicial. Como fazer, então, para ordenar a convivência entre os órgãos de representação democrática e o Poder Judiciário, se ambos detém poderes e competências justapostas na concretização do sistema constitucional de direitos fundamentais?

Por um lado, é preciso conceber uma teoria da democracia deliberativa adequada ao constitucionalismo democrático, que conscientize os órgãos de direção política do Estado acerca das funções de limitação e direção que os princípios e direitos fundamentais da constituição exercem sobre o exercício das suas competências privativas. Essa teoria está inteiramente fora do escopo deste estudo. Por outro lado, é preciso conceber uma teoria da jurisdição constitucional que conscientize os juízes constitucionais de que sobre eles recai o gravíssimo compromisso de conciliar a garantia dos direitos fundamentais com o fortalecimento do regime democrático. Ou seja, os juízes da democracia constitucional, ao receberem o encargo de guardiões da constituição, comprometem-se a ser os principais responsáveis pelo equilíbrio de um sistema político-jurídico do qual eles próprios são peças-chave. Isso significa que eles nem podem omitir-se e tolerar uma inaceitável soberania parlamentar indiferente ao programa constitucional, nem podem reclamar o monopólio da interpretação constitucional para impor uma supremacia judicial que iniba e asfixie a cultura republicana. Os juízes constitucionais são, portanto, os artífices da virtude fundamental das democracias constitucionais: o equilíbrio entre os seus elementos constitutivos. E para desempenharem bem essa elevada missão, eles próprios devem desenvolver duas virtudes, que sintetizam o que foi dito neste capítulo.

Primeiro, a *virtude dialógica*. A jurisdição constitucional pertence a um círculo comunicativo no qual a interpretação e a aplicação das normas constitucionais é pensada e repensada, feita e refeita por todos os atores responsáveis pela concretização da constituição. Os juízes são co-responsáveis pela construção do sentido dos valores constitucionais e portanto participam do debate público que envolve a definição do conteúdo e da eficácia das normas constitucionais, especialmente daquelas que tutelam direitos fundamentais. De fato, a construção do sentido jurídico do sistema de direitos fundamentais requer um tipo de julgamento baseado em princípios para o qual o Poder Judiciário possui virtudes particularmente necessárias para a racionalidade e a razoabilidade das decisões públicas sobre bens e valores sociais. A independência dos juízes, o caráter argumentativo de suas decisões e a democratização do acesso da cidadania aos processos constitucionais fazem da jurisdição constitucional um fórum privilegiado para o uso da razão pública de que trata Rawls, e a converte em uma instituição tão necessária para a preservação dos direitos fundamentais quanto para o florescimento da democracia.

Segundo, a *virtude da modéstia*. Se o equilíbrio da democracia constitucional recai sobre o Poder Judiciário e se compete aos juízes a missão de garantir a concretização do programa constitucional e principalmente do sistema de direitos fundamentais, eles não podem identificar nessa competência um poder ilimitado e incontrastável. Ou seja, os juízes constitucionais devem ser capazes de dosar um ativismo judicial em favor dos valores constitucionais com um sentido de auto-restrição em favor da legitimidade democrática dos órgãos de direção política do Estado. A jurisdição constitucional do constitucionalismo democrático deve necessariamente articular ativismo com moderação, mesmo que em determinadas circunstâncias históricas e em determinados contextos pareça ser recomendável acentuar o ativismo judicial. Por isso, uma teoria constitucional comprometida com o êxito das aspirações do constitucionalismo democrático deve desenvolver uma teoria dos limites jurisdicionais que racionalize o exercício da virtude da modéstia. No terceiro e último capítulo estudarei os elementos que compõem a doutrina da auto-restrição judicial (*judicial self-restraint*) no exercício da jurisdição constitucional. Essa doutrina deve cumprir uma função de *homeostase* em um sistema constitucional que atribua ao Poder Judiciário o papel de guardião dos princípios e direitos fundamentais, mas que, ao mesmo tempo, exija dele o respeito e a preservação pelos processos democráticos que dão vida à soberania popular.

Capítulo III
A doutrina da auto-restrição judicial

1. O constitucionalismo e a auto-restrição judicial

A história do direito constitucional moderno simplesmente não poderia ser contada sem o controle judicial da constitucional de normas. É impossível imaginar como o constitucionalismo ter-se-ia desenvolvido sem a decisão de John Marshall de 1803. Se *Marbury v. Madison* não é exatamente o próprio fato do nascimento do constitucionalismo moderno, é, sem dúvida alguma, o seu mais importante e influente marco histórico de afirmação institucional. Os países que não acolheram a doutrina da *judicial review* dificilmente sustentaram ou sustentam um regime constitucional. Claro, existem conspícuas exceções, como a Inglaterra, que não possui sistema de jurisdição constitucional, mas essa é uma exceção provavelmente irreproduzível noutros contextos.[418] Como se sabe, o constitucionalismo britânico preservou um perfil característico dos Estados europeus dos séculos XVIII e XIX, cuja fórmula política gravitava em torno da idéia de soberania do parlamento, e que foi gradativamente substituída ao longo do século XX pelo princípio da supremacia da constituição.[419]

Pois bem, o fundamento político-filosófico da jurisdição constitucional consiste exatamente na idéia de supremacia da constituição, e essa associação tem estado presente em todos os discursos de legitimação do controle judicial de constitucionalidade das leis e atos administrativos desde a decisão de 1803. Com efeito, ao fundamentar o poder de revisão

---

[418] No entanto, a própria Grã-Bretanha tem evoluído no sentido de admitir o temperamento do princípio da supremacia parlamentar e algumas formas de revisão dos atos parlamentares, como mostra Mauro Cappelletti em "Repudiando Montesquieu? A expansão da legitimidade da 'justiça constitucional'", p. 33-39.

[419] O princípio da supremacia parlamentar é tão enraizado no sistema jurídico-político da Grã-Bretanha que levou Mauro Cappelletti a qualificá-lo como *grundnorm* (norma fundamental) do direito inglês Cappelletti, "Repudiando Montesquieu? A expansão da legitimidade da 'justiça constitucional'", p. 33-35.

Democracia Constitucional e Direitos Fundamentais

da constitucionalidade das leis pelo Poder Judiciário no princípio da supremacia da constituição, Marshall foi breve, mas incisivo: quando uma norma da constituição colide com uma norma de lei ordinária, uma das duas é necessariamente inválida; se o princípio da supremacia da constituição tem algum valor, é a norma constitucional que deve prevalecer; pois se a legislatura ordinária pode legislar, validamente, em desacordo com a constituição, toda a doutrina do constitucionalismo não passa de uma fantasia, de uma tentativa vã de controlar o que é intrinsecamente incontrolável. Assim, acolher a instituição da *judicial review* é afirmar a eficácia jurídica e política do princípio da supremacia da constituição.

Atualmente, o vínculo entre supremacia constitucional e controle judicial faz parte da consciência jurídica coletiva das democracias constitucionais. Mesmo na França, que se revelou até pouco tempo um ambiente político e jurídico refratário à revisão judicial das leis, esse vínculo é hoje considerado indissociável.[420] Conforme Philippe Blachèr, "o mecanismo do controle de constitucionalidade tem por fim garantir a efetividade da supremacia normativa da Constituição. E esse controle não é eficaz exceto quando é exercido por uma jurisdição". Citando Charles Eisenmann, assinala que sem a justiça constitucional "a Constituição não passa de um programa político, a rigor obrigatório moralmente, uma coletânea de bons conselhos para o uso do legislador, os quais ele é juridicamente livre para levar ou não em conta".[421] Entretanto, não é sem problemas que essa instituição se adapta aos Estados modernos. É que, ao lado do princípio fundamental da superioridade constitucional, dois outros princípios ocupam lugares igualmente nobres no Olimpo dos cânones constitucionais: a soberania popular e a divisão dos poderes. Esses cânones não são necessariamente adversários do princípio da supremacia da constituição, mas em determinados aspectos do arranjo institucional dos Estados constitucionais eles efetivamente entram em choque. Freqüentemente a disputa é apenas aparente e pode ser conciliada sem maiores dificuldades. Outras vezes, entretanto, o choque é real, e é preciso tomar partido entre os princípios rivais.

---

[420] Para um exame da história recente do controle de constitucionalidade na França, v. o excelente artigo do Ministro Joaquim Barbosa Gomes, "Evolução do controle de constitucionalidade de tipo francês", *Revista de Informação Legislativa*, n. 158, abril./jun. 2003, p. 97/125. No estudo, o Ministro Barbosa Gomes registra que a partir da decisão de 1971 que institui o chamado *bloc de constitutionnalité* no direito constitucional francês, o *Conseil constitutionnel* passou a desempenhar uma função de monitoramento do legislador infraconstitucional e a promover a proteção efetiva dos direitos fundamentais, postura que importou em uma "ruptura brusca com as idéias de Rousseau e de outros pensadores iluministas da grande revolução de final do século XVIII e do constitucionalismo que se seguiu" (p. 113).

[421] Philippe Blachèr, *Contrôle de constitutionnalité et volonté generale*, p. 30.

Marshall desde logo percebeu o virtual conflito entre a *judicial review* e o princípio da separação dos poderes. Em *Marbury v. Madison* ele afirmou que solucionar casos em que se fazia necessária a interpretação de leis divergentes era competência típica do Poder Judiciário. A este cabe a aplicação do Direito a casos e controvérsias, nos termos do artigo III, seção 2, da Constituição de 1787. A Constituição é parte do Direito, é a *supreme law of the land*, portanto, o Poder Judiciário deve aplicar também a Constituição na solução de conflitos judiciais. Mas advertiu, também, que o Poder Judiciário não detinha o monopólio da aplicação da Constituição, já que outras funções constitucionais haviam sido delegadas com exclusividade aos outros dois poderes do Estado. Em *McCullogh v. Maryland*, de 1819, ele faria a primeira aplicação dessa concepção limitadora da competência judicial para aplicar a Constituição, afirmando que o Tribunal repelia todas as pretensões que importassem em usurpar as competências do Congresso.

A compreensão da necessidade de formular premissas e técnicas de autolimitação do Poder Judiciário no exercício da função de controle da constitucionalidade das leis nasce, portanto, simultaneamente com a afirmação da doutrina. O poder de declarar nulas leis contrárias à constituição repercute perigosamente no equilíbrio dos poderes, e a teoria da separação dos poderes esteve sempre no coração do Estado constitucional. Além disso, como os tribunais são compostos por juízes não eleitos diretamente pela população, o exercício da *judicial review* importa sempre em uma afronta à vontade da maioria, representada pelo Parlamento. Como disse Bickel, é preciso reconhecer que a *judicial review* contém um elemento *contramajoritário* que a coloca em confronto com o ideal democrático puro.[422] Por conseguinte, a atitude judicial de autocontenção no exercício da fiscalização dos atos dos outros poderes do Estado e as respectivas técnicas desenvolvidas para fundamentar e operacionalizar essa atitude têm exercido um papel decisivo no delicado equilíbrio entre os poderes nos Estados constitucionais que admitem a revisão judicial das leis. Ou seja, a doutrina da *self-restraint* é uma das maiores garantias institucionais para a coexistência entre o constitucionalismo e o princípio democrático nesses Estados, já que se responsabiliza por evitar que a jurisdição constitucional reduza e até suprima os espaços políticos do processo democrático que materializam a soberania popular.

---

[422] Sobre a *counter-majoritarian difficulty* em Bickel, v. *The Least Dangerous Branch*, p. 16-23. Ver, também, Barry Friedman, "The Birth of an Academic Obsession: The History of the Countermajoritarian Difficulty, Part Five, *Yale Law Journal*, vol. 112, n. 2, nov. 2002, p. 153.

De modo geral, o constitucionalismo liberal sustenta que o respeito pelos ramos de origem diretamente democrática e pela vontade popular não deve constranger o poder judicial de reconhecer a nulidade de um ato do Poder Legislativo ou do governo sempre que a sua inconstitucionalidade ficar evidenciada pela interpretação da lei ou do ato administrativo em face do parâmetro constitucional. No entanto, a constituição reserva um amplo espaço de discricionariedade ou de liberdade aos poderes democráticos na função de concretização e execução dos princípios, diretrizes e regras constitucionais, e a legitimidade desse poder de conformação da constituição não pode ser usurpada por um ativismo judicial que reivindique o monopólio da interpretação constitucional para o Poder Judiciário. Por essa razão, o princípio da deferência judicial aos Poderes Legislativo e Executivo está na base da doutrina da *self-restraint*, e a postura de "deixar as questões de constitucionalidade não-decididas" (*to leave the constitutionality undecided*)[423] manifesta um exercício de sabedoria política que assegura a vitalidade da democracia constitucional. Bem por isso Bickel denominou as tecnicas de *self-restraint* de "virtudes passivas" da justiça constitucional.

No entanto, a definição do conteúdo e da extensão da autolimitação judicial é hoje particularmente complexa em virtude da evolução e da expansão da própria jurisdição constitucional. No constitucionalismo liberal, a jurisdição constitucional dedicava-se exclusivamente a fiscalizar a validade formal e material das leis e encarregava-se de declarar-lhes a nulidade por vício de inconstitucionalidade. Uma ilustração representativa dessa concepção, por assim dizer, clássica encontra-se na síntese de Alexander Bickel sobre as três alternativas de decisão do Poder Judiciário no exercício da *judicial review*: ele pode a) anular a legislação em desacordo com a constituição; b) declarar a sua compatibilidade com a lei fundamental; ou c) não fazer nem uma coisa nem outra, vale dizer, deixar de pronunciar-se sobre a questão da constitucionalidade por deferência ao princípio da democracia.[424]

Contudo, embora o controle de constitucionalidade das leis, na feição de legislador negativo, seja ainda o mais destacado papel da jurisdição constitucional, ele não é mais a única forma de ação judicial do exercício da função de guardião da constituição. Em primeiro lugar porque a própria compreensão dos direitos individuais historicamente protegidos pelo cons-

---

[423] V. Cass Sunstein, "Leaving things undecided", *Harvard Law Review*, 110:1, 1996, p. 4-101.
[424] Alexander Bickel, *The Least Dangerous Branch*, p. 69. Para uma análise deste aspecto da doutrina de Bickel, v. Anthony Kronman, "Alexander Bickel's Philosophy of Prudence", *Yale Law Journal*, junho-1985, n. 94, p. 1.585.

titucionalismo liberal ganhou uma complexidade filosófica e política que não possuía quando o liberalismo político pretendia assentar-se sobre valores sólidos. Basta pensar na emergência relativamente recente de reivindicações por tratamento igualitário por parte de mulheres, negros, deficientes físicos, homossexuais e outras minorias, assim como no surgimento de liberdades antes desconhecidas ou ignoradas na vida política e social, como a liberdade científica e o respeito à privacidade, para concluir que a tutela dos próprios direitos liberais contém atualmente uma complexidade inexistente no constitucionalismo liberal. Essa complexidade sobrecarrega a justiça constitucional com funções de reconhecimento, definição e estabilização de valores morais e diretrizes políticas, funções que historicamente estiveram atribuídas aos órgãos de representação popular nos Estados liberais.

Em segundo lugar, o surgimento do Estado social e – sobretudo – o desenvolvimento do constitucionalismo social determinaram uma mudança completa do papel das constituições na vida política e econômica dos Estados modernos, refletindo imediatamente na natureza e na extensão da jurisdição constitucional. A migração da estrutura orgânica e das funções do Estado social para as constituições deu-se através da instituição de direitos a prestações estatais e de normas definidoras de fins e tarefas do Estado, destinadas a assegurar juridicamente os ideais de justiça social. Questões que na sociedade liberal estavam adscritas à esfera de autonomia privada dos indivíduos converteram-se não apenas em temas de interesse público e de natureza política, mas também em questões de Direito, com *status* de normas fundamentais do sistema jurídico. Por conseqüência, os Estados constitucionais contemporâneos adicionaram à competência de controlar a validade de leis ofensivas aos direitos individuais de defesa, a competência de fiscalizar o cumprimento das normas definidoras de tarefas estatais e a satisfação dos direitos a prestações sociais pelos Poderes Legislativo e Executivo, função que freqüentemente importa não apenas em verificar a omissão dos outros poderes, mas se lhes substituir na garantia jurídica desses novos direitos. No constitucionalismo social, ser guardião da constituição passou a significar não apenas ser o tutor dos valores liberais, mas também ser o guardião e o promotor das chamadas "promessas constitucionais",[425] que de resto deixaram de ser apenas promessas justamente por se terem tornado normas constitucionais.

Além disso, a própria configuração normativa das constituições e o papel por elas exercido nos sistemas jurídicos alterou-se profundamente.

---

[425] Para uma crítica desse fenômeno, ver Antoine Garapon, *O juiz e a democracia: o guardião das promessas*, p. 243 e ss.

Conforme anotei no exame da concepção kelseniana de constituição, no período de hegemonia do concerto entre constitucionalismo liberal e positivismo jurídico, que até tão tardiamente predominou no direito constitucional brasileiro, as normas constitucionais funcionavam como limites formais e, como dizia, Kelsen, "eventualmente" limites materiais à legislação, de modo que a fonte direta e imediata do Direito se encontrava unicamente na lei.[426] A constituição não era "fonte normativa direta" das decisões judiciais, dos atos administrativos e dos negócios jurídicos privados.[427] A fonte normativa direta desses "estágios" do ordenamento jurídico eram as normas gerais criadas pelo legislador, seja pela lógica hierárquica formal do sistema normativo, na teoria kelseniana, seja pela soberania e onipotência do legislador na organização do Estado, na concepção francesa.[428] Esse modelo jurídico é hoje criticamente compreendido como a era do "legiscentrismo", que deu lugar ao predomínio do paradigma constitucionalista. De fato, no Direito contemporâneo, o centro dos sistemas jurídicos já não é mais a lei, mas a própria constituição, que passou a ser concebida como a ordem fundamental de valores do Estado e a fonte normativa material não apenas da legislação, mas das funções administrativas e jurisdicionais e das próprias relações jurídicas privadas,[429] fenômeno que tem sido denominado de *constitucionalização do Direito*.[430] A transferência dos princípios e regras fundamentais de extensos setores do Direito para o âmbito da constituição e a incorporação nela de valores sociais e morais fundantes da ordem política e jurídica global

---

[426] Kelsen, *Teoria Pura do Direito*, p. 257.

[427] Conforme está claro na seguinte passagem da *Teoria Pura do Direito*, p. 259: "No entanto, efetivamente, só costuma designar-se como 'fonte' o fundamento de validade jurídico-positivo de uma norma jurídica, quer dizer, a norma jurídica positiva do escalão superior que regula a sua produção. Neste sentido, a Constituição é a fonte das normas gerais produzidas por via legislativa ou consuetudinária; e uma norma geral é a fonte da decisão judicial que a aplica e que é representada por uma norma individual".

[428] Para uma explicação de diferença entre a concepção kelseniana e a concepção francesa, sintetizada pela doutrina do Estado de Carré de Malberg, ver Philippe Blachèr, *Controle de constitutionnalité et la volonté generale*, p. 41-43.

[429] Cf. Lenio Streck, *Jurisdição Constitucional e Hermenêutica*, p. 99. Prieto Sanchís ressalta que "os documentos constitucionais atribuíveis ao neoconstitucionalismo se caracterizam, efetivamente, porque estão repletos de normas que as indicam aos poderes públicos, e com certa matizações também aos particulares, o que não podem fazer e muitas vezes também o que devem fazer. Costumam receber distintas denominações, como valores, princípios, diretrizes, direitos ou garantias, mas dado que se trata de normas e mais concretamente de normas supremas, sua eficácia já não depende da interposição de nenhuma vontade legislativa, senão que é direta e imediata"; *Justicia constitucional y derechos fundamentales*, p. 111.

[430] Cf. Bertrand Mathieau e Michel Verpeaux (org.), *La constitutionnalisation des branches du droit*, 1998; Riccardo Guastini, *Lezioni di diritto costituzionale*, 2001; Robert Alexy, "Direito constitucional e direito ordinário. Jurisdição constitucional e jurisdição especializada", *Revista dos Tribunais*, vol. 809, p. 54-73.

têm feito com que a aplicação do Direito seja sempre, também, uma aplicação da constituição.[431] Conforme observa Riccardo Guastini, em um ordenamento jurídico constitucionalizado, caracterizado por uma constituição pervasiva, invasora e desbordante, "o direito constitucional tende a ocupar todo o espaço da vida social e política, condicionando a legislação, a jurisprudência, o estilo doutrinal, a ação dos atores políticos, as relações privadas e tudo o mais".[432]

Por fim, a jurisdição constitucional tem hoje alternativas de decisão muito mais amplas e complexas do que as de declarar a inconstitucionalidade ou a constitucionalidade das leis ou de simplesmente evitar o exame da questão constitucional, além de que mesmo essas alternativas clássicas apresentam-se bem mais delicadas no constitucionalismo vigente. Basta pensar no desenvolvimento das decisões alternativas ou sentenças intermediárias do controle de constitucionalidade para concluir que a síntese de Bickel já não corresponde à realidade da jurisdição constitucional moderna.[433] O manejo dos poderes e competências da justiça constitucional transformou-se em uma prática extremamente sofisticada, que envolve não apenas o recurso a técnicas de interpretação constitucional e o exercício de uma prudência judicial meramente empírica, mas uma compreensão bastante apurada de filosofia moral e de idéias políticas e sociológicas. É somente situando a doutrina da auto-restrição judicial nesse contexto profundamente alterado do constitucionalismo contemporâneo que será possível entender a relevância do tema para a definição do domínio da jurisdição constitucional nos Estados democráticos. Na medida em que ninguém, nem mesmo as correntes ultrademocráticas, negam a necessidade da justiça constitucional, as clivagens terminam por se concentrar nos limites de ação dos juízes e dos tribunais. Assim, as diferentes concepções

---

[431] Cf. Lenio Streck, *Jurisdição constitucional e hermenêutica*, p. 169-223; e Juarez Freitas, *A interpretação sistemática do Direito*, p. 225-240. Para Juarez Freitas, "toda interpretação é interpretação sistemática", e "toda interpretação sistemática há de ser, de algum modo, interpretação constitucional, dado que na Constituição encontram-se hierarquizados os princípios que servem de fundamento à racionalidade do ordenamento jurídico" (p. 221).

[432] Riccardo Guastini, *Lezioni di diritto costituzionale*, p. 202-203. Segundo Guastini, a legislação é condicionada no sentido de que é tendencialmente concebida não mais como uma atividade livre quanto aos fins, mas como uma atividade discricionária, dirigida a concretizar a constituição; a jurisprudência é condicionada pela constituição no sentido que os juízes têm o poder e o dever de aplicar já não somente a lei, mas também a constituição; as relações privadas estão condicionadas no sentido de que a constituição já não se endereça apenas a regrar as relações entre Estado e indivíduo, como também as relações privadas; e o estilo doutrinal é condicionado pela constituição no sentido de que a doutrina tende a procurar na constituição o fundamento axiológico das leis e a expor o conteúdo normativo como um mero desenvolvimento dos princípios constitucionais.

[433] V. José Adércio Leite Sampaio, "As sentenças intermediárias de constitucionalidade e o mito do legislador negativo", *Hermenêutica e jurisdição constitucional*, p. 159-194.

de constitucionalismo democrático implicam diferentes propostas de limites jurisdicionais, de tal modo que não existe propriamente uma única doutrina da *judicial self-restraint*, e sim uma doutrina para cada concepção de constitucionalismo democrático.

Há ainda outra questão decisiva. É certo que o problema da autocontenção judicial pode ser enfocado desde uma perspectiva da constituição ideal, objeto da intensa polêmica teórica retratada no primeiro capítulo, e a partir desse enfoque receber diferentes leituras e propostas doutrinárias. Sem embargo, uma doutrina da *judicial self-restraint* destinada a atuar sobre um direito constitucional concreto não pode jamais ignorar a constituição histórica, ou seja, a constituição concretamente vigente em um determinado momento histórico de um Estado que tenha adotado o modelo de democracia constitucional, sob pena de ser destituída de qualquer utilidade científica. Todavia, como a força ideológica das teorias jurídicas, inclusive daquelas desconectadas da própria constituição histórica, sempre foi suficientemente consistente para direcionar e condicionar a interpretação constitucional, é recomendável que o intérprete conheça as teorias constitucionais "formadoras de opinião" e estude criticamente seus efeitos sobre a aplicação da constituição concreta para concluir sobre a sua compatibilidade com o sistema constitucional vigente.

Assim, pode-se afirmar que o papel da jurisdição constitucional em um sistema jurídico que adote a concepção minimalista de constituição será inevitavelmente acanhado. O concerto entre liberalismo político e positivismo jurídico que caracteriza o minimalismo constitucional confere grande importância ao princípio da separação dos poderes e concentra o Direito na escala legislativa do ordenamento jurídico.[434] Ninguém ignora o respeito reverencial que o positivismo jurídico garantiu a institutos com a liberdade de conformação legislativa e a discricionariedade administrativa, considerados como espaços reservados à competência privativa respectivamente do legislador e do administrador público e, por conseguinte, intangíveis pelo Poder Judiciário. Ademais, o isolamento do Direito em relação à moral e à política promovido pelo positivismo proscreveu do

---

[434] Conforme registra Prieto Sanchís sobre a concepção da jurisdição constitucional de Kelsen, a configuração do Tribunal Constitucional como legislador negativo, a exclusão de juízos aplicativos de normas constitucionais sobre casos concretos, a eliminação de cláusulas indeterminadas e praticamente de todo o parâmetro constitucional que não seja organizatório ou procedimental, "são todas cautelas a serviço das prerrogativas do legislador em consonância com o modelo europeu de Estado de Direito". Ao contrário do modelo norte-americano de justiça constitucional, desenhado em favor da supremacia judicial e dos direitos naturais em face do legislador, o modelo de justiça constitucional do positivismo jurídico kelseniano "supõe um ato de desconfiança frente aos juízes ordinários e de restabelecimento da supremacia do Parlamento ante a atividade livre dos juízes", cf. *Justicia y derechos fundamentales*, p. 91.

domínio judicial o controle sobre o conteúdo moral e a correção política das escolhas legislativas e administrativas. Não admira, portanto, que técnicas de auto-restrição jurisdicional, como o princípio da presunção de constitucionalidade e a doutrina das questões políticas, tenham sido mecanicamente aplicadas durante toda a era do legiscentrismo. E também não surpreende que o declínio da influência intelectual da ortodoxia positivista tenha provocado uma correspondente decadência da força desses institutos de limitação jurisdicional em sua forma pura.

O constitucionalismo liberal propunha uma concepção minimalista *de constituição* que produzia como conseqüência o minimalismo *da jurisdição constitucional*. As teorias procedimentalistas, por seu turno, defendem uma concepção abrangente de constituição associada a um minimalismo *da jurisdição constitucional*. Não é a constituição que ocupa um espaço reduzido no sistema jurídico, já que a democracia deliberativa referenda a expansão do domínio constitucional e do Direito de modo geral na vida política, como fica claro na teoria habermasiana, que confere às constituições um papel proeminente no sistema político e moral de uma comunidade. Quem efetivamente perde espaço e poder neste modelo teórico é a jurisdição constitucional. Com efeito, como analisei no primeiro capítulo, o procedimentalismo recomenda uma retração do poder judicial dos Estados democráticos para uma esfera praticamente "periférica" do sistema constitucional com a finalidade de maximizar a expressão da soberania popular através do processo democrático, único modo de reconhecer, escolher e concretizar os valores substantivos presentes nas constituições modernas. A deferência que o Poder Judiciário deve prestar aos órgãos de expressão democrática exige que ele renuncie à função de concretizar valores constitucionais substantivos e pratique uma permanente autolimitação da competência de controle da constitucionalidade, que só deve ser utilizada para a tutela dos direitos de participação política e para fortalecer o próprio processo democrático. Para o procedimentalismo, a doutrina da *judicial self-restraint* deve ser o padrão operativo da jurisdição constitucional.

Para o constitucionalismo liberal, a auto-restrição judicial é uma conseqüência do princípio da separação de poderes, que visa a impedir o abuso de poder por qualquer um dos ramos do governo a fim de proteger a esfera de autonomia individual. A separação de poderes pressupõe a intuição política de que *le pouvoir arrête le pouvoir* e por isso exige um sistema institucional de *checks and balances* entre os departamentos do Estado. O procedimentalismo tem a mesma pretensão de garantir a origem democrática da legislação, mas é a confiança na legitimidade ética dos procedimentos discursivos de deliberação e decisão de questões públicas que justifica a limitação da jurisdição constitucional, não a desconfiança em relação ao conflito de poderes ou ao abuso do Poder Judiciário, muito embora na prática a diferença entre as razões filosóficas tenda a obscurecer-se. No entanto, essa diferença explica por que o constitucionalismo liberal admitiu a revisão judicial das leis para proteger os direitos individuais, ao passo que as teorias procedimentais somente aceitam o controle de constitucionalidade quando a legislação atenta contra a abertura e a eficácia do processo democrático, e por isso insiste que tribunais limitem-se a tutelar os direitos de participação política.

Contudo, a verdadeira extensão dos limites do Poder Judiciário das teorias procedimentalistas é problemática, como se disse antes. Isso porque esses limites dependem inteiramente da definição sobre quais são os direitos fundamentais e os princípios constitucionais que são efetivamente indispensáveis para a abertura e eficácia do processo democrático. Uma visão rigidamente conforme aos pressupostos teóricos da democracia deliberativa deveria ser estreita em relação a esses direitos e princípios, limitando-se basicamente aos direitos de participação política e aos princípios relacionados aos órgãos e procedimentos eleitorais e legislativos. Entretanto, sintomaticamente os procedimentalistas que se aventuram a migrar do campo da filosofia política para o campo do direito constitucional – conduta que me parece fundamental para a coerência da teoria – não advogam uma versão tão estreita dos limites da jurisdição constitucional. Bem ao contrário, a própria natureza do argumento da democracia deliberativa sugere que os direitos fundamentais – cuja tutela judicial se revela necessária para garantir o processo democrático – não podem ser apenas os direitos políticos clássicos. Como anotei no segundo capítulo, mesmo para quem entende que o valor supremo de uma comunidade política é a democracia deliberativa, há uma série de direitos de liberdade e de igualdade e de direitos sociais que parece ser indispensável para que os processos de formação da vontade e das escolhas coletivas sejam efetivamente democráticos. Portanto, sempre que uma teoria democrática adota uma versão abrangente dos direitos que devem ser protegidos pela jurisdição constitucional, o resultado é a retração da doutrina da autocontenção judicial.[435]

Além disso, quando admitem que os tribunais e juízes sejam os guardiões dos direitos e princípios que fortalecem o funcionamento das democracias, os teóricos procedimentalistas freqüentemente sugerem a adoção de uma atitude de ativismo judicial na garantia desses direitos e

---

[435] Como, aliás, fica evidente na concepção de Carlos Santiago Nino.

princípios. É o que se propõe Habermas ao dizer, em passagem já antes citada, que "Quando se entende a constituição como interpretação e configuração de um sistema de direitos que faz valer o nexo interno entre autonomia pública e privada, é bem-vinda uma jurisprudência constitucional ofensiva (*offensiv*) em casos nos quais se trata da imposição do procedimento democrático e da forma deliberativa de formação política da opinião e da vontade: tal jurisprudência é até exigida normativamente".[436] Ainda assim, a despeito dessas ambigüidades teóricas que dificultam a exata compreensão do papel e dos limites da jurisdição constitucional na constituição da democracia deliberativa, pode-se afirmar que de modo geral o procedimentalismo aceita uma *maximalismo constitucional*, mas propõe um *minimalismo judicial* em relação à concretização da constituição, e portanto a doutrina da auto-restrição judicial *deve ser* um componente importante da versão para o direito constitucional da teoria filosófica.

Vimos no capítulo que anterior que as teorias que defendem um constitucionalismo centrado na proteção dos direitos fundamentais e que são geralmente denominadas de substancialistas ou garantistas concebem a jurisdição constitucional como um elemento fundamental para o regime político das democracias constitucionais. Como conseqüência, a operação das teorias constitucionais "baseadas em direitos" requer um ativismo judicial, e não uma atitude de autocontenção de juízes e tribunais incumbidos da tutela dos direitos. Por isso os substancialistas e os garantistas são francamente críticos das *virtudes passivas* no sentido aplicado por Bickel, que não raro consideram subterfúgios discursivos de matriz política e ideológica usados para sabotar a garantia efetiva dos direitos fundamentais. Conquanto as técnicas de autocontenção judicial possam ter utilidade para preservar a independência e a harmonia entre os poderes e proteger as suas competências privativas, elas não podem ser usadas como argumentos que impeçam e dificultem o controle judicial das leis e dos atos administrativos sempre que estiver em jogo a proteção dos princípios fundamentais e o sistema de direitos da constituição. Como os direitos fundamentais são identificados como o instrumento político-jurídico que assegura as condições para uma existência digna, eles devem não apenas ser tutelados pelo sistema judiciário, como devem ser assegurados na maior medida possível, o que exige de juízes e tribunais um forte compromisso com a tutela e a ampliação dos direitos. Assim, quando se tratar de proteger os direitos fundamentais, eles devem simplesmente ignorar ou

---

[436] Habermas, *Direito e Democracia*, I, 346-347.

adotar uma postura crítica em relação às técnicas de auto-restrição e, se necessário, assumir uma atitude de ativismo judicial.

Nas últimas décadas do século passado, o desenvolvimento de uma doutrina de direito público comprometida com os direitos fundamentais causou profundas transformações na compreensão das técnicas de auto-restrição judicial. Esse fenômeno fica evidente na comparação entre o significado da discricionariedade administrativa na doutrina de direito administrativo brasileiro de até duas décadas atrás com o sentido hoje assumido pelos autores mais progressistas que vêm expondo sobre o tema. A vinculação do exercício da discricionariedade administrativa ao respeito pelos princípios constitucionais e aos direitos fundamentais, que examinarei adiante, provocou uma retração substancial da liberdade de escolha do administrador e uma ampliação acentuada do controle judicial. Isso se repete, ainda exemplificativamente, na doutrina das questões políticas, que sofreu uma significativa redução do seu espaço institucional justamente pela afirmação de que a suposta natureza política de uma questão constitucional não pode ser invocada como argumento para restringir a tutela judicial dos direitos.

Entretanto, é preciso focalizar uma distinção fundamental no âmbito da própria teoria constitucional baseada em direitos, que é muito bem explorada por Carlos Santiago Nino. De fato, a definição sobre quais são os direitos fundamentais que efetivamente merecem estar a salvo do processo democrático através da jurisdição constitucional divide os substancialistas e garantistas em dois blocos. O primeiro deles, cujos representantes podem ser classificados como *substancialistas ou garantistas liberais*, restringe o catálogo de direitos "blindados" aos direitos liberais, que tutelam basicamente as liberdades, a igualdade formal e a privacidade do indivíduo. Essa corrente liberal, cujo maior ícone é Ronald Dworkin,[437] não admite que os direitos sociais possam ser assegurados pela jurisdição constitucional, porque sua efetividade depende de condições formais e materiais que só podem ser satisfeitas pela organização e pelos procedimentos típicos dos poderes de origem imediatamente democrática. Para os substancialistas liberais, a doutrina da *self-restraint* tem plena aplicabilidade quando se trata de tutelar direitos sociais, que não podem ser judicialmente concretizados sem a violação do princípio da

---

[437] Como tentarei esclarecer com mais cuidado adiante, não se pode criticar Dworkin pela limitação da sua teoria dos direitos aos direitos liberais, considerando que ele pensa e escreve tendo em vista um sistema constitucional que desconhece a idéia de direitos fundamentais sociais. Ainda assim, o caráter paradigmático das suas posições doutrinárias sobre a proteção dos direitos individuais na história recente da ciência jurídica parece autorizar qualificá-lo como um ícone do constitucionalismo liberal contemporâneo.

separação dos poderes e a invasão das competências privativas dos órgãos legislativos e executivos do Estado.

Uma segunda corrente do constitucionalismo baseado em direitos sustenta a justiciabilidade dos direitos sociais, que gozam do mesmo *status* jusfundamental e mesma hierarquia constitucional dos direitos liberais e são igualmente indispensáveis para garantir aos indivíduos uma existência digna dentro da comunidade política constitucionalmente organizada. Mesmo entre os *substancialistas ou garantistas sociais* é possível identificar uma subcorrente moderada e outra mais progressista, dependendo do grau de justiciabilidade dos direitos sociais aceito por cada teórico. Todavia, é inegável que para essa teoria constitucional a doutrina da autolimitação judicial tem um valor muito reduzido e está sujeita a uma ampla revisão crítica, porquanto a atitude padrão recomendada para a tutela jurisdicional dos direitos sociais consiste em um ativismo judicial, ou seja, justamente o pólo oposto da doutrina da autocontenção no gráfico que mede os limites da jurisdição nos regimes democrático-constitucionais.

Em suma, a doutrina da auto-restrição judicial e as suas respectivas técnicas desempenham uma função central em qualquer teoria constitucional sobre o sistema de direitos e sobre a jurisdição constitucional. Zagrebelsky tem razão ao apontar o paradoxo de que na Europa, onde a deferência judicial ao legislador é um princípio funcional do processo constitucional, não se tenha desenvolvido uma teoria dos limites da jurisdição constitucional, enquanto nos Estados Unidos, onde jamais se afirmou um princípio de supremacia parlamentar, existe uma antiga e bem elaborada doutrina das questões constitucionais não-justiciáveis.[438] Essa observação pode certamente ser aplicada ao direito constitucional brasileiro. No entanto, não possuir uma doutrina elaborada e sistematizada da autolimitação judicial não significa absolutamente não ter instrumentos ou métodos assentados e utilizados para restringir a atividade da jurisdição constitucional. Em todo caso, para o direito brasileiro essa afirmação não se confirma. Nos próximos tópicos deste capítulo, pretendo examinar e explorar não apenas os métodos de auto-restrição desenvolvidos ao longo da história do controle judicial de constitucionalidade, tanto no direito brasileiro, quanto em outros países, muito embora o recurso à comparação se concentre na prática norte-americana, pelas razões já conhecidas.

O gráfico demonstrativo da funcionalidade da doutrina oscila entre uma autocontenção máxima do Poder Judiciário e um intervencionismo garantista que praticamente proscreve a adoção dos métodos de *self-res-*

---

[438] Gustavo Zagrebelsky, *El derecho dúctil*, p. 64-65.

traint. Ainda assim, eles são utilizados em qualquer sistema jurídico que admita o controle jurisdicional de constitucionalidade de leis e medidas administrativas, e por isso a sistematização e o estudo crítico das *virtudes passivas* deve ser um componente fundamental para compreender os limites da atuação da própria jurisdição constitucional. O passo seguinte será, portanto, examinar os principais métodos de autolimitação judicial e algumas das mais importantes concepções doutrinárias produzidas sobre essas técnicas.

2. Os métodos de auto-restrição judicial

Os métodos[439] ou técnicas de auto-restrição do Poder Judiciário no controle de normas determinam inevitavelmente uma limitação na justiciabilidade de casos que envolvem a aplicação da constituição. Estabelecem-se cortes na competência do judicial para processar e julgar determinados casos de relevância constitucional. Essas técnicas foram sendo desenvolvidas ao longo dos últimos dois séculos na experiência da jurisdição constitucional, atendendo às diferentes características dos diversos modelos de justiça constitucional que se seguiram à decisão axial de Marshall. Por razões sobretudo de cultura jurídica, freqüentemente o recurso à auto-restrição é exercido inconscientemente pelo Poder Judiciário, sem a recomendável racionalização no manejo das diversas técnicas, o que dificulta o estudo analítico do tema. Além disso, os diversos métodos elaborados pela práxis constitucional não obedecem a qualquer sistematização de ordem dogmática, de modo que muitas vezes eles se justapõem e se confundem, tornando muito fluidas as fronteiras entre as técnicas.[440]

Assim, a classificação que apresento a seguir recolhe características preponderantes em cada uma das modalidades sugeridas e teve como fonte outras propostas elaboradas pela doutrina, muito embora não se encontre um tratamento sistemático adequado para o tema, como já mencionei. Todos os métodos estudados pela doutrina jusconstitucional podem ser reconduzidos à categoria geral de "limites funcionais *lato sensu*", no sentido de que estabelecem barreiras autonomamente reconhecidas ao exercí-

---

[439] Optei pelo uso preferencial do vocábulo *método* para definir o gênero dos diferentes modos de proceder à autolimitação judicial, partindo de um conceito bastante genérico do termo, como "maneira de ordenar a ação segundo certos princípios". O direito constitucional norte-americano, onde existe uma sistematização da matéria, utiliza as expressões "técnicas" e "expedientes" (*devices*).

[440] Para um exame sistemático exaustivo dos métodos ou técnicas de autolimitação judicial, ver José Adércio Leite Sampaio, *A Constituição reinventada*, para o direito brasileiro, p. 307 e ss., e Laurence Tribe, *American Constitutional Law*, vol. I, 3ª edição, para o direito norte-americano.

cio da função jurisdicional de garantia da constituição em face das funções dos poderes legislativo e executivo. No entanto, para além desse significado amplíssimo de restrições funcionais à jurisdição constitucional, é possível distinguir, nos diferentes métodos ou técnicas desenvolvidas, caracteres peculiares que aceitam uma subdivisão analítica da teoria geral da auto-restrição judicial.

2.1. Limites processuais

Uma das técnicas utilizadas para restringir o acesso à jurisdição constitucional ou evitar o exercício do controle de constitucionalidade de leis e atos administrativos é a instituição de barreiras formais nos processos judiciais da jurisdição constitucional. Essa técnica é muito utilizada no direito constitucional norte-americano, que desenvolveu uma pletora de teorias jurídicas destinadas justamente a denegar jurisdição em casos que propõem discussão sobre constitucionalidade. Comparativamente, no Brasil essa técnica não mereceu muita atenção ao longo da história do nosso direito constitucional.

Provavelmente o grande exemplo brasileiro de técnica de limitação processual ou formal à jurisdição constitucional esteja na insindicabilidade da inconstitucionalidade superveniente, ou seja, do direito ordinário anterior à edição da constituição, no âmbito do controle abstrato de normas. Muito embora esse método de denegação de jurisdição constitucional tenha uma história instável tanto no âmbito da doutrina constitucional brasileira, quanto na história da jurisprudência do Supremo Tribunal Federal, ele terminou por prevalecer na corte, inclusive após a Constituição Federal de 1998.[441] Essa restrição formal ao exercício da jurisdição constitucional não se estende ao controle concreto de normas, e mesmo no âmbito do controle abstrato ela foi recentemente abrandada pela Lei n. 9.982/99, que regulamentou a argüição de descumprimento de preceito fundamental, a qual inovou o sistema constitucional brasileiro ao permitir o exame da inconstitucionalidade superveniente exclusivamente nas ações de argüição de descumprimento de preceito fundamental.[442] Outro exemplo de limite processual consiste na exigência a presença da *pertinência temática* para alguns dos legitimados para propor a ação direta de inconstitucionalidade das leis, através da qual se cobra a demonstração de uma espécie de vinculação jurídica direta com o resultado da causa, quando o

---

[441] Cf. ADIn n. 02-DF, Supremo Tribunal Federal, Rel. Ministro Paulo Brossard, j. em 06.02.1992.
[442] Ver Gilmar Ferreira Mendes, "Argüição de descumprimento de preceito fundamental: parâmetro de controle e objeto", in; André Ramos Tavares e Walter Claudius Rothemburg (org.), *Argüição de descumprimento de preceito fundamental: análises à luz da Lei n. 9.882/99*, p. 128-149.

autor da ação for mesa da assembléia legislativa, governador de Estado, confederação sindical ou entidade de classe.[443]

Nos Estados Unidos, o desenvolvimento das várias técnicas processuais destinadas a restringir o acesso à *judicial review* foi obra da própria Suprema Corte. Basta lembrar que mesmo o acesso ao tribunal depende de um juízo discricionário de admissão do caso, de atribuição exclusiva dos juízes da Corte, que podem ou não conceder o *writ of certiorari*, ou seja, aceitar ou não o recurso processual que dá acesso à jurisdição da Corte. Além disso, com fundamento na previsão do artigo 3°, seção 2, da Constituição, segundo a qual os tribunais federais só podem prestar jurisdição em face de *cases and controverses*, a Suprema Corte passou a exigir uma série de requisitos para que um caso possa merecer o controle judicial de normas.[444] Por conta dessa doutrina, a parte requerente deve demonstrar que possui *standing,* ou seja, que é parte legítima para postular jurisdição, porque sofreu uma lesão ou prejuízo que exige a intervenção corretiva judicial, bem como que esse dano é concreto, não abstrato;[445] impede-se o exercício de *advisory judgments*, vale dizer, as cortes não podem exercer funções meramente consultivas sobre determinada questão constitucional, porquanto a Constituição só lhes deferiu competência para atuar perante "casos e controvérsias"; proíbe-se o exame de casos que padeçam de "imaturidade processual" (*doctrine of ripeness*), que sejam fruto de especulação ou expectativas contingenciais; e de casos cujo mérito não seja atual e tenha ficado prejudicado pela superveniência de circunstâncias de fato e de direito que tornem desnecessário o pronunciamento judicial (*doctrine of mootness*).[446]

---

[443] Cf. STF, ADIn-MC n. 1508, Rel. Min. Marco Aurélio de Mello, DJU 26.11.1996; STF, ADIn-MC n. 1526-1, Rela. Min. Maurício Corrêa, DJU 21.02.1997. V. Gilmar Ferreira Mendes, *Jurisdição constitucional*, p. 135-153; Osvaldo Luiz Palu, *Controle de constitucionalidade*, p. 172-178.

[444] A importância deste aspecto para o direito constitucional norte-americano, como para o brasileiro, foi demonstrada com extrema competência já por Rui Barbosa, em 1893, nos arrazoados forenses apresentados nas ações civis dos reformados e aposentados pelos Decretos de 7 e 12 de abril de 1892: "Se uma pessoa, real ou supostamente lesada pelo excesso legislativo, ou governativo, não mover a instauração da lide, a justiça ignora a inconstitucionalidade. É a primeira precaução contra a hipótese de conflito entre os poderes, de assunção pela justiça de atribuições peculiares aos outros dois"; *Atos inconstitucionais*, p. 99.

[445] A *standing doctrine* é hoje considerada uma das mais importantes técnicas de auto-restrição operada pela Suprema Corte desde o declínio da doutrina das questões políticas, que estudaremos adiante. Mark Tushnet define que a "*standing law* requer que um litigante tenha sofrido um prejuízo de um tipo que os tribunais estejam dispostos a reconhecer como sendo um prejuízo causado por uma ação inconstitucional adotada pelo órgão governamental réu da ação, e provável de ser eliminado ou pelo menos aliviado por algum remédio que os tribunais estão em condições de garantir", cf. "The transformation and disappearance of the political question doctrine", *North Carolina Law Review*, n. 80, may-2002, p. 1215.

[446] Ver Laurence Tribe, *American Constitutional Law*, 2ª edição, p. 23-208; Alexander Bickel, *The Least Dangerous Branch*, p. 111-198; José Adérsio Leite Sampaio, *A Constituição reinventada*, p. 255-339.

2.2. Limites hermenêuticos

A interpretação constitucional no âmbito do controle jurisdicional das leis abriga um dos mais antigos, duradouros e definidos cânones de auto-restrição judicial: o *princípio da presunção de constitucionalidade das leis*. Cuida-se de uma recomendação endereçada ao intérprete judicial das leis, com competência para o controle de constitucionalidade, para que evite declarar a inconstitucionalidade de normas legais sempre que for possível reconhecer nela uma compreensão adequada ao sentido normativo da constituição. Como definiu a Suprema Corte dos Estados Unidos, o princípio da presunção de constitucionalidade determina que "quando uma lei é suscetível de duas interpretações, sendo uma que levanta graves e duvidosas questões constitucionais e outra em que tais questões são evitadas, o dever (da Corte) é adotar a última".[447]

O fundamento desse cânone hermenêutico é, evidentemente, uma atitude de respeito ou de deferência judicial ao legislador, que também exerce competência funcional de aplicação da constituição e, portanto, também deve realizar interpretações do sentido das normas constitucionais no exercício da função legislativa. Embora se reconheça ao Poder Judiciário a última palavra em termos de interpretação da constituição, ele não é o seu único intérprete e não possui o monopólio da hermenêutica constitucional.[448] Por conseqüência, ao realizar a atividade de controle da compatibilidade entre o texto constitucional e a legislação ordinária, o intérprete judicial deve respeitar as escolhas interpretativas do legislador, evitando reconhecer a inconstitucionalidade sempre que for possível identificar na lei um sentido adequado à constituição. Uma definição clara do princípio é enunciada por Víctor Ferreres Comella:

"A presunção de constitucionalidade impõe a quem sustenta que o texto de uma lei é inconstitucional a carga de argumentar convincentemente que se dá uma incompatibilidade entre a norma que esse texto expressa e o sistema de normas que o texto constitucional expressa. Para mostrar que se dá essa incompatibilidade, o impugnante terá que mostrar que a interpretação correta do primeiro texto (o da lei) contradiz a interpretação correta do segundo (o da Constituição). Qualquer dúvida acerca da interpretação correta de um ou outro texto se resolverá em favor da lei: *in dubio pro legislatore*".[449]

---

[447] *Jones v. United States*, 526, U. S. 227, 239 (1999).

[448] Neste sentido Gilberto Bercovici, para quem, "Ao contrário do que afirmam os tribunais, o direito constitucional não é monopólio do judiciário. O direito constitucional e a interpretação constitucional são fruto de uma ação coordenada entre os poderes políticos e o judiciário. Nenhuma instituição, muito menos o judiciário, pode ter a palavra final nas questões constitucionais"; cf. "A Constituição Dirigente e a Crise da Teoria da Constituição", p. 125.

[449] Víctor Ferreres Comella, *Justicia constitucional y democracia*, p. 141.

Como se assinalou, trata-se de uma regra hermenêutica que recomenda que se evite, sempre que possível, declarar a inconstitucionalidade de normas, atribuindo-se à lei sob controle uma compreensão compatível com o sentido do parâmetro constitucional. Ao executar essa operação, o intérprete deve inicialmente reconhecer que uma determinada compreensão do texto legal efetivamente colide com a melhor compreensão de uma ou mais normas da constituição, e, se o significado inconstitucional prevalecer, a norma legal será nula. Sem embargo, em face da doutrina da auto-restrição judicial, o aplicador deve evitar a declaração de inconstitucionalidade da lei, em deferência ao *status* constitucional e democrático dos demais poderes do Estado, razão pela qual a doutrina constitucional norte-americana denomina esse procedimento hermenêutico de *avoidance canon*, ou cânone da "evitação".[450] Nesse sentido, Luiz Roberto Barroso propõe que a declaração de inconstitucionalidade de uma norma "é atividade que deve ser exercida com autolimitação pelo Judiciário, devido à deferência e ao respeito que deve ter em relação aos demais Poderes. A atribuição institucional de dizer a última palavra sobre a interpretação de uma norma não o dispensa de considerar as possibilidades legítimas de interpretação dos outros Poderes".[451]

Um estudo da história da presunção de constitucionalidade mostra que desde o seu desenvolvimento inicial, no direito constitucional norte-americano do século XIX, a sua estrutura teórica está associada a duas regras de identificação da inconstitucionalidade que se tornaram em uma espécie de padrão universal do controle judicial de normas.[452] A primeira delas, esboçada teoricamente pela primeira vez por James Bradley Thayer, no ensaio *The Origin and Scope of the American Doctrine of Constitutional Law*, de 1893,[453] sustenta que a lei só deve ser declarada inconstitucional quando se pode apontar nela um *clear mistake*, um erro claro e manifesto do legislador, que esteja além toda e qualquer dúvida razoável (*beyond a reasonable doubt*).[454] Para Thayer, a declaração de inconstitucionalidade de uma lei pressupõe que o legislador não tenha incorrido

---

[450] Wiliam K. Kelley. "Avoinding Constitutional Questions as Three Branch Problem", *Cornell Law Review*, vol. 86, n. 4, maio-2001, p. 831-888.
[451] Luiz Roberto Barroso, *Interpretação e aplicação da constituição*, p. 164.
[452] Para uma síntese histórica da presunção no direito constitucional norte-americano, ver Paulo Bonavides, "A presunção de constitucionalidade das leis e a interpretação conforme a constituição", *Teoria Constitucional da Democracia Participativa*, p. 235-263.
[453] James B. Thayer, "The Origin and Scope of the American Doctrine of Constitutional Law", 7 *Harvard Law Review*, 129 (1893). Para um estudo sobre os fundamentos históricos e teóricos do célebre artigo de Thayer, v. Ferreres Comella, *ob. cit.*, p. 144-150.
[454] James B. Thayer, *ob. cit.*, p. 140.

apenas em um mero erro constitucional, "mas um erro muito claro, tão claro que não está aberto a uma discussão racional".[455] Essa antiga regra de hermenêutica constitucional é tão persuasiva que, na França, onde o controle jurisdicional somente ganhou força a partir da década de 70, o Conselho Constitucional tem utilizado desde 1982 o critério do *erreur manifeste* para identificar e fundamentar a inconstitucionalidade de leis.[456] Já a segunda regra orienta o intérprete que apure a *racionalidade* e a *razoabilidade* da interpretação constitucional empreendida pelo legislador ou pelo administrador. Esse critério, presente já nas decisões de Marshall e depois desenvolvido pelo *Justice* Oliver Wendell Holmes no curso de sua investidura como membro associado da Suprema Corte, postula que o Poder Judiciário não deve anular normas legais sempre que puder vislumbrar nas escolhas legislativas e administrativas fundamentos racionais e razoáveis. Se houver dúvida sobre a racionalidade ou a razoabilidade da compreensão constitucional do legislador, o juiz deve presumir a constitucionalidade da lei e decidir a favor da sua validade. Caso o processo interpretativo revele mais de uma interpretação razoável do texto constitucional e ao menos uma delas seja compatível com a interpretação feita pelo legislador, então o juiz não pode declarar inconstitucional a norma legal.[457]

Assim, o princípio da presunção da constitucionalidade das leis implica que o intérprete tem duas alternativas para cumprir a recomendação de preservação da norma: a) quando a inconstitucionalidade não é clara e manifesta ou quando a opção legislativa em questão encontra um fundamento racional e razoável, ele não a deve reconhecer;[458] b) quando a compreensão da norma examinada for passível de receber mais de um sentido e um desses sentidos possíveis estiver, de fato, em desarmonia com o parâmetro constitucional, o intérprete deve procurar preservar a norma questionada conferindo a ela um sentido adequado ao texto constitucional.[459] Essa segunda alternativa provoca uma freqüente imprecisão dos limites entre a técnica da *presunção de constitucionalidade das leis* e a *interpretação conforme a constituição*. Ambos compartilham um mesmo escopo, a preservação da validade da norma sujeita ao juízo de constitucionalidade; porém, se a presunção de constitucionalidade das leis é, ine-

---

[455] *Idem*, p. 144.
[456] Cf. Henry Roussillon, *Le Conseil Constitutionnel*, p. 97.
[457] Ferreres Comella, *ob. cit.*, p. 160.
[458] Na expressão do preceito hermenêutico proposto por Juarez Freitas, uma "pertinente e adequada interpretação (constitucional) sistemática só declara a inconstitucionalidade quando a afronta ao sistema revelar-se manifesta e insanável"; *A interpretação sistemática do direito*, p. 218-221.
[459] Luiz Roberto Barroso, *ob. cit.*, p. 165.

gavelmente, um método de auto-restrição judicial, a técnica da interpretação conforme pode operar, ao mesmo tempo, como técnica de deferência ao legislador e como instrumento de ativismo judicial.[460] É verdade que a doutrina nem sempre reconhece a diferença funcional entre os dois institutos. Luis Roberto Barroso, por exemplo, atribui-lhes apenas uma função de auto-restrição judicial:

> "De fato embora (a interpretação conforme) nasça e flua, inicialmente, ao lado do princípio da presunção de constitucionalidade dos atos do Poder Público, um e outro atuam como mecanismos de autolimitação do Poder Judiciário (*judicial self-restraint*) no processo de revisão dos atos dos outros Poderes. Deveras, foi ao Poder Legislativo, que tem o batismo da representação popular, e não ao Judiciário, que a Constituição conferiu a função de criar o direito positivo e reger as relações sociais. Só por exceção – em resguardo de inequívoca vontade constitucional – é que deverão juízes e tribunais superpor sua interpretação às decisões e avaliações do legislador".[461]

No pólo oposto, Lenio Luiz Streck adscreve à interpretação conforme e à técnica da declaração de inconstitucionalidade parcial sem redução de texto a natureza de "mecanismos aptos a fazer cumprir – no limite – a função 'intervencionista' do Poder Judiciário, para pôr freios à 'liberdade de conformação do legislador' de índole liberal-clássica".[462] Esses institutos operam como "importantes mecanismos corretivos" da atividade legislativa[463] que permitem aos juízes não somente redefinir o conteúdo do texto legal, como também adaptá-lo à constituição.[464] Posto que não descarte expressamente a função restritiva da interpretação conforme e da inconstitucionalidade sem redução de texto, Streck nitidamente valoriza, e até supervaloriza, a potencialidade desses institutos para servirem como instrumentos de ativismo judicial no âmbito da jurisdição constitucional. Confrontando autores que recusam à interpretação conforme uma função corretiva da lei, ele sustenta que "não há como aferir a intenção do legislador",[465] nem há como "buscar o sentido originário/literal do texto normativo", razão pela qual a interpretação jurídica é sempre criadora do sentido da norma.[466] Segundo o autor, basta lembrar "a metáfora de Her-

---

[460] Sou grato a Lenio Luiz Streck por apontar a necessidade de distinguir a função das duas técnicas em relação à auto-restrição judicial.
[461] Luis Roberto Barroso, *ob. cit.*, p. 178.
[462] Lenio Luiz Streck, *Jurisdição constitucional e hermenêutica*, p. 442.
[463] Idem, p. 442.
[464] Idem, p. 452.
[465] Idem, p. 455.
[466] Idem, p. 461.

mes, o semi-Deus grego que fazia intermediação entre a linguagem dos deuses e os mortais. E Hermes se tornou poderoso; *na verdade, nunca se soube o que os deuses diziam; somente se soube o que Hermes disse que os deuses diziam.* Eis aí a hermenêutica" (grifo no original).[467]

Sim, mas o poder ou a legitimidade de Hermes sustentava-se na crença de que era a vontade dos deuses que ele manifestava, e não a sua própria. Ou seja, o risco implícito no "intervencionismo judicial" consiste em transformar a hermenêutica constitucional em *hermenêutica constituinte*, através da qual os juízes, sob o pretexto de estarem interpretando o sentido das normas legais à luz do sentido das normas constitucionais, na realidade recriam o texto legal mediante a atribuição de novos sentidos inteiramente dissociados da norma interpretada. A recusa de que a interpretação jurídica é condicionada pelo sentido já ao menos parcialmente existente na norma interpretada, e portanto é um processo que envolve simultaneamente descoberta, aplicação e instauração de sentidos, significa também a recusa da normatividade própria das normas jurídicas e a sua substituição por formas de voluntarismo ou de intelectualismo normativo disfarçadas de hermenêutica objetiva. Tanto a presunção da constitucionalidade das leis quanto a interpretação conforme podem ser instrumentos de auto-regulação dos limites da atuação dos juízes no controle dos atos dos demais poderes, instrumentos que são plenamente compatíveis com o ativismo judicial inerente ao constitucionalismo substantivo *rights-based*. No entanto, a diluição da presunção de constitucionalidade na técnica da interpretação conforme e a conversão desta em um mecanismo de "intervencionismo judicial" pode representar um sintoma da síndrome que Roberto Mangabeira Unger identificou nos juristas contemporâneos: o desconforto com a democracia e com o processo legislativo. Unger sustenta que um dos "segredinhos sujos" da teoria do direito contemporânea (*"dirty little secrets of the contemporary jurisprudence"*) é o seu desconforto com a democracia e a conseqüente marginalização da legislação.[468] Assim, ainda que se admita que a interpretação conforme é um instrumento de ativismo judicial comprometido com a consolidação normativa da constituição, não se pode perder de vista que ela também funciona como uma técnica de contenção judicial e de deferência ao processo democrático.

É inegável que a adoção de uma concepção constitucional substantiva e a aceitação de uma jurisdição constitucional ativa têm reduzido a importância teórica e prática da presunção de constitucionalidade. Esse "declí-

---

[467] Lenio Luiz Streck, *op. cit.*, p. 462.
[468] Roberto Mangabeira Unger, *What Should Legal Analysis Become?*, p. 72-73. Ver também Jeremy Waldron, *Law and Disagreement*, p. 8-10.

nio" do princípio pode ser sentido tanto pela sua já comentada diluição na interpretação conforme, quanto pela acentuação do seu caráter *juris tantum*. Mais do que isso, atualmente é possível identificar, inclusive, uma certa tendência a abandonar um princípio hermenêutico que à partida *presuma* a constitucionalidade da norma ordinária, porque esse cânone hermenêutico contradiria o princípio da supremacia constitucional. Essa decadência do princípio da presunção de constitucionalidade das leis é associada, na doutrina norte-americana, à mudança da autocompreensão do Poder Judiciário em relação à sua importância na estrutura e no funcionamento das instituições jurídico-políticas daquele país. Na medida que a Suprema Corte e o Poder Judiciário em geral adotaram uma postura de ativismo judicial e passaram a exercer um controle muito mais arrojado e extenso dos atos dos demais poderes, sobretudo na tutela dos direitos fundamentais, a presunção de constitucionalidade foi substituída pela "presunção de inconstitucionalidade". Conforme Christopher Wolfe, o princípio da presunção de constitucionalidade atribuía o ônus da prova àquele que desafiava a constitucionalidade da lei, como conseqüência do respeito devido à "sabedoria, integridade e patriotismo do corpo legislativo". Na concepção moderna de *judicial review* é "a legislatura que deve agora se justificar perante a Corte", e não a Corte que deve justificar a extensão do controle judicial. O declínio do princípio tornou-se tão claro que Wolfe aponta a emergência de um princípio de presunção de inconstitucionalidade das leis, ao menos em algumas áreas, nas quais o ônus da prova da constitucionalidade passa a ser do Estado, que deve demonstrar a necessidade da lei em questão. Essa inversão é especialmente acentuada quando a legislação refere-se à tutela dos direitos individuais, à integridade do processo político e à proteção de minorias.[469]

Contudo, não creio que se deva descartar completamente a técnica da presunção de constitucionalidade das leis, muito embora ela evidentemente não possa exercer o papel central que o constitucionalismo liberal lhe reservava no âmbito da interpretação constitucional. A presunção de constitucionalidade é um método de auto-restrição judicial que atua no curso do processo de interpretação das leis em face da constituição, por isso é uma espécie de *limite hermenêutico* auto-imposto pelo Poder Judiciário. O processo hermenêutico conduzido pela jurisdição constitucional de uma democracia constitucional tem que ser um processo respeitoso do sistema democrático e das suas instituições. O Poder Judiciário participa dos *círculos comunicativos* envolvidos na interpretação constitucional e nele ocu-

---

[469] Christopher Wolfe, *The Rise of Modern Judicial Review*, p. 255-257.

pa a função fundamental de guardião final da constituição, mas a interpretação constitucional não é monopólio do Poder Judiciário e nem os juízes podem reivindicar a seu respeito uma posição de superioridade hierárquica sobre os órgãos de direção política. Partindo dessa premissa, é natural que o juiz deva se abster de reconhecer a inconstitucionalidade de uma norma legal sempre que puder reconhecer nela um sentido compatível com o sistema constitucional, ou sempre que a concretização legislativa da constituição se revelar uma escolha hermenêutica racional e razoável em face dos diversos sentidos que possam ser adequadamente extraídos das normas constitucionais. O juiz não se abstém de interpretar a norma por presumi-la desde logo e à partida constitucional. A presunção é uma técnica que só pode ser executada já em pleno curso da operação hermenêutica, e que aje justamente quando e porque o intérprete conclui que a interpretação eleita pelo legislador, quando concretizou a constituição em uma norma legal, sustenta-se em uma compreensão hermeneuticamente aceitável do sistema constitucional.

Porém, a presunção de constitucionalidade do constitucionalismo moderno não pode ser uma recomendação linear e uniforme ao intérprete judicial, a exemplo do que ocorria no constitucionalismo liberal. Para adaptar-se aos novos paradigmas da teoria constitucionalística do direito é preciso refinar essa técnica com uma série de nuanças capazes de dar conta da complexidade da relação entre jurisdição e processo democrático. Víctor Ferreres Comella argumenta que a origem democrática da legislação determina que "a lei deve beneficiar-se de uma presunção de constitucionalidade, e que essa presunção deve ser de força moderada", o que significa que para afastar a presunção "não é necessário que os argumentos contrários à lei sejam de tanto peso que dissipem qualquer gênero de dúvida entre pessoas razoáveis; vale dizer, não é necessário que o juiz creia que a inconstitucionalidade da lei é indubitável, patente, manifesta, etc., para poder decretar sua inconstitucionalidade".[470] No capítulo sexto da sua obra, ele argumenta a favor da graduação da força da presunção da constitucionalidade conforme a intensidade da participação democrática na formação da lei. Assim, as leis que merecem uma deferência moderada são aquelas aprovadas pelo parlamento atual mediante uma deliberação democrática qualificada. As leis antigas perdem a presunção de constitucionalidade por falta de respaldo do parlamento democrático atual, enquanto leis instituídas com a participação direta do eleitorado, mediante plebiscito ou referendo, obtêm um fortalecimento máximo da presunção

---

[470] Víctor Ferreres Comella, *Justicia constitucional y democracia*, p. 209.

de constitucionalidade, justificando-se inclusive que o juiz constitucional se abstenha de controlar a sua constitucionalidade.[471] Do mesmo modo, leis aprovadas com um amplo consenso parlamentar, manifestado por uma maioria qualificada, podem merecer uma maior deferência judicial do que leis aprovadas por maioria simples.[472]

Para o autor, as razões pelas quais se atribui à lei aprovada por um parlamento democrático uma presunção moderada de constitucionalidade não deixam de operar quando o direito restringido pela lei é um direito constitucional. Ainda que esses direitos protejam bens de importância fundamental para a dignidade da vida do indivíduo, isso não significa que eles sejam fragilizados por estarem "nas mãos das maiorias parlamentares". Não é plausível fundar o controle judicial da lei sobre a idéia de que as maiorias parlamentares têm maior tendência a errar em matéria de direitos que os juízes, e portanto não há razão para se projetar uma suspeita sobre leis que restringem direitos fundamentais.[473] Ferreres Comella admite inverter a presunção de constitucionalidade nas hipóteses de afetação dos interesses de grupos vulneráveis. Sempre que existir uma história de discriminação social e política a um determinado grupo e persistirem no presente os efeitos dessa prática discriminatória, pode-se inverter a presunção para presumir a inconstitucionalidade de leis restritivas de direitos dessas minorias.[474]

A idéia de vincular a incidência da presunção de constitucionalidade ao grau de "democraticidade" da legislação justifica-se, a meu juízo, porque insere o exercício dessa técnica de auto-restrição judicial no contexto da articulação interinstitucional entre jurisdição e democracia. Os juízes constitucionais passam a ter que efetuar juízos de valor qualitativos sobre a origem democrática das leis, acentuando o reconhecimento da legitimidade das leis na medida em que se aprofunda a qualidadade e a amplitude da deliberação parlamentar que esteve na base da aprovação legislativa. No entanto, a vinculação da presunção de constitucionalidade à democraticidade da legislação não dispensa o processo interpretativo do órgão

---

[471] Idem, p. 241-242. A esse respeito, convém recordar que o Conselho Constitucional francês em duas oportunidades (06.11.1962 e 23.9.1992) declarou-se incompetente para controlar a constitucionalidade de leis adotadas por referendo, sob o fundamento de que "les lois que la Constitution a entendu viser dans son article 61 son uniquement les lois votées par le Parlement et non point celles qui, adoptées à la suite d'un referendum, constituent l'expression directe de la souveraineté nationale" (decisão de 6.11.1962). Para um exame dessa espécie de presunção absoluta de constitucionalidade adotada pelo *Conseil constitutionnel* e de indícios de sua possível superação, v. Philippe Blachèr, *Contrôle de constitutionnalité et volonté générale*, p. 107-113.

[472] Idem, p. 282.
[473] Idem, p. 268-269.
[474] Idem, p. 252-253.

judicial. Ao contrário, ela opera justamente no curso do processo hermenêutico, no momento em que a dúvida sobre a constitucionalidade de uma norma legal se instaura. Isso significa que o intérprete judicial deve associar a exigência de razoabilidade da interpretação constitucional feita pelo legislador à qualidade e amplitude da deliberação democrática da qual se originou a lei. Leis aprovadas já na vigência da constituição após um amplo debate social e parlamentar podem ser presumidas constitucionais pela democraticidade da deliberação pública da qual se originaram. Diante dos diversos sentidos admitidos pela norma constitucional, o juiz presume a legitimidade do sentido eleito no processo democrático parlamentar.

Essa vinculação ganha ainda maior importância no controle de leis que regulam direitos fundamentais, porque é exatamente na concretização de direitos fundamentais que mais se deve exigir do processo legislativo a qualificação da deliberação democrática. Como sustenta Ferreres Comella, pode-se aceitar uma presunção moderada de constitucionalidade de leis reguladoras de direitos fundamentais, mas a presunção pode ser afastada por uma argumentação judicial demonstrativa da inconstitucionalidade. Em princípio, a interpretação de normas legais não pode iniciar-se com uma suspeita ou uma desconfiança contra o legislador apenas porque se trata de norma reguladora ou mesmo restritiva de direitos fundamentais, já que a concretização desses direitos é uma tarefa constitucionalmente delegada ao Poder Legislativo. Todavia, esse mesmo *rationale* inviabiliza que leis antigas, leis pré-constitucionais – sobretudo aquelas instituídas por governos autoritários – e normas legais não oriundas do processo parlamentar, como as medidas provisórias, gozem de presunção de constitucionalidade quando restringem direitos fundamentais.

A aceitação da presunção de constitucionalidade como técnica de auto-restrição judicial não implica uma exclusão do ativismo judicial na defesa dos princípios e direitos fundamentais. O recurso à presunção é um instrumento de racionalização das decisões que operam no limite entre jurisdição e legislação, mas, como se disse, é um instrumento que deve ser utilizado já no curso da interpretação judicial da constituição. No próprio processo interpretativo os juízes podem inverter a atitude de deferência judicial, afastar a presunção de constitucionalidade e assumir uma postura ativista em benefício dos direitos fundamentais. No exercício do ativismo judicial técnicas de interpretação constitucional como a interpretação conforme e a declaração de inconstitucionalidade parcial sem redução de texto podem funcionar como mecanismos afirmativos e até mesmo progressivos da eficácia dos direitos fundamentais, desde que o intérprete evite transformar a hermenêutica constitucional adequada a uma jurisdição democrática em uma *hermenêutica constituinte*.

2.3. Limites funcionais em sentido estrito
2.3.1. A discricionariedade administrativa

Assim como o cânone da presunção de constitucionalidade, o instituto da discricionariedade administrativa é outra técnica antiga e amplamente aceita de limitação do controle jurisdicional dos atos dos poderes públicos desenvolvida no Direito moderno. Como aconteceu com praticamente todos os grandes temas do direito administrativo, a teoria da discricionariedade administrativa foi elaborada através da confluência da doutrina do direito público com a jurisprudência das cortes de justiça administrativa da Europa continental, com destaque para o Conselho de Estado da França. Essa teoria é obra, portanto, de um particular contexto histórico das nações européias, marcado por acontecimentos políticos que determinaram um modo de ser do direito público europeu do século XIX. Tal contexto envolvia um Poder Executivo com funções ainda muito limitadas em comparação com aquelas que viria a desempenhar a partir das primeiras décadas do século XX, com o exercício dessas funções regulado por leis que procuravam preencher o paradigma legal de normas gerais e abstratas, e por uma desconfiança histórica, politicamente internalizada nos modelos institucionais, em relação à possibilidade de atribuir-se ao Poder Judiciário competências de fiscalização dos atos dos outros poderes do Estado.

O direito público concebido sob esse contexto engendrou uma administração pública cujas atividades estariam substancialmente previstas na legislação, que fixaria os elementos básicos da atuação administrativa e as finalidades a serem alcançadas, estabelecendo uma vinculação positiva do administrador à lei, segundo a qual a administração só poderia fazer o que estivesse expressamente autorizado nas normas legais. Como nenhum tipo de atividade humana, nem mesmo a legislação, pode antever, predizer e projetar todos os fatos, humanos e naturais, que exigirão a ação governamental, ao lado da estrita vinculação do administrador às normas legais, sempre remanesceu um espaço de liberdade de escolha ou de decisão, ou seja, de discricionariedade administrativa. Como esse "vácuo legal" era uma deferência do legislador à contingencialidade da ação administrativa, a fiscalização judicial estava inteiramente interditada. Onde houvesse discrição, não haveria jurisdição. A evolução da dogmática e da experiência pretoriana do direito administrativo produziu uma teoria ampla da discricionariedade que procurou delimitar os campos da vinculação e da discrição do administrador e definir as fronteiras do controle judicial, criando uma zona livre de jurisdição no âmbito do Poder Executivo.

Por conseqüência, durante muito tempo houve uma associação entre discricionariedade e mérito do ato administrativo, de modo que ambos significavam uma espécie de "espaço livre de direito" na atuação funcional do administrador público, que diante das circunstâncias concretas das tarefas executivas poderia tomar decisões e fazer escolhas sem estar constrangido por quaisquer outros parâmetros externos objetivos que não os seus próprios critérios subjetivos de oportunidade e conveniência. Claro, ninguém seria insensato de sustentar seriamente uma discricionariedade total e absoluta. Ao menos a finalidade de interesse público vinculava os atos executados no exercício da discrição administrativa. Ainda assim, a margem de liberdade era extensa e, no que nos importa, incontrolável pelo Poder Judiciário, o que era garantido pela vigorosa hegemonia da tese da insindicabilidade do mérito do ato administrativo. Além disso, a exata localização da discricionariedade administrativa no arranjo do direito público liberal era curiosamente paradoxal. A soberania parlamentar e a supremacia da lei impunham o dogma da vinculação positiva do administrador às normas legais. Logo, quando o ato fosse vinculado, o controle judicial estava autorizado, mesmo que a justiça controladora fosse um departamento mais ou menos autônomo da própria administração. Todavia, quando o ato fosse discricionário, ninguém o controlaria!

O declínio desse modelo ocorreu por várias razões, mas seguramente a revolução do Estado de bem-estar social é a sua maior causa material. A teoria da discricionariedade administrativa, elaborada para o contexto do Estado liberal, não pôde dar conta do crescimento incessante e avassalador das atividades do Poder Executivo no Estado social. No entanto, a própria exigência de funcionalidade interna e de eficácia econômica e gerencial das burocracias dessa nova administração "colonizou" a teoria da discricionariedade administrativa e usufruiu dos seus construtos, a fim de garantir uma margem de liberdade suficiente para a mobilidade das ações atribuídas ao Poder Executivo. Com isso, a relação entre vinculação e discrição do administrador tornou-se francamente desproporcional em benefício da última, apesar das esquizofrênicas tentativas do legislador de "revincular" o administrador por meio de leis cada vez mais detalhistas, tecnocráticas e efêmeras. O êxito desse movimento de "colonização" da teoria da discricionariedade administrativa pela administração do Estado social esteve em manter o direito administrativo exclusivamente no plano da legalidade. Enquanto não surgiu uma reação da doutrina do direito, a teoria da vinculação positiva do administrador à lei concedeu ao administrador uma margem extremamente ampla de liberdade para escolher e decidir no exercício das incontáveis funções da administração pública dos Estados contemporâneos.

Claro que a construção dos parágrafos anteriores em tempos verbais do pretérito precisa ser bem entendida. O modelo antigo de discricionariedade administrativa não morreu. Longe disso, ele ainda continua muito vivo, por exemplo, nas mentes de uma parcela significativa dos juristas teóricos e práticos do Brasil, que ainda utiliza acriticamente a teoria da discricionariedade pensada pelo direito administrativo francês do século XIX. Essa teoria não está, portanto, apenas na memória do direito público brasileiro, mas é ainda a doutrina oficial da discricionariedade administrativa em boa parte dos nossos tribunais. Recentemente, o Superior Tribunal de Justiça reafirmou a vigência da doutrina clássica da insindicabilidade judicial do "mérito" do ato administrativo, em ações civis públicas propostas pelo Ministério Público visando à condenação de entidades estatais a proverem condições materiais necessárias para a satisfação de direitos sociais. A fundamentação dessas decisões expressa a nítida adoção da *judicial self-restraint* na sua mais conservadora feição, pois justifica a limitação da apreciação judicial na deferência absoluta e acrítica às competências privativas da administração pública, com base em uma compreensão estritamente liberal do princípio da separação dos poderes.

No caso *Ministério Público de São Paulo c. Município de São Paulo*, julgado em 16 de junho de 1998, em que o autor buscava condenar o réu a regularizar a estrutura urbanística de um conjunto habitacional popular construído na forma de mutirão de moradores, o Superior Tribunal de Justiça apreciou a causa sob a ótica exclusiva da discricionariedade do administrador na eleição das prioridades e formas de atuação administrativa, sem fazer qualquer referência à vinculação da administração pública às normas constitucionais que definem direitos sociais e princípios de justiça social. A corte entendeu que "O controle dos atos administrativos pelo Poder Judiciário, em nosso ordenamento jurídico, não permite que o Executivo seja substituído, na execução das atividades de administração, pelo Poder Judiciário. Este, no exercício de sua função constitucional exerce, apenas, o controle sobre a competência, forma, finalidade, motivo e objeto do ato administrativo. Nunca, porém, no concernente à execução dos atos de administração, haja vista que, no particular, deve ser respeitada a autonomia do Executivo para definir, no uso de sua atividade discricionária, da conveniência e oportunidade de atuar, tudo vinculado à previsão orçamentária e ao programa de governo".[475] Essa decisão confirmou orientação que já havia sido acolhida no Superior Tribunal de Justiça em 15 de

---

[475] Superior Tribunal de Justiça, 1ª Turma, Recurso Especial n. 169876/SP (98/0023955-3), j. em 16.6.98, Relator Ministro José Delgado.

setembro de 1997, em decisão conduzida pelo mesmo Ministro,[476] quando a corte havia assentado que a tutela judicial de direitos difusos e coletivos deve respeitar "os princípios constitucionais que regem a Administração Pública, especialmente, o que outorga ao Poder Executivo o gozo de total liberdade e discricionariedade para eleger as obras prioritárias a serem realizadas, ditando a oportunidade e conveniência desta ou daquela obra, não sendo dado ao Poder Judiciário obrigá-lo a dar prioridade a determinada tarefa do Poder Público".[477]

Estes precedentes conservadores não significam, entretanto, que não tenham ocorrido avanços importantes na teoria e na jurisprudência, avanços que se têm revelado consentâneos com a evolução do direito administrativo em todo o mundo ocidental.[478] A mais significativa evolução do direito administrativo está no processo de constitucionalização pelo qual tem passado ao longo das últimas décadas. Esse fenômeno, de resto generalizado no Direito, conforme já registrei, é particularmente acentuado neste ramo jurídico, que, a rigor, jamais deixou de ser um destacamento do direito constitucional.[479] E é ainda mais exigível em um sistema jurídico como o brasileiro, em que os princípios fundamentais e parte significativa dos institutos do direito administrativo encontram-se regulados na própria Constituição. Pois bem, esse processo de constitucionalização tem permitido inserir a dogmática do direito administrativo nas grandes discussões conduzidas dentro da teoria constitucional, que, como vimos, mantém hoje um intenso debate com a filosofia moral e política e com as ciências sociais. O contato com o direito constitucional tem produzido uma autocrítica do direito administrativo e uma revisão dos conceitos nucleares da sua dogmática, dentre eles justamente a doutrina da discricionariedade administrativa, do que tem resultado um refluxo consistente e sustentável da tese da injusticiabilidade dos atos discricionários.[480]

---

[476] Superior Tribunal de Justiça, 1ª Turma, Agravo Regimental (AI) n. 138.901/GO, j. 15.9.97, Relator Ministro José Delgado.

[477] Para uma análise crítica destes precedentes à luz da teoria moderna da discricionariedade administrativa, ver Annelise Monteiro Steigleder, "Discricionariedade administrativa e dever de proteção do meio ambiente", *Revista do Ministério Público do Rio Grande do Sul*, n. 48, 2002, p. 271-301.

[478] Carmen Lúcia Antunes Rocha, *Princípios constitucionais da Administração Pública*, p. 115-120. Luiz Henrique Cadermartori, *Discricionariedade Administrativa no Estado Constitucional de Direito*, p. 122-175. No tocante à evolução da racionalidade discursiva na fundamentação dos tipos de discricionariedade e do seu controle judicial, ver o artigo de César A. Guimarães Pereira, "Discricionariedade e apreciações técnicas da Administração", *Revista de Direito Administrativo*, v. 231, jan./mar. 2003, p. 217-267.

[479] Sobre a constitucionalização do direito administrativo, v. Patrícia Baptista, *Transformações do Direito Administrativo*, p. 35-116.

[480] Para um exame sobre a discricionariedade administrativa no quadro de um Estado constitucional, ver Mariano Bacigalupo, *La discricionalidade administrativa (estructura normativa, control judicial y limites constitucionales de su atribución)*. A obra revela diferenças fundamentais entre as concep-

Como se sabe, um dos marcos referenciais da decadência do positivismo jurídico e da sua substituição por uma teoria jurídica que se reencontra com fundamentos éticos foi a "descoberta" de que os sistemas jurídicos são constituídos por princípios e regras. O direito positivista era representado por um conjunto ordenado de regras jurídicas destinadas a regular situações típicas das condutas e relações humanas, que tinha a pretensão de esgotar a regulação, na coleção de regras produzidas pelo processo legislativo, de todos os fatos humanos que mereciam normatização jurídica. Como essa pretensão não era empiricamente realizável na sua totalidade, o próprio sistema estava dotado de mecanismos de solução dos casos ou das zonas de casos sem regulação jurídica. O recurso à analogia, aos costumes e aos princípios gerais do direito são os grandes exemplos desses mecanismos, ao lado, justamente, da discricionariedade administrativa. No entanto, a partir de meados do século passado, Josef Esser,[481] Ronald Dworkin[482] e Robert Alexy[483] demonstraram que os sistemas jurídicos são compostos não apenas de regras, mas também de princípios.[484] Os princípios passam a ser entendidos como a porta de entrada de conteúdos morais para o interior do Direito; além disso, os princípios são ontologicamente diferentes das regras, porque se destinam a regular uma série *a priori* indeterminável de fatos, condutas e relações humanas, através de um significado jurídico que deve ser construído pelo intérprete para o caso concreto e aplicado na maior medida possível. O impacto da teoria dualista das normas jurídicas sobre a teoria da discricionariedade administrativa foi profundo. Como o espaço de liberdade de escolha e decisão que caracterizava a discrição do administrador estava relacionado com uma ordem de regras, cujos vácuos não eram juridicamente regulados, o ingresso dos princípios como comandos normativos superiores e expansivos, que normatizam inclusive e principalmente os vácuos legais, fez com que a discricionariedade administrativa se tornasse menos discricionária, e a zona livre de jurisdição, menos livre. Conforme anotou Germana de Oliveira Moraes,

> "A discricionariedade, entendida como área imune à sindicabilidade judicial, não mais comporta essa concepção, segunda a qual 'onde

---

ções desenvolvidas sobre o tema na Espanha e na Alemanha, e aquelas sustentadas na doutrina brasileira, inclusive com relação ao *timing* de evolução de visões ampliativas e reducionistas da discricionariedade administrativa.

[481] Josef Esser, *Principio y norma em la elaboración jurisprudencial del derecho privado*.
[482] Ronald Dworkin, "The model of rules I", in: *Taking Rights Seriously*, p. 14-45.
[483] Robert Alexy, *Teoria de los derechos fundamentales*, p. 81-172.
[484] Para uma análise crítica e propositiva sobre a teoria dualista das normas jurídicas no contexto do direito "pós-positivista", ver Humberto Ávila, *Teoria dos princípios: da definição à aplicação dos princípios*, p. 22-77.

exista poder discricionário, nenhum controle do juiz é possível, ou sequer conceptível'. Esta definição negativa de discricionariedade somente se enquadra no perfil do 'direito por regras', cujo contexto se reduzia ao princípio da legalidade administrativo, entendido com a conformidade dos atos administrativos com as regras de direito, tidas como o único referencial da Administração Pública, alheia a quaisquer outros vetores axiológicos".[485]

Com base em posição doutrinária de Juarez Freitas, a autora afirma que no direito administrativo moderno "abandona-se a antiga concepção de discricionariedade, plasmada sob a égide do 'direito por regras', em função do princípio da legalidade administrativa e propõe-se sua redefinição, de acordo com os postulados do constitucionalismo da fase pós-positivista, a partir da nova concepção de juridicidade e à luz da compreensão filosófica contemporânea do 'direito por princípios'".[486] De fato, as conseqüências da nova teoria do direito,[487] ancorada no dualismo das normas jurídicas, foram bem apontadas por Juarez Freitas. Para o autor, "o engano maior está em supor que a vinculação se dê inteira e exclusivamente em relação ao princípio da legalidade, quando é claro que deve ser mais abrangente, vale dizer, o ato administrativo deve estar ligado à totalidade dos princípios, sendo este um ideal irrecusável de que deve cuidar o estudioso e aplicador do Direito Administrativo".[488] Toda a atividade administrativa está vinculada aos princípios jurídicos, notadamente os princípios constitucionais.[489] Nos atos propriamente vinculados, a vinculação se dá imediatamente à lei reguladora da atividade administrativa e mediatamente aos princípios, ao passo que nos atos discricionários, ainda quando inexistam balizas legais, há sempre vinculação aos princípios, porquanto "discricionariedade não vinculada aos princípios é, por si mesma, arbitrariedade".[490]

Essa nova concepção de discricionariedade administrativa vinculada aos princípios provoca uma expansão dos "horizontes de controle dos atos

---

[485] Germana de Oliveira Moraes, *Controle Jurisdicional da Administração Pública*, p. 35.

[486] Idem, p. 42.

[487] Se o direito do positivismo jurídico mereceu um "nome comercial" de grande sucesso literário, na *teoria pura do direito*, o direito do pós-positivismo ainda está para receber um nome que seja representativo e plástico o suficiente para obter a adesão dos teóricos. Pelo menos dois intentos de origem italiana parecem muito sedutores: a *teoria dúctil do direito*, de Gustavo Zagrebelsky, e a *teoria constitucionalística do direito*, de Giorgio Bongiovanni.

[488] Juarez Freitas, *Estudos de Direito Administrativo*, p. 129.

[489] Sobre o tema, v. José Guilherme Giacomuzzi, *A moralidade administrativa e a boa-fé da Administração Pública*, p. 201-221; e Edílson Pereira Nobre Junior, *O princípio da boa-fé e sua aplicação no Direito Administrativo brasileiro*, p. 21-55.

[490] Juarez Freitas, *ob. cit.*, p. 140.

administrativos".[491] A vinculação da atividade administrativa aos princípios eleva inevitavelmente o direito administrativo do plano da mera legalidade para o plano da constitucionalidade, movimento que no sistema jurídico brasileiro não apenas é incontornável, desde essa nova concepção teórica, como é responsável por uma mudança radical de paradigmas. Isso não só porque a Constituição Federal constitucionalizou amplos setores do direito administrativo, mas também porque prescreveu explícita e implicitamente diversos princípios superiores da administração pública. Os princípios expressos, como a legalidade, a moralidade, a impessoalidade, a publicidade, a eficiência, o devido processo legal e a ampla defesa, e os princípios implícitos, como a razoabilidade, a proporcionalidade e a boa-fé determinam todas as ações praticadas no exercício das funções executivas, inclusive a discricionária.[492] Como a vinculação aos princípios resgata a discricionariedade administrativa da zona de subjetividade cognitiva e volitiva em que se encontrava na doutrina clássica, a interpretação e a aplicação desses princípios pelo administrador passam a ser governadas por critérios objetivos e racionalmente rastreáveis. Por conseqüência, a discrição vinculada aos princípios está amplamente sujeita ao controle jurisdicional.

Por outro lado, o paradigma constitucionalista do Direito contemporâneo e a elevação do direito administrativo do plano da legalidade para o da constitucionalidade expuseram a discricionariedade administrativa ao entrechoque com as figuras magnas do constitucionalismo democrático: os direitos fundamentais. A doutrina clássica da discricionariedade administrativa concedia ao administrador uma ampla margem de liberdade tanto na definição de limites ao exercício dos direitos liberais, pelo exercício do poder de polícia administrativa, como na programação e execução das políticas públicas necessárias para a satisfação dos direitos sociais. Em relação às políticas públicas, a discricionariedade administrativa era, não é exagero dizer, total. A dogmática constitucional construiu a tese das normas constitucionais programáticas, que transferiu para a administração pública o poder de decidir quando e como os programas sociais governamentais seriam implementados, recusando ao Poder Judiciário qualquer controle sobre as decisões do administrador. Nesse campo, a doutrina da *judicial self-restraint* garantiu a intangibilidade da absoluta discrição administrativa na implementação de políticas públicas. A justificativa da

---

[491] Juarez Freitas, *ob. cit.*, p. 140-141. Ver, também, do mesmo autor, *A interpretação sistemática do direito*, p. 246-252.
[492] José Guilherme Giacomuzzi, *A moralidade administrativa e a boa-fé da Administração Pública*, p. 201-221.

autolimitação judicial assentou-se em dois fundamentos básicos, ambos já examinados no capítulo anterior: 1º) a garantia de direitos sociais exige políticas públicas dependentes de fatores políticos, econômicos e administrativos que só podem ser bem avaliados pelo governo; portanto, se trata de matéria da *competência privativa* do Poder Executivo; 2º) a execução dessas políticas públicas depende de decisões e escolhas discricionárias exclusivas do administrador público, que age segundo critérios gerenciais próprios, os quais não podem ser revistos pelo Poder Judiciário; ou seja, as políticas públicas são *injusticiáveis*.

Pois bem, também a doutrina da injusticiabilidade da discricionariedade administrativa na definição de programas de promoção de direitos sociais encontra-se hoje sob a pressão da crítica constitucionalista. Em países como Brasil, Espanha e Portugal, os direitos sociais foram alçados ao *status* de direitos fundamentais e estão intimamente ligados, na escala individual, à garantia da dignidade da pessoa humana, e, na escala comunitária, à construção de uma sociedade justa e solidária; portanto eles não estão à livre disposição do administrador. Direitos sociais não são promessas políticas ou objetivos socioeconômicos, mas normas jurídicas que obrigam. Assim, não se pode sustentar uma completa discricionariedade do administrador público para a implementação de programas de direitos sociais sem recusar normatividade à constituição. Por conseqüência, conquanto a doutrina clássica ainda predomine tanto na literatura jurídica quanto na jurisprudência, esta percepção "garantista" do direito constitucional administrativo tem determinado um refluxo considerável da discricionariedade administrativa e uma maior ousadia do Poder Judiciário para experimentar modos de controlar a atividade administrativa a fim de garantir direitos sociais, sem implodir com as competências privativas da administração pública e com o princípio da separação de poderes.[493] [494]

---

[493] Ver Cláudio Ari Mello, "Os direitos sociais e a teoria discursiva do direito"; Antônio Manuel Peña Freire, *La garantia em el Estado constitucional del derecho*; Victor Abramovich e Christian Courtis, *Los derechos sociales como derechos exigibles;* Annelise Monteiro Steingleder, "Discricionariedade administrativa e dever de proteção do meio ambiente", in *Revista do Ministério Público do Rio Grande do Sul*, n. 48, 2002, p. 271-302.

[494] No âmbito das justiças estaduais, a jurisprudência brasileira conta já com um rico acervo de precedentes em que se superou a doutrina clássica da discricionariedade administrativa para proteger direitos sociais *lato sensu*. Podem ser citadas, a título de exemplo, as seguintes decisões: 1º) Apelação Cível n. 596011787, Tribunal de Justiça do Rio Grande do Sul, 7ª Câmara Cível, j. em 12.03.1997, pub. na RJTJRS 182/260 (*Ministério Público do Rio Grande do Sul c. Estado do Rio Grande do Sul*), no qual o Tribunal condenou o Estado a instalar e manter programas de internação e semiliberdade para adolescentes infratores no Município de Santo Ângelo, determinando a inclusão no próximo orçamento estadual de verba suficiente para criar, instalar e manter os serviços mencionados; 2º) Apelação Cível n. 597247642, Tribunal de Justiça do Rio Grande do Sul, 4ª Câmara Cível, j. em 20.12.98, p. na RJTJRS 197/274 (*Ministério Público do Rio Grande do Sul c. Município de Porto Alegre*), no qual a corte condenou o Município de Porto Alegre a construir estações de tratamento de

No que concerne aos direitos fundamentais de defesa, a discricionariedade administrativa também está a merecer revisão. O exercício da discrição executiva sempre implicou um poder jurídico de estabelecer "contornos" ou simplesmente limitar os direitos no âmbito da atividade administrativa. O conteúdo aberto e fluido dos direitos fundamentais freqüentemente exige que as diferentes liberdades sejam harmonizadas quando disputam espaços da vida social e política com a liberdade de outros indivíduos ou com interesses da coletividade ou do próprio Estado. Para efetuar essa harmonização em situações de conflito entre direitos de indivíduos distintos ou entre uma liberdade individual e o "interesse público", o principal instrumento produzido pelo direito público consistiu no instituto do poder de polícia, definido por Hely Lopes Meirelles como "a faculdade de que dispõe a Administração Pública para condicionar e restringir o uso e gozo de bens, atividades e direitos individuais, em benefício da coletividade ou do próprio Estado".[495] Segundo o próprio autor, refletindo a unanimidade da doutrina, dentre os atributos do poder de polícia está exatamente a discricionariedade administrativa, que no caso representa a livre escolha da administração quanto ao exercício do poder de polícia, à aplicação de sanções e à eleição dos meios apropriados para atingir finalidades públicas.[496] Como resultado, também na limitação de direitos fundamentais pelo poder de polícia a discricionariedade administrativa serviu como um biombo para as atividades do Poder Executivo em face do controle judicial.

Essa liberdade – em boa medida incontrastável – para restringir a eficácia de direitos fundamentais de defesa revelou-se ainda mais grave por força da persistência curiosamente acrítica do chamado princípio da supremacia do interesse público, com base no qual o administrador público estaria autorizado a sacrificar total ou parcialmente direitos individuais. Segundo Celso Antônio Bandeira de Mello, a supremacia do interesse público é um "verdadeiro axioma reconhecível no moderno Direito Público. Proclama a superioridade do interesse da coletividade, firmando a prevalência dele sobre o do particular".[497] Como a definição de qual seja

---

esgotos para tratar todo o esgoto da cidade; 3º) Apelação Cível n. 70000438135, Tribunal de Justiça do Rio Grande do Sul, 4ª Câmara Cível (*Ministério Público do Rio Grande do Sul c. Município de Porto Alegre*), julgado em 22.03.2000, no qual a corte condenou o Município de Porto Alegre a comprar leitos hospitalares na rede privada de hospitais, sempre que crianças e adolescentes necessitarem de internação imediata e não houver leitos disponíveis no Sistema Único de Saúde. Em todos esses precedentes, o Tribunal de Justiça, explícita ou implicitamente, enfrentou o problema dos limites da justiciabilidade dos direitos sociais *lato sensu* envolvidos nos casos, em face da discricionariedade administrativa ou do controle judicial do mérito do ato administrativo.

[495] Hely Lopes Meirelles, *Direito Administrativo Brasileiro*, p. 123.
[496] Idem, p. 128.
[497] Celso Antônio Bandeira de Mello, *Curso de Direito Administrativo*, p. 29.

o interesse público é uma prerrogativa do Poder Executivo, a restrição a direitos em nome da supremacia do interesse público seria incontrolável pelo Poder Judiciário. Contudo, simplesmente não é possível afirmar *tout court* a existência de um "princípio da supremacia do interesse público" no contexto de um Estado Democrático de Direito, que é caracterizado justamente por ser jurídica e politicamente organizado por uma constituição e por ter como eixo normativo um sistema de direitos fundamentais voltados para a proteção da pessoa humana. O próprio *fundamento político original* do constitucionalismo moderno é a proteção do indivíduo contra o abuso do poder político pelo governo e pelas maiorias; mesmo hoje esse princípio seria rejeitado, por exemplo, por uma das teorias filosófico-políticas mais acatadas do nosso tempo, a de John Rawls, para quem "cada pessoa possui uma inviolabilidade fundada na justiça que nem o bem-estar da sociedade como um todo pode ignorar. Por isso, a justiça nega que a perda da liberdade de alguns se justifique por um bem maior partilhado por outros. Não permite que os sacrifícios impostos a uns poucos tenham menos valor que o total maior das vantagens usufruídas por muitos".[498]

Afirmar a existência de um "princípio" segundo o qual o interesse público prevalece *prima facie* contra os direitos fundamentais do indivíduo, que pareceria natural em um regime político autoritário, revela-se uma empreitada muito mais complexa em uma democracia constitucional moderna. Seria necessário reconhecer na constituição a assunção de um modelo republicano puro, tal como sugerem alguns comunitaristas, o que não parece ser de modo algum viável para o regime constitucional instaurado em 1988 no Brasil. E embora a doutrina do direito administrativo brasileiro não se preocupe em apontar um fundamento constitucional para a supremacia do interesse público, essa é uma operação argumentativa imprescindível caso se pretenda demonstrar a existência do princípio. Em um estudo que pode ser classificado de iconoclasta, ante a unanimidade doutrinária acerca da existência do princípio, Humberto Ávila sustentou, com rigor analítico extremamente consistente, que a supremacia do interesse público é "um dogma até hoje descrito sem qualquer referibilidade à Constituição vigente. A sua qualificação como axioma bem o evidencia. Esse nominado princípio não encontra fundamento de validade na Constituição brasileira".[499] Por conseqüência, no nosso sistema constitucional,

---

[498] John Rawls, *Uma teoria da justiça*, p. 4.

[499] Humberto Ávila, "Repensando o 'Princípio da supremacia do interesse público sobre o particular", in: Ingo Wolfgang Sarlet (org.), *O Direito Público em tempos de crise*, p. 119. Lenio Luiz Streck também questiona a aceitação acrítica do princípio por um direito administrativo que, "ao mesmo tempo em que é concebido como provedor da defesa do indivíduo contra o Estado, apresenta como princípio fundamental o da supremacia do interesse público e isso ocorre sem que, em regra, seja

"a única idéia apta a explicar a relação entre interesses públicos e particulares, ou entre o Estado e o cidadão, é o sugerido postulado da unidade da reciprocidade de interesses, o qual implica uma principial ponderação entre interesses reciprocamente relacionados (interligados) fundamentada na sistematização das normas constitucionais".[500] No mesmo sentido, Juarez Freitas propõe uma revisão do princípio da supremacia e uma aplicação ponderada dos interesses públicos e privados, porquanto embora a administração pública goze de prerrogativas, "não tanto por supremacia, mas por legitimidade funcional", ela é "tão ou mais devedora de obediência ao princípio da dignidade da pessoa humana" e deve acatar não apenas o princípio da legalidade, mas o "complexo inteiro dos princípios supremos".[501]

Portanto, a concepção clássica de discricionariedade administrativa é tributária de uma noção *minimalista* ou *fraca* de constitucionalismo, na qual o princípio da separação de poderes é concebido rigidamente e significa que as competências administrativas não reguladas expressamente pelo legislador podem ser exercidas com imunidade de controle judicial, mesmo quando importar em violação positiva de direitos individuais ou na omissão de ações necessárias para garantir direitos sociais. Para essa concepção, o conteúdo, o âmbito normativo e o modo e momento de proteção dos direitos fundamentais são temas da política, e de uma política que não é absolutamente regulada pelo Direito. Quanto aos direitos sociais, então, não há qualquer dúvida: direitos sociais apelam necessariamente para uma realização meramente política, no sentido de sujeitarem-se à vontade discricionária do administrador competente para materializar a tutela. Diante desse quadro, não é difícil imaginar a importância estratégica de uma doutrina da auto-restrição judicial para assegurar a eficácia desse arranjo institucional. É a teoria da *self-restraint* que assegura o reconhecimento discursivo espontâneo dos juízes de que a proteção dos direitos fundamentais está, em larga medida, à disposição da livre discrição do administrador público.

O refluxo da doutrina da discricionariedade administrativa no direito brasileiro é ainda inconstante. Ainda assim, o progresso da idéia de constitucionalização do direito administrativo, a percepção da vinculação da atividade administrativa aos princípios constitucionais e aos direitos fundamentais e o desenvolvimento de instrumentos dogmáticos que permitem um exame crítico efetuado por uma argumentação objetiva e racional,

---

questionada a dissociação entre interesse público – interesse cujo titular é o Estado – e interesse social, cujo titular é a sociedade". Cf. *Jurisdição constitucional e hermenêutica*, p. 55.
[500] Humberto Bergman Ávila, *ob. cit.*, p. 127.
[501] Juarez Freitas, *O controle dos atos administrativos e os princípios fundamentais*, p. 52-56.

como os princípios da proporcionalidade e da razoabilidade, permitiram conquistas inegáveis em direção a uma ampliação do controle judicial da discricionariedade administrativa, sobretudo quando esteja em jogo a tutela de direitos fundamentais.

2.3.2. Discricionariedade legislativa ou liberdade de conformação do legislador

A deferência judicial às competências legislativas é um postulado fundamental do regime democrático em qualquer das suas diferentes modelagens teóricas. Essa liberdade legislativa coincidiria com a própria *ratio essendi* da democracia, e a sua fiscalização pelos órgãos jurisdicionais deveria ser pautada pela automodéstia dos juízes e tribunais, que estariam obrigados a serem moderados no controle do conteúdo das leis a fim de respeitar a hegemonia legislativa das instituições de representação democrática. Mas a compreensão da natureza e da extensão da liberdade legislativa está, por sua vez, no centro das disputas teórico-constitucionais que retratei no primeiro capítulo, e portanto está longe de uma uniformidade conceitual. Bem ao contrário, as diversas concepções de democracia constitucional apresentam e pressupõem versões ontologicamente muito distintas acerca da liberdade do legislador.

Se colocarmos em um dos pólos do espectro analítico do tema o exemplo paradigmático do constitucionalismo francês, teremos um sistema de direito caracterizado por um voluntarismo jurídico e político ilimitado e incondicionado, em que a constituição não tem força normativa para restringir ou predeterminar a vontade geral, e no qual esta é equiparada à vontade do legislador. Esse modelo jurídico *legiscentrista*, embora não seja propriamente anticonstitucional, não deixa de ser uma rejeição do constitucionalismo enquanto regime de conformação jurídico-política do Estado e da sociedade. Na fórmula legiscentrista, a liberdade legislativa é total porque o legislador herda da vontade geral a soberania e a onipotência normativa. Como disse Philippe Blachèr, "a partir do momento em que 'a lei é expressão da vontade geral' e a vontade geral se confunde com a vontade do legislador, a lei votada pode fazer tudo, mesmo derrogar uma disposição constitucional. Intérprete unilateral da Constituição, o legislador presume-se respeitar sempre o texto constitucional, já que ninguém lhe pode dizer que a viola. O respeito à Constituição é assim neutralizado pelos princípios fundamentais do legiscentrismo".[502] Blachèr menciona, a propósito, a concepção de Carré de Malberg, para quem, no regime fran-

---

[502] Philippe Blachèr, *Contrôle de constitutionnalité et volonté générale*, p. 55.

cês, "o poder constituinte abandona ao Parlamento a preocupação de exprimir por suas leis a maneira de fazer funcionar os poderes constituídos e de garantir as liberdades públicas; em uma palavra, de formular a vontade geral".[503] Por isso não há razão e não pode haver nenhum interesse em instituir um controle de constitucionalidade em um sistema jurídico no qual a constituição não protege os direitos e liberdades. A lei pode ter qualquer conteúdo porque "ela é dotada da mesma supremacia de poder que a vontade expressa pelo próprio soberano".[504] Neste modelo, a jurisdição constitucional é um anátema e está inteiramente fora de cogitação.[505]

Sem embargo, a partir da escala seguinte, que admite um controle meramente formal e apenas circunstancialmente material da constitucionalidade dos atos normativos, até o pólo oposto, no qual se pratica um ativismo judicial de tipo intervencionista, que promove a supremacia judicial, temos diferentes articulações entre liberdade legislativa e deferência judiciária. A doutrina da auto-restrição judicial funcionará como instrumento de dosagem da intervenção dos tribunais no espaço de livre atuação do legislador. Por outro lado, as idéias de discricionariedade legislativa e de liberdade de conformação do legislador operam como limites funcionais ao controle jurisdicional das leis. Antes, porém, de analisar a natureza e a extensão da liberdade legislativa na democracia constitucional, quero esclarecer o critério que adoto para distinguir os conceitos de discricionariedade legislativa e liberdade de conformação do legislador. O critério é genérico e mereceria detalhamentos e confrontações com outros critérios caso estivesse dissertando sobre o tema. Como apenas pretendo elaborar definições úteis para a exposição de um tipo específico de limite funcional em sentido estrito da jurisdição constitucional, penso ser suficiente a adoção de uma idéia geral sobre os conceitos.[506]

A *discricionariedade legislativa* pressupõe uma constituição que não predetermina normativamente fins, ou, quando o faz, se vale de fins muito

---

[503] V. também Maurizio Fioravanti, *Los derechos fundamentales. Apuntes de historia de las constituciones*, p. 114.

[504] Blachèr, *Contrôle de constitutionnalité et volonté générale*, p. 59-60.

[505] O modelo legiscentrista francês tem sido superado na França por uma constitucionalização do sistema jurídico a partir da criação do *Conseil constitutionnel*, em 1958, e sobretudo depois que o Conselho passou a adotar uma postura mais ativa no controle preventivo da constitucionalidade das "leis votadas". O marco mais importante desse "regime constitucionalista de expressão da vontade geral" assumido naquele país é a decisão de 23 de agosto de 1985, do *Conseil constitutionnel*, quando a corte declarou que "la loi votée ne exprime la volonté générale que dans le respect de la Constitution". Cf. Blachèr, *ob. cit.*

[506] Para um exame aprofundado das diferenças conceituais entre discricionariedade legislativa e liberdade de conformação de conformação do legislador, ver o trabalho clássico de Gomes Canotilho, *Constituição dirigente e vinculação do legislador*, p. 213-187.

Democracia Constitucional e Direitos Fundamentais

genéricos, como interesse público, justiça social, bem comum ou bem-estar social. Assim, pode-se falar em discricionariedade legislativa quando a definição de fins sociais, econômicos, morais ou políticos não foram fixados pela constituição ou foram enunciados apenas genericamente. Na primeira hipótese, o legislador tem liberdade para definir esses fins e os meios adequados para atingi-los; na segunda hipótese, ele é competente para especificar os fins genericamente enunciados na constituição e para escolher os meios necessários para executá-los. A *liberdade de conformação do legislador*, por seu turno, pressupõe uma constituição que determina normativamente de modo mais ou menos concreto os fins sociais, morais, econômicos e políticos julgados constitucionalmente relevantes. O legislador pode apenas escolher os meios idôneos para atingi-los, e a liberdade que possui quanto aos fins – de modo algum irrisória, no entanto – restringe-se a uma conformação na dimensão legislativa da finalidade predeterminada com densidade variável na dimensão constitucional.

Considerando esses conceitos gerais, nada impede que uma mesma constituição em algumas situações defira discricionariedade ao legislador, e em outras, apenas uma liberdade de conformação legislativa. Basta que em determinados setores evite pré-fixar fins e transfira essa competência para o legislador, e que em outros setores estabeleça concretamente determinados fins, delegando ao legislador a tarefa de "conformá-los" na dimensão legal. Por outro lado, também não parece haver nenhum problema em reconduzir essa espécie de limite funcional à jurisdição constitucional a um conceito unificado de discricionariedade legislativa, desde que essa unificação conceitual incorpore adequadamente essas nuanças do grau de liberdade e de vinculação do legislador em relação às normas constitucionais.

Como vimos no primeiro capítulo, para o minimalismo constitucional, a constituição não estabelece finalidades, objetivos e tarefas estatais porque o Estado deve ser neutro em relação a valores e fins sociais.[507] Essa neutralidade deve ser exercida especialmente na dimensão constitucional, que não deve preestabelecer, conduzir ou dirigir as escolhas políticas da sociedade. Cabe exclusivamente ao legislador, no exercício das suas competências funcionais, proceder livremente à escolha dos valores e fins sociais através dos processos democráticos. Nesse caso podemos falar propriamente de discricionariedade legislativa no sentido referido nos parágrafos anteriores. Os direitos fundamentais operam apenas como limites externos à atividade legislativa, e ainda assim sem ferir a competência

---

[507] Cf. Luis Fernando Barzotto, *A Democracia na Constituição*, p. 154-157.

do legislador para configurar com ampla liberdade o conteúdo normativo dos direitos no plano legal. O Poder Judiciário não pode fiscalizar as escolhas políticas do Poder Legislativo, porque elas são tomadas no exercício de uma competência discricionária, praticada por meio de critérios exclusivamente políticos, isentos de pré-comprometimentos materiais. O controle judiciário apenas substituiria o critério político discricionário dos juízes pelo dos legisladores, e essa inversão significaria a prática de um delito de violação do princípio cardeal da separação de Poderes. Nesse cenário, a auto-restrição judicial é máxima. Diferente do legiscentrismo francês, a jurisdição constitucional existe, mas a sua esfera de atuação está reduzida a um controle formal da validade das leis e a um controle meramente marginal das configurações legais dos conteúdos materiais dos direitos fundamentais pelo legislador. Ao realizar a revisão material da constitucionalidade das leis, não podem juízes e tribunais esquecer que a função legislativa beneficia-se de uma margem de liberdade na escolhas de valores e fins sociais que incide na determinação do conteúdo legal dos direitos fundamentais. Por conseguinte, exige-se do Poder Judiciário que seja modesto na atuação de sua competência fiscalizadora e que respeite as opções legislativas. A automodéstia e a deferência judicial ao legislador são os dois parâmetros fundamentais da jurisdição constitucional do paradigma minimalista.

As teorias da democracia deliberativa postulam igualmente que a sede própria das decisões de ordem política, social e econômica de uma comunidade deve residir nos processos democráticos. Em razão da vantagem epistêmica dos procedimentos políticos de escolha da vontade e da opinião dos regimes democráticos, o lugar institucional adequado para a tomada dessas decisões deve ser as instâncias propriamente políticas da comunidade, e não os órgãos judiciários.[508] A constituição não é minimalista, porque contém normas que expressam valores ou fins mais ou menos densos da sociedade e que condicionam o processo de deliberação política, o que ocorre principalmente em relação aos direitos fundamentais. Portanto, não se poderia falar propriamente de discricionariedade legislativa, e sim de liberdade de conformação legislativa. Contudo, como a concretização normativa dos valores e fins expressos nas normas constitucionais e a determinação do conteúdo e dos limites dos direitos fundamentais são atribuídas com exclusividade ao Poder Legislativo, o Poder Judiciário não

---

[508] Cf. Carlos Santiago Nino, *The Constitution of deliberative democracy*, p. 117-143; Luc Tremblay, "Deliberative democracy and Liberal Rights", p. 428-433; Cass Sunstein, "Leaving things undecided", p. 1-44. Jeremy Waldron, "Precommintment and disagreement", *in*: Larry Alexander (editor), *Constitutionalism: philosophical foundations*, p. 271-299.

está autorizado a revisar as escolhas políticas do legislador no exercício da conformação normativa da constituição no plano legal, cabendo-lhe adotar duas atitudes distintas: *a)* deve auto-restringir-se quando se tratar de controlar as decisões legislativas relativas a valores substantivos e fins sociais; *b)* deve adotar uma postura de ativismo judicial no controle e defesa das condições e pressupostos democráticos do sistema constitucional.

O pólo oposto ao ocupado pelo legiscentrismo francês e pelo minimalismo constitucional encontra-se, como vimos, na defesa de um constitucionalismo substantivo, centrado na proteção dos direitos fundamentais (*rights-based*), que advoga por um tipo de ativismo judicial na garantia da constituição que, com freqüência, atinge um quadro de supremacia jurisdicional na interpretação e aplicação do sistema constitucional. Nesse cenário, a doutrina da *judicial self-restraint* pode retrair-se até o seu desaparecimento. De qualquer modo, essa concepção reduz substancialmente a importância da função ideológica e institucional da doutrina da auto-restrição no exame da constitucionalidade material das decisões e escolhas do legislador. Os limites ao controle judicial da constitucionalidade das leis são contraídos ou simplesmente eliminados, de modo que não se reconhece no legislador vantagem epistêmica ou preferência democrática na conformação normativa da constituição.

O constitucionalismo democrático moderno tende a negar a existência da discricionariedade legislativa na concretização constitucional, especialmente do sistema de direitos fundamentais, e a admitir apenas uma liberdade de conformação dos conteúdos constitucionais pelo legislador ordinário. A rigor, nenhum órgão do Estado disporia de liberdade quando se trata de concretizar os comandos constitucionais, sobretudo quanto aos direitos fundamentais, razão pela qual para a concepção substantiva não existe discricionariedade legislativa. Conforme Canotilho, "o princípio da constitucionalidade só pode conceber-se hoje como *princípio de conformidade material e formal dos actos normativos infraconstitucionais*, pelo que a legitimidade constitucional das leis deve ser apreciada tendo em vista não apenas uma exigência de *compatibilidade* (o que postularia tão-somente uma vinculação negativa e um pensamento de limites) mas também a exigência de *conformidade*, o que pressupõe um aprofundamento da heteronomia vinculante positiva das normas constitucionais".[509] O

---

[509] Canotilho, *Constituição dirigente e vinculação do legislador*, p. 257. Embora o Canotilho "da primeira fase", representado sobretudo na obra referida, exponha uma teoria substantiva da constituição, identificada com normatividade dos direitos sociais *lato sensu*, a todo o momento ele deixa clara a sua vinculação com a "abertura constitucional" que recomenda a persistência da liberdade legislativa, mesmo no quadro de uma constituição dirigente. Assim, uma das "idéias centrais da abertura constitucional" é a "impossibilidade teórica, metodológica e prática de reduzir a legislação a uma

legislador dispõe de liberdade de conformação legislativa da constituição, mas essa liberdade está, por um lado, amplamente condicionada ao respeito pelos valores e fins substantivos previstos na constituição e, por outro, amplamente sujeita à revisão crítica da jurisdição constitucional, já que a tarefa de interpretação e aplicação da constituição é o terreno próprio dos juízes e tribunais, que portanto não devem sofrer limitações no exercício da função de controle da constitucionalidade da lei.

Já se disse que uma constituição pode trazer espaços de discricionariedade legislativa combinados com espaços de liberdade de conformação do legislador. Na Constituição brasileira existem fins enunciados de forma tão genérica, como os objetivos constitucionais fundamentais do artigo 3º e os objetivos da ordem constitucional social do artigo 193 (bem-estar e justiça social), que não se pode negar que o legislador tem *discricionariedade* na concretização política e legal desses fins e na escolha dos respectivos meios. Todavia, em uma constituição dirigente como a brasileira, que se assume como *norma diretiva fundamental* no sentido de Fioravanti,[510] comprometendo todos os poderes públicos no cumprimento dos bens e valores individuais e coletivos que conformam o programa constitucional, a própria discricionariedade legislativa passa a ser ao menos parcialmente condicionada pelos princípios constitucionais fundamentais, exatamente como ocorre com a discricionariedade administrativa, e por isso nunca é uma discricionariedade completamente imune ao controle judicial. Além disso, em uma constituição dirigente a liberdade de conformação legislativa torna-se a forma predominante de vinculação do legislador às pautas constitucionais, sobretudo quando se trata de regular o sistema de direitos fundamentais, o que significa que a margem de controle judicial da atividade legislativa é muito ampla. No entanto, se a idéia de liberdade de *conformação legislativa* evoca a vinculação material do legislador aos "conteúdos dos valores e direitos presentes (*a priori*) na constituição",[511] ela não deixa de se reconduzir também a uma *liberdade* de conformação, que somente faz sentido enquanto for uma atribuição de competência autônoma ao legislador para a especificação legislativa dos conteúdos constitucionais. Por conseguinte, em um constitucionalismo que aspira ao equilíbrio entre direitos, democracia e jurisdição, a idéia de liberdade de conformação legislativa não pode deixar de ser também uma

---

contínua e reiterada tarefa de 'execução constitucional'". Postulando um republicanismo substantivo, ele defende que "A Constituição não pode ser apenas 'tema'; deve tornar-se 'premissa' da política. A liberdade de 'decisão política' é compatível com a fixação de linhas materiais de direção política". *Ob. cit.*, p. 147-148.

[510] Maurizio Fioravanti, *Derechos fundamentales. Apuntes de historia de las constituciones*, p. 97.
[511] Luis Fernando Barzotto, *A Democracia na Constituição*, p. 204.

técnica de autocontenção do Poder Judiciário em face da esfera de legítima competência funcional do legislador.

De qualquer modo, é indiscutivelmente na arena da discricionariedade legislativa e da liberdade de conformação do legislador que são protagonizadas as clivagens fundamentais entre constitucionalismo e democracia, e é sobretudo nesse espaço que a perspectiva tendencialmente conflitiva entre os diferentes modelos constitucionais pode converter-se em um arranjo jurídico-político que articule soluções de convivência e avanço em benefício de cada um deles. Mas em qualquer solução possível o concerto entre as funções legislativas e o controle jurisdicional exige uma sintonia fina da auto-restrição judicial.

2.4. Limites temáticos: a doutrina das questões políticas

Outra construção do constitucionalismo liberal para justificar a autolimitação judicial consiste na doutrina da injusticiabilidade das questões políticas, desenvolvida no direito constitucional norte-americano e gradativamente importada, com diferentes matizes, para diversos outros sistemas constitucionais. A *political question doctrine* impõe uma *limitação temática* ao exercício da competência de controle de constitucionalidade das leis e dos atos administrativos. A doutrina supõe que existam determinadas *questões constitucionais* cuja natureza é essencialmente política, por isso as decisões e escolhas exigidas no trato dessas questões devem ser reservadas para os órgãos do Estado competentes para a ação política, vedando-se o controle judicial do exercício dessas competências em casos constitucionais de natureza política. Portanto, nessas hipóteses exige-se dos tribunais uma postura de autocontenção na prestação de jurisdição constitucional.

Essa teoria acompanha a própria história do constitucionalismo ocidental e a evolução da jurisdição constitucional. Uma parte significativa dos conflitos de fronteiras entre Direito e política, governo e jurisdição, constituição e legislação foi travada, na história da justiça constitucional, na arena da *political question doctrine*. Assim, convém recuperar alguns marcos históricos do surgimento e da evolução da teoria no seu próprio território original, o constitucionalismo anglo-americano, para depois investigar a sua repercussão no direito constitucional brasileiro.

2.4.1. As origens históricas da doutrina

As origens remotas da doutrina das questões políticas podem ser encontradas nos primórdios do constitucionalismo medieval inglês. É bem verdade que se pode identificar na cultura política romana vestígios da limitação institucional à justiciabilidade de atos de governo. O postulado *princeps legibus solutus est*, cunhado por Ulpiano, que expressa a imunidade do soberano frente à lei, revela a existência de uma restrição institucionalizada ao controle jurídico dos atos do governante, segundo a qual o governo era assunto da vontade do soberano, não da lei.[512] Entretanto, foi a experiência política inglesa da Idade Média que forjou o modelo constitucional no qual coexistem governo e jurisdição, sem que um possa invadir a esfera de competência do outro. Por um lado, a consolidação precoce do domínio do território inglês por um único soberano, reconhecido como governante por toda a nação, permitiu o estabelecimento de uma série de prerrogativas governamentais de atribuição exclusiva do rei. De outro lado, a afirmação histórica do direito comum inglês como patrimônio cultural daquela nação, que se antepunha inclusive às prerrogativas reais, determinou a fixação de limites jurídicos à atividade governamental e aos poderes do soberano.

O modelo político britânico da Idade Média revela, desde então, o traço essencial do constitucionalismo moderno, a limitação do governo pelo Direito.[513] E foi a partir da análise desse modelo que Henry de Bracton, o grande constitucionalista medieval do século XIII, formulou a distinção entre *gubernaculum* e *jurisdictio*, por meio da qual define a separação institucional entre *matérias de governo*, para as quais o rei é o único administrador, tem liberdade decisória "absoluta" e nenhum ato seu, praticado dentro dessa esfera, pode ser considerado ilegal, e *matérias de direito*, que garantem determinadas liberdades e privilégios individuais em relação ao governo mediante recursos judiciais típicos do *common law*. Como assinala MacIlwain, uma das características essenciais do constitucionalismo de Bracton é "a separação que estabelece entre *gubernaculum* e *jurisdictio*, conferindo ao rei poder autocrático e irresponsável dentro daquela área, mas nunca além dela".[514]

De fato, a concepção medieval inglesa de *jurisdictio* pressupunha uma restrição jurídica da discricionariedade do rei em favor dos indiví-

---

[512] Charles MacIlwain. *Constitucionalismo Antiguo y Moderno*, p. 61 e ss. É interessante lembrar que as conferências de MacIlwain, compiladas no livro citado, foram ministradas nos anos de 1938 e 1939, período em que era especialmente acirrada, nos Estados Unidos, a polêmica jurídica e política sobre os limites do controle judicial dos atos do governo, por conta da sistemática rejeição das medidas do New Deal pela Suprema Corte.

[513] Cf. Maurizio Fioravanti, *Los derechos fundamentales. Apuntes de história de las constituciones*, p. 26-35.

[514] MacIlwain, *ob. cit.*, p. 102-103. Ver, também, Nino Piçarra, *A separação dos poderes como doutrina e princípio constitucional*, p. 41-62.

duos. O direito comum determinava limites estritos ao *gubernaculum*, e um ato real que ultrapassasse esses limites era considerado *ultra vires*.[515] Essa concepção continha já a essência do constitucionalismo contemporâneo e significava uma rejeição ao modelo absolutista de Roma, pois embora os juristas romanos já houvessem estabelecido a distinção entre *imperium* e *jurisdictio*, "a vontade imperial estendia seus domínios sobre ambas as esferas".[516] O estabelecimento precoce da separação institucional entre matérias de domínio exclusivo do rei e matérias que são definidas e protegidas pelo Direito, contra as quais nada pode a vontade do soberano, não impediu freqüentes enfrentamentos entre governo e tribunais ao longo da história constitucional inglesa. Essas clivagens foram especialmente acirradas nos período dos Tudor, no século XVI, sobretudo nos governos de Henrique VIII e Elizabeth I, quando os soberanos tentaram alargar suas esferas de poder absoluto em detrimento das garantias jurídicas. Assim, no governo de Elizabeth I, definiu-se que política internacional era domínio exclusivo do monarca, sobre a qual o Parlamento estava impedido de legislar, e, embora o Parlamento tivesse liberdade de discutir questões comunitárias, somente podia debater questões de Estado com a permissão da rainha.[517] A mesma tensão entre domínios do governo e domínios da jurisdição marcou o período Stuart, no século XVII, até a estabilização da separação de poderes a partir da Revolução Gloriosa (1788).

Como reflexo da doutrina medieval da separação dos domínios do governo e da jurisdição, a *political question doctrine* foi desenvolvida já desde as primeiras experiências da *judicial review* no Estados Unidos. A seguir, veremos como a doutrina desenvolveu-se no direito constitucional norte-americano.

2.4.2. A evolução da doutrina no direito constitucional norte-americano

A doutrina clássica norte-americana das questões políticas sustentava que era possível extrair do *texto, da estrutura e da história* da Constituição elementos suficientes para determinar a natureza política de certas questões constitucionais, de modo a indicar os casos em que o Poder Judiciário deveria conter-se e respeitar as escolhas feitas pelos órgãos políticos do Estado.[518] Vale dizer, as questões políticas teriam uma *natureza* própria

---

[515] MacIlwain, *ob. cit.*, p. 109.
[516] Idem, p. 111.
[517] R. C. van Caenengen, *An historical introduction to western constitutional law*, p. 105.
[518] Rachel Barkow, "More Supreme than Court? The Fall of the Political Question Doctrine and the Rise of Judicial Supremacy", *Columbia Law Review*, vol. 102, março de 2002, n. 2, p. 246-258.

que seria extraída do texto, da estrutura e da história da própria constituição, sem necessidade de apelar para valores ou concepções do intérprete ou estranhos ao texto constitucional. Marshall desenvolveu a doutrina das questões políticas na mesma decisão em que "criou" a revisão judicial de normas: "A questão sobre se a legalidade de um ato do chefe de um departamento é examinável ou não por uma corte de justiça deve sempre depender da natureza daquele ato. Se alguns atos são examináveis e outros não, deve haver alguma regra de direito para guiar a corte no exercício de sua jurisdição" (*the question, whether the legality of an act of the head of a department be examinable in a court of justice or not, must always depend on the nature of that act. If some acts be examinable, and others not, there must be some rule of law to guide the court in the exercise of its jurisdiction*); "Pela Constituição dos Estados Unidos, o Presidente está investido de certos importantes poderes políticos, no exercício dos quais ele deve usar sua própria discrição, e é responsável apenas perante seu país em sua personalidade política e com sua própria consciência" (*By the constitution of the United States, the President is invested with certain important political powers, and is accountable only to his country in his political character and to his own conscience*); "Questões, em sua natureza políticas, ou que são, por força da Constituição e das leis, submetidas ao Executivo, jamais podem ser resolvidas nesta corte" (*Questions in their nature political, or which are, by the constitution and laws, submitted to the executive, can never be made in his court*).

A doutrina clássica propõe, como critério fundamental de investigação da natureza da questão constitucional, verificar se ela envolve ofensa a direitos individuais. Assim, mesmo quando se reconhece que o caso tem natureza essencialmente política, porque está na esfera de atuação funcional dos Poderes Legislativo e Executivo, o Poder Judiciário não pode recusar-se a declarar a inconstitucionalidade da lei ou medida administrativa que afeta direitos individuais acolhidos na Constituição. As questões que demandam o exercício de discricionariedade legislativa e administrativa e requerem a aferição de questões de oportunidade e conveniência são também políticas e estariam fora do controle judicial. Outros critérios utilizados são: *a)* a preexistência, no sistema jurídico, de *standards* legais aplicáveis à questão constitucional; e *b)* a verificação sobre se a natureza

---

Segundo a autora, "a premissa da doutrina clássica das questões políticas é que deve haver alguma razão textual para concluir que a questão está dentro dos poderes interpretativos de um ramo político do governo (*political branch*)", cf. p. 331. A divisão entre uma concepção classica e outra prudencial da doutrina norte-americana das questões políticas, proposta pela autora, é uma aplicação específica da classificação formulada por Christopher Wolfe para as fases históricas da *judicial review* nos Estados Unidos, apresentada em *The rise of modern judicial review*.

da questão constitucional depende de acesso a informações excessivamente técnicas, que normalmente não estão disponíveis à espécie de cognição da atividade jurisdicional.

O predomínio da doutrina clássica na jurisprudência constitucional norte-americana ao longo do século XIX significou uma excepcional reverência ao princípio da divisão de poderes e à soberania popular. Desde *Marbury v. Madison*, de 1803, a Suprema Corte só voltou a declarar a inconstitucionalidade de uma lei federal em 1857, no caso *Dred Scott v. Sandford*, decisão curiosamente liderada por um dos maiores defensores da autolimitação judicial, o *Chief Justice* Roger Taney, mas que é considerada até hoje como um dos maiores equívocos da história da *judicial review*. No caso *Luther v. Borden*, julgado alguns anos antes (1849) e ainda hoje um dos casos paradigmáticos de aplicação da *self-restaint*, Taney havia afirmado que "(o Tribunal) deveria ser o último a ultrapassar as fronteiras que limitam sua própria jurisdição. E embora deva estar sempre pronto para apreciar qualquer questão a ele confiada pela Constituição, é igualmente seu dever não ir além da sua esfera apropriada de ação, e tomar cuidado para não se envolver em discussões que pertencem propriamente a outros fóruns".

Essa concepção inicial foi sendo progressivamente substituída por outra concepção mais fluida e imprecisa das *questões políticas*, que exige do intérprete uma operação prudencial na tarefa de identificar a natureza do caso constitucional. A chamada *doutrina prudencial* da *judicial restraint*, adotada na jurisprudência da Suprema Corte ao longo do século XX, mostrou-se bem mais aberta à revisão judicial das leis, concedendo ao Poder Judiciário muito mais espaço para controlar a adequação das ações do legislador e do administrador à constituição. Seu maior teórico foi Alexander Bickel. Como já vimos, para Bickel "a *judicial review* é, no mínimo uma instituição potencialmente desviante (*deviant*) em uma sociedade democrática" e a doutrina das questões políticas permite à Corte evitar exageros ativistas.[519] Ele recusa legitimidade a julgamentos impulsivos, sentimentais, irrefletidos e desarrazoados em questões políticas, e sustenta que a Suprema Corte tem discrição para examinar a justiciabilidade de questões políticas, mas deve exercê-la "com *algum* nível de prudência e princípio".[520] A doutrina clássica assentava-se em uma teoria da interpretação constitucional baseada em parâmetros objetivos de compreensão das normas e do sistema constitucional positivo, limitando, as-

---

[519] Alexander Bickel, *The Least Dangerous Branch*, p. 47.
[520] Bickel, *ob. cit.*, p. 51.

sim, a "discricionariedade judicial" na solução de casos constitucionais de matéria política.[521] A doutrina prudencial subverteu essa orientação ao desvincular a compreensão da natureza da questão constitucional de uma interpretação estrita do texto da Constituição norte-americana e transformou a *political question doctrine* em uma mistura de interpretação constitucional e discricionariedade judicial.[522]

Os autores norte-americanos citam o caso *Baker v. Carr* como o mais importante paradigma da doutrina moderna das questões políticas.[523] O exame desse precedente revela que a concepção prudencial não recusa a necessidade de determinados critérios objetivos de aferição da natureza política da questão constitucional. Naquele caso, julgado em 1962, a Suprema Corte, seguindo os parâmetros sugeridos pelo *Justice* William Brennan Jr., decidiu que uma questão é política nas seguintes situações: a) a competência constitucional de outro órgão do Estado seja textualmente demonstrável; b) exista uma carência de *standards* judicialmente verificáveis e manejáveis para resolver o caso; c) impossibilidade de decidir sem uma determinação política prévia que exija claramente uma discrição não-judicial; d) impossibilidade de uma decisão independente da corte, sem expressar falta de respeito aos demais poderes do Estado; e) a necessidade extraordinária (*unusual*) de aderir a decisões políticas já tomadas; f) existência de potencial constrangimento em face de pronunciamentos diversos e diferentes dos órgãos do Estado sobre uma mesma questão.[524] A principal diferença da doutrina prudencial é que esses critérios são apenas sugestivos e muito mais abertos do que pregava a doutrina clássica, e deixam uma margem muito maior de livre apreciação da lei ou da medida administrativa para o intérprete judicial.[525]

---

[521] Neste sentido, Rachel Barkow. "More Supreme than Court?", p. 244-253.

[522] Cf. Tribe, *American Constitutional Law*, 2ª edição, p. 107.

[523] Ver John Novak & Ronald Rotunda, *Constitutional Law*, p. 107-110.

[524] Laurence Tribe, *American Constitutional Law*, 2ª edição, p. 96. Ver, também, José Adércio Sampaio Leite, *A Constituição Reinventada*, p. 328-339.

[525] Com base na posição estabelecida em *Baker v. Carr*, Laurence Tribe identifica a existência de três diferentes teorias sobre a doutrina das questões políticas na Suprema Corte dos EUA: a) uma doutrina *clássica*, baseada nas declarações de Marshall em *Marbury v. Madison*, segundo a qual a corte deve julgar todos os casos constitucionais, exceto se identifica, através da interpretação do texto constitucional, que a própria Constituição cometeu a determinação da questão à decisão autônoma de um dos outros poderes do governo; b) uma doutrina *prudencial*, que trata as questões políticas como um meio para evitar ingressar no mérito de uma questão sempre que isso puder comprometer um princípio importante ou prejudicasse a autoridade da corte; c) uma doutrina *funcional*, baseada nos casos em que a Suprema Corte reconhece fatores que impõem dificuldades para a Corte ter acesso a informações relevantes para a decisão, ou fatores que exigem uma uniformidade de decisão que só pode ser obtida através da ação dos outros poderes. Ver *American Constitutional Law*, 3ª edição, p. 366.

A história recente da *judicial review* revela um gradativo mas consistente declínio da influência da *political question doctrine* na jurisprudência da Suprema Corte norte-americana. A assim chamada *Era Lochner* conheceu uma Corte extremamente ativa na proteção de valores considerados constitucionais, mas ela terminou sob intensas críticas dos teóricos que pregavam um retorno à postura representada pela *judicial self-restraint*, na linha de Marshall e Holmes. O maior símbolo da atitude que se exigia na Suprema Corte durante a crise do *New Deal* foi Felix Frankfurter, ex-assessor jurídico do Presidente Roosevelt durante a implantação do *New Deal*, e nomeado membro associado da Suprema Corte em 1939. Frankfurter liderou durante pouco mais de uma década o movimento de retorno à *self-restraint* na linha de Holmes, sendo o julgamento do caso *Colegrove v. Green* o mais importante precedente dessa breve era de predomínio da autolimitação judicial. Nesse caso, de 1946, a Corte recorreu expressamente à doutrina das questões políticas para recusar-se a examinar um pedido de eleitores do Estado de Illinois para que fosse declarada a inconstitucionalidade da distribuição dos distritos eleitores do Estado, que estava baseada em censos do início do século e, por conseqüência, ignorava o crescimento urbano e a redistribuição populacional ocorrida desde então, violando a cláusula da *equal protection of law*.

O declínio definitivo da *political question doctrine* iniciou, no entanto, durante o próprio período em que Frankfurter liderava a corrente favorável à autolimitação na Corte. O caso *Brown v. Board of Education*, de 1954, que julgou, pela primeira vez, inconstitucionais medidas legais e administrativas de segregação racial, revelou um tribunal disposto a assumir direta e corajosamente a condução de políticas públicas destinadas a tornar eficazes os direitos civis. No já citado caso *Baker v. Carr* a Suprema Corte mudou radicalmente o enfoque que empregara em *Colegrove v. Green* e julgou inconstitucional a distribuição dos distritos eleitorais do Estado de Tenessee, em clara rejeição à doutrina das questões políticas exposta na decisão de 1946.[526] Desde então, a postura da Corte é muito mais agressiva no exercício da revisão judicial, de modo que boa parte da doutrina norte-americana tem alertado para a existência de uma *suprema-*

---

[526] Tribe, Laurence. *American Constitutional Law*, 2ª edição, p. 1068-1069. A literatura sobre os *apportionment cases* é extensa no direito constitucional norte-americano. Ver, a título de exemplo, Christopher Wolfe, *The Rise of Modern Judicial Review*, p. 265; Bernard Schwartz, *A History of the Supreme Court*, p. 278; John Hart Ely, *Democracy and Distrust*, p. 116-125. Em português, recentemente José Adércio Leite Sampaio narrou a história dos casos de redistribuição eleitoral na justiça americana, em *A Constituição Reinventada*, p. 282 e ss. Para uma análise apurada da atuação de Felix Frankfurter na defesa da doutrina da *judicial self-restraint* na Suprema Corte norte-americana na metade do século passado, ver Jorge Reinaldo Vanossi, *Teoria constitucional*, t. II.

cia do judiciário em detrimento do princípio da soberania popular.[527] Alguns autores sustentam, inclusive, que o avanço da supremacia judicial ao longo das últimas décadas foi além do que propunha o prudencialismo de Alexander Bickel e de William Brennan no caso *Baker v. Carr.*, o que permitiria hoje reconhecer até mesmo o desaparecimento da *political question doctrine*. Mark Tushnet diz que "Bickel estava preocupado que a (Suprema) Corte não seria capaz de sustentar as suas iniciativas a menos que agisse com prudência", mas desde então o tribunal afirmou-se de tal forma no cenário político norte-americano que as suas decisões são aceitas mesmo quando se revelam ousadamente políticas.[528] Nos casos envolvendo as conturbadas eleições presidenciais de 2000, a doutrina constitucional apontou para o abandono da doutrina das questões políticas e da estratégia institucional de deferência judicial aos demais poderes e para um avanço e consolidação da supremacia da Suprema Corte no concerto constitucional norte-americano.[529]

Por outro lado, de modo geral a *political question doctrine* não chegou a conquistar um espaço importante no direito constitucional europeu. Em artigo sobre a relação entre jurisdição constitucional e a divisão de poderes no direito constitucional alemão, Otto Kimminich afirma que na Lei Fundamental de Bonn não há lugar para a doutrina das questões políticas, porque a função do Tribunal Constitucional Federal indica que essa instituição é mais do que um tribunal, "devendo proceder à aferição da legitimidade das decisões políticas do legislador com base no parâmetro

---

[527] Para um estudo sobre o declínio da doutrina exatamente a partir de *Baker v. Carr*, v. Mark Tushnet, "The Transformation and Desappearance ot the Political Question Doctrine", *North Caroline Law Review*, vol. 80, p. 1203, maio-2003, que é o texto escrito de uma comunicação apresentada em *Baker v. Carr: A Commemorative Symposium: Panel I: Justiciability and The Political Thicket: Law and Prudence in the Law of Justiciability.*

[528] Tushnet, *ob. cit.*, p. 1231-1234. Segundo Tushnet, *ob. cit.*, p. 1230, "(Alexander) Bickel e (Fritz) Scharpf estavam certos em verem que a tarefa de combinar prudência e direito era particularmente importante ao tempo em que eles escreveram. Eles estavam lidando com uma Suprema Corte que somente recentemente havia emergido da crise precipitada pela obstrução do New Deal pela Corte e estava simultaneamente tentando redefinir o alcance do poder do governo no desenvolvimento dos direitos civis e das restrições que as liberdades civis impunham ao governo. Felix Frankfurter, o mentor de Bickel, estava principalmente preocupado com o legado da Corte pré-New Deal, mas certamente acreditava que o poder judicial devia ser usado para atingir justiça racial."

[529] Cf. Rachel Barkow, ob. cit., p. 273, e Louise Weinberg, "When Courts Decide Elections: The Constitutionality of *Bush v. Gore*", *Boston Law Review*, v. 82, jun-2000, n. 3, 609-698. Barkow, que é crítica em relação à ascensão da doutrina da supremacia judicial, chega a firmar que "a doutrina das questões políticas não pode coexistir com a visão atual da (Suprema) Corte acerca do espaço do judiciário na estrutura constitucional"; e, adiante: "Se 'uma visão forte da supremacia judicial implica uma ausência de deferência judicial', *a fortiori* ela demanda o fim da doutrina das questões políticas. Se a Corte não confia nos ramos políticos (*political branches*) o suficiente para conceder às suas decisões deferência em casos sobre os quais a Corte tem jurisdição, seria anômalo para a Corte concluir que os ramos políticos possuem vantagens institucionais que justificam lhes dar controle completo sobre algumas questões constitucionais ". *Ob. cit.*, p. 317.

constitucional".[530] É que o Tribunal Constitucional, justamente por ser o guardião da Constituição, se ocupa de uma controvérsia jurídica peculiar, que é a controvérsia jurídica de caráter político.[531] E no Brasil, qual terá sido a sorte da doutrina das questões políticas?

2.4.3. A evolução da doutrina no direito constitucional brasileiro

No Brasil, embora a doutrina jamais tenha gozado da relevância doutrinária e jurisprudencial que assumiu nos Estados Unidos, ela não deixou de exercer um papel de destaque como instrumento normativo e retórico de limitação da justiciabilidade de questões constitucionais. Especialmente marcante é o fato de que as Constituições de 1934 (art. 68) e 1937 (art. 94) vedaram expressamente ao Poder Judiciário conhecer de questões políticas, nitidamente importando para o direito positivo brasileiro a doutrina desenvolvida na jurisprudência norte-americana.[532] Um estudo da jurisprudência do Supremo Tribunal Federal revela que a *political question doctrine* prevaleceu nos casos constitucionais que tratavam de "competências privativas" dos outros poderes da República. Essa orientação aparece, por exemplo, no julgamento do *Habeas Corpus* n. 3.527, julgado em 1914, que discutiu detenção determinada durante estado de sítio decretado naquele ano no Distrito Federal e no Estado do Rio de Janeiro, cuja constitucionalidade era então questionada. Na decisão, o Supremo Tribunal afirmou que, muito embora lhe coubesse o exame dos atos dos outros dois poderes argüidos de lesivos a direitos individuais, por vício de ilegalidade e inconstitucionalidade, ele não poderia "estender o uso dessa atribuição até o ponto de julgar o mérito de atos que envolvem a própria independência" daqueles poderes no que concerne às suas "funções privativas", para as quais cada um dos poderes é o "único juiz competente" da oportunidade e das razões determinantes do ato. A corte declarou-se "incompetente para julgar o mérito", porque "a inconstitucionalidade da decretação do estado de sítio é matéria estranha ao Poder Judiciário".

Outro grupo de casos representativo da posição do Supremo Tribunal Federal acerca da doutrina refere-se à justiciabilidade dos requisitos necessários para a edição de decreto-leis, nos períodos em que existiram, e

---

[530] V. Aharon Barak, "A Judge on judging: The Role of a Supreme Court in a Democracy", *Harvard Law Review*, vol. 116, 2002, p. 105.

[531] Otto Kimminich, "Jurisdição Constitucional e princípio da divisão de poderes", *RDP* 92, p. 17-33. Para uma análise da doutrina da auto-restrição judicial, inclusive em questões políticas, nos anos iniciais do Tribunal Constitucional Federal da então Alemanha Ocidental, v. Edward McWhinney, "Judicial restraint and the West German Constitutional Court", *Harvard Law Review*, 75:5, 1961, p. 5-38.

[532] Estes artigos tinham a seguinte redação: "É vedado ao Poder Judiciário conhecer de questões exclusivamente políticas".

atualmente de medidas provisórias. No julgamento do Recurso Extraordinário n. 62.739-SP, em 1967,[533] relatado pelo Ministro Aliomar Baleeiro, o Tribunal decidiu que "a apreciação dos casos de 'urgência' ou de 'interesse público relevante', a que se refere o art. 58 da Constituição de 1967, *assume caráter político e está entregue ao discricionarismo dos juízos de oportunidade ou de valor do Presidente da República*, ressalvada apreciação contrária e também discricionária do Congresso" (grifei). Como se percebe, cuida-se de uma evidente manifestação de autolimitação judicial diante de uma questão constitucional classificada como política. Em 1972, no julgamento do Recurso Extraordinário n. 74.096-SP, o Supremo Tribunal reprisou essa doutrina em hipótese que envolvia o controle da constitucionalidade acerca do atendimento dos pressupostos da urgência e do relevante interesse público por decreto-lei que majorara alíquota do imposto de importação.[534]

Como se sabe, a Constituição Federal de 1988 eliminou o instituto do decreto-lei e o "substituiu" pelas medidas provisórias, que, embora sua natureza jurídica não se tenha estabilizado na doutrina constitucional brasileira, parece tratar-se de ato de caráter normativo equiparado à lei ordinária.[535] O art. 62 da Constituição de 1988 dispôs que o Presidente da República pode adotar medidas provisórias, com força de lei, em caso de *relevância* e *urgência*, praticamente reprisando os pressupostos fáticos do regime anterior para a edição de decretos-leis, embora sem a vinculação explícita do requisito da relevância ao conceito de interesse público. Ambos os pressupostos valem-se de conceitos juridicamente indeterminados, que conferem uma margem de livre apreciação ao órgão competente para a edição da medida provisória. O Supremo Tribunal Federal manteve a

---

[533] RTJ 44, p. 65. Este caso, no entanto, contém também uma posição avançada do Supremo Tribunal no controle de constitucionalidade das leis. O Presidente da República editara decreto-lei assegurando a purgação da mora ao locatário nas locações para fins não residenciais. O Ministro Baleeiro julgou que a permissão de edição de decretos-leis em casos envolvendo a *segurança nacional*, prevista no art. 58 da Constituição de 1967, não autoriza o Presidente da República a tratar, em decreto-lei, de purgação da mora em locações não-residenciais, que não pode ser considerada questão de segurança nacional. Restringindo a discricionariedade presidencial, asseverou o Ministro que o conceito de "segurança nacional" não constitui "algo indefinido, vago e plástico, algo que pode ser ou não ser, entregue ao discricionarismo do Presidente e do Congresso. Os direitos e garantias individuais, o federalismo e outros alvos fundamentais da Constituição ficarão absolutamente abalados nos alicerces e ruirão se admitirmos que representa 'segurança nacional' toda matéria que o Presidente da República declara que o é, sem oposição do Congresso".

[534] RTJ 62, p. 819.

[535] Ver, para um exame histórico e dogmático das medidas provisórias, no Brasil e em outros países, Clémerson Merlin Clève, *Atividade legislativa do Poder Executivo no Estado contemporâneo e na Constituição de 1988*, p. 150-186.

mesma atitude em relação ao controle da constitucionalidade das medidas provisórias que adotara à época dos decretos-leis, afirmando que o exame dos pressupostos da urgência e relevância é de natureza exclusivamente política e, por conseqüência, pertence à esfera dos atos políticos imunes à fiscalização judicial.[536] A avaliação da urgência e da relevância demanda critérios de oportunidade e conveniência que devem ser mensurados livremente pelo chefe do Poder Executivo, e a revisão do juízo do Presidente é também um ato essencialmente político, de competência exclusiva do Congresso Nacional. Para o Supremo Tribunal, portanto, a natureza do ato que exige a avaliação da existência fática da urgência e da relevância é *exclusivamente* política, vale dizer, demanda o exercício de atividades cognitivas e volitivas que não podem ter parâmetros jurídicos de condicionamento e limitação que permitam o controle *a posteriori* pelo órgão jurisdicional. A imunidade judicial não está na atribuição constitucional de competências privativas do Presidente da República e do Congresso Nacional, mas na natureza do próprio ato, considerada essencialmente política. Qualquer reexame jurisdicional implicaria a substituição da avaliação política dos poderes executivo e legislativo por outra avaliação igualmente política do Poder Judiciário.[537]

Conforme foi dito, os pressupostos de relevância e urgência consistem em conceitos jurídicos indeterminados, cuja aplicação exige uma interpretação tópica por parte do órgão competente para a execução do ato. A teoria dos conceitos jurídicos indeterminados há muito tempo assentou que o exame desses termos legais pelo intérprete e aplicador move-se em três dimensões: a uma zona de certeza positiva, na qual se poderia afirmar que evidentemente estão presentes a relevância e a urgência; uma *zona de certeza negativa*, onde seguramente não se pode reconhecer relevância e urgência; e uma *zona de incerteza ou de penumbra*, na qual não se consegue atingir níveis aceitáveis de certeza positiva ou negativa, e que assim

---

[536] Cf. ADIn n. 1533, julgada em 9 de dezembro de 1996, ADIn n. 1.397, julgada em 28 de abril de 1997 (pub. em RDA v. 210, p. 294), e ADIn n. 1700, julgada em 19 de dezembro de 1997 (pub. Na RTJ 181, v. 3, p. 875). Ver, ainda, o acórdão no Agravo Regimental no Recurso Extraordinário n. 231630.0-PR, julgado em 24 de agosto de 1999, publicado na Revista dos Tribunais n. 771, p. 177, no mesmo sentido.

[537] A propósito, o Ministro Carlos Velloso, no julgamento da ADIn n. 1.516, declarou que "é preciso que se diga que as questões políticas, verdadeiramente políticas, o Congresso Nacional e o Poder Executivo que têm a legitimidade do voto, é que decidem sobre elas". Pub. na RDA vol. 218, p. 231. Na mesma decisão, o Ministro Sepúlveda Pertence afirmou que "não se pode tornar cotidiana a livre apreciação judicial da relevância e da urgência da edição de cada medida provisória, porque isso efetivamente levaria o Judiciário a substituir-se à decisão política dos poderes a tanto ordinariamente legitimados".

defere ao intérprete e aplicador uma *margem de apreciação* livre de revisão judicial.[538]

Pois bem, nem mesmo à teoria dos conceitos jurídicos indeterminados recorreu o Supremo Tribunal Federal para realizar o controle de constitucionalidade das medidas provisórias ao menos nas zonas de certeza dos pressupostos de relevância e urgência. Para a Corte, em face da essência *unicamente* política do exame dos pressupostos, o Presidente da República dispõe de uma liberdade completa, e não apenas de uma "margem" de apreciação. É bem verdade que o Supremo Tribunal Federal ultimamente parece disposto a moderar a atitude absenteísta e exercer algum controle material da constitucionalidade de medidas provisórias. E os pronunciamentos já existentes indicam que a corte pode adotar um método idêntico ou similar ao proposto pela doutrina para o controle judicial dos conceitos jurídicos indeterminados. No julgamento das medidas cautelares nas ADIns n°s 1.753 e 1.910, a Corte suspendeu os efeitos de medidas provisórias que disciplinavam regras de processo civil, sob o argumento de que evidentemente não estavam presentes os pressupostos de relevância e urgência, ou seja, de que se estava dentro de uma *zona de certeza negativa* quanto à existência fática dos pressupostos constitucionais da medida provisória passível de aferição objetiva. Nessa zona, a questão perde a sua *politicidade* exclusiva e torna-se suscetível de revisão judicial.[539]

Não há dúvida, no entanto, que, apesar da sua presença na história da jurisprudência constitucional do Supremo Tribunal Federal, a teoria das questões políticas não conta com a simpatia da doutrina brasileira. José Alfredo de Oliveira Baracho Júnior, por exemplo, reconhece a tensão entre a defesa dos direitos fundamentais e os limites impostos pela teoria em momentos importantes da história do Supremo Tribunal, sobretudo nas décadas iniciais da implantação do regime republicano e durante os governos autoritários instaurados a partir de 1937 e 1964. Ele adverte, porém, que o recurso à doutrina perdeu espaço na corte, e a relativa reversão da injusticiabilidade dos requisitos de relevância e urgência na edição de medidas provisórias seria um sinal desse enfraquecimento do papel da concepção de questões políticas no Supremo Tribunal Federal. De qualquer modo, Baracho assevera que o grande desafio para o Poder Judiciário,

---

[538] Sobre a teoria dos conceitos jurídicos indeterminados, ver Antônio Francisco de Souza, *"Conceitos indeterminados" no Direito Administrativo*; Germana de Oliveira Moraes, *Controle jurisdicional da administração pública*, p. 27-74; Mariano Bacigalupo, *La discrionalidad administrativa (estructura normativa, control judicial y limites constitucionales de su atribución)*, p. 193-217; Karl Engish, *Introdução ao pensamento jurídico*, p. 205-274.
[539] ADInMC n. 1753-DF, Relator Min. Sepúlveda Pertence, pub. DT 1 de 12.6.1998, p. 51; e ADInMC n. 1910-DF, Rel. Min. Sepúlveda Pertence, pub. DJ de 3.5.1999, p. 27.

e especialmente para o Supremo Tribunal Federal, é preservar os princípios que fundamentam a ordem jurídico-constitucional, ainda que esses princípios incidam sobre uma controvérsia que tenha ou possa ter grande repercussão política. Assim, ele propõe o "abandono completo da doutrina da 'questão política', como espaço que torna certas matérias imunes à apreciação do Poder Judiciário".[540]

Não compartilho desse desencanto completo com a doutrina das questões políticas, e os precedentes citados acima infirmam esse suposto desprestígio no Supremo Tribunal. As conhecidas listas de atos políticos revelam que realmente existem matérias constitucionais que têm uma natureza essencialmente política, e portanto devem ser atribuídas com exclusividade aos órgãos de direção política do Estado. Isso não significa que a constituição não seja igualmente vinculante para o legislador e o administrador quando a questão tiver natureza política. É claro que a constituição permanece vinculante, porque matérias políticas reguladas pela constituição se transformam em questões de *política constitucional*. No entanto, exatamente pela própria natureza da matéria, pela sua "politicidade" ou pelo modo-de-ser específico da questão constitucional, os órgãos estatais com competência funcional para decidir sobre ela são aqueles com atribuições propriamente políticas. É uma mistificação dizer que questões reguladas pela constituição perdem sua natureza exclusivamente política e tornam-se necessariamente questões jurídicas e justiciáveis. Se seguirmos a distinção, explorada por Carlos Santiago Nino, entre constituição dos direitos e constituição do poder, recordaremos que as constituições regulam também o poder, inclusive o poder político deferido aos órgãos legislativos e executivos do Estado. Algumas das competências estatais são atribuídas *com exclusividade* aos Poderes Legislativo e Executivo, em virtude da especialização funcional dos poderes e da "politicidade" da questão constitucional. Ou seja, os órgãos legislativos e executivos permanecem vinculados à constituição mesmo nos casos de competências constitucionais de natureza política, mas esta vinculação não pode ser controlada pelo Poder Judiciário.

Mas como é possível reconhecer quando uma questão constitucional é *exclusivamente política* e por isso está imune ao controle judicial? Em outras palavras, haveria uma *ontologia* das questões políticas? Essa ques-

---

[540] José Alfredo de Oliveira Baracho Junior, "A interpretação dos direitos fundamentais na Suprema Corte dos EUA e no Supremo Tribunal Federal", *in*: José Adércio Leite Sampaio (org.), *Jurisdição constitucional e direitos fundamentais*, p. 335-338. Igualmente crítico da aplicação da doutrina é Fábio Konder Comparato, "Ensaio sobre o juízo de constitucionalidade de políticas públicas", *Revista dos Tribunais*, vol. 737, março de 1997, p. 19-21.

tão tem sido um terrível desafio para a teoria constitucional desde o surgimento medieval do constitucionalismo e mereceria um aprofundamento que lamentavelmente não pode ser feito neste estudo. No entanto, é nela que reside o germe da solução de um dos mais tormentosos dilemas do direito constitucional, por isso devemos nos deter um pouco nos seus fundamentos.

2.4.4. A fluidez conceitual das questões políticas

O problema das questões políticas é delicado e decisivo para o estudo dos limites de justiciabilidade da constituição. Conforme a fórmula clássica de Canotilho, a constituição é o *estatuto jurídico do* político,[541] o que significa que, em última análise, se trata de uma ordem normativa dos valores, interesses e instituições da vida política de uma comunidade. Portanto, se as normas constitucionais por definição tratam de questões de natureza política, os conflitos jurídicos envolvendo normas constitucionais serão freqüentemente também conflitos de natureza política. Logo, uma concepção ampla de *political question* implicaria a redução da revisão judicial da constitucionalidade das leis e atos administrativos a um controle meramente formal.[542] É claro, então, que é preciso restringir o alcance do conceito. Muitas vezes a questão constitucional nitidamente é exclusivamente política, como ocorre com a política externa, a declaração de guerra e a celebração da paz, a indicação de ministros e secretários, o veto ou aprovação de projeto de lei, a cassação política pelo *impeachment*. Noutras vezes, entretanto, por trás da natureza política está a violação a um direito fundamental ou a um princípio jurídico constitucional essencial para a proteção dos indivíduos ou para as próprias bases institucionais do sistema constitucional. Nesses casos, a natureza política do caso constitucional não deve inibir juízes e tribunais de examinar a questão constitucional, ainda que a decisão judicial exija a revisão de escolhas e decisões adotadas pelo legislador ou pelo administrador no uso de suas competências privativas.

Na sistematização que recentemente elaborou sobre o tema, José Adércio Leite Sampaio propõe um conjunto "didático" de critérios para identificar as questões políticas.[543] O primeiro deles, denominado *critério*

---

[541] Gomes Canotilho, *Direito Constitucional*, p. 34-36.
[542] Rui Barbosa já fizera esta advertência: "Mas em que termo se deve entender o horizonte dessa expressão (atos políticos)? Adotada em sua acepção ampla, ela abrangeria no seu raio a esfera inteira da soberania constitucional, baldaria absolutamente a competência, que para o Judiciário se reclama, de coibir-lhe as incursões no terreno do direito individual, reduzindo essa competência a nada"; *Atos inconstitucionais*, p. 105.

positivo, parte do conceito jurídico de política, associado ao mérito do ato, que se identifica com o juízo de oportunidade e conveniência atribuído ao uso discricionário do parlamento e do governo. Esse critério praticamente se confundiria com a noção de competências constitucionais privativas dos três poderes e manteria a dificuldade de diferenciar discricionariedade política de discricionariedade administrativa e legislativa. Segundo o autor, esses institutos, posto que tenham semelhanças estruturais e funcionais, não devem ser confundidos, em face do "caráter inaugural" das competências tipicamente políticas, além da maior abrangência da discricionariedade política em relação à administrativa. O critério positivo pode ser auxiliado por listas de questões políticas injusticiáveis, embora o método de listagem seja limitado e tautológico.[544]

O *critério formal-pragmático* baseia-se no método prudencial adotado no voto do *justice* William Brennan Jr. no caso *Baker v. Carr*, julgado pela Suprema Corte dos Estados Unidos.[545] Como anotei acima, essa decisão marcou a superação da chamada doutrina clássica ou interpretativa das questões políticas, e concedeu à Suprema Corte uma espécie de poder discricionário na avaliação da conveniência ou da oportunidade jurídica e política de decidir um determinado caso constitucional. Os parâmetros de avaliação da justiciabilidade da questão, transcritos anteriormente, remetem a uma decisão prudencial ou, na expressão de José Adércio Sampaio, "pragmática" acerca da conveniência da intervenção judicial, de modo que este critério suscita uma série de "sombras" sobre a exata delimitação entre as questões constitucionais políticas justiciáveis e as injusticiáveis, com a agravante de que concede ao Poder Judiciário o poder de estabelecer discricionariamente e *ad hoc* a referida distinção.

Por fim, o *critério negativo* caracteriza-se por "determinar o núcleo de afirmação do poder jurisdicional", renunciando a investigar a natureza política da questão constitucional e assumir a justiciabilidade de todo o

---

[543] José Adércio Leite Sampaio, *A Constituição reinventada*, p. 329-339.

[544] O autor menciona, como exemplos de questões exclusivamente políticas, listadas pela doutrina brasileira, a declaração da guerra e a celebração da paz; as relações diplomáticas; celebração e denúncia de tratados; reconhecimento de governo estrangeiro, decretação de estádio de sítio e de intervenção federal; fixação de fronteiras nacionais; comando das Forças Armadas; decretação de expulsão; instituição e majoração de tributos; distribuição orçamentária de despesas; concessão de indulto; provimento de cargos públicos; nomeação de ministros; sanção e veto do chefe do Poder Executivo no processo legislativo; a suspensão, pelo Senado, de ato normativo declarado inconstitucional pelo Supremo Tribunal Federal no controle concreto de constitucionalidade; escolha de membros dos tribunais. *Ob. cit.*, p. 333.

[545] Examinando a posição adotada por Brennan, Aharon Barak, Presidente da Suprema Corte de Israel, também vislumbra nela duas espécies de critérios: os "normativos" e os "institucionais"; Aharon Barak, "A Judge on judging: The Role of a Supreme Court in a Democracy", *Harvard Law Review*, vol. 116, 2002, p. 98-104.

ato normativo e executivo, político ou não, que importe em violação dos direitos e liberdades dos indivíduos.[546] Esse critério, sem dúvida o mais antigo utilizado para delimitar as fronteiras dos atos políticos,[547] é aplicado generalizadamente para todas as técnicas que compõem a "teoria geral da autolimitação judicial". Entretanto, José Adércio Sampaio acertadamente ressalva que ele "amplia demasiadamente o espaço livre de jurisdição", criando duas constituições: a constituição das normas jusfundamentais, protegida pela jurisdição constitucional, e a constituição orgânica, imune ao controle judicial e "largada à sorte das contendas e arranjos políticos".[548]

Esses critérios são de fato eminentemente didáticos, porque tanto em teoria como na prática eles podem aparecer isoladamente, de acordo com a tipologia apresentada, como também podem ser utilizados alternadamente, de forma mais ou menos aleatória, e até mesmo combinados. Um exemplo particularmente interessante de combinação encontra-se no conceito formulado por um autor clássico, Rui Barbosa: "Atos *políticos* do Congresso, ou do Executivo, na acepção em que esse qualificativo traduz exceção à competência da justiça, consideram-se aqueles, a respeito dos quais a lei confiou a matéria à discrição prudencial do poder, *e o exercício dela não lesa direitos constitucionais do indivíduo*".[549]

O fato é que diversos fatores contribuem para dificultar a definição e a delimitação conceitual dos atos de natureza política. Um deles é a fusão e a confusão, na literatura e na jurisprudência, da doutrina das questões políticas com outras hipóteses de autolimitação judicial, particularmente com a discricionariedade administrativa e a liberdade de conformação do legislador no cenário jurídico brasileiro. Não obstante a autonomia teórica desses institutos jurídicos, já bem delineados no direito público, nem sempre é fácil estabelecer as fronteiras entre eles e os temas enfocados sob a doutrina das questões políticas. Veja-se essa dificuldade exposta, por exemplo, na seguinte definição de *ato político* proposta por Meirelles Teixeira:

"*Atos políticos* são justamente esses atos cujo conteúdo se compreende na esfera de discricionariedade, de livre apreciação dos órgãos e agentes do Poder Público. Os aspectos político-administrativos das leis, e

---

[546] José Adércio Leite Sampaio, *ob. cit.*, p. 335.
[547] Uma síntese instrutiva das idéias predominantes sobre esse tema, no constitucionalismo do século XIX, pode ser encontrada em Rui Barbosa, *Atos inconstitucionais*, p. 105-199.
[548] José Adércio Leite Sampaio, *ob. cit.*, p. 336.
[549] Rui Barbosa, *Atos inconstitucionais*, p. 118.

também dos atos do Poder Público, isto é, da sua conveniência, utilidade pública, vantagem, oportunidade, etc., salvo se expressamente subtraídos pela Constituição e pelas leis dessa esfera de discricionariedade, ficam, em regra geral, isentos da apreciação do Poder Judiciário, que não legisla, nem administra – e se o fizesse estaria invadindo atribuições de outros Poderes".[550]

É inegável que as fronteiras entre esses institutos estão repletas de sombras e matizes. A fim de definir-lhes a natureza com mais precisão, propus que a discricionariedade administrativa e a legislativa importam em um limite *funcional* à jurisdição constitucional, e que as questões políticas se constituem em um limite *temático* à jurisdição constitucional, o que significaria que determinadas questões constitucionais têm uma natureza essencialmente política. Ainda assim, não é fácil definir quando surge essa natureza "essencialmente" política. Pode-se apelar para uma interpretação do texto, do sistema e da estrutura da Constituição para identificar os casos em que o constituinte reconheceu como sendo eminentemente políticos. Pode-se, também, adotar uma abordagem funcional, como sugere Tribe, considerando política a questão que requer uma solução ou um juízo de oportunidade e conveniência contingente, baseada em fatos, informações ou prognósticos exclusivamente políticos, ou exige uma abordagem uniforme sobre fatos ou prognósticos, que só pode ser executada através do modo de atuação ampla dos Poderes Legislativo e Executivo. Uma outra estratégia seria aceitar como questão política, as matérias atribuídas pela constituição aos ramos políticos do Estado, técnica comum no direito constitucional norte-americano, mas neste caso estaríamos reenviando o problema da definição da questão política para os limites funcionais da jurisdição constitucional, correndo o risco de promover a sua fusão ou a sua confusão com os institutos da discricionariedade administrativa e da discricionariedade legislativa.

A dificuldade de distinguir as questões políticas dos institutos da discricionariedade administrativa e legislativa é ainda acentuada, porque a natureza política de um ato governamental confere a ele o caráter de ato discricionário, que se sujeita aos critérios de oportunidade e conveniência do órgão competente para a sua performance.[551] Como os atos políticos

---

[550] J. H. Meirelles Teixeira, *Curso de Direito Constitucional*, p. 395. Ver, também, Paulo Bonavides, *Curso de Direito Constitucional*, p. 286-293.

[551] Mariano Bacigalupo mostra que também na Espanha parte da doutrina tende a equiparar os atos discricionários aos atos políticos. O autor transcreve a análise de B. Lozano, que resume bem a tese da equiparação: "Considero (...) que os atos que a doutrina citada do Tribunal Supremo define como 'atos políticos' ou de 'direção política' não são senão decisões para cuja adoção o ordenamento atribui uma amplíssima – máxima, se se quer – margem de discricionariedade ao Executivo para apreciar 'o

são de competência dos Poderes Executivo e Legislativo, a discricionariedade política acaba gerando uma discricionariedade administrativa ou legislativa, de modo que o esforço dogmático para distinguir esses institutos tenderia a ser irrelevante.[552] Assim, uma solução simples e até mesmo tradicional seria definir a essência das questões políticas *associando* competências privativas dos órgãos de direção política com discricionariedade, de modo que teríamos uma *political question* quando *o exercício de uma competência constitucional de um dos órgãos políticos do Estado implicar necessariamente uma discricionariedade em sentido forte*, vale dizer, quando o próprio sistema constitucional, expressa ou implicitamente, transferir aos órgãos legislativos e executivos a escolha dos critérios de oportunidade e conveniência adequados para a execução da competência constitucional. Essa espécie de discricionariedade em sentido forte, que defere a um único órgão do Estado poder para eleger critérios de oportunidade e conveniência no cumprimento de suas funções constitucionais, jamais pode ser exercida pelo Poder Judiciário. Questões políticas são questões em que o juízo político de oportunidade e conveniência do órgão estatal competente é eleito na própria constituição como adequado e suficiente para a execução da competência constitucional. Ao Poder Judiciário cabe decidir questões constitucionais com base nos princípios e nas regras constitucionais, não com base em juízos políticos de conveniência e oportunidade dos próprios juízes.[553]

Por outro lado, além da dificuldade de distinguir e conceituar as questões constitucionais políticas, as mesmas razões que aproximam e confundem a discricionariedade administrativa e legislativa e a doutrina

---

que seja de interesse público', *mas sem que isso comporte uma distinta natureza destes atos quanto ao seu controle jurisdicional nem justifique, por conseguinte, uma denominação diferenciada dos mesmos, pois estão submetidos às mesmas regras gerais da vinculação à Lei e ao Direito e de controle judicial dos atos discricionários da Administração*" (grifos no original). Apud Bacigalupo, *La discricinalidad administrativa (estructura normativa, control judicial y limites constitucionales de su atribución)*, p. 54-55.

[552] Basta ler o tratamento dispensado pelo Supremo Tribunal Federal às medidas provisórias para verificar que a discricionariedade atribuída ao manejo das questões políticas é idêntica à teoria clássica da discricionariedade administrativa: ambas valem-se de critérios de oportunidade e conveniência de livre escolha do órgão competente, que estão à margem do controle judicial.

[553] Uma das âncoras teóricas da obra de Alexander Bickel já várias vezes referida, *The Least Dangerous Branch*, consiste justamente em distinguir juízos baseados em princípios (*judgements of principle*), típicos do Poder Judiciário, de juízos baseados na conveniência (*judgements of expediency*), atribuídos aos órgãos políticos. Conquanto dedique muitas páginas do livro para estabelecer essa distinção, central para sua exposição, Bickel não consegue esclarecer qual é, em sua concepção, a diferença ontológica entre as duas espécies de juízos. Nesse sentido Anthony Kronman: "Embora jogue um importante papel na sua defesa da revisão judicial, a distinção que Bickel traça entre julgamentos de conveniência e princípio nunca é adequadamente explicada"; "Alexander Bickel's Philosophy of Prudence", p. 1576.

das questões políticas sujeitam esta ao mesmo movimento reducionista que tem atacado aquela. Como se anotou, a teoria clássica da *judicial restraint* sempre entendeu que a doutrina das questões políticas não podia ser invocada para inibir a tutela dos direitos individuais. Contudo, a ampliação dos catálogos de direitos fundamentais, com a incorporação de novos direitos civis e políticos e dos direitos econômicos, sociais e culturais tem reduzido o raio de ação da tese da injusticiabilidade das questões políticas, ao menos quando se trata de tutelar direitos fundamentais. Ainda assim, no campo dos direitos sociais *lato sensu* a doutrina das questões políticas permanece sendo uma técnica à qual recorrem os juízes e tribunais que recusam a estes direitos a mesma eficácia jurídica dos direitos liberais. Conforme Abramovich e Courtis, "quando a reparação de uma violação de direitos econômicos, sociais e culturais importa uma ação positiva do Estado que põe em jogo recurso orçamentários, ou afeta de alguma maneira o desenho ou a execução de políticas públicas, ou implica tomar uma decisão acerca de que grupos ou setores sociais serão prioritariamente auxiliados ou tutelados pelo Estado, os juízes costumam considerar tais questões como próprias da competência dos órgãos políticos do sistema".[554] Os mesmos autores ressaltam que a auto-restrição judicial tende a ser ainda mais acentuada quando a aplicação do direito social supõe uma margem de discricionariedade cuja base é o exercício de um conhecimento ou uma perícia técnica, que se presume próprio da administração pública e alheio às funções do Poder Judiciário.

Contudo, com razão Mariano Bacigalupo assinala que, tanto quanto qualquer outro tipo de discricionariedade, a *discricionariedade política* que o ordenamento jurídico pode atribuir aos órgãos de governo modula a intensidade do controle judicial, mas não o exclui. "Ao contrário, diz o autor, sempre que haja um limite à atuação de qualquer autoridade, é inescusável o controle judicial ordinário da sua observância". Não é o caráter político ou não dos atos dos poderes públicos o único fator que determina a possibilidade e a extensão do seu controle judicial, mas a medida da sua vinculação jurídica, sobretudo quando se tratam de atos políticos que afetam direitos fundamentais. Por isso se diz que "qualquer atuação dos poderes públicos (incluindo o governo), vinculada pelo Direito, tanto se tem um conteúdo político ou não, é fiscalizável pelos juízes e tribunais ordinários, se bem que, isso sim, na medida estrita da sua vinculação jurídica. Vinculação que – se não à lei, ao menos à constituição e ao Direito – existiria sempre, ainda que somente seja através dos direitos

---

[554] Victor Abramoch e Christian Courtis, *Los derechos sociales como derecheos exigibles*, p. 127.

fundamentais (o que não é pouco) ou dos princípios constitucionais e princípios gerais do direito que regem a atuação de todos os poderes públicos".[555]

Em síntese, a doutrina das questões políticas pode ainda ser uma técnica útil para a autocontenção da jurisdição constitucional em casos em que a execução de competências constitucionais é eminentemente política, o que pode ocorrer inclusive na aplicação de direitos fundamentais. No entanto, o constitucionalismo moderno aceita corretamente uma ampliação horizontal e vertical do controle judicial para o interior das questões políticas, sobretudo quando se tratar de atos governamentais que afetem de alguma forma direitos fundamentais e princípios constitucionais. Ou seja, essa técnica de auto-restrição sobreviveu à ascensão da jurisdição constitucional do neoconstitucionalismo, mas já não mais representa um limite absoluto à atuação judicial. A dosagem do controle jurisdicional das questões políticas depende, portanto, do desenvolvimento de critérios que otimizem a garantia dos direitos sem asfixiar o espaço propriamente político das competências legislativas e executivas. Nos últimos itens do livro tentarei propor sugestões que contribuam para a definição teórica destes critérios.

---

[555] Mariano Bacigalupo, *La discricionalidad administrativa (estructura normativa, control judicial y limites constitucionales de su atribución)*, p. 51-61.

3. Concepções de auto-restrição judicial

3.1. Concepção interpretativa ou normativo-estrutural

A abordagem tradicional sobre a doutrina da auto-restrição judicial radica a definição das fronteiras do controle jurisdicional da constitucionalidade das leis e atos administrativos na interpretação do sistema normativo constitucional. Segundo essa orientação, é possível identificar os limites funcionais do controle jurisdicional e os espaços de exclusiva atuação dos Poderes Legislativo e Executivo recorrendo à exegese da estrutura orgânica e do sistema jurídico-político da constituição, bem como da densidade normativa das suas normas. Isso significa que a divisão de funções dos poderes do Estado e, portanto, os limites do Poder Judiciário para o controle dos atos dos outros dois poderes já estariam predeterminados no texto constitucional, bastando ao juiz interpretar adequadamente as normas constitucionais para descobri-los.[556] Assim, a definição das restrições jurisdicionais é um problema unicamente de hermenêutica constitucional.

Essa concepção sustenta que a interpretação jurídica deve ser suficiente para identificar na estrutura orgânica e no sistema jurídico-político da constituição quais as competências privativas dos órgãos legislativos e executivos e quais os limites da revisão jurisdicional traçados no projeto constitucional, porque o sistema normativo de uma constituição com separação de poderes é sempre portador de um programa de distribuição funcional de competências. Basta interpretá-lo para saber os limites interfuncionais prefixados. Essa abordagem está implícita na teoria e na prática

---

[556] Para uma exposição sobre o predomínio da concepção interpretativa nos primórdios do constitucionalismo norte-americano, ver Christopher Wolfe, *The Rise of Modern Judicial Review*. Wolfe divide a história da revisão judicial em três fases: a *era tradicional*, entre *Marbury vs. Madison* e o final do século XIX, com as primeiras decisões da Suprema Corte em favor do devido processo substantivo "econômico"; a *era transicional*, entre o final do século XIX e a Corte que enfrentou as regras do New Deal; e a *era moderna*, desde a corte Warren até o presente. A abordagem interpretativista está associada à era tradicional. Ver, a propósito, Rachel Barkow, "More Supreme than Court?", p. 246-253.

da jurisdição constitucional desde a exposição de Marshall em *Marbury v. Madison*, toda ela concebida a partir desse paradigma hermenêutico da doutrina da auto-restrição judicial. Ele manifesta subliminarmente a idéia de que os limites da revisão judicial da constitucionalidade não são auto-impostos pelo Poder Judiciário, de modo que não se pode adscrever ao Poder Judiciário qualquer margem de liberdade, ou mesmo de discricionariedade, no exercício do controle das leis e atos administrativos. Esses limites seriam heterônomos, porque teriam sido estabelecidos expressa ou implicitamente no texto constitucional pelos constituintes, e exigiriam apenas o reconhecimento do poder judicial por meio de uma interpretação correta do sistema constitucional.

Por outro lado, a extensão do controle judicial também dependeria de um exame hermenêutico da densidade normativa dos princípios e regras constitucionais. A extensão e a intensidade do controle judicial está proporcionalmente relacionada à densidade normativa das normas constitucionais, de modo que, quanto mais densos os conteúdos normativos jusconstitucionais, mais intenso será o controle jurisdicional. Neste sentido, diz Mariano Bacigalupo, "seria a densidade com que o ordenamento jurídico programa a ação administrativa – e, seria de acrescentar, a atuação do legislador – que determinaria a intensidade do seu controle jurídico. Portanto, os déficits do controle jurisdicional resultariam ser sempre produto de déficits da programação normativa. E vice-versa".[557] No mesmo sentido, no estudo sobre a teoria da constituição dirigente, Canotilho concluía que "o problema do 'cumprimento', 'execução' ou 'atualização' do *bloco constitucional dirigente* pressupõe o exame da estrutura complexa de competências constitucionalmente plasmada. Mais do que um debate teórico sobre o problema da divisão e separação de poderes interessa o conhecimento da ordenação funcional positiva".[558] Assim, completa, "o problema da 'força dirigente' de uma constituição ou, mais rigorosamente, do caráter heterónomamente determinante das normas constitucionais, carece de uma *análise normativo-estrutural incidente sobre os preceitos concretos da constituição*" (grifei).[559]

A concepção interpretativa ou normativo-estrutural da *judicial restraint* aposta na possibilidade de uma construção teórico-abstrata dos limites da jurisdição constitucional, pela qual seria possível recorrer a institutos dogmaticamente objetivos, elaborados para funcionar como critérios jurídicos mais ou menos precisos e vinculantes *a priori* e *in abs-*

---

[557] Mariano Bacigalupo, *ob. cit.*, p. 82.
[558] Canotilho, *Constituição dirigente e vinculação do legislador*, p. 176.
[559] Idem, p. 250-251.

tracto para juízes e tribunais. Desse modo, a autolimitação estaria regrada por institutos criados no domínio teórico, que poderiam ser aplicados mediante uma metodologia propriamente jurídica e por isso não estariam sujeita ao uso discricionário e meramente pragmático pelos órgãos judiciais na delimitação das fronteiras entre o justiciável e o injusticiável.

Além disso, desde uma perspectiva da hermenêutica como argumentação jurídica, a concepção interpretativa postula a preferência de argumentos vinculados à estrutura das normas e ao sistema normativo em face de argumentos de ordem substantiva e que estejam abertos a uma decisão político-pragmática ou prudencial do intérprete. Robert Alexy denomina de *argumentos institucionais* os seguintes tipos de argumentos jurídicos: a) *argumentos lingüísticos*, baseados na verificação do uso efetivamente existente da linguagem; b) *argumentos genéticos*, baseados no efetivo propósito visado pelo legislador histórico nos termos utilizados em determinada norma jurídica; e c) *argumentos sistêmicos*, baseados na idéia de unidade e coerência do sistema legal. Por outro lado, os argumentos jurídicos podem ser também do tipo *substancial*, referentes à correção de conteúdo do argumento. Um sistema jurídico deve necessariamente institucionalizar-se. Porém, uma institucionalização bem-sucedida do sistema jurídico implica a autoridade do direito positivo e a inclusão de princípios inerentes ao Estado democrático constitucional, como o princípio democrático, a separação de poderes e o princípio do Estado de Direito. Pois bem, "o princípio da autoridade do direito positivo fundado por esses princípios requer a prioridade das razões institucionais sobre as substanciais", muito embora essa prioridade seja apenas *prima facie*.[560]

Humberto Ávila propõe uma classificação dos argumentos jurídicos baseada na construção de Alexy. A declaração de motivos da sua proposta revela razões que o alinham à concepção interpretativa que se está examinando. Para Ávila, "as classificações elaboradas pela ciência do Direito, enquanto voltadas à explicação coerente do ordenamento jurídico, *submetem-se a limites dele decorrentes*. Com efeito, será a compatibilidade com o ordenamento jurídico que permitirá avaliar a procedência da classificação, por exemplo, da eficácia das normas constitucionais, dos efeitos das decisões judiciais ou das espécies tributárias. O exame do ordenamento jurídico poderá confirmar a existência de normas de eficácia limitada, a subsistência de decisões sem qualquer efeito declaratório ou mesmo a

---

[560] Robert Alexy, "Legal argumentation as rational discourse", *Rivista internazionale di filosofia del diritto*, abril/junho-1993, p. 177. Para uma visão sobre a teoria geral da argumentação jurídica do autor, ver *Teoria da argumentação jurídica*, p. 211-291.

possibilidade de exclusão da finalidade e da destinação da arrecadação como critérios para a divisão dos tributos em espécie" (grifei).[561]

Como Alexy, Ávila divide os argumentos jurídicos em institucionais e não-institucionais, e sustenta a prioridade dos primeiros sobre os últimos. *Argumentos institucionais* são aqueles que têm por referência o ordenamento jurídico por serem determinados por atos institucionais parlamentares, administrativos e judiciais, razão por que possuem maior capacidade de "objetivação". Os argumentos institucionais subdividem-se em imanentes e transcendentes *em relação ao sistema jurídico. Imanentes* são os *argumentos lingüísticos*, que se referem ao significado dos enunciados prescritivos, podendo ser semânticos ou sintáticos; e os *argumentos sistemáticos*, que concernem aos elementos e à aplicação do sistema jurídico e decorrem das suas próprias condições formais de interpretação, relativas à coerência e consistência da estrutura do sistema e da generalização e individualização de suas normas. *Transcendentes* são os *argumentos históricos*, que dizem respeito à recomposição do sentido da norma ao ser editada; e os *argumentos genéticos*, relativos à vontade do legislador, tanto quanto ao significado dos termos normativos, quanto à finalidade que pretendia atingir. Já os *argumentos não-institucionais* "não fazem referência aos modos institucionais de existência do Direito" e decorrem do "apelo ao sentimento de justiça que a própria interpretação evoca", por isso possuem menor capacidade de objetivação. Estes argumentos remetem "a qualquer outro elemento que não o próprio ordenamento jurídico" e são "meramente práticos", resultantes de juízos econômicos, políticos ou éticos do próprio intérprete. Assim, "as conseqüências danosas de determinada interpretação e a necessidade de atentar para os planos de governo enquadram-se aqui".

O próprio autor adverte que a classificação dos argumentos não pode ser rigidamente compreendida e aplicada, porque as espécies argumentativas não são estanques, ao contrário, sempre interagem reciprocamente. Contudo, Ávila postula uma construção seqüencial das espécies de argumentos que segue basicamente a ordem da própria exposição da classificação proposta pelo autor. Assim, "os argumentos transcendentes ao ordenamento jurídico passam a ser relevantes na interpretação no momento em que a linguagem e o sistema já não proporcionam uma justificação para a interpretação. Se o intérprete consegue construir um significado de

---

[561] Humberto Ávila, "Argumentação jurídica e a imunidade do livro eletrônico", *Revista de Direito Tributário*, n. 79, p. 165-166.

acordo com argumentos lingüísticos e sistemáticos, não há razão para o recurso a outros argumentos. Não é noutro sentido que a doutrina constrói as etapas na argumentação jurídica: só se recorre à próxima etapa se a anterior for insuficiente para a justificação da interpretação".[562] No entanto, como os argumentos interagem, entram em conflito entre si e se entrecruzam nas situações concretas, a prioridade de um tipo argumentativo pode não ser justificável por razões endógenas. Para solucionar os argumentos prioritários, será necessário atribuir a cada argumento uma dimensão de peso. Assim, pode-se atribuir maior peso aos argumentos por duas razões diversas: porque estão ligados aos elementos essenciais da idéia de Direito, como justiça, segurança jurídica e adequação, e às condições epistêmicas formais do sistema jurídico, como unidade, coerência e consistência; ou porque os argumentos têm sua força justificativa extraída dos valores constitucionalmente instituídos.

O ponto fundamental da teoria da argumentação jurídica para a doutrina da auto-restrição judicial reside no passo seguinte do autor. Segundo Ávila, "como conseqüência do princípio da separação de poderes e do princípio democrático, é adequado afirmar que os argumentos institucionais devem prevalecer sobre os argumentos não-institucionais. Os argumentos institucionais possuem como ponto de referência o próprio ordenamento jurídico".[563] A coincidência com a concepção interpretativa ou normativo-estrutural da doutrina da *judicial self-restraint* desenvolvida pelo direito constitucional norte-americano é nítida, embora evidentemente não esteja no foco teórico do autor aferir o acerto daquela concepção ou a aplicabilidade a ela da sua própria teoria da argumentação. Para Ávila, a ancoragem da argumentação jurídica no sistema e nas normas do ordenamento jurídico é que permite uma argumentação intersubjetivamente controlável. Os argumentos não-institucionais ou meramente práticos não se referem sequer indiretamente à força vinculativa das leis e aos princípios imanentes ao Estado Democrático de Direito. Assim, "ao invés de permitirem um debate objetivamente concebível, apóiam-se exclusivamente em opiniões subjetivas e individuais",[564] o que fere o cânone da racionalidade que caracteriza o Estado Democrático de Direito. Por isso, "é preciso dar prevalência aos argumentos que se deixam reconduzir aos princípios inerentes do Estado Democrático de Direito, como o são os argumentos lingüísticos e sistemáticos".[565]

---

[562] Humberto Ávila, "Argumentação jurídica e a imunidade do livro eletrônico", p. 175.
[563] Idem, p. 179.
[564] Idem, p. 179.
[565] Idem, p. 182.

3.2. Concepção prudencial

A concepção prudencial rejeita total ou parcialmente a utilidade da abordagem teórico-abstrata e do recurso exclusivo à metodologia jurídica na definição dos limites do controle judicial dos atos dos poderes públicos. A dinâmica das competências legislativas e administrativas e a fluidez do espaço acessível à revisão judicial impedem que esses limites sejam preestabelecidos abstratamente e controlados exclusivamente através de categorias dogmático-jurídicas. A interpretação das normas constitucionais e mesmo a aferição da sua densidade normativa por meio da metódica jurídica não são suficientes para determinar os domínios do justiciável e do injusticiável. Apenas uma abordagem prudencial, que dê conta das circunstâncias inescapavelmente particulares das situações concretas de conflito entre Direito e política ou entre governo e jurisdição, pode corresponder adequadamente a uma atitude de auto-restrição judicial.[566] O máximo que se pode elaborar abstratamente são *topoi* argumentativos que funcionam como guias da prudência judicial exigida no controle dos atos dos poderes públicos.[567] A definição dos limites entre as competências dos órgãos da democracia deliberativa e o poder judicial depende, pois, de uma racionalidade prática que deve ser exercida sob a orientação dos valores recolhidos na constituição, e não da correta interpretação de normas jurídicas que fixem *a priori* as competências privativas dos poderes do Estado e os limites do controle judicial da constitucionalidade das leis e atos administrativos. E como se trata de uma razão prática "orientada por valores", deve-se aceitar a advertência de Larenz, no sentido de "se afastar a idéia de que os resultados obtidos por essa via poderiam alcançar o mesmo grau de segurança e precisão de uma dedução matemática ou de uma medição empreendida de modo rigorosamente exato".[568]

A idéia de que essa abordagem exige uma atitude *prudencial* por parte do Poder Judiciário no exercício do controle dos atos dos poderes públicos decorre, portanto, da premissa da insuficiência da racionalidade teórica para a determinação dos limites do controle jurídico da legislação e da administração, e da necessidade do recurso à racionalidade prática, que permite decidir adequada ou corretamente os casos de conflito, conforme as circunstâncias concretas da situação e de acordo com tópicos argumentativos balizadores da discussão.[569] Evidentemente que nessa

---

[566] Anthony Kronman, "Alexander Bickel's Philosophy of Prudence", p. 1590.
[567] Ver Mariano Bacigalupo, *ob. cit.*, p. 147-150.
[568] Karl Larenz, *Metodologia da Ciência do Direito*, p. 3.
[569] Comentando a concepção prudencial desenvolvida pioneiramente por Alexander Bickel no direito norte-americano, Anthony Kronman, *ob. cit.*, p. 1590, afirma que "a antítese da prudência, tal como

abordagem a liberdade dos juízes e tribunais na definição dos seus próprios limites de ação é muito maior do que na abordagem interpretativa, guiada por um paradigma de objetividade dogmática dos limites judiciais. Mesmo aqueles que receitam o método interpretativo no uso das técnicas de autocontenção judicial reconhecem que ao menos parcialmente a definição desses limites está atrelada a uma certa dose de "discricionariedade" judicial. É o que pensa, por exemplo, Laurence Tribe:

> "Para fazer essa determinação (se normas constitucionais autorizam os juízes a garantir direitos), uma corte deve, antes de tudo, interpretar o texto constitucional relevante e procurar identificar as finalidades de uma norma particular dentro do esquema constitucional como um todo. Neste estágio da análise, a corte deve considerar particularmente relevante o fato de que a norma constitucional, nos seus próprios termos, garante autoridade a outro ramo do governo; se a norma reconhece tal autoridade, a corte terá de considerar a possibilidade de surgirem conclusões conflitantes e a necessidade real de remédios judiciais e políticos paralelos. Mas, ao fim e ao cabo, a investigação sobre a questão política depende tanto da concepção de competência judicial da corte, quanto do texto constitucional. *Assim, a doutrina das questões políticas, como outras doutrinas da justiciabilidade, reflete ao final a mistura de interpretação constitucional e discrição judicial, o que é um subproduto inevitável dos esforços das cortes federais para definirem seus próprios limites.*" (grifei)[570]

A evolução da doutrina prudencial da auto-restrição judicial e a sua ligação com a substituição, total ou parcial, da racionalidade teórica pela racionalidade prática guarda uma relação direta com a ascensão do ativismo judicial. A elasticidade que uma abordagem tópica confere ao controle jurisdicional dos atos dos demais poderes públicos permite aos tribunais e juízes uma margem de intervenção bem mais acentuada em comparação com a abordagem interpretativa. Não é por outra razão que essa concepção está identificada, na doutrina constitucional norte-americana, com a afirmação da supremacia judicial na organização jurídico-política dos Estados Unidos, promovida pela Suprema Corte a partir dos anos 50.[571] A própria fundamentação teórica dela está intimamente relacionada com a já referida

---

Bickel concebeu, é uma espécie de abstração, uma insistência em princípios sem consideração com as complexidades historicamente condicionadas das instituições atuais, acompanhada de um desinteresse geral no processo de acomodação requerido para alinhar teoria e prática e uma intolerância a qualquer separação (mesmo que parcial e temporária) entre elas".

[570] Laurence Tribe, *American Constitutional Law*, 2º edição, p. 107.

[571] Ver Christopher Wolfe, *The Rise of Modern Judicial Review*, p. 258-322; e Rachel Barkow, "More Supreme than Court?", p. 300-319.

obra de Alexander Bickel, que, como anotei, é considerada o grande marco doutrinário desta visão. Para Bickel, o exercício da jurisdição constitucional produz um colóquio permanente entre o Poder Judiciário e os demais poderes do Estado. No diálogo contínuo que os tribunais travam com os órgãos políticos e com a sociedade, as virtudes passivas devem ser dosadas sem inibir a definição e a aplicação judicial de princípios jurídicos que materializam valores morais e sociais duradouros da sociedade.[572]

Por outro lado, o "prudencialismo" judicial no exercício da jurisdição constitucional também está associado ao surgimento de diversos instrumentos de controle da constitucionalidade de leis e atos administrativos que encontram fundamento na razão prática, como os métodos do balanceamento e da ponderação de bens, valores e interesses e os princípios ou postulados da proporcionalidade e da razoabilidade.[573] A prudência como a virtude que capacita o homem a deliberar bem para agir corretamente nas circunstâncias sempre contingentes da vida remonta à filosofia grega e tem em Aristóteles seu maior expositor. Muito embora a teoria jurídica se esforce para "domar" dogmaticamente o procedimento de ponderação ou balanceamento e a aplicação dos postulados da proporcionalidade e da razoabilidade, resta sempre neles um resíduo sólido e insuperável de racionalidade prática puramente contingencial.[574] Onde esse processo de dogmatização não ocorreu ou nos espaços residuais que por ele não foram atingidos, os tribunais e juízes que rejeitam a abordagem interpretativa terminam por recorrer à prudência para definir seus próprios limites.

É certo que esse prudencialismo nem sempre é consciente e, mesmo quando o é, não é praticado sem balizas objetivas. Como disse antes, uma

---

[572] Bickel, *ob. cit.*, p. 235-243. V., também, Anthony Kroman, *ob. cit.*, p. 1567-1590. Entretanto, a concepção prudencial pode ser reivindicada por uma tese minimalista da jurisdição constitucional. Cass Sunstein, em "Leaving things undecided", defende uma doutrina da *judicial self-restraint* baseada na disposição pragmática dos tribunais de autolimitar-se para preservar e reforçar os processos democráticos de concretização constitucional. Ele próprio refere que suas premissas são similares às de Bickel, com uma diferença essencial: para este, o Poder Judiciário é o principal repositório dos princípios políticos e morais do governo norte-americano; para Sunstein, o veículo básico de deliberação e decisão sobre esses princípios deve ser o Poder Legislativo, ao passo que o Poder Judiciário deve exercer apenas um papel catalítico e suplementar do processo democrático. Cf. *ob. cit.*, p. 8-9.

[573] Neste sentido Wolfe, que atribui o surgimento da doutrina do teste de balanceamento de interesses, utilizado pela Suprema Corte na tutela de direitos constitucionais, à ascensão da supremacia judicial. *Ob. cit.*, p. 242-247. Conforme o autor, "na era moderna, a Constituição transformou-se em um conjunto de presunções baseadas em princípios gerais supostamente vagos, como o devido processo, a igual proteção, liberdade de expressão, liberdade comercial, e assim por diante. Essas presunções não são absolutas, e elas requerem uma espécie de amplo processo de balanceamento para determinar se os princípios concorrentes em jogo no caso, possuem mais peso do que os princípios presuntivos".*Ob. cit.*, p. 327.

[574] Como nota Pierre Aubenque, na ética aristotélica "*la prudence se meut dans le domaine du contingent*"; *La prudence chez Aristote*, p. 65.

das técnicas para tornar mais objetiva e racionalmente controlável a prudência jurisdicional é a predefinição de *topoi* argumentativos que possam orientar a decisão judicial no caso concreto. Esses tópicos argumentativos não são construções teóricas abstratas que possam ser aplicadas dedutivamente por meio de uma interpretação jurídica orientada dogmaticamente. Eles funcionam como guias do processo de argumentação através do qual o juiz deliberará sobre a adequação constitucional da intervenção judicial em face das circunstâncias contingentes do caso examinado. A já comentada decisão do juiz William Brennan Jr. no caso *Baker v. Carr*, no qual a Suprema Corte norte-americana consolidou a concepção prudencial, é um exemplo claro de que essa abordagem deve ser acompanhada da determinação de tópicos argumentativos que reduzam a subjetividade da deliberação e permitam o conhecimento e o controle racional dos critérios adotados na decisão.[575]

Nesse mesmo sentido, Mariano Bacigalupo examina a crítica de Fritz Ossenbühl à "limitada virtualidade aplicativa" das teorias abstratas sobre a margem de livre apreciação na discricionariedade administrativa. Assim, no que concerne à teoria lógico-estrutural, que radica a definição do controle judicial da discricionariedade na densidade do programa normativo, Ossenbühl adverte que, para além da dificuldade de dizer *a priori* quando uma programação normativa é particularmente densa, acabam sendo sempre os próprios juízes que determinam o grau de densidade e, portanto, a intensidade do controle. Por isso, Ossenbühl propõe "renunciar a uma fundamentação teórico-abstrata da *margem de apreciação* e optar por uma fundamentação tópica da mesma, na qual se integre grande parte dos *topoi* argumentativos que aparecem aludidos nas diferentes teorias da margem de apreciação".[576]

Entretanto, a individuação de uma concepção prudencial, em contraste com a concepção interpretativa, não importa em recusar a incidência da prudência no processo de interpretação constitucional ou de qualquer texto legal, como adverte Eros Roberto Grau.[577] Com efeito, a interpretação jurídica nunca é apenas uma atividade intelectual lógico-abstrata, e por

---

[575] Há inclusive quem critique a orientação, adotada pela Suprema Corte neste caso, de estabelecer algumas regras com o objetivo de guiar as decisões prudenciais quanto aos limites de justiciabilidade de questões políticas, justamente por ter estabelecido critérios normativos abstratos para um tipo de julgamento que é eminentemente pragmático. V. Mark Tushnet, "The transformation and disappearance of the political question doctrine".

[576] Cf, Mariano Bacigalupo, *ob. cit.*, p. 147-150. Os topoi propostos por Ossenbühl são os seguintes: 1) a competência técnica da administração para certas decisões; 2) a compensação procedimental dos défices de programação normativa; 3) a adequação da estrutura de funcionamento do órgão administrativo; 4) a habilitação normativa da margem de apreciação.

[577] Eros Roberto Grau, *Ensaio e discurso sobre a intepretação/aplicação do direito*, p. 93-98.

mais que os enunciados legais se constituam em um limite imperativo ao intérprete judicial, a interpretação jurídica, diz bem Gadamer,[578] consiste em concretizar a lei em cada caso, isto é, em aplicá-la mediante uma *ponderação justa* do conjunto de dados envolvidos em um determinado caso concreto, desde os comandos legais incidentes até as circunstâncias específicas da situação examinada. Assim, porque implica sempre uma ponderação justa dos diversos elementos circunstancias ao caso concreto, a interpretação é sempre também uma prudência.

Contudo, a distinção entre as concepções metodológicas sobre as técnicas de auto-restrição na concretização judicial da constituição propõe dois esquemas arquetípicos com características predominantes, mas não necessariamente excludentes de características opostas. A concepção prudencial assume que não existe, ou pelo menos não existe sempre, como definir as fronteiras entre Direito e política, ou entre competências legislativas ou executivas e competências jurisdicionais através da mera interpretação do texto constitucional e da formulação de enunciados interpretativos abstratos extraídos da estrutura normativa da constituição. E como a interpretação do sistema normativo constitucional é insuficiente para a definição dos limites da jurisdição constitucional no exercício das funções de controle e direção dos órgãos de direção política do Estado, o modo mais adequado para a definição desses limites entre jurisdição e legislação ou administração é o recurso à prudência judicial, vale dizer, ao exercício de uma razão prática judicial especializada em deliberar bem em face das contingências específicas dos casos constitucionais, sem pautas normativas abstratas como guias hermenêuticos imperativos.

3.3. Concepção garantista

A concepção garantista da auto-restrição judicial compreende a jurisdição constitucional como uma instituição destinada a assegurar na maior medida possível a validade e a eficácia do sistema de direitos e princípios fundamentais das constituições. Quando estiver em jogo a garantia desses princípios e direitos, o juiz constitucional não deve recorrer a qualquer método de autocontenção; ao contrário, é seu dever conferir a máxima efetividade à ordem constitucional, o que significa que ele não deve hesitar em declarar a inconstitucionalidade de leis ou atos administrativos ofensivos aos princípios e direitos liberais, assim como deve conceder diretamente a proteção aos direitos sociais sonegados pelo legislador e pela administração. A automodéstia judicial pode ter algum valor

---

[578] Hans-Georg Gadamer, *Verdade e Método*, p. 489.

em questões políticas ou de competências privativas dos outros dois poderes apenas quando os princípios fundamentais e os direitos fundamentais não estiverem ameaçados. Se essa ameaça existir, a auto-restrição deve ser simplesmente descartada; nesse caso, pelo contrário, a atitude exigida é de ativismo e até mesmo de intervencionismo judicial na defesa dos valores fundamentais da constituição.

Entretanto, a concepção garantista da jurisdição constitucional é uma construção complexa e que de modo algum pode ser apreendida como um bloco monolítico e unidimensional que simplesmente exclui *tout court* a utilidade da automodéstia judicial. É possível subdividir a concepção garantista em três abordagens diferentes, conforme o grau de blindagem que deve ser assegurado pela justiça constitucional em relação aos princípios e direitos fundamentais. Uma abordagem que superdimensiona a função de garantia da constituição e transforme o Poder Judiciário em uma espécie de supercorregedoria do exercício dos poderes públicos pode ser denominada, seguindo sugestão de Gustavo Zagreblesky,[579] de *garantismo holístico* ou *orgânico*.[580] O garantismo holístico é uma concepção *maximalista* de constituição e de jurisdição constitucional, segundo a qual o paradigma do Estado constitucional moderno importou em um processo de constitucionalização global da vida política e social da sociedade, de tal modo que não existem espaços jurídicos vazios ou livres da regulação constitucional. A presença abundante de normas constitucionais na forma de princípios, cuja compreensão hermenêutica exige um processo cognitivo moralmente reflexivo e aberto, faz com que a constituição tenha força normativa sobre o exercício de todos os poderes do Estado, assim como sobre a totalidade das relações privadas. Como o paradigma constitucional moderno pressupõe que a eficácia da constituição exige o pleno acesso à jurisdição constitucional, a constitucionalização da vida política e social resulta na judicialização plena da política e das relações sociais.

Conforme Riccardo Guastini, o processo de constitucionalização produz uma supra-interpretação do texto constitucional, a qual permite "extrair do texto constitucional normas idôneas a disciplinar qualquer aspecto da vida política e social. Quando a constituição é supra-interpretada não restam espaços vazios de – ou seja, 'livres' de – direito constitucional:

---

[579] Cf. Zagrebelsky, em *El derecho dúctil*, p. 152.

[580] Para uma advertência acerca de uma "certa visão hegeliana", onde a constitucionalização do direito parece a última etapa da razão jurídica triunfante", Dominique Rousseau, "Y a-t-il trop de contrôle de constitutionnalité des lois en France?", in: Bertrand Mathieu e Michel Verpeaux (dir.), *La constitutionnalisation des branches du droit*. Para o autor francês "o juiz constitucional atualmente não é nem o oráculo de um texto sagrado nem o instrumento da sacralização da Constituição; ele é somente uma instituição que participa na construção dos enunciados constitucionais", p. 23.

toda decisão legislativa é pré-disciplinada (talvez também minuciosamente disciplinada) por uma ou outra norma constitucional. Não há lei que possa fugir ao controle de legitimidade constitucional. Em outras palavras, não há espaço para alguma discricionariedade legislativa, não há questão de legitimidade constitucional que se possa dizer ser apenas uma *polítical question*, uma questão puramente política, estranha à cognição do juiz de legitimidade constitucional da lei".[581] Nessa abordagem, a constituição é uma garantia global contra todas as forças políticas, econômicas e sociais que ameacem os bens, valores e interesses protegidos pela totalidade das normas constitucionais. A concepção de constituição como ordem fundamental de valores está muito próxima dessa abordagem. E como a força normativa da constituição é assegurada pela ação dos juízes de tribunais encarregados do controle de constitucionalidade, o exercício da jurisdição constitucional não pode ser objeto de técnicas ou métodos de autocontenção judicial. Nenhuma estratégia de modéstia judicial é virtuosa, as virtudes são todas ativas. Na concepção do garantismo holístico da constituição, a doutrina da *judicial self-restraint* não tem assento, porque ela pressupõe a supremacia judicial sobre os órgãos de direção política do Estado.

O leitor deverá já reconhecer que não apenas não acolho o garantismo holístico e tampouco o seu subproduto, a supremacia ou onipotência da jurisdição constitucional, como os considero definitivamente incompatíveis com o sistema jurídico-político adotado pela Constituição Federal de 1988. A conversão da constituição em uma espécie de *Al Corão*, onde se encontram preceitos normativos para todas as ações da vida política, social e privada de uma comunidade contradiz os fundamentos liberais e republicanos do constitucionalismo moderno e da própria Constituição brasileira. O Poder Judiciário tem limites funcionais porque a Constituição compromete todos os órgãos do Estado na concretização consorciada dos bens e valores individuais e comunitários selecionados pelo poder constituinte. Como já vimos, a característica de uma democracia constitucional é recusar o monopólio da concretização constitucional a qualquer um dos poderes estatais, inclusive o Judiciário. A concepção garantista que deve ser acolhida como adequada e até necessária ao constitucionalismo democrático, e que reflete diretamente no alcance da doutrina da auto-restrição judicial, é o *garantismo de direitos*. Contudo, mesma essa concepção é passível de duas abordagens distintas, consoante a extensão da garantia judicial em relação ao sistema constitucional de direitos fundamentais. A primeira abordagem, o *garantismo liberal*, exclui a autolimitação judicial

---

[581] Riccardo Guastini, *Lezioni di diritto costituzionale*, p. 209.

unicamente para os direitos e garantias liberais. A segunda, que denominarei de *garantismo social*, estende a blindagem a todos os direitos fundamentais, inclusive os direitos sociais.

3.3.1. Garantismo liberal

O garantismo liberal sustenta que os direitos fundamentais liberais do indivíduo são construtos jurídicos que protegem os valores fundamentais da pessoa humana e, por conseqüência, não estão à disposição nem do legislador, nem da administração pública. A função da jurisdição constitucional é a de garantir na maior medida possível a eficácia formal e material desses direitos; portanto, não devem ser concebidos heterônoma ou autonomamente limites à cognição judicial das leis e medidas administrativas referentes a esses direitos ou à atuação do Poder Judiciário na tutela deles. A exclusão dos direitos individuais do elenco de questões injusticiáveis é uma característica do constitucionalismo liberal desde o século XIX e permanece sendo, ainda hoje, a concepção dominante quanto à extensão dos limites da jurisdição constitucional.[582]

Atualmente, a mais autorizada fonte doutrinária do garantismo liberal é a teoria dos direitos de Ronald Dworkin. A explicação de Dworkin sobre as diferenças entre as normas jurídicas já foi vista antes, mas agora é preciso voltar a ela. A definição do autor é curiosamente simples, considerando a profunda revolução que provocou no pensamento jurídico contemporâneo.[583] Princípio é "um padrão que deve ser observado, não porque vá promover ou assegurar uma situação econômica, política ou socialmente desejável, mas porque é uma exigência de justiça ou de eqüidade ou alguma outra dimensão da moralidade". Política é o tipo de padrão "que estabelece um objetivo a ser alcançado, em geral uma melhoria em algum

---

[582] A exclusão dos direitos individuais das restrições opostas pela doutrina das questões ou atos políticos sempre foi afirmada pelo constitucionalismo liberal. Como anota Paulo Bonavides, "À concepção liberal se deve pois a delimitação de uma extensa província – a dos direitos individuais – inteiramente fora das questões políticas (as únicas excluídas de exame judicial)". Cf. *Curso de Direito Constitucional*, p. 291. No mesmo sentido a seguinte definição de Meirelles Teixeira: "*É que onde começa a lesão ao direito individual, já terminou a esfera do poder discricionário*, cuja essência, como já se viu, consiste justamente na liberdade de ação, estabelecida por lei, na apreciação ou escolha dos fins e dos meios de agir. E não pode, evidentemente, no Estado de Direito, haver liberdade de ação ferindo ou aniquilando direitos individuais. O poder discricionário desaparece ao esbarrar com direitos individuais". Cf. J. H. Meirelles Teixeira, *Curso de Direito Constitucional*, p. 395-396.

[583] Revolução que foi conscientemente concebida e projetada pelo autor. Veja-se como Dworkin abre o tópico do artigo "O modelo das regras", que estaria destinado a mudar realmente a história do conceito de direito: "Quero lançar um ataque geral contra o positivismo e usarei a versão de H. L. Hart como alvo, quando um alvo específico se fizer necessário"; em *Levando os direitos a sério*, p. 35.

aspecto econômico, político ou social da comunidade".[584] A tese geral de Dworkin é que as decisões judiciais são, e devem ser, fundadas em argumentos de princípios, não argumentos de políticas.[585] A diferença entre esses argumentos é a seguinte: "Os argumentos de princípio são argumentos destinados a estabelecer um direito individual; os argumento de política são argumentos destinados a estabelecer um objetivo coletivo. Os princípios são proposições que descrevem direitos; as políticas são proposições que descrevem objetivos".[586] Os direitos são reconhecidos através de argumentos de princípios que expressam uma exigência de justiça ou de moralidade social ou política; os objetivos são extraídos de argumentos de política que se destinam a promover metas de bem-estar coletivo.

Claro, o nível de precisão das definições fornecidas por Dworkin é frustrante para juristas que estudam e operam com sistemas jurídicos em que a teoria dos direitos está estruturada em uma divisão conceitual relativamente dominada e bem delineada entre direitos fundamentais de defesa e direitos fundamentais a prestações sociais. Os sistemas constitucionais dos Estados Unidos e da Inglaterra desconhecem a existência de direitos sociais constitucionais, e têm até mesmo dificuldades para lidar com as prestações estatais do Estado de bem-estar como direitos subjetivos individualmente justiciáveis.[587] O próprio Dworkin estava consciente da relatividade dos seus conceitos acerca da natureza dos direitos, tanto que adverte que as suas definições e distinções "deixam claro que a natureza de um objetivo político – sua posição enquanto um direito ou meta – depende de seu lugar e de sua função no âmbito de uma determinada teoria política. A mesma expressão poderia descrever um direito no âmbito de uma teoria, e uma meta no âmbito de outra, ou um direito que é absoluto ou poderoso no âmbito de uma teoria, mas relativamente fraco no âmbito de outra".[588] Perceba-se, pois, como ela estava consciente desse aspecto contingente na elaboração da sua teoria dos direitos.

---

[584] Ronald Dworkin, *Levando os direitos a sério*, p. 36.

[585] Este tese possui raízes evidentes na distinção entre *judgements of priciples* e *judgements of expediency*, formulada por Alexander Bickel em *The Least Dangerous Branch*, que, por sua vez, sofreu influência do famoso ensaio de Herbert Wechsler, "Toward Neutral Principles of Constitutional Law".

[586] Dworkin, *ob. cit.*, p. 141.

[587] Essa dificuldade fica evidente até mesmo em exposições competentes e bem intencionadas defendendo a existência de direitos sociais ou de um *right to minimum welfare* nos Estados Unidos, como se observa em trabalhos como os de Frank Michelman, "On Protecting the poor through the Fourteenth Amendment", *Harvard Law Review*, vol. 86:7, 1969, p. 7-59, e Lawrence Sager, "The Domain of Constitutional Justice", *in*: Larry Alexander (editor), *Constitutionalism: philosophical foundations*, p. 235-270.

[588] Dworkin, *ob. cit.*, p. 145.

Ocorre que a autoridade doutrinal adquirida pela teoria dos direitos do autor norte-americano teve duas repercussões decisivas. Primeiro, chamou a atenção para a justiciabilidade completa dos direitos liberais em relação a leis e medidas administrativas ofensivas aos seus conteúdos. O construtivismo cognitivista de Dworkin permite aos juízes amplo acesso ao domínio interno dos direitos liberais, que são posições subjetivas indisponíveis ao processo democrático e portanto devem ser integralmente protegidas pela revisão judicial. Como os direitos são extraídos de argumentos de princípios que materializam exigências da justiça ou de outra dimensão da moralidade, a compreensão dos seus conteúdos depende de uma epistemologia moral que é muito mais desenvolvida em juízes do que em legisladores, administradores ou na massa de eleitores, razão pela qual os legisladores não estão absolutamente em melhor posição que os juízes para decidir questões sobre direitos.[589] Como conseqüência, a revisão judicial da constitucionalidade não apenas é uma exigência institucional para a proteção desses direitos, como em princípio não deve ser limitada por métodos ou teorias da moderação judicial: "um tribunal que assume o ônus de aplicar plenamente tais cláusulas (direitos constitucionais) como lei deve ser um tribunal ativista, no sentido de que ele deve estar preparado para formular questões de moralidade política e dar-lhes uma resposta".[590]

Segundo, a despeito do avanço incontestável que a *rights-based theory* de Dworkin representou para a afirmação da legitimidade da jurisdição constitucional das liberdades, a sua transposição para ambientes jurídicos em que os direitos sociais estavam previstos em normas constitucionais não ajuda a superar a tradição jurídica liberal e positivista que recusa a esses direitos sociais a garantia da proteção judicial. A sua definição de *policies* como objetivos de bem-estar social é basicamente coincidente com a doutrina das normas constitucionais programáticas, segundo a qual as normas definidoras de direitos sociais e de fins e tarefas econômico-sociais do Estado não concedem direitos subjetivos justiciáveis e deferem ao legislador e à administração pública uma discricionariedade ampla para a definição das medidas e do tempo adequados para a garantia desses direitos e programas.

---

[589] Dworkin, *Uma questão de princípio*, p. 27. Também neste aspecto a teoria de Dworkin encontra suas raízes na teoria constitucional de Alexander Bickel, para quem a função da Suprema Corte e dos tribunais no sistema político norte-americano seria justamente a de manter os valores douradouros (*enduring values*) da sociedade americana. A legitimidade judicial para exercer essa função decorre de que "os tribunais possuem certas virtudes para lidar com questões de princípios que legisladores e administradores públicos não possuem", assim como os juízes "têm, ou deveriam ter, o lazer, o treinamento e o isolamento" para descobrirem e tutelarem esses valores; Bickel, *The Least Dangerous Branch*, p. 25-26.
[590] Dworkin, *Levando os direitos a sério*, p. 231.

Nesse sentido, a teoria de Dworkin teve um efeito conservador do *status quo* do constitucionalismo liberal. Basta ver que um autor tão bem alinhado ideologicamente com o liberalismo constitucional como Ernst Forsthoff oferece uma visão muito semelhante em resultados práticos: "Diferentemente dos direitos de liberdade, os direitos de participação (direitos sociais na classificação de Forsthoff) não têm uma dimensão fixa, regulável *a priori*. Eles necessitam de uma graduação e diferenciação porque têm um significado racional somente nos limites daquilo que, no caso concreto, é adequado, necessário e possível. A determinação desses limites deve ser reservada ao legislador e ao administrador que executa a lei".[591] É claro que tal concepção reserva o controle de constitucionalidade aos direitos liberais.

Por conseguinte, se por um lado uma teoria garantista ao estilo de Dworkin reforça e amplia a tutela jurisdicional dos direitos liberais e inibe o recurso aos métodos de autolimitação na defesa das posições de defesa do indivíduo, ela ao contrário preserva a injusticiabilidade dos direitos sociais e os mantêm no limbo da programaticidade a que a teoria do constitucionalismo liberal os havia condenado.[592] Por isso, o garantismo liberal aceita amplamente o uso das virtudes passivas para limitar a atuação judicial na proteção dos direitos sociais. Argumentos como a liberdade de conformação legislativa e a discricionariedade administrativa e a doutrina das questões políticas são plenamente vigentes para autolimitar o Poder Judiciário no exame da omissão ou da ineficiência do legislador e da administração na tutela desses direitos, enquanto que desaparecem ou enfraquecem substancialmente na proteção judicial dos direitos liberais.

3.3.2. Garantismo social

A doutrina constitucional dos países cujas constituições prevêem direitos sociais não tem posições homogêneas sobre a natureza, a eficácia e a garantia desses direitos. Nem sempre as teorias dos direitos atribuem características e atributos idênticos aos direitos de defesa e aos direitos a prestações. E, mesmo quando elas admitem um regime jurídico similar

---

[591] Ernst Forsthoff, *Stato di diritto in trasformazione*, p. 47.
[592] Uma defesa dessa posição no direito brasileiro está resumida na seguinte passagem do artigo de autoria de Ricardo Lobo Torres, "a cidadania multidimensional da era dos direitos", p. 278: "Os direitos sociais e econômicos estremam-se dos direitos fundamentais porque dependem da concessão do legislador, estão despojados do *status negativus*, não geram por si sós a pretensão às prestações positivas do Estado, carecem de eficácia *erga omnes* e se subordinam à idéia de justiça social. Revestem eles, na Constituição, a forma de princípios de justiça, de normas programáticas ou de policy, sujeitos à *interpositio legislatoris*, especificamente na via do orçamento público". O artigo está publicado em Ricardo Lobo Torres (org.), *Teoria dos Direitos Fundamentais*, p. 239-335.

entre os tipos de direitos, são freqüentes distinções e ressalvas que atenuam a garantia judicial reservada especificamente para os direitos sociais. O garantismo social propõe uma teoria abrangente dos direitos, caracterizada por uma equiparação entre as espécies de direitos no tocante à justiciabilidade e aos limites da intervenção judicial. Mais do que a supremacia da constituição, o garantismo social estabelece a premissa da *supremacia dos direitos fundamentais* em uma ordem constitucional democrática, da qual deduz um mandado geral a todos os poderes do Estado para tornar efetiva, na maior medida possível, a totalidade do sistema de direitos.

Para o garantismo social, a jurisdição constitucional deve oferecer proteção idêntica ou muito semelhante para todos os direitos fundamentais das constituições, independentemente da sua natureza liberal ou social. Ou seja, em uma democracia constitucional instituída sob o paradigma do constitucionalismo moderno, os direitos fundamentais recebem um tratamento uniforme, e o Poder Judiciário exerce uma jurisdição constitucional plena do sistema de direitos como um todo. Por conseqüência, na proteção desses direitos, em princípio, nenhuma autolimitação deve ser oposta à ação jurisdicional. A automodéstia judicial fica relegada ao exercício das funções legislativas e executivas privativas que não representem uma ameaça ao sistema de direitos, porque quando isso acontecer, nenhum limite pode existir à cognição e à intervenção dos juízes e tribunais. Como anotei acima, a atitude da jurisdição constitucional na defesa do sistema de direitos pode oscilar entre um ativismo moderado e um intervencionismo dirigente, mas de modo algum pode auto-impor-se limites cognitivos ou funcionais. Na garantia dos direitos, nenhuma questão constitucional é exclusivamente política, e a discrição do legislador e do administrador não são barreiras à ação judicial.

Uma das grandes referências doutrinárias do garantismo social tem sido Luigi Ferrajoli, como vimos no primeiro capítulo. Conquanto admita que a enunciação constitucional dos direitos sociais a prestações públicas não tenha sido acompanhada de garantias sociais ou políticas de justiciabilidade adequadas em comparação às elaboradas para os direitos liberais, ele adverte ser necessário distinguir entre possibilidade de realização técnica e possibilidade de realização política: "No plano técnico nada autoriza a dizer que os direitos sociais não possam ser garantidos do mesmo modo que os demais direitos, porque os atos requeridos para a sua satisfação seriam inevitavelmente discricionários, não formalizáveis e insuscetíveis de controles e coerções jurisdicionais". Ferrajoli não apenas recusa a veracidade desses obstáculos, como diz que eles resultam "desmentidos pela experiência jurídica mais recente, que por distintas vias (medidas urgentes, ações reparatórias e similares) tem-se visto ampliar suas formas de proteção jurisdicional" em questões envolvendo direito à saúde, à seguridade social e a uma distribuição justa de recursos.[593]

No Brasil, entre as principais referências teóricas da abordagem social-garantista desenvolvidas já depois da Constituição Federal de 1988 encontra-se a obra de Ingo Sarlet.[594] Para o autor uma concepção meramente liberal esbarraria em argumentos fundados em uma interpretação adequada do sistema constitucional brasileiro, porquanto a Constituição Federal "não traça qualquer diferença entre os direitos de liberdade e os direitos sociais, inclusive no que diz com eventual primaria dos primeiros sobre os segundos".[595] Conquanto aceite que a eficácia dos direitos sociais pressupõe decisões sobre aplicação de recursos públicos e, por isso, depende precipuamente do legislador,[596] Sarlet sustenta que não se pode negar o valor propriamente jurídico das normas que tutelam direitos sociais e o seu caráter vinculativo aos órgãos do Estado. Os argumentos da separação de poderes, da reserva legislativa e as demais objeções normalmente opostas à justiciabilidade dos direitos sociais devem ceder sempre que "esbarrar(em) no valor maior da vida e da dignidade da pessoa humana, ou nas hipóteses em que, da análise dos bens constitucionais colidentes (fundamentais ou não) resultar a prevalência do direito social prestacional".[597]

---

[593] Luigi Ferrajoli, *Diritti fondamentali*, p. 26-33. Ver, também, o ensaio "De los derechos del ciudadano a los de la persona", publicado em Luigi Ferrajoli, *Derechos y Garantías*, p. 108-112; e "O Direito como sistema de garantias", in: José Alcebíades de Oliveira Junior (org.), *O novo em Direito e Política*, p. 89-109. Na mesma linha garantista, assinala Peña Freire que "de acordo com esses pressupostos, os órgãos encarregados do controle de constitucionalidade, ao estarem obrigados a velar pela supremacia da constituição, devem por de manifesto as violações omissivas da mesma, realizadas por outras sedes institucionais. A jurisprudência constitucional deve denotar a vulneração por omissão dos direitos constitucionais em que incorre o legislador ao deixar de cumprir as obrigações, constitucionalmente impostas, que dimanam dos direitos sociais e que, por sua vez, são condição de garantia e efetividade dos mesmos".Cf. Antônio Manuel Peña Freire, *La garantia en el Estado constitucional de derecho*, p. 223.

[594] A concepção de direitos fundamentais do autor encontra-se exposta em diversas obras de teoria geral dos direitos fundamentais e de estudos sobre direitos sociais específicos, todos publicados ao longo dos últimos anos. Ver *A Eficácia dos Direitos Fundamentais*, 1998; *Dignidade da Pessoa Humana e Direitos Fundamentais*, 2001; "Os Direitos Fundamentais Sociais na Constituição de 1988", *in*: Ingo Wolfgang Sarlet (org), *O Direito Público em Tempos de Crise*, 1999, p. 129-173; "Algumas considerações em torno do conteúdo, eficácia e efetividade do direito à saúde na Constituição de 1988", *Revista Diálogo Jurídico*. Salvador, n. 10, jan. 2002; "O Direito Fundamental à Moradia na Constituição: Algumas Anotações a Respeito do seu Contexto, Conteúdo e Possível Eficácia", *Arquivos de Direitos Humanos*, Rio de Janeiro: Editora Renovar, 2002, p. 137-191; "Os direitos fundamentais sociais como 'cláusulas pétreas'", *Revista da AJURIS*, n. 89, março de 2003, p. 101-121.

[595] Ingo Sarlet, *A eficácia dos direitos fundamentais*, p. 361.

[596] Idem, p. 318 e 320.

[597] Idem, p. 320.

Em ensaio dedicado a comparar o tratamento jurídico dispensado aos direitos sociais pelo sistema jurídico alemão com o dispensado no sistema brasileiro, Andréas Krell faz também vigorosa defesa da concepção social-garantista. Primeiro, ele critica a importação imprópria e descontextualizada de técnicas de limitação da justiciabilidade dos direitos sociais utilizadas na Alemanha, como o instituto da "reserva do possível". Após afirmar a fundamentalidade dos direitos sociais, sobretudo em países periféricos como o Brasil, Krell argumenta que o princípio da separação dos poderes está produzindo um *efeito paralisante* às reivindicações de cunho social e precisa ser submetido a uma releitura, a fim de continuar servindo ao seu objetivo inicial, que era a garantia dos direitos fundamentais. Isso porque "as questões ligadas ao cumprimento das tarefas sociais como a formulação das respectivas políticas, no Estado Social de Direito não estão relegadas somente ao Governo e à Administração Pública, mas têm o seu fundamento nas próprias normas constitucionais sobre direitos sociais; a sua observação pode e deve ser controlada pelos tribunais"[598] Por fim, critica o uso da *political question doctrine* do direito americano para bloquear a proteção judicial dos direitos sociais, e sustenta que "o fato de que os direitos sociais geralmente não são fruíveis ou exeqüíveis individualmente não quer dizer que não possam, em determinadas circunstâncias, ser exigidos como se exigem judicialmente outros direitos subjetivos".[599]

A jurisprudência do Supremo Tribunal Federal em relação ao importante grupo de casos envolvendo a satisfação do direito fundamental à saúde mediante fornecimento compulsório de medicamentos por parte do poder público pode representar uma tendência da Corte a adotar uma concepção de garantismo social no exercício da jurisdição constitucional. Na decisão proferida no Recurso Extraordinário n. 273.884, de 23 de agosto de 2000, no caso *Cristiane Carneiro Bortolaz c. Estado do Rio Grande do Sul e Município de Porto Alegre*, em que se questionava decisão do Tribunal de Justiça do Rio Grande do Sul que ordenou ao Estado e ao Município o fornecimento gratuito de medicamentos às pessoas carentes portadoras do vírus HIV, seguindo linha que já vinha sendo adotada no Supremo Tribunal, o Ministro Celso de Mello declarou que "o direito público subjetivo à saúde representa prerrogativa jurídica indisponível assegurada à *generalidade* das pessoas pela própria Constituição da República. Traduz bem jurídico constitucionalmente tutelado, por cuja integridade *deve* velar, *de maneira responsável*, o Poder Público, a quem incumbe formular – *e implementar* – políticas sociais e econômicas que

---

[598] Andréas Krell, *Direitos sociais e controle judicial no Brasil e na Alemanha*, p. 100.
[599] Idem, p. 102.

visem a *garantir*, aos cidadãos, o acesso universal e igualitário à assistência médico-hospitalar".

No seu voto, o Ministro Celso de Mello enfrentou, também, o argumento do caráter programático do art. 196 da Constituição Federal. Para ele, a programaticidade da norma *"não pode converter-se* em promessa constitucional inconseqüente, *sob pena* de o Poder Público, *fraudando* justas expectativas nele depositadas, substituir, *de maneira ilegítima*, o cumprimento do seu impostergável dever, por um gesto *irresponsável* de infidelidade governamental ao que determina a própria Lei Fundamental do Estado". Para a Corte, o Estado está constitucionalmente obrigado a dar *real efetividade* aos direitos sociais positivados na Constituição, a torná-los *integralmente respeitados e plenamente garantidos,* de modo que, nos casos de *injustificável inadimplemento da obrigação estatal,* as pessoas devem ter acesso a garantias instrumentais que possam assegurar a satisfação da prestação social descumprida pelo Poder Público. A decisão do Tribunal de Justiça do Estado, mantida no julgamento do Recurso Extraordinário pelo Supremo Tribunal Federal, rejeitou a principal tese dos defensores da injusticiabilidade dos direitos sociais, consistente na reserva orçamentária, com argumentos que não deixam de impressionar pela contundência e abrangência: "A falta de previsão orçamentária não deve preocupar ao juiz, a quem incumbe a administração da justiça, mas apenas ao administrador, que deve atender equilibradamente às necessidades dos súditos, principalmente os mais necessitados e doentes".[600]

Como se vê, os argumentos desse grupo de decisões do Supremo Tribunal Federal, reconhecendo a justiciabilidade individual do direito a saúde, indica uma possível superação da concepção liberal da jurisdição constitucional assumida historicamente pela corte, em direção a uma concepção social-garantista, muito embora não seja ainda possível avaliar até onde o Supremo Tribunal está disposto a apoiar a doutrina da eficácia plena dos direitos sociais. Sem embargo, alguns argumentos utilizados na

---

[600] Além da decisão citada no texto, o Supremo Tribunal Federal vem decidindo nesse mesmo sentido em vários outros casos, entre eles os Recursos Extraordinários n. 236.200-RS; 247.900-RS; 242.859-RS; 232.335-RS. Sem embargo da relevância do grupo de decisões sobre direito à saúde, a jurisprudência do Supremo Tribunal Federal sobre direitos fundamentais sociais nada mais tem a oferecer. Aliás, de modo geral a jurisprudência brasileira sobre proteção de direitos sociais fica muito aquém do arrojo progressista de decisões como *Brown v. Board of Education* (1954), da Suprema Corte norte-americana, *Pashchim Banga ket Mazdoor samity and Othres v State of West Bengal and another*, (1996) da Suprema Corte da Índia, e *The Government of the Republic of South África v. Grootboom, Irene and Others* (2000), da Corte Constitucional da África do Sul, em que os tribunais se comprometem com a imposição judicial de verdadeiros programas governamentais de proteção de direitos sociais. Sobre estes dois últimos casos, ver Victor Abramovich e Christian Courtis, *Los derechos sociales como derechos exigibles*, p. 160 e 202.

decisão analisada revelam uma adesão às premissas do garantismo social, entre eles a vinculação positiva do legislador e do administrador às normas programáticas, a relatividade da tese da reserva orçamentária, a eficácia plena *prima facie* dos direitos sociais e a possibilidade de garantir judicialmente a satisfação desses direitos.

Em suma, o garantismo social rejeita o recurso aos métodos de autocontenção judicial sempre que o exercício da jurisdição constitucional apreciar violação positiva ou omissiva a qualquer espécie de direito fundamental do sistema constitucional de direitos. Essa concepção é também uma teoria da constituição *rights-based*, como a de Dworkin, mas introduz no sistema de direitos fundamentais que formam o eixo normativo e axiológico da constituição os direitos sociais, juntamente com os direitos liberais. Para garantir esse sistema, o Poder Judiciário não deve se autoimpor ou sofrer qualquer restrição absoluta.

4. Limites da auto-restrição judicial no constitucionalismo democrático

O problema central em torno do qual girou esse trabalho consiste, assim, nos limites entre democracia deliberativa e jurisdição constitucional, limites que se tornam muito mais tênues e obscuros quando se trata de reconhecer e definir conteúdo e eficácia dos direitos fundamentais. O relacionamento entre direitos, democracia e Poder Judiciário em um regime jurídico-político que adote o constitucionalismo democrático está inevitavelmente envolto em uma tensão interna que supõe o risco de soluções radicais em favor de um ou outro dos seus pólos de sustentação. O objetivo primordial do estudo esteve em demonstrar que não é possível resolver a tensão entre os princípios democrático e constitucional, aderindo a uma teoria constitucional da democracia deliberativa que se sustente em uma concepção minimalista da jurisdição constitucional, e que para esse propósito abuse dos métodos de auto-restrição judicial para assegurar um estatuto constitucional meramente procedimental. Mas tampouco é viável assumir uma teoria da constituição associada a uma concepção maximalista de jurisdição constitucional, assentada em um ativismo judicial sem limites, que faça da constituição uma bíblia e transforme os juízes em apóstolos.

O sucesso e a vitalidade do modelo da democracia constitucional depende da construção de uma teoria constitucional capaz de equilibrar os pólos institucionais do regime. Portanto, não há como escapar de um arranjo que organize um balanceamento entre constitucionalismo e democracia. Esse arranjo recomenda a articulação de um ativismo judicial moderado e reflexivo encarregado principalmente de garantir a eficácia dos direitos fundamentais, com a preservação e o fortalecimento da ética republicana e dos espaços de deliberação democrática. Assim, deve-se por um lado afirmar a competência da jurisdição constitucional para concretizar diretamente a constituição e para controlar a concretização constitucional feita pelos demais poderes; por outro lado, deve-se aceitar e racionalizar a existência de limites que restrinjam a atuação do Poder

Judiciário no exercício dessas competências, de modo a respeitar os espaços institucionais constitucionalmente deferidos aos órgãos de direção política do Estado. Como assinala Alexy, o problema já não diz respeito à existência da competência da jurisdição constitucional para controlar a atividade do legislador e do administrador, mas ao alcance dessa competência.[601]

Contudo, os limites da justiça constitucional não podem ser o resultado de uma restrição heterônoma, seja ela fundada em um arranjo institucional normativamente vinculante, estabelecido por normas legais,[602] seja ela fundada em uma teoria constitucional ideologicamente determinante, já que essa solução em última instância representaria, a pretexto de promover a democracia deliberativa, a opção por um regime legiscentrista de soberania parlamentar, no qual quem tem a última palavra e efetivamente comanda o processo jurídico-político de concretização da constituição é o legislador. Essa opção é incompatível com um regime constitucional dotado de um sistema de direitos fundamentais destinado a promover e proteger os bens e valores que garantem a dignidade da pessoa humana e a justiça política da comunidade e que expressamente atribui ao Poder Judiciário a função de guardião da constituição. Ou seja, é incompatível com o regime constitucional brasileiro e com a maior parte dos sistemas constitucionais ocidentais.

O significado de uma teoria da auto-restrição judicial está em assegurar o equilíbrio entre a constituição dos direitos e a constituição do poder, os direitos fundamentais e a democracia, a jurisdição constitucional e os órgãos de direção política, o Direito e a política. Esse balanceamento, ou essa *homeostase*, é que permite estabilizar o princípio democrático e o princípio constitucional em um mesmo modelo de Estado, o Estado de Direito democrático-constitucional. Portanto, a doutrina da *judicial self-restraint* não pode ser uma teoria da evitação do exercício da jurisdição constitucional. A auto-restrição judicial só pode fazer sentido em uma concepção constitucional em que os tribunais estão liberados para exercer um ativismo judicial na proteção dos direitos fundamentais. No entanto, como esse ativismo não pode converter o Poder Judiciário em um poder

---

[601] Robert Alexy, *Teoría de los derechos fundamentales*, p. 527.

[602] Alexy adverte que, no contexto alemão, uma solução perfeita para o equilíbrio entre as competências do Tribunal Constitucional e as do legislador "consistiria em um sistema de regras que para cada caso desse exatamente uma resposta à questão acerca de se o Tribunal ultrapassa sua competência quando, de alguma forma, intervém frente ao legislador. Sem embargo, tal solução não só não está à vista, senão que se pode também perguntar se, dado o enraizamento do problema em questões fundamentais, se poderia lograr alguma vez tal solução"; cf. *Teoría de los derechos fundamentales*, p. 526-527.

constituinte permanente[603] e, assim, sufocar o princípio republicano e a concretização política dos conteúdos constitucionais, é preciso estabelecer limites à atuação jurisdicional. Mas esses limites devem ser estabelecidos pelo próprio órgão judicial encarregado de interpretar e aplicar a constituição. Vale dizer, a restrição ao exercício da jurisdição constitucional fundamentada no respeito e no fortalecimento da democracia deliberativa deve ser sempre e apenas uma *auto*-restrição do Poder Judiciário.

Nesse sentido, os métodos de auto-restrição judicial estudados neste capítulo passam a ter utilidade sobretudo como *topoi* argumentativos que permitem que os próprios órgãos da jurisdição constitucional reconheçam, objetiva e racionalmente, a presença dos limites da concretização judicial em face da concretização política constitucionalmente aceitável da constituição. Nenhum dos institutos tradicionais da *self-restraint* examinados deve ser excluído do debate, já que todos correspondem a aspectos relevantes da definição dos limites entre a jurisdição constitucional e os demais poderes. Isso vale especialmente para a liberdade de conformação legislativa e para a discricionariedade administrativa, mas se aplica também para a presunção de constitucionalidade das leis e para a doutrina das questões políticas, ainda que nestes últimos casos a aplicação dos critérios seja muito mais reduzida do que pretendia a doutrina clássica do direito constitucional. Porém, todos devem ser inteiramente revistos para que se adaptem ao regime republicano substancialista da democracia constitucional brasileira.

Em face dessas ponderações sobre os limites e a utilidade da doutrina da auto-restrição judicial no constitucionalismo democrático, finalizo tomando posição sobre as concepções contrapostas neste capítulo. Em primeiro lugar, exponho a definição por um critério seqüencial da aplicação da abordagem interpretativa ou normativo-estrutural e da abordagem prudencial acerca dos limites entre democracia e jurisdição constitucional. Por fim, fundamento a opção por uma concepção social-garantista de jurisdição constitucional e a conseqüente defesa de um ativismo judicial moderado.

4.1. O critério seqüencial entre interpretação e prudência

A primeira tomada de posição consiste na adoção de uma abordagem seqüencial das concepções interpretativa e prudencial de auto-restrição

---

[603] V. Marcelo Andrade Cattoni de Oliveira, "Jurisdição constitucional: poder constituinte permanente?, *in*: José Adérsio Leite Sampaio e Álvaro Ricardo de Souza Cruz, *Hermenêutica e jurisdição constitucional*, p. 67-92.

judicial. Os órgãos da jurisdição constitucional, ao se defrontarem com casos envolvendo a justiciabilidade de atos ou omissões dos Poderes Legislativo e Executivo, ou com casos que exijam a aplicação direta da constituição, devem primeiramente verificar se a estrutura normativa da Constituição oferece já um esquema predefinido de distribuição de competências, ou se confere aos órgãos de direção política do Estado liberdade para decidir ou escolher diferentes valores, fins ou medidas destinados a concretizar os princípios e direitos fundamentais constitucionais. Essa etapa pressupõe o recurso a argumentos lingüísticos, sistemáticos e históricos da estrutura normativa do texto constitucional.

A razão de ser dessa preferência *prima facie* pela abordagem interpretativa ou normativo-estrutural encontra-se no respeito à vontade da soberania popular manifestada no exercício do poder constituinte. Respeitar o poder constituinte significa levar a sério as competências que foram conferidas aos órgãos legislativos e executivos e à preferência que o próprio poder constituinte determinou quanto a escolhas e decisões de caráter propriamente político. Sempre que a interpretação constitucional permita inferir, da análise do sistema normativo da constituição, que o poder constituinte delegou claramente ao Poder Legislativo liberdade de escolha na concretização constitucional, a vontade do constituinte deve ser acatada pelos órgãos da jurisdição constitucional, que evidentemente não possuem legitimidade para alterar, através da interpretação, o programa normativo instituído pelo poder constituinte.

A Constituição Federal brasileira é rica em normas de diferentes espécies que predeterminam o domínio legislativo. Normas como essas podem ser encontradas já na chamada parte dogmática da Constituição. O inc. XII do art. 5º prescreve que *é inviolável o sigilo da correspondência e das comunicações telegráficas, de dados e das comunicações telefônicas, salvo, no último caso, por ordem judicial, nas hipóteses e na forma que a lei estabelecer para fins de investigação criminal ou instrução processual penal.* O inciso XIII do art. 5º dispõe que *é livre o exercício de qualquer trabalho, ofício ou profissão, atendidas as qualificações profissionais que a lei estabelecer.* Parece claro nesses dispositivos que a Constituição conferiu ao legislador, já no próprio sistema de direitos fundamentais, um espaço de liberdade para estabelecer as hipóteses e a forma constitucionalmente aceitas de quebra do sigilo das comunicações e dos dados, assim como para criar requisitos e condições de qualificação profissional para o exercício de qualquer trabalho ou profissão. Mas é na sua parte orgânica que a Constituição brasileira é repleta de normas que permitem ao intérprete reconhecer a existência de competência privativa dos outros poderes, seja em função da atribuição expressa da competência ao legislativo ou ao executivo, seja pela natureza eminentemente política do objeto da norma constitucional. A quantidade de normas dessa espécie é tão elevada que um exame exaustivo delas seria enfadonho, e um exame por amostragem seria pouco esclarecedor. Sem embargo, pode-se dizer que todos os microssistemas constitucionais de distribuição de competências legislativas e materiais, entre União, Estados e Municípios e entre Poder Executivo, Congresso Nacional, Senado Federal e Câmara de Deputados, diluídos ao longo de todo o texto, representam quase sempre predeterminações de competências exclusivas dos outros poderes, as quais são total ou parcialmente injusticiáveis.

No entanto, não só existe um volume expressivo de normas constitucionais cuja concretização nem está atribuída expressa e conclusivamente a um dos poderes nem é facilitada por um significado inequívoco e livre de polêmica, como há também um volume igualmente expressivo de normas cuja interpretação não resolve completamente a existência e a extensão, horizontal e vertical, da competência para a sua concretização infraconstitucional. Essas hipóteses são a regra no que se refere à concretização dos direitos fundamentais e são também muito freqüentes na concretização de princípios constitucionais fundamentais no âmbito de políticas públicas. Nesses casos, a abordagem interpretativa ou a exegese da estrutura normativa do texto constitucional é insuficiente e não oferece, ou, pelo menos, não oferece sempre respostas seguras a respeito dos limites de atuação dos órgãos de direção política e do Poder Judiciário, ou dos limites entre o que deve decidido exclusivamente pela deliberação democrática, e o pode ou deve ser objeto de controle jurisdicional.[604] E a impossibilidade de obter respostas seguras através da abordagem interpretativa não pode demitir o aplicador judicial de investigar se o caso constitucional permite ou não a interferência da jurisdição constitucional na sua resolução, porque isso feriria um dos postulados de base do direito constitucional, segundo o qual o aplicador da constituição deve dar às suas normas a *máxima efetividade possível*, postulado que exerce uma função decisiva quando se trata de garantir princípios e direitos fundamentais da constituição.[605]

---

[604] Nesse sentido, Keith Whittington sugere distinguir entre interpretação constitucional e construção constitucional. Cf. *Constitutional interpretation*, p. 5-14. Para o autor, enquanto a interpretação constitucional é essencialmente legalística, presa ao significado do texto, a construção constitucional é essencialmente política e não está associada a descobrir um sentido preexistente das palavras da lei. O autor, um defensor do "originalismo", usa essa distinção essencialmente para refutar a legitimidade dos tribunais para operar nos espaços de "construção constitucional".

[605] Cf. Gomes Canotilho, *Direito Constitucional*, p. 233; e Juarez Freitas, *A Interpretação sistemática do direito*, p. 197.

Por conseguinte, por força da supremacia da vontade do poder constituinte, é na ausência ou na insuficiência de critérios normativos predeterminados pelo sistema constitucional que se deve recorrer à abordagem prudencial. Esse caráter supletivo de modo algum retira a importância dessa abordagem, porquanto os casos de ausência ou insuficiência de critérios normativos expressos não apenas são muito comuns e numerosos, como dizem respeito em regra às normas mais importantes do sistema constitucional, vale dizer, às normas que prevêem princípios e direitos fundamentais. Nesses casos, raramente os limites entre democracia e jurisdição constitucional, Direito e política, ou entre Legislativo e Judiciário podem ser rastreados completamente com a interpretação da estrutura normativa ou do sistema orgânico da constituição. Para estabelecer esses limites e decidir sobre o significado e o alcance de normas constitucionais, o órgão da jurisdição constitucional deve deliberar racionalmente, diante do contexto e das circunstâncias do caso constitucional concretamente apresentado, guiando-se por critérios objetivos, racionais e razoáveis, a fim de identificar se a hipótese examinada pertence ao domínio legítimo dos órgãos de direção política do Estado ou se admite e até exige a intervenção jurisdicional.

Aqui já não serve mais uma razão teórica ou uma dogmática que pré-estabeleça o domínio da política e o domínio da jurisdição mediante categorias abstratas e de aplicação geral e uniforme. A definição dessas esferas exige do juiz constitucional o recurso à razão prática, que possa apontar, em cada caso concreto, considerando todas as circunstâncias normativas e fáticas que o envolvem, qual a decisão constitucionalmente boa ou correta. Essa razão ou esse saber prático, exigido dos órgãos judiciais é a prudência, ou a *phronesis*, como diziam os gregos,[606] que tem como objeto o singular e o contingente, e cujas conclusões não são universais e necessárias como as conclusões do saber teórico.[607] Como toda prudência no sentido aristotélico, ela não está voltada para a realização de fins moralmente neutros, porque se trata de exercer uma prudência vinculada à concretização dos valores substantivos cristalizados no sistema constitucional.[608] Além disso, como se trata de uma determinação sobre limites indefinidos

---

[606] Cf. Luis Fernando Barzotto, "Prudência e Jurisprudência – uma reflexão epistemológica sobre a *jurisprudentia* romana a partir de Aristóteles", p. 171.

[607] Idem, p. 172.

[608] Aristóteles definiu assim a vinculação da *phronesis* com a finalidade: "Excelência na deliberação em geral, então, é aquilo que leva a resultados corretos com referência à finalidade em geral, e excelência na deliberação em particular é aquilo que leva a resultados corretos com referência a uma finalidade particular", cf. *Ética a Nicômacos*, p. 122; v., também, Luis Fernando Barzotto, "Prudência e Jurisprudência – uma reflexão epistemológica sobre a *jurisprudentia* romana a partir de Aristóteles", p. 187.

entre democracia e jurisdição, a decisão não apenas deve recorrer à prudência judicial, como deve examinar cuidadosamente o emprego da prudência efetuado pelo próprio legislador,[609] pois o legislador também pondera, como adverte Prieto Sanchís, e quando resultado da ponderação legislativa é constitucionalmente legítimo, "vincula ao juiz e torna supérflua a sua ponderação".[610]

É evidente, contudo, que o recurso à prudência no discurso jurídico contemporâneo alcançou um nível de sofisticação muito superior às lições preliminares sobre ética que celebrizaram Aristóteles.[611] Ainda assim, por trás de métodos aplicativos como a ponderação de bens e a concordância prática e dos postulados da razoabilidade e da proporcionalidade,[612] altamente refinados por critérios analíticos, podemos entrever a força da razão prática prudencial complementando e até sobrepujando a razão teórica que marcou a história recente do pensamento jurídico. Quando Ingo Sarlet afirma, dissertando sobre a eficácia dos direitos sociais, que "quanto mais diminuta a disponibilidade de recursos, mais se impõe uma deliberação democrática a respeito da sua destinação" e mais "deverá crescer o índice de sensibilidade por parte daqueles a quem foi delegada a difícil missão de zelar pelo cumprimento da Constituição", de tal sorte que assumem *lugar de destaque* a proporcionalidade e a ponderação de bens na decisão acerca do reconhecimento de um direito subjetivo a prestações estatais,[613] ele está remetendo a decisão judicial, nitidamente sobre a fronteira entre democracia e jurisdição, para a esfera da razão prática ou da prudência. Quando Humberto Ávila conclama os aplicadores do postulado da proporcionalidade a respeitarem a autonomia e a independência do legislador e do administrador nas escolhas de meios e fins, e a somente declarar a desproporcionalidade *lato sensu* quando ela for *manifesta*, em face do princípio da separação dos poderes,[614] é o uso da *prudentia* que ele está sugerindo ao aplicador judicial para deliberar bem no caso concreto, para

---

[609] Luis Fernando Barzotto, "Prudência e Jurisprudência – uma reflexão epistemológica sobre a *jurisprudentia* romana a partir de Aristóteles", p. 176.

[610] Luis Prieto Sanchís, *Justicia constitucional y derechos fundamentales*, p. 172-173.

[611] Exemplos manifestos dessa sofisticação podem ser encontrados na defesa de Alexy da ponderação judicial no artigo "On Balancing and Subsumption. A Structural Comparison", *Ratio Juris*, vol. 16, n. 4, dez-2003, p. 433-439, e em Humberto Ávila, *Teoria dos Princípios*.

[612] V. Humberto Ávila, *Teoria dos Princípios*, p. 108-117; e Wilson Steinmetz, *Colisão de Direitos Fundamentais e Princípio da Proporcionalidade*, p. 139 e ss.

[613] Ingo Sarlet, "Os Direitos Fundamentais Sociais na Constituição de 1988", p. 167. A mesma observação pode ser aplicada à observação do autor no sentido de que o dilema sobre a efetividade dos direitos sociais prestacionais e o seu condicionamento à reserva do possível, à reserva parlamentar e ao princípio da separação dos poderes deve ser solucionado "necessariamente pela ponderação dos princípios incidentes na espécie" (grifei), cf. "O Direito Fundamental à Moradia na Constituição: Algumas Anotações a Respeito de seu Contexto, Conteúdo e Possível Eficácia", p. 183-184.

[614] Humberto Ávila, *Teoria dos Princípios*, p. 108-117.

uma deliberação constitucionalmente correta, a mesma prudência que Alexander Bickel considerava a virtude que permitiria aos juízes "acomodar" a tensão entre política e Direito e, assim, superar a dificuldade contramajoritária da *judicial review* no direito constitucional norte-americano.[615]

Por conseguinte, a concepção prudencial de definição dos limites da justiça constitucional por parte dos órgãos judiciais é, de um lado, uma imposição da insuficiência da abordagem interpretativa ou normativo-estrutural, e, de outro, conta no Direito contemporâneo com uma ampla gama de recursos argumentativos, que permite conferir racionalidade, objetividade e controlabilidade intersubjetiva para as deliberações práticas judiciais.[616] E, no exercício da prudência, já racionalizada por métodos objetivos[617] como a ponderação de bens, a razoabilidade e a proporcionalidade,[618] o aplicador poderá contar com os métodos de auto-restrição judicial, as

---

[615] Cf. Anthony Kronman, "Alexander Bickel's Philosophy of Prudence", p. 1569, diz que, para Bickel, "A prudência é a excelência judicial distintiva, a qualidade especial que os juízes da Suprema Corte (e, em um grau menor, todos os juízes) devem possuir se querem ser bem-sucedidos naquela que é a sua mais característica tarefa". Referindo-se, também, expressamente à prudência na auto-restrição judicial, Víctor Ferreres Comella, *Justicia constitucional y democracia*, p. 304: "Mas tampouco se pode desconhecer que princípios elementares de prudência institucional podem impor ao juiz certa auto-restrição".

[616] Cf., sobre a idéia de razoabilidade como expressão da racionalidade jurídica moderna para superar as limitações da racionalidade científica, José Adércio Leite Sampaio, "O retorno às tradições: a razoabilidade como parâmetro constitucional", *in*: José Adércio Leite Sampaio, *Jurisdição Constitucional e Direitos Fundamentais*, p. 45-102.

[617] Sobre a natureza racional da ponderação de bens e do princípio da proporcionalidade, v. Robert Alexy, "Constitutional Rights, Balancing and Rationality", p. 134-140; e Luc Tremblay, "La justification des restriction aux droit constitutionnels: la théorie du fondement rationnel", *MacGill Law Journal*, 1999, p. 39-110.

[618] Alexander Bickel já em 1962 identificava a associação da prudência judicial com o método da ponderação (*balancing*) de princípios constitucionais contrapostos, e inclusive com a concordância prática, especialmente quando esses princípios protegem direitos individuais, cf. *The Least Dangerous Branch*. p. 39, 58 e 236. Para Bickel, é justamente nos casos de colisão de princípios que os métodos clássicos de auto-restrição judicial – como o critério do erro manifesto (*clear mistake*) de Thayer – falham. Nesses casos, não basta que a "acomodação" entre o direito individual e o exercício dos poderes públicos seja racional, é preciso que ela seja boa (*the real question may be whether it is good*). Portanto, "a resposta pode depender de uma atribuição de peso preponderante a um ou outro valor" (*the answer may depend on the assignment of preponderant weights to one or another value*), e esse é um processo em que a razão ajuda, mas não pode resolver sozinha (p. 39). "Quando valores conflitam, diz Bickel, – como freqüentemente ocorre – a (Suprema) Corte deve proclamar um deles como preponderante, ou encontrar uma acomodação entre eles" (p. 58). A defesa de uma "acomodação prudente" dos limites entre democracia e jurisdição através das técnicas de decidir não decidir (*devices for deciding not to decide*) é desenvolvida especialmente no quarto capítulo, intitulado significativamente *The Passive Virtues*. No artigo em que defende a teoria constitucional prudencial de Bickel, Anthony Kronman afirma que "direitos entram em conflito um com o outro, e nem sempre é possível resolver conflitos deste tipo apelando a uma regra superior ou a um princípio geral. Quando isso acontece, é necessário ponderar (*to balance*) os direitos em conflito e atingir um compromisso adequado entre eles. O fato de que tal compromisso não pode ser justificado sob um fundamento de princípio não significa, contudo, que ele deva ser totalmente arbitrário. O que se requer aqui é um julgamento prudencial do tipo que Bickel pensava indispensável na jurisdição constitucional (*constitutional adjudication*)"; cf. ob. cit., p. 1613.

chamadas *virtudes passivas* do Poder Judiciário, como tópicos argumentativos que guiam a tarefa de definição dos limites entre democracia e jurisdição. Conseqüentemente, ao contrário do que se diz, a doutrina da auto-restrição judicial e os métodos usualmente a ela associados não são irrelevantes ou dispensáveis. Embora não tenham a força que as concepções procedimentais de constituição propõem, as *virtudes passivas* podem servir ao aplicador judicial da constituição como instrumentos discursivos para regular racionalmente, de um modo compatível com o sistema constitucional, o equilíbrio entre a política e o Direito e entre a democracia e a jurisdição.

Conforme assinalei acima, a opção pelo critério seqüencial não ignora a advertência de Eros Grau de que em toda interpretação jurídica está presente a prudência,[619] e que mesmo quando esta se revela o melhor meio de fixar as fronteiras da intervenção jurisdicional, a interpretação do sistema normativo também atua no mínimo para estabelecer os parâmetros gerais dentro dos quais deliberará o juiz ou o tribunal. O respeito pela soberania popular constituinte exige que o intérprete judicial esgote as possibilidades de descobrir no texto da constituição diretrizes capazes de apontar os limites entre as competências dos órgãos de direção política e as do Poder Judiciário. Mas a própria natureza inescapavelmente programática e inacabada das constituições impede que a interpretação do seu sistema normativo ofereça sempre uma resposta adequada a estas questões; nestes casos, extremamente freqüentes, o juiz ou o tribunal deve ponderar prudencialmente para estabelecer com autonomia os limites da jurisdição constitucional.

4.2. Garantismo de direitos e ativismo judicial moderado

Vimos que o reconhecimento de que a Constituição Federal de 1988 instituiu no Brasil uma democracia constitucional adequada a um modelo *republicano substancialista* confere aos direitos fundamentais uma posição central na ordem constitucional brasileira. São os direitos fundamentais que materializam a proteção jurídica dos valores materiais que asseguram a dignidade da pessoa humana ou a "vida boa" no sentido constitucional. Além disso, os direitos fundamentais asseguram bens e valores indispensáveis para a justiça política da comunidade. Os direitos fundamentais são, portanto, as *raízes jurídicas* da existência digna das pessoas e da justiça política da comunidade. E embora a Constituição atribua aos processos de deliberação democrática e aos órgãos de direção

---

[619] Eros Roberto Grau, *Ensaio e discurso sobre a interpretação/aplicação do direito*, p. 93-98.

política do Estado uma ampla margem de liberdade para a concretização legislativa e administrativa do sistema de direitos da Constituição, essa liberdade não é ilimitada, porque se fosse, teríamos a negação da própria razão de ser dos direitos fundamentais, que consiste na extração ou na elevação de determinados valores substantivos da esfera de disposição do poder político, ainda que democraticamente constituído e exercido. Essa elevação do sistema de direitos significa, na ordem constitucional brasileira, não apenas a limitação dos poderes públicos, como a direção material do próprio processo político.

Além disso, que a existência de um sistema de direitos fundamentais em uma constituição republicana como a brasileira exige que seja criada uma instância institucional para a proteção jurídica desses direitos. Quando essa instituição não existe ou não funciona, há uma probabilidade muito alta de que o poder público, mesmo em um regime democrático, ignore e viole os direitos fundamentais. A história comparada dos sistemas constitucionais e a análise do funcionamento das instituições jurídicas e políticas nos Estados contemporâneos amparam solidamente essa conclusão. Há mais de duzentos anos, um número cada vez maior de países, com sistemas jurídicos e políticos muito distintos entre si, confluem para uma mesma solução em relação à pergunta sobre quem deve ser o *guardião da constituição* em uma democracia constitucional, respondendo que essa função deve caber ao Poder Judiciário. A Constituição de 1988 aderiu a essa tendência e atribuiu a um amplo esquema de jurisdição constitucional a guarda da Constituição.

A chamada dificuldade contramajoritária é um produto da própria Constituição. Aliás, uma constituição, no sentido moderno, é, por definição, contramajoritária. Um regime constitucionalista implica *sempre* uma retração do processo democrático e da idéia de soberania popular. A Constituição Federal brasileira foi até mesmo além disso, ao instituir cláusulas pétreas que impedem toda e qualquer tentativa de abolir, dentro da legalidade constitucional,[620] os direitos fundamentais e alguns dos princípios fundamentais do sistema constitucional, mesmo que essa seja a intenção da unanimidade dos representantes do poder constituinte derivado. O conteúdo essencial das cláusulas pétreas está, desde uma perspectiva jurídica, definitivamente fora do jogo democrático. A soberania popular só pode recuperar o domínio completo sobre as cláusulas pétreas mediante uma ruptura constitucional, com todas as suas conseqüências. Por conseguinte, nada mais natural que, sobre os princípios e direitos fundamentais

---

[620] V. Ingo Sarlet, "Os direitos fundamentais sociais como 'Cláusulas Pétreas'", *Revista da AJURIS*, n. 89, março de 2003, p. 101-122.

da Constituição, a jurisdição constitucional exerça um controle mais rígido, ou que a respeito deles esteja recomendado um ativismo judicial. Vale dizer, a proteção judicial dos princípios e direitos fundamentais é uma das *virtudes ativas* da jurisdição constitucional, virtude que não deve ser subestimada.

Portanto, a prática da jurisdição constitucional pressupõe a adoção de uma atitude *garantista* em relação aos princípios e direitos fundamentais da constituição. E no que diz respeito à Constituição brasileira, exige o compromisso com o *garantismo social* exposto no segundo capítulo, vale dizer, de uma atitude jurisdicional comprometida com a tutela jurídica de todo o sistema de direitos, tanto os direitos liberais, quanto os direitos sociais. A jurisdição constitucional deve não apenas defender os limites constitucionais do poder político, como impor o cumprimento da direção constitucional do poder político. Em outras palavras, o garantismo de direitos e o ativismo judicial são corolários que se deduzem do próprio modelo de democracia constitucional acolhido na Constituição Federal. No entanto, como a Constituição Federal é também uma constituição republicana, que tem na democracia deliberativa um dos seus valores fundantes, o exercício da jurisdição constitucional deve corresponder a uma forma de ativismo judicial *moderado* adequada à *virtude do equilíbrio*, que caracteriza o constitucionalismo democrático moderno. Deve ser um ativismo judicial no sentido de que se exige do Poder Judiciário uma postura ativa, exigente e até intransigente na defesa dos limites e na imposição das diretrizes constitucionais aos poderes públicos, mas deve ser um ativismo judicial moderado no sentido de que não pode ser indiferente em relação ao princípio republicano, segundo o qual as deliberações democráticas dos membros da comunidade possuem um grau de legitimidade política e moral e um valor epistêmico que justificam a preferência relativa dos órgãos de direção política na definição do conteúdo, da extensão e da eficácia dos direitos fundamentais.

Isso traz conseqüências diretas para os métodos de auto-restrição judicial, que podemos sintetizar em alguns tópicos:

a) A doutrina da auto-restrição judicial não pode funcionar como uma técnica para abortar à partida a investigação judicial de atos legislativos e administrativos que regulem direitos. A identificação dos limites do controle judicial de constitucionalidade pressupõe que a questão constitucional seja livremente examinada pelo juiz, a fim de permitir-lhe saber se ela pertence ao domínio legítimo e exclusivo da política, se a decisão administrativa ou legislativa foi razoável ou proporcional e se não atingiu o conteúdo essencial do direito. A auto-restrição só deve funcionar quando o ato legislativo ou administrativo foi perscrutado cuidadosamente. Isso porque a definição dos limites jurisdicionais não está dada no sistema jurídico. É somente já no próprio processo de concretização constitucional que os juízes poderão reconhecer a fronteira entre o domínio dos órgãos de direção política do Estado e o domínio da proteção judicial dos princípios e direitos fundamentais. Sabe-se que o Judiciário não pode substituir pelos seus próprios critérios as escolhas do Legislativo ou do Executivo, quando as decisões dos outros poderes estão dentro da esfera de alternativas admitidas pela própria constituição. Mas isso não significa renunciar ao exame da constitucionalidade da ação ou omissão do Estado. As esferas do decidível e do indecidível, no sentido de Ferrajoli, só podem ser reconhecidas já depois do escrutínio judicial sobre os limites da democracia e da proteção judicial dos direitos. O juridicamente indecidível não é um campo ao qual a cognição jurisdicional não tem acesso, mas um campo que os juízes reconhecem, justamente através da cognição judicial, pertencer legitimamente ao legislador ou ao administrador. Por conseguinte, a auto-restrição judicial só deve operar no próprio exercício da jurisdição constitucional.

b) No exame da constitucionalidade de normas legais, juízes e tribunais devem levar em consideração a qualidade democrática da deliberação parlamentar e social sobre a matéria objeto da legislação examinada. Quanto mais amplo, aberto, racional e público for o debate que preceder a edição das leis, maior deve ser a deferência judicial às escolhas do legislador. Assim, leis recentes e amplamente discutidas no parlamento e na sociedade podem gozar de uma *presunção de constitucionalidade moderada*, inclusive quando se tratar de lei que regula e restringe direitos fundamentais. Como as normas constitucionais, sobretudo as normas jusfundamentais, freqüentemente admitem diferentes significados, o juiz constitucional deve presumir a constitucionalidade do significado eleito pelo legislador quando a sua escolha hermenêutica ocorrer em processos de deliberação parlamentar adequados aos pressupostos do princípio democrático, salvo se ele (juiz) puder demonstrar argumentativamente que a interpretação legislativa viola o conteúdo essencial de algum princípio ou direito fundamental. Por outro lado, leis antigas ou editadas nos períodos autoritários da história política brasileira, leis aprovadas por acordos de liderança, sem amplo e aberto debate entre os parlamentares e entre o parlamento e a sociedade, assim como as medidas provisórias antes de convertidas em lei não devem gozar de presunção de constitucionalidade, principalmente quando restringirem direitos fundamentais.[621]

---

[621] Cf. Víctor Ferreres Comella, *Justicia constitucional y democracia*, p. 215 e ss.

c) A democracia constitucional assegura aos órgãos de direção política do Estado uma margem de liberdade de escolha e decisão na conformação legislativa e administrativa dos direitos fundamentais. Do mesmo modo, a definição do conteúdo e da eficácia dos direitos fundamentais pode ser em parte uma questão de natureza preponderantemente política, o que ocorre freqüentemente com os direitos sociais. Mas nem a discricionariedade administrativa e a liberdade de conformação legislativa nem a doutrina das questões políticas podem ser esgrimidas como limites funcionais e temáticos *absolutos* e *aprioristicos* à jurisdição constitucional, quando se trata de proteger e promover o sistema de direitos da constituição. O sistema de direitos fundamentais tutela bens e valores imprescindíveis à dignidade da pessoa humana e à justiça política da comunidade, e por isso não é axiologicamente neutro.[622] Ao contrário, direitos constitucionais são pré-comprometimentos morais da comunidade em relação ao regime democrático, que limitam e dirigem a atuação do legislador e do administrador na concretização constitucional. Compete ao Poder Judiciário definir argumentativamente seu conteúdo e eficácia essenciais, a cujo respeito os órgãos de direção política não estão livres para decidir ou para deixar de decidir. Por isso, o juiz ou o tribunal pode até reconhecer que uma questão constitucional envolvendo direito fundamental pertence ao espaço propriamente político da atuação legislativa ou mesmo administrativa, mas não pode se recusar à partida a examinar a questão constitucional invocando a sua natureza estritamente política ou a sua pertença às competências discricionárias dos demais poderes. Leis e medidas administrativas que regulem direitos fundamentais devem sempre passar por um escrutínio estrito (*strict scrutiny*),[623] no sentido utilizado pela Suprema Corte norte-americana, e a restrição de direitos liberais ou a recusa total ou parcial de direitos sociais deve ser plenamente justificada por um interesse estatal de extrema relevância (*compelling state interest*).

O equilíbrio entre as *virtudes ativas* e as *virtudes passivas* da jurisdição constitucional exige dos juízes um alto grau de ousadia intelectual e um compromisso sincero com as concepções de dignidade da pessoa humana e de justiça política adotadas pela Constituição. A jurisdição constitucional não pode fugir à responsabilidade de ser ao mesmo tempo a guardiã dos direitos fundamentais e do regime democrático. Portanto,

---

[622] Como disse Ferrreres Comella, "a constituição de uma democracia liberal expressa um conjunto de opções valorativas de graus distintos de fundamentalidade. A constituição não é neutra: opta a favor de certos princípios, os mais básicos dos quais não podem ser alterados sem destruir a própria constituição como um todo" (*ob. cit.*, p. 233).

[623] Laurence Tribe, *American Constitutional Law*, 2ª edição, p. 1451-1455.

ela é a arena própria para o conflito entre Direito e política, e os juízes são os árbitros das lutas nela travadas. Esse é um aspecto ineludível das democracias constitucionais, modelos políticos que não se restringem a uma mera "acomodação" institucional de dois princípios inevitavelmente contrapostos e, eventualmente, até adversários. O constitucionalismo democrático é um modelo de Estado no qual direitos, democracia e jurisdição constitucional convivem e interagem entre si como elementos inseparáveis de uma nova forma de conceber a sociedade política.

Conclusão

Na introdução deste trabalho anunciei que o estudo buscava responder a três indagações fundamentais: 1. Podem os juízes controlar e dirigir a concretização da constituição pelos órgãos de direção política do Estado? 2. Por que os juízes têm esse poder em um regime democrático? 3. Quais são os limites desse poder judicial em uma democracia constitucional? Pois bem, terminada a exposição do estudo, creio ser agora possível apresentar um conjunto de conclusões que sugerem respostas a essas questões cruciais da teoria constitucional.

1. A compreensão do modelo de democracia constitucional adotado pela Constituição Federal de 1988 depende de uma teoria constitucional que conjugue elementos de uma constituição ideal, objeto da teoria geral do constitucionalismo, e elementos da constituição concreta, objeto de uma teoria constitucional concreta, adequada à vigente Constituição brasileira. A relação entre a constituição ideal e a constituição real deve ser necessariamente *dialética*. Por um lado, não se pode subsumir um determinado modelo concreto à fórmula universal; por outro, não deve o modelo concreto afastar-se tanto ou ignorar tão completamente a base conceitual ideal que deixe de ser uma concretização do conceito abstrato, ou que perca os elementos que permitem preservar a identidade constitucional mesmo na diferença. A dialética entre a constituição ideal e a constituição real pressupõe um movimento original de um povo consciente das suas circunstâncias históricas, políticas, sociais e culturais, que busca uma fórmula bem-sucedida de Estado para aplicar às suas instituições jurídico-políticas, respeitando o contexto interno.

2. A opção por uma democracia constitucional pressupõe a *coexistência dúctil* de três elementos. O primeiro deles é o *elemento democrático*, segundo o qual a constituição deve garantir que a concretização dos princípios e valores nela instituídos seja realizada por órgãos e processos de deliberação democrática aos quais todas as pessoas da comunidade possam ter pleno acesso, e nos quais os interesses de todos os indivíduos

sejam considerados em um debate público, aberto e irrestrito. O segundo é o *elemento moral substantivo*, pelo qual a constituição eleva e assegura alguns bens e valores substantivos, materializados no processo constituinte em princípios e direitos fundamentais por obra da própria soberania popular, e que são retirados da livre disposição dos órgãos e processos de direção política, porque garantem bens indispensáveis à vida digna da pessoa humana e à justiça política da comunidade. Por fim, o *elemento judicial* outorga ao Poder Judiciário a função de guardião do equilíbrio entre o elemento democrático e o elemento moral substantivo, permitindo-lhe participar e até intervir na interpretação e aplicação das normas constitucionais dos órgãos de direção política da sociedade, sempre que, de acordo com a interpretação do próprio poder judicial, eles frustrarem o sentido e a finalidade da constituição e, com esse erro, violarem bens e valores essenciais à dignidade da pessoa humana e à justiça da comunidade.

3. Os *direitos fundamentais* de um Estado democrático-constitucional, como o Estado brasileiro, possuem uma dupla dimensão no que concerne à sua relação com o princípio democrático. Os direitos fundamentais possuem uma *dimensão democrática* por duas razões. Primeiro, porque estão sujeitos a uma *concretização preferencialmente democrática*, no sentido de que o processo de reconhecimento e de definição do seu conteúdo e da sua extensão pertence originariamente ao âmbito da política, e, portanto, está adstrito às competências funcionais dos órgãos de direção política do Estado, através dos quais a comunidade delibera, escolhe e decide sobre a concretização infraconstitucional dos direitos fundamentais. Segundo, porque funcionam como *pressupostos jurídico-institucionais da democracia constitucional*, porquanto são eles que asseguram ao processo democrático condições funcionais justas para um sistema de participação política e um regime de decisão fundados na liberdade e na igualdade entre todas as pessoas.

4. De outro lado, os *direitos fundamentais são ademocráticos*, porque exprimem *posições jurídicas subjetivas que vinculam positiva e negativamente os órgãos do Estado*, inclusive as instâncias de representação democrática, impondo-lhes, ao mesmo tempo, limites e direção. Os direitos fundamentais protegem uma pluralidade de bens e valores que a comunidade determinou constitucionalmente como necessária e indispensável para assegurar a todas as pessoas uma existência moralmente digna. A constitucionalização desses bens e valores através dos direitos fundamentais significa uma elevação do núcleo de moralidade por eles representados para além da esfera de "livre decidibilidade" do processo democrático.

5. O sentido dos direitos fundamentais consiste em vincular o processo político-democrático em geral a determinados bens e valores, julga-

dos essenciais para a dignidade moral da pessoa humana e para a justiça política da comunidade. Contudo, a opção constitucional brasileira por um modelo de Estado republicano implica que a concretização dos princípios e direitos fundamentais deve ser feita prioritariamente pelos órgãos de direção política do Estado. Essa prioridade tem como fundamentos o valor epistêmico e a legitimidade ético-política dos processos democráticos de deliberação pública. Mas nem o legislador nem o governo dispõem de total liberdade para decidir sobre o conteúdo, a eficácia e os limites dos princípios e direitos fundamentais da Constituição. Isso porque os valores substantivos acolhidos no sistema constitucional brasileiro são portadores de um significado mínimo que restringe e conduz a concretização infraconstitucional dos princípios e direitos no âmbito da legislação e da administração. Por isso o Estado brasileiro deve ser caracterizado como uma republica substancialista.

6. Em uma democracia constitucional que adota um sistema de direitos fundamentais materialmente vinculante aos órgãos de direção política do Estado, o Poder Judiciário exerce uma função de representante da soberania popular consolidada no programa constitucional. O próprio poder constituinte defere aos juízes e tribunais a tarefa de fiscalizar a concretização política da constituição pelos Poderes Legislativo e Executivo, em ordem a assegurar o respeito pelo conteúdo essencial dos princípios e direitos fundamentais. Além disso, o Poder Judiciário também é portador de virtudes democráticas que legitimam as concretizações constitucionais efetuadas no exercício do controle judicial, negativo e positivo, de constitucionalidade dos atos dos demais poderes. É que o acesso à jurisdição constitucional, sobretudo no modelo de jurisdição constitucional brasileiro, é freqüentemente muito mais aberto à cidadania, individualmente, ou através de instituições representativas, do que o acesso aos órgãos políticos. Ademais, o caráter discursivo e argumentativo dos processos judiciais da jurisdição constitucional permite que as decisões do Poder Judiciário sejam racionalmente rastreáveis e compreensíveis, estimulando e alimentando o diálogo coletivo racional sobre os grandes temas constitucionais.

7. Por conseguinte, os juízes podem e devem controlar e dirigir a concretização constitucional operada pelos órgãos de direção política do Estado. No exercício dessa função, o Poder Judiciário realiza a representação de parcela da soberania popular e participa do regime democrático por meio da da racionalidade discursiva das suas decisões e da abertura dos processos da jurisdição constitucional à cidadania. No entanto, a jurisdição constitucional não pode usurpar as legítimas funções dos poderes legislativo e executivo na tarefa de concretização constitucional, sob pretexto de efetuar uma fiscalização estrita dos princípios e direitos

fundamentais. O Poder Judiciário deve estabelecer limites à sua própria atuação, quando exercita o controle negativo ou positivo de constitucionalidade de leis e atos administrativos. Na determinação desses limites, os métodos tradicionais de auto-restrição judicial podem atuar como pautas de referência discursivas para evitar o abuso do poder de controle jurisdicional dos atos dos demais poderes.

8. O recurso à doutrina da auto-restrição judicial deve ser, de qualquer modo, uma forma de autocontrole da jurisdição constitucional. A restrição judicial em uma democracia judicial deve ser autônoma, e não heterônoma. Por isso, a definição dos limites entre jurisdição e política na concretização da constituição deve ser feita pelos juízes e tribunais já no próprio exercício das funções jurisdicionais de interpretação e aplicação da constituição. Os métodos tradicionais de auto-restrição judicial não podem conter ou bloquear antecipadamente a guarda judicial da constitucional. É no exercício mesmo do controle de constitucionalidade que o Poder Judiciário deverá reconhecer os seus próprios limites de atuação, em deferência à prioridade dos órgãos de direção política na tarefa de concretização da ordem constitucional.

9. O intérprete judicial deve inicialmente buscar no texto e no sistema normativo constitucional regras que predefinam as áreas de competência privativa dos demais poderes. Contudo, quando o texto e o sistema normativo não fornecerem resposta segura sobre as áreas de competência privativa dos órgãos de direção política, o Poder Judiciário deve estabelecer esses limites mediante o recurso a critérios prudenciais. Todavia, a ciência jurídica contemporânea oferece ao intérprete judicial institutos sofisticados, racionais e objetivos para operar através da prudência judicial, como são os princípios da ponderação de bens, da proporcionalidade e da razoabilidade. Portanto, o recurso à prudência judicial, como método para a definição dos limites da jurisdição constitucional, sempre que a interpretação do texto e do sistema normativo constitucional não forneça resposta segura sobre esses limites, não se apresenta como uma técnica decisionista, subjetivista e racionalmente incontrolável.

10. O modelo de Estado democrático-constitucional acolhido pela Constituição Federal de 1988 atribui ao Poder Judiciário a função de garantia da totalidade do sistema de direitos fundamentais. No exercício dessa função, juízes e tribunais limitam e dirigem a concretização dos direitos fundamentais pelos órgãos políticos do Estado. Por isso, sempre que estiver em jogo a tutela do sistema de direitos fundamentais como um todo, tanto dos direitos liberais, quanto dos direitos sociais, o Judiciário deve exercer um ativismo judicial moderado e equilibrado, a fim de garantir a eficácia dos direitos sem usurpar os processos democráticos.

Por fim, gostaria de advertir o leitor para duas questões fundamentais que me preocuparam nas reflexões que antecederam e acompanharam a elaboração desta obra. Primeiro, estou plenamente consciente de que o leitor poderá sentir um certo desconforto com o caráter por assim dizer ambivalente das conclusões a que cheguei. De fato, opções por modelos mais radicais e polarizados de constitucionalismo tendem a formular conclusões que soam mais impactantes e afirmativas. É muito mais reconfortante aceitar ou rejeitar uma teoria constitucional que recuse completamente a competência judicial para limitar e dirigir os demais poderes do Estado, assim como uma teoria que conceda ao Poder Judiciário uma espécie de supremacia institucional sobre os outros ramos do governo e lhe permita interferir ilimitadamente nas competências dos Poderes Legislativo e Executivo. Conscientemente, optei por correr o risco de sustentar um modelo de democracia constitucional que julgo o único compatível com a Constituição Federal de 1988, mas que postula por uma convivência dúctil entre os órgãos de direção política e o Poder Judiciário, e portanto não admite a supremacia de qualquer um dos poderes do Estado sobre os demais. É evidente que a fundamentação jurídica deste modelo constitucional deixa em aberto muitas questões decisivas sobre os limites entre jurisdição constitucional e democracia, mas essa é uma conseqüência inevitável da escolha de um modelo de Estado que pretende equilibrar a proteção dos direitos fundamentais sem renunciar à autodeterminação política dos indivíduos e da comunidade.

Em segundo lugar, não desejo que essa obra seja compreendida como uma defesa da doutrina da auto-restrição judicial ou de uma jurisdição constitucional limitada. Estou convicto de que o aspecto mais importante do constitucionalismo moderno reside na força e na capacidade da jurisdição constitucional de limitar e dirigir os órgãos de representação democrática. Não gostaria de deixar qualquer dúvida de que considero indispensável que o Poder Judiciário adote uma postura ativista na garantia do sistema de direitos fundamentais. No entanto, se realmente queremos uma jurisdição constitucional efetiva e eficiente na tutela dos direitos não devemos admitir que ela assuma uma postura onipotente e onisciente e ignore a legitimidade da deliberação democrática na concretização das normas constitucionais. Defender qualquer forma de supremacia judicial é certamente a forma mais segura de produzir um movimento de reação contra as funções atribuídas ao Poder Judiciário nas democracias constitucionais contemporâneas. A preservação dos métodos de auto-restrição judicial somente faz sentido se os inserirmos no propósito de assegurar que a jurisdição constitucional não se deixe seduzir pelos seus próprios poderes e asfixie a democracia em nome da proteção dos direitos fundamentais. Pois se é possível reivindicarmos algum progresso sólido nos modelos de Estado propostos pela ciência política e pelo direito constitucional da modernidade, ele parece encontrar-se justamente no difícil equilíbrio entre direitos, democracia e jurisdição. Mas não é neste equilíbrio que reside a magia do constitucionalismo democrático?

Bibliografia

ABRAMOVICH, Victor e COURTIS, Christian. *Los derechos sociales como derechos exigibles*. Madrid: Editorial Trotta, 2002.
ACKERMAN, Bruce. The New Separation of Powers. *Harvard Law Review*, vol. 113, n. 3, jan. 2000, p. 633-729.
ALEXY, Robert. *Teoría de los derechos fundamentales*. Madrid: Centro de Estudios Constitucionales, 1997.
——. *El concepto y la validez del derecho*. Barcelona: Gedisa Editorial, 1997.
——. *Teoria da Argumentação Jurídica*. São Paulo: Landy Editora, 2001.
——. Sistema jurídico, principios jurídicos y razón práctica. *Doxa*, n. 5, 1988, p. 139-151.
——. Legal Argumentation as Rational Discourse. *Rivista internazionale di filosofia del diritto*, abril/junho de 1993, p. 165-178.
——.Vícios nos exercício do poder discricionário. *Revista dos Tribunais*, São Paulo, vol. 779, set. 2000, p. 11-46.
——. Direitos Fundamentais no Estado Democrático de Direito. *Revista de Direito Administrativo*, Rio de Janeiro, v. 217, jul./set. 1999, p. 55-66.
——. Colisão de Direitos Fundamentais e Realização de Direitos Fundamentais no Estado de Direito Democrático. *Revista de Direito Administrativo*, Rio de Janeiro, v. 217, jul./set. 1999, p. 67-79.
——. Direito constitucional e direito ordinário. Jurisdição constitucional e jurisdição especializada. *Revista dos Tribunais*, n. 809, mar. 2003, p. 54-73.
——. On the Structure of Legal Principles. *Ratio Juris*, Oxford, vol. 13, n. 3, set-2000, p. 243.
——. Constitutional Rights, Balancing, and Rationality. *Ratio Juris*, Oxford, vol. 16, n. 2, jun-2003, p. 131-140.
——. On Balancing and Subsumption. A Structural Comparison, *Ratio Juris*, vol. 16, n. 4, dez-2003, p. 433-439.
—— . "Los derechos fundamentales en el Estado constitucional democrático. *In*: Miguel Carbonell (editor). *Neoconstitucionalismo(s)*. Madrid: Editorial Trotta, 2003, p. 31-47.
ALVES, José Carlos Moreira. A evolução do controle de constitucionalidade no Brasil. In: *As Garantias do Cidadão na Justiça*. São Paulo: Saraiva, 1993, p. 1-14.
AMARAL, Gustavo. *Direito, escassez, escolha*. Rio de Janeiro: Renovar, 2001.
——. A interpretação dos direitos fundamentais e o conflito entre os poderes. *In*: Torres, Ricardo Lobo (org.). *Teoria dos Direitos Fundamentais*. Rio de Janeiro: Renovar, 1999, p. 95-116.
ANDRADE, José Carlos Vieira de. *Os Direitos Fundamentais na Constituição Portuguesa de 1976*. Coimbra: Almedina, 1987.
ARANGO, Rodolfo. La justiciabilidad de los derechos sociales fundamentales. *Revista de Derecho Político*, n. 12, Faculdad de Derecho, Universidad de los Andes, Bogotá, 2001.
——. Basic Social Rigths, Constitutional Justice, and Democracy. *Ratio Juris*, Oxford, vol. 16, n. 2, jun-2003, p. 141-154.
ARISTÓTELES. *Ética a Nicômacos*. 4ª ed. Brasília: Editora UNB, 2000
——. *Política*. São Paulo: Editora Martins Fontes. 2000.
ARROYO, Juan Carlos Velasco. *La teoría discursiva del derecho*. Sistema jurídico y democracia em Habermas. Madrid: Centro de Estúdios Constitucionales, 2000.
ATIENZA, Manuel. Legal Reasoning and the Constitutional State. *Journal for Legal and Social Theory*, vol. 6, 2002, n. 2, p. 293-300.
AUBENQUE, Pierre. *La prudence chez Aristote*. 3ª ed. Paris: Presses Universitaires de France, 2002.

ÁVILA, Humberto Bergmann. *Teoria dos Princípios: da definição à aplicação dos princípios jurídicos*. São Paulo: Malheiros Editores, 2003.

——. Repensando o 'Princípio da supremacia do interesse público sobre o particular". *In*: Sarlet, Ingo Wolfgang. *O Direito Público em tempos de crise*. Porto Alegre: Livraria do Advogado Editora, 1999, p. 99-128.

——. A distinção entre princípios e regras e a redefinição do dever de proporcionalidade. *Revista de Direito Administrativo*. Rio de Janeiro, n. 215, jan.-mar. 1999, p. 151-179.

——. Argumentação jurídical e a imunidade do livre eletrônico. *Revista de Direito Tributário*. São Paulo, n. 79, 2001, p. 163-183.

BACIGALUPO, Mariano. *La discricionalidad administrativa (estructura normativa, control judicial y límites constitucionales de su atribcción)*. Madrid: Marcial Pons, 1997.

BAPTISTA, Patrícia. *Transformações do Direito Administrativo*. Rio de Janeiro: Renovar, 2003.

BARACHO JUNIOR, José Alfredo de Oliveira. A Interpretação dos Direitos Fundamentais na Suprema Corte dos EUA e no Supremo Tribunal Federal. *In*: Sampaio, José Adérsio Leite (org.). *Jurisdição constitucional e direitos fundamentais*. Belo Horizonte: Editora Del Rey, 2003, p. 315-346.

BARAK, Aharon. A Judge on judging: The Role of a Supreme Court in a Democracy. *Harvard Law Review*, vol. 116, 2002, p. 16.

BARBER, Sotirios A. *The constitution of judicial power*. Baltimore: The Johns Hopkins University Press, 1993.

BARBOSA, Rui. *Atos Inconstitucionais*. Campinas: Editora Russell, 2003.

BARCELLOS, Ana Paula de. *A eficácia dos princípios constitucionais: o princípio da dignidade da pessoa humana*. Rio de Janeiro: Renovar, 2002.

——. O Mínimo Existencial e Algumas Fundamentações: John Rawls, Michael Walzer e Robert Alexy. *In*. Torres, Ricardo Lobo. *A Legitimação dos Direitos Humanos*. Rio de Janeiro: Renovar, 2002, p. 51-98.

BARKOW, Rachel. More Supreme than Court. The Fall of the Political Question Doctrine and the Rise of Judicial Supremacy. *Columbia Law Review*, vol. 102, março-2002, n. 02, p. 237-336.

BARROSO, Luís Roberto. *Interpretação e Aplicação da Constituição*. São Paulo: Editora Saraiva, 1996.

——. Fundamentos teóricos e filosóficos do novo Direito Constitucional brasileiro (pós-modernidade, teoria crítica e pós-positivismo). *Revista do Ministério Público do Rio Grande do Sul*, n. 46, 2002, p. 29-66.

——; BARCELLOS, Ana Paula de. "O começo da história. A nova interpretação constitucional e o papel dos princípios no direito brasileiro". *In*: Barroso, Luís Roberto (org.). *A nova interpretação constitucional. Ponderação, direitos fundamentais e relações privadas*. Rio de Janeiro: Renovar, 2003, p 327-378.

BARZOTTO, Luis Fernando. *A Democracia na Constituição*. São Leopoldo: Editora Unisinos, 2003.

——. *O positivismo jurídico contemporâneo*. São Leopoldo: Editora Unisinos, 1999.

——. Prudência e Jurisprudência – Uma reflexão epistemológica sobre a *jurisprudentia* romana a partir de Aristóteles. *Anuário do Programa de Pós-graduação em Direito da Unisinos*. São Leopoldo, 1998/1999, p. 163-192.

——. Modernidade e democracia: os fundamentos da teoria da democracia de Hans Kelsen. *Direito e Justiça*, Porto Alegre, vol. 26, 2002/2, p. 89-112.

——. Justiça social: gênese, estrutura e aplicação de um conceito. *Revista do Ministério Público do Rio Grande do Sul*, n. 50, 2003, p. 19-56.

BAYNES, Kenneth. Democracy and the *Rechtsstaat*: Habermans's *Faktizität und Geltung*. *In*: Stephen K. White (editor). *The Cambridge Companion to Habermas*. Cambridge-New York: Cambridge University Press, 1995, p. 201-232.

BAYÓN, Juan Carlos. Derechos, democracia y constitución. *In*: Miguel Carbonell (editor). *Neoconstitucionalismo(s)*. Madrid: Editorial Trotta, 2003, p. 211-238.

BERCOVICCI, Gilberto. A Constituição Dirigente e a Crise da Teoria da Constituição. *In: Teoria da Constituição*: Estudos sobre o Lugar da Política no Direito Constitucional. Rio de Janeiro: Lúmen Juris, 2003, p. 75-150.

BERTI, Giorgio. *Interpretazione costituzionale: lezioni di diritto pubblico*. 4ª ed. Padova: CEDAM, 2001.

BICKEL, Alexander. *The Least Dangerous Branch*. 2ª edição. New Haven: Yale University Press, 1986.

——. *A ética do consentimento*. Rio de Janeiro: Editora Livraria Agir, 1978.

BIELEFELDT, Heiner. *Filosofia dos Direitos Humanos*. São Leopoldo: Editora Unisinos. 2000.

BITTAR, Eduardo. *A justiça em Aristóteles*. 2ª edi, São Paulo: Forense Universitária, 2001.

BLACHÈR, Philippe. *Contrôle de constitutionnalité et volonté générale*. Paris: Presses Universitaire de France, 2001.

BOBBIO, Norberto. *A era dos direitos*. Rio de Janeiro: Campus, 1992.

——— . *O positivismo jurídico. Lições de filosofia do direito.* São Paulo: Iço Editora, 1995.
BÖCKENFÖRDE, Ernst-Wolfgang. *Escritos sobre derechos fundamentales.* Baden-Baden: Nomos Verlagsgesellschaft, 1993.
BONAVIDES, Paulo. *Curso de Direito Constitucional.* 8ª edi. São Paulo: Malheiros, 1999.
——— . *Teoria Constitucional da Democracia Deliberativa.* São Paulo: Malheiros, 2000.
BONGIOVANNI, Giorgio. *Teorie "costituzionalistiche" del diritto. Morale, diritto e interpretazione in R. Alexy e R. Dworkin.* Bologna: CLUEB, 2000.
——— . Stato di diritto e giustizia costituzionale. Hans Kelsen e la Costituzionae austriaca del 1920. In: Costa, Pietro e Zolo, Danilo (org.) *Lo Stato di diritto.* Storia, teoria, critica. 2ª ed. Firenze: Feltrinelli, 2003, p. 317-348.
BUENO FILHO, Edgard Silveira. *Amicus Curiae* – A Democratização do Debate nos Processo de Controle da Constitucionalidade. *Revista Diálogo Jurídico,* Salvador, n. 14, junho-agosto de 2002, p. 39.
CADEMARTORI, Luiz Henrique Urquhart. *Discricionariedade administrativa no Estado Constitucional de Direito.* Curitiba: Juruá Editora, 2002.
CAENEGEN, R. C. Van. *An historical introduction to western constitutional law.* Cambridge: Cambridge University Press, 1995.
CANOTILHO, José Joaquim Gomes. *Direito Constitucional.* 5ª ed. Coimbra: Editora Almedina, 1992.
——— . *Constituição dirigente e vinculação do legislador: contributo para a compreensão das normas constitucionais programáticas.* Coimbra: Coimbra Editora, 1994.
——— . Romper ou Rever com a Constituição Dirigente? Defesa de um Constitucionalmente Moralmente Reflexivo. *Revista dos Tribunais.* Cadernos de Direito Constitucional e Ciência Política, n. 15, abril-junho de 1996, p. 7-17.
CAPPELLETTI, Mauro. *O Controle Judicial de Constitucionalidade das Leis no Direito Comparado.* 2ª ed. Porto Alegre: Sergio Fabris Editor, 1992.
——— . *Juízes Legisladores?* Porto Alegre: Sergio Antonio Fabris Editor, 1993.
——— . Costituzionalismo Moderno e Ruolo del Potere Giuduziario nella Società Contemporanee. *Revista de Processo,* n. 68, out-dez 1992.
——— . Repudiando Montesquieu? A expansão e a legitimidade da "justiça constitucional". *Revista do Tribunal Regional da 4ª Região,* Porto Alegre, a 12, n. 40, 2001, p. 15-50.
CAROTHERS, Thomas. Rule of Law Revival. *Foreign Affairs,* março-abril de 1998, p. 95-106.
CARVALHO NETO, Menelick de. A hermenêutica constitucional: desafios postos aos direitos fundamentais. . In: Sampaio, José Adérsio Leite (org.). *Jurisdição constitucional e direitos fundamentais.* Belo Horizonte: Editora Del Rey, 2003, p. 141-163.
CERRI, Augusto. *Corso di giustizia costituzionale.* 3ª ed. Milano: Giuffrè Editore, 2001.
CHEVALLIER, Jacques. *L'État de droit.* 3ª ed. Paris: Montchrestien, 1999.
CITTADINO, Gisele. *Pluralismo, Direito e Justiça Distributiva: Elementos da Filosofia Constitucional Contemporânea.* Rio de Janeiro: Lúmen Juris, 2000.
CLÈVE, Clèmerson Merlin. *A Fiscalização Abstrata de Constitucionalidade no Direito Brasileiro.* São Paulo: Revista dos Tribunais, 1995.
——— . *Atividade legislativa do Poder Executivo no Estado contemporâneo e na Constituição de 1988.* São Paulo: Revista dos Tribunais, 1993.
COELHO, Inocêncio Mártires. Constitucionalidade/Inconstitucionalidade: uma questão política? *Revista de Direito de Direito Administrativo,* Rio de Janeiro, 221, jul./set. 2000, p. 47-69.
COMANDUCCI, Paolo. Neo-Constitutionalism: An Attempt at Classification. *Journal for Legal and Social Theory,* vol. 6-2002, n. 2, p. 215-232.
COMELLA, Víctor Ferreres. *Justicia constitucional y democracia.* Madrid: Centro de Estudios Políticos y Constitucionales, 1997.
COMPARATO, Fábio Konder. *Afirmação histórica dos direitos humanos.* São Paulo: Saraiva, 1999.
——— . Ensaio sobre o juízo de constitucionalidade de políticas públicas. *Revista dos Tribunais,* vol. 737, mar. 1997, p. 11-22.
COSTA, Pietro, e ZOLO, Danilo (org.) *Lo Sato di diritto.* Storia, teoria, critica. 2ª ed. Firenze: Feltrinelli, 2003.
COUTINHO, Jacinto Nelson de Miranda (org.). *Canotilho e a Constituição Dirigente.* Rio de Janeiro: Renovar, 2003.
DERRIDA, Jacques. Force de loi: le 'fondement mystique de l'autorité'". Deconstruction and the possibility of justice. *Cardozo Law Review,* vol. 11, julho-agosto de 1990, n. 5-6, p. 919-1043.

DURHAM, Christine M. The Judicial Branch in State Government: Parables of Law, Politics and Power. *New York University Law Review*, vol. 76, p. 1601-1622.
DWORKIN, Ronald. *Taking Rights Seriously*. Cambridge: Harvard University Press, 1977.
——. *Law's Empire*. Cambridge: Harvard University Press, 1986.
——. *Freedom's Law*. Cambridge: Harvard University Press, 1996.
——. *Sovereign Virtue: The Theory and Practice of Equality*. Cambridge: Harvard Univesity Press, 2000.
——. *Uma questão de princípio*. São Paulo: Martins Fontes, 2000.
——. *Levando os direitos a sério*. São Paulo: Martins Fontes, 2002.
——. The forum of principle. *New York University Law Review*, vol. 56, maio-junho de 1981, p. 468-518.
ELY, John Hart. *Democracy and Distrust:* a Theory of Judicial Review. Cambridge: Harvard Univesity Press, 1980.
ENGISH, Karl. *Introdução ao Pensamento Jurídico*. 6ª ed. Lisboa: Fundação Calouste Gulbenkian, 1983.
ESSER, Josef. *Princípio y norma em la elaboración jurisprudencial del derecho privado*. Barcelona: Bosch, 1961.
FALLON, Jr., Richard H. Marbury and the Constitutional Mind: A Biccentennial Essay on the Wages of Doctrinal Tension. *California Law Review*, vol. 91, n. 1, jan. 2003, p. 1-58.
FAVOREAU, Louis, La constitutionnalisation du droit. *In:* Mathieu, Bertrand e Verpeaux, Michel. *La constitutionnalisation des branches du droit*. Paris: Presses Universitaires D'Aix Marseille, 1998, p. 181-195.
——. Legalité et constitutionnalité. Disponível em geocities.yahoo.com.br/propito/legaliteetconstitutionnalite.html (acessado em 12/07/02).
FERRAJOLI, Luigi. *Derechos y garantías*. La ley del más débil. Madrid: Editorial Trotta, 1999.
——. *Diritti fondamentali*. Roma: Editora Laterza, 2001.
——. O Direito como sistema de garantias. *In:* Oliveira Junior, Jorge Alcebíades de (org.). *O novo em Direito e Política*. Porto Alegre: Livraria do Advogado Editora, 1997, p. 89-109.
——. Giurisdizione e Democrazia. *Revista da AJURIS*, n. 75, setembro de 1999, p. 424-444.
FIORAVANTI, Maurizio. *Los derechos fundamentales. Apuntes de história de las constituciones*. Madrid: Editorial Trotta, 2000.
FLICKINGER, Hans-Georg. *Em nome da liberdade: elementos da crítica ao liberalismo contemporâneo*. Porto Alegre: EDIPUCRS, 2003.
FORSTHOFF, Ernst. *Stato di Diritto in Trasformazione*. Milano: Giuffré Editore, 1973.
FRAISSEIX, Patrick, Les droits fondementeaux, prolongation ou dénaturation des droits d l'Homme: In *Revue du Droit Public* n. 2-2001. Paris, 2001.
FREIRE, Antonio Manuel Peña. *La garantia en el Estado constitucional de derecho*. Madrid: Editorial Trotta, 1997.
FREITAS, Juarez. *A interpretação sistemática do Direito*. 3ª ed. São Paulo: Malheiros, 2002.
——. *Estudos de Direito Administrativo*. São Paulo: Malheiros, 1995.
——. *O controle dos atos administrativos e os princípios fundamentais*. São Paulo: Malheiros, 1997.
FRIEDMAN, Barry. The Birth of an Academic Obsession: The History of the Countermajoritarian Difficulty, Part Five. *Yale Law Journal*, vol. 112, n. 2, nov. 2002, p. 153.
FRIEDRICH, Carl. *Uma introdução à teoria política*. Rio de Janeiro: Zahar Editores, 1970.
FRIEDRICH, Otto. *Antes do dilúvio*. Rio de Janeiro: Editora Record, 1997.
GADAMER, Hans-Georg. *Verdade e Método*. 3ª ed. Rio de Janeiro: Editora Vozes, 1999.
GALDINO, Flávio. O Custo dos Direitos. *In:* Torres, Ricardo Lobo (org.). *Legitimação dos Direitos Humanos*. Rio de Janeiro: Renovar, 2002, p. 139-222.
GARAPON, Antoine. *O juiz e a democracia: o guardião das promessas*. Rio de Janeiro: Editora Revan, 1999.
GARCÍA, Eduardo Alonso. *La interpretación de la Constitución*. Madrid: Centro de Estúdios Constitucionales, 1984.
GARCÍA DE ENTERRIA, Eduardo. *La Constituición como norma y el Tribunal Constitucional*. Madrid: Editorial Civitas, 1994.
GIACOMUZZI, José Guilherme. *A moralidade administrativa e a boa-fé da Administração Pùblica*. São Paulo: Malheiros, 2002.
GIDDENS, Anthony. *Para Além da Esquerda e da Direita*. São Paulo: Editora UNESP, 1995.
——. *The Third Way*: The Renewal of Social Democracy. Cambridge, UK: Polity Press, 1998.
GOMES, Joaquim B. Barbosa. *Ação afirmativa e princípio constitucional da igualdade*. Rio de Janeiro: Renovar, 2001.
——. Evolução do controle de constitucionalidade de tipo francês. *Revista de Informação Legislativa*. Brasília, n. 158, abr./jun. 2003, p. 97-125.

GOYARD-FABRE. *Os princípios filosóficos do direito político moderno.* São Paulo: Editora Martins Fontes, 1999.
——. *Os fundamentos da ordem jurídica.* São Paulo: Editora Martins Fontes, 2002.
——. *O que é Democracia?* São Paulo: Martins Fontes, 2003.
GOZZI, Gustavo. *Democrazia e diritto. Germânia: dallo Stato di diritto allá democrazia costituzionale.* Roma: Editori Laterza, 1999.
——. Stato di diritto e diritti soggettivi nella stoaria costutuzionale tedesca. *In*: Costa, Pietro e Zolo, Danilo (org.) *Lo Stato di* diritto. Storia, teoria, critica. 2ª ed. Firenze: Feltrinelli, 2003, p. 260-283.
GRAU, Eros Roberto. *A ordem econômica na Constituição de 1988 (interpretação e crítica).* 2ª ed. São Paulo: Revista dos Tribunais, 1991.
——. *Ensaio e discurso sobre a interpretação/aplicação do direito.* 2ª ed. São Paulo: Malheiros, 2003.
GUASTINI, Riccardo. *Teoria e dogmatica delle fonti.* Milano: Giuffrè Editore, 1998.
——. *Lezioni di teoria costituzionale.* Torino: Giappichelli Editore, 2001.
GUEDES, Marco Aurelio Peri. *Estado e ordem econômica e social*: a experiência constitucional da República de Weimar e a Constituição Brasileira de 1934. Rio de Janeiro: Renovar, 1998.
HÄBERLE, Peter. *Hermenêutica constitucional. A sociedade aberta dos intérpretes da constituição*: contribuição para a interpretação pluralista e "procedimental" da Constituição. Porto Alegre: Sergio Antonio Fabris Editor, 1997.
HABERMAS, Jürgen. *Direito e democracia: entre facticidade e validade.* 2 vol. Rio de Janeiro: Tempo Brasileira, 1997.
——. *Consciência moral e agir comunicativo.* Rio de Janeiro: Tempo Brasileiro, 1989.
——. El nexo interno entre Estado de Derecho y Democracia. *In*: Gimbernat, José Antonio (editor). *La filosofia moral y política de Jürgen Habermas.* Madrid: Biblioteca Nueva, 1997, p. 23-34.
——. On Law and Desagreement. Some Comments on "Interpretative Pluralism". Ratio Juris, vol. 16, n. 2, 2003, p. 187-194.
HEIDEGGER, Martin. *Ser e Tempo.* 2 vols. Rio de Janeiro: Editora Vozes, 2002
HESSE, Konrad. *Elementos de Direito Constitucional da República Federal da Alemanha.* Tradução de Luís Afonso Heck. Porto Alegre: Sergio Fabris Editor, 1998
HEUN, Werner. Supremacy of the Constitution, Separation of Powers, and Judicial Review in Nineteenth-Century German Constitutionalism. *Ratio Juris*, n. 16, n. 2, jun. 2003, p. 195-205.
HOLMES, Stephen e SUNSTEIN, Cass. *The cost of rights: why liberty depends on taxes.* New York-London: W. W. Norton, 1999.
JAEGER, Werner. *Paidéia: A formação do homem grego.* São Paulo:Martins Fontes, 1995.
KAY, Richard S. American Constitutionalism. *In*: Alexander, Larry (editor). *Constitutionalism: philosophical foundations.* Cambridge, UK: Cambridge University Press, 1998, p. 16-63.
KELLEY, William K. Avoiding Constitutional Questions as a Three-Branch Problem. *Cornell Law Review*, vol. 86, n. 4, maio-2001, p. 831-898.
KELSEN, Hans. *A Democracia.* São Paulo: Martins Fontes, 1993.
——. *A Teoria Pura do Direito.* São Paulo: Martins Fontes, 2000.
——. *Teoria Geral do Direito e do Estado.* São Paulo: Martins Fontes, 2000.
——. *Jurisdição Constitucional.* São Paulo: Martins Fontes, 2003.
——. La garantie jurisdictionnelle de la Constitution (La Justice constitutionnelle). *Revue du Droit Public*, tomo 45, 1928, p. 197-257.
KIMMINICH, Otto. Jurisdição Constitucional e Princípio da Divisão de Poderes. *Revista de Direito Público*, n. 92, p. 17-33, 1990.
KRELL, Andréas J. *Direitos sociais e o controle judicial no Brasil e na Alemanha.* Porto Alegre: Sergio Antonio Fabris Editor, 2002.
KRIELE, Martin. *Introducción a la Teoría del Estado.* Buenos Aires: Depalma, 1980.
KRONMAN, Anthony. Alexander Bickel's Philosophy of Prudence. *Yale Law Journal*, junho-1995, n. 94, p. 1567.
LARENZ, Karl. *Metodologia da Ciência do Direito.* Lisboa: Fundação Calouste Gulbenkian, 1989.
LOPES, José Reinaldo de Lima. Direito subjetivo e direitos sociais: o dilema do judiciário no Estado social de Direito. *In*: Faria, José Eduardo. *Direitos humanos, direitos sociais e justiça.* São Paulo: Malheiros, 1998, p. 113-143.
MACILWAIN, Charles. *Constitucionalismo Antiguo y Moderno.* Madrid: Centro de Estudios Constitucionales, 1991.
MACINTYRE, Alasdair. *After Virtue.* Notre Dame: University of Notre Dame Press, 1984.

——. *Justiça de Quem? Qual Racionalidade?* São Paulo: Edições Loyola, 1991.
——. La privatización del bien. *In*: Massini-Correas, Carlos. *El jusnaturalismo actual*. Buenos Aires: Abeledo Perrot, 1996, p. 215-236.
MACPHERSON, C. B. *A teoria política do individualismo possessivo*. Rio de Janeiro: Zahar Editores, 1979.
MARTÍNEZ, Gregorio Peces-Barba. *Derecho y derechos fundamentales*. Madrid: Centro de Estudios Constitutionales, 1993.
——. *Derechos sociales y positivismo jurídico*. Madrid: Dykinson, 1999.
MASSINI-CORREAS, Carlos. Acerca de la fundamentación de los derechos humanos *In*: Massini-Correas, Carlos. *El jusnaturalismo actual*. Buenos Aires: Abeledo Perrot, 1996, p. 187-214.
MATTEUCCI, Nicola. *Organización del poder y libertad*: historia del constitucionalismo moderno. Madrid: Editorial Trotta, 1998.
MCWHINNEY, Edward. Judicial Restraint and the West German Constitutional Court. *Harvard Law Review*, vol. 75, n. 1, 1961-1962, p. 5-38.
MEIRELLES, Hely Lopes. *Direito Administrativo Brasileiro*. 26ª ed. São Paulo: Malheiros, 2001.
MELLO, Celso Antônio Bandeira de. *Curso de Direito Administrativo*. 4ª edição. São Paulo: Malheiros, 1993.
MELLO, Cláudio Ari. Os direitos sociais e a teoria discursiva do direito. *Revista da AJURIS*. Porto Alegre, n. 85, t. I, mar. 2002, p. 86-137.
——. Hermenêutica filosófica e interpretação constitucional: o caso do número de vereadores. *Revista de Direito Administrativo*. Rio de Janeiro, v. 230, 2002, p. 21-44.
MENDES, Gilmar Ferreira. *Controle de constitucionalidade: aspectos jurídicos e políticos*. São Paulo: Saraiva, 1990.
——. *Jurisdição constitucional*. São Paulo: Saraiva, 1996.
——. *Direitos Fundamentais e Controle de Constitucionalidade*. São Paulo: Celso Bastos, 1998.
——. Argüição de descumprimento de preceito fundamental: parâmetro de controle e objeto. *In*: Tavares, André Ramos e Rothenburg, Walter Claudius. *Argüição de descumprimento de preceito fundamental*: análises à luz da Lei n. 9.882/99. São Paulo: Atlas, 2001, p. 128-149.
MENDES, Gilmar; COELHO, Inocêncio Mártires; e BRANCO, Paulo Gustavo Gonet. *Hermenêutica constitucional e direitos fundamentais*. Brasília: Brasília Jurídica, 2000.
MICHELMAN, Frank I. *Brennan and Democracy*. New Jersey: Princeton University Press, 1999.
——. On Protecting the poor through the Fourteenth Amendment. *Harvard Law Review*, vol. 86:7, 1969, p. 7-59.
——. Constitutional Authorship. *In*: Alexander, Larry (editor). *Constitutionalism*: philosophical foundations. Cambridge, UK: Cambridge University Press, 1998, p. 64-98.
——. How Can the People Ever Make the Laws? A Critique of Deliberative Democracy. *In*: Bohman, James e Pehg, William. *Deliberative Democracy*: Essays on Reason and Politics. Cambrige, Massachusetts: The MIT Press, 1997, p. 145-171.
——. Human Rights and the Limits of Constitutional Theory. *Ratio Juris*, vol. 13, n. 1, março de 2000, p. 63-76.
MIGUEL, Alfonso Ruiz. *Una filosofia del derecho en modelos históricos*. Madrid: Editorial Trotta, 2002.
MINISTÉRIO DA JUSTIÇA. *Decisões Constitucionais de Marshall*. Tradução de Américo Lobo. Brasília, 1997.
MORAES, Alexandre. *Jurisdição constitucional e tribunais constitucionais*. São Paulo: Editora Atlas, 2000.
MORAES, Germana de Oliveira. *Controle jurisdicional da Administração Pública*. São Paulo: Dialética, 1999.
MOREIRA, Luiz. *Fundamentação do Direito em Habermas*. Belo Horizonte: Mandamentos, 1999.
MULHALL, Stephen e SWIFT, Adam. *Liberals and Communitarians*. 2ª ed. Oxford: Blackwell Publishers, 1997.
NAGEL, Thomas. Aristotle on Eudamonia. In RORTY, Amélie Oksenberg. *Essays on Aristotle' ethics*. Berkeley: University of California Press, 1980.
NASCIMENTO, Rogério Soares do. A Ética do Discurso como Justificação dos Direitos Fundamentais na Obra de Jürgen Habermas. *In*: Torres, Ricardo Lobo (org.). *Legitimação dos Direitos Humanos*. Rio de Janeiro: Renovar, 2002, p. 451-498.
NINO, Carlos Santiago. *Ética y Derechos Humanos*. Buenos Aires: Editorial Astrea, 1989.
——. *The Constitution of deliberative democracy*. New Haven: Yale University Press, 1996.
NOBRE JUNIOR, Edilson Pereira. *O princípio da boa-fé e sua aplicação no Direito Administrativo brasileiro*. Porto Alegre: Sergio Antonio Fabris Editor, 2002.
NOWAK, John e ROTUNDA, Ronald. *Constitutional Law*. 5ª ed. St. Paul: West Publishing co, 1995.

OLIVEIRA, Marcelo Antônio Cattoni. Jurisdição constitucional: poder constituinte permanente? *In*: Sampaio, José Adérsio Leite e Cruz, Álvaro Ricardo de Souza. *Hermenêutica e jurisdição constitucional.* Belo Horizonte: Del Rey, 2001, p. 67-92.
PALU, Osvaldo Luiz. *Controle de constitucionalidade: conceitos, sistemas e efeitos.* São Paulo: Revista dos Tribunais, 1999.
PANIAGUA, José María Rodriguez. *Historia del Pensamiento Juridico.* Vol. II. Madrid: Universidad Complutense de Madrid, 1997.
PAULSON, Stanley. Kelsen et la constitutionnalité. *In*: Troper, Michel e Jaume, Lucien. *1789 et l'invention de la constitution.* Paris: Bruylant, 1994.
PEREIRA, César Guimarães. Discricionariedade e apreciações técnicas da Administração. *Revista de Direito Administrativo.* Rio de Janeiro, n. 231, jan./mar. 2003, p. 217-267.
PERRY, Michael J. *The Constitution in the Courts*: Law or Politics. New York: Oxford University Press, 1986.
———. *The Idea of Human Rigths.* Four inquires. Oxford: Oxford University Press, 1998.
———. What is "the Constitution"? (and Other Fundamental Question). *Constitutionalism*: Philosophical Foundations. New York: Cambridge University Press, 1998.
PIÇARRA, Nuno. *A separação dos poderes como doutrina e princípio constitucional: um contributo para o estudo das suas origens e evolução.* Coimbra: Coimbra Editora, 1989.
PINTO, Luzia Marques da Silva Cabral. *Os limites do poder constituinte e a legitimidade material da Constituição.* Coimbra: Coimbra Editora, 1994.
PIOVESAN, Flávia. *Direitos Humanos e o Direito Constitucional Internacional.* São Paulo: Max Limonad, 1996.
PLUCKNETT, Theodore F. T. Bonham's Case and Judicial Review. *Harvard Law Review*, vol. 40, 1926-1927, p. 30-70.
POLETTI, Ronaldo. *Controle da Constitucionalidade das Leis.* 2ª ed. Rio de Janeiro: Editora Forense, 1995.
POST, Robert. *Constitutional Domains.* Cambridge: Harvard Univesity Press, 1995.
RAWLS, John. *Uma Teoria da Justiça.* São Paulo: Martins Fontes, 1997.
———. *Justiça e Democracia.* São Paulo: Martins Fontes 2000.
———. *O Liberalismo Político.* 2ª ed. São Paulo: Editora Ática, São Paulo, 2000.
———. *O Direito dos Povos.* São Paulo: Martins Fontes, 2001.
———. *Lectures on the History of Moral Philosophy.* Cambridge: Harvard University Press, 2000.
———. *Justice as Fairness: a Restatement.* Cambridge: Harvard Univesity Press, 2001.
REALE, Miguel. *Nova fase do Direito moderno.* São Paulo: Saraiva, 1990.
ROCHA, Carmen Lúcia Antunes. *Princípios constitucionais da Administração Pública.* Belo Horizonte: Del Rey, 1994.
ROSTOW, Eugene. The Democratic Character of Judicial Review. *Harvard Law Review*, vol. 66, n. 1, dez. 1966, p. 193-224.
ROUSSEAU, Dominique. Y a-t-il trop de contrôle de constitutionnalité des lois em France? *In*: Mathieu, Bertrand e Verpeaux, Michel. *La constitutionnalisation des branches du droit.* Paris: Presses Universitaires D'Aix Marseille, 1998, p. 19-24.
ROUSSEAU, Jean-Jacques. *O Contrato Social.* São Paulo: Martins Fontes, 1999.
ROUSSILLON, Henry. *Le Conseil Constitutionnel.* Paris: Éditions Dalloz, 4ª édition, 2001.
RUSSELL, Bertrand. *História do pensamento ccidental: a aventura das idéias dos pré-socráticos a Wittgenstein.* Rio de Janeiro: Ediouro, 2001.
SAGER, Lawrence. The Domain of Constitutional Justice. *In*: Alexander, Larry (editor). *Constitutionalism: philosophical foundations.* Cambridge, UK: Cambridge University Press, 1998, p. 235-270.
SAGÜES, Nestor Pedro. *La interpretación judicial de la Constitución.* Buenos Aires: Depalma, 1998.
SAMPAIO, José Adércio Leite. *A Constituição Reinventada.* Belo Horizonte: Editora Del Rey, 2002.
———. Retorno às Tradições: A Razoabilidade como Parâmetro Constitucional. *In*: Sampaio, José Adércio Leite (org.). *Jurisdição constitucional e direitos fundamentais.* Belo Horizonte: Editora Del Rey, 2003, p. 45-102.
———. As sentenças intermediárias de constitucionalidade e o mito do legislador negativo. *In*: Sampaio, José Adércio Leite. *Hermenêutica e jurisdição constitucional.* Belo Horizonte: Del Rey, 2001, p. 159-194.
SANCHÍS, Luis Prieto. *Justicia constitucional y derechos fundamentales.* Madrid: Editorial Trotta, 2003.
SANDEL, Michael. *The Liberalism and the Limits of Justice.* Cambridge: Cambridge University Press, 1999.
SARLET, Ingo Wolfgang. *A Eficácia dos Direitos Fundamentais.* Porto Alegre: Livraria do Advogado Editora, 1998.
———. *Dignidade da Pessoa Humana e Direitos Fundamentais.* Porto Alegre: Livraria do Advogado Editora, 2001.

———. Os Direitos Fundamentais Sociais na Constituição de 1988. *In*: Sarlet, Ingo Wolfgang (org). *O Direito Público em Tempos de Crise*. Porto Alegre: Livraria do Advogado Editora, 1999, p. 129-173.

———. Direitos Fundamentais e Direito Privado. Algumas considerações em torno da vinculação dos particulares aos direitos fundamentais. *In*: Sarlet, Ingo Wolfgang. *A Constituição Concretizada*: construindo pontes com o público e o privado. Porto Alegre: Livraria do Advogado Editora, 2000.

———. Algumas considerações em torno do conteúdo, eficácia e efetividade do direito à saúde na Constituição de 1988. *Revista Diálogo Jurídico*. Salvador, n. 10, jan. 2002.

———. O Direito Fundamental à Moradia na Constituição: Algumas Anotações a Respeito do seu Contexto, Conteúdo e Possível Eficácia. *Arquivos de Direitos Humanos*. Rio de Janeiro: Editora Renovar, 2002, p. 137-191.

———. Os direitos fundamentais sociais como "Cláusulas Pétreas". *Revista da AJURIS*, n. 89, março de 2003, p. 101-121.

SARMENTO, Daniel. *A Ponderação de Interesses na Constituição Federal*. Rio de Janeiro: Lumen Juris, 2000.

———. *Direitos Fundamentais e Relações Privadas*. Rio de Janeiro: Lumen Juris, 2004.

———. Os Princípios Constitucionais e a Ponderação de Bens. *In*: Ricardo Lobo Torres (org.). *Teoria dos Direitos Fundamentais*. Rio de Janeiro: Editora Renovar, 1999, p. 35-93.

SCHWARTZ, Bernard. *A History of the Supreme Court*. New York: Oxford University Press, 1993.

SCHMITT, Carl. *Teoría de la Constitución*. Madrid: Alianza Editorial, 1996.

SILVA, José Afonso da. *Curso de Direito Constitucional Positivo*. 13ª ed. São Paulo: Malheiros, 1997.

SILVEIRA, Denis Coitinho. *Os sentidos da justiça em Aristóteles*. Porto Alegre: EDIPUCRS, 2001.

SOUZA, António Francisco de. *"Conceitos indeterminados" no Direito Administrativo*. Coimbra: Almedina, 1994.

SOUZA NETO, Cláudio Pereira. *Jurisdição constitucional, Democracia e Racionalidade Prática*. Rio de Janeiro: Renovar, 2002.

———. Teoria da Constituição, Democracia e Igualdade. *In*: *Teoria da Constituição: Estudos sobre o Lugar da Política no Direito Constitucional*. Rio de Janeiro: Lúmen Juris, 2003, p. 1-75.

STEIGLEDER, Annelise Monteiro. Discricionariedade administrativa e dever de proteção do meio ambiente. *Revista do Ministério Público do Rio Grande do Sul*, n. 48, 2002, p. 271-302.

STEINMETZ, Wilson Antônio. *Colisão de Direitos Fundamentais e Princípio da Proporcionalidade*. Porto Alegre: Livraria do Advogado, 2001.

STONER, Jr., James R. *Common law and liberal theory*: Coke, Hobbes and the origins of American constitucionalism. Kansas: University Press of Kansas, 1992.

STRECK, Lenio Luiz. *Jurisdição constitucional e hermenêutica*. Porto Alegre: Livraria do Advogado, 2002.

———. *Hermenêutica jurídica e(m) crise*. 3ª ed. Porto Alegre: Livraria do Advogado Editora, 2001.

———. A Crise da Hermenêutica e a Hermenêutica da Crise: A Necessidade de uma Nova Crítica ao Direito (NCD). *In*: Sampaio, José Adérsio Leite (org.). *Jurisdição constitucional e direitos fundamentais*. Belo Horizonte: Editora Del Rey, 2003, p. 103-140.

SUNSTEIN, Cass. Leaving Things Undecided. *Harvard Law Review*, vol. 110, n. 4, 1996, p. 4-101.

THAYER, James Bradley. The Origin and Scope of the American Doctrine of Constitutional Law. 7 *Harvard Law Review*, 129 (1893).

TEIXEIRA, J. H. Meirelles. *Curso de Direito Constitucional*. São Paulo: Forense Universitária. 1991.

TOCQUEVILLE, Alexis. *A Democracia na América*: Leis e Costumes. São Paulo: Martins Fontes, 1998.

TORRES, Ricardo Lobo. A cidadania multidimensional na era dos direitos. *In*: Torres, Ricardo Lobo (org.). *Teoria dos Direitos Fundamentais*. Rio de Janeiro: Renovar, 1999, p. 239-335.

———. A Legitimação dos Direitos Humanos e os Princípios da Ponderação e da Razoabilidade. *In*: Torres, Ricardo Lobo (org.). *Legitimação dos Direitos Humanos*. Rio de Janeiro: Renovar, 2002, p. 397-449.

TREMBLAY, Luc B. Deliberative democracy and liberal rights. *Ratio Juris*, n. 14, n. 4, dez. 2001, p. 424-454.

———. La justification de restrictions aux droit constitutionnels: la théorie du fondement rationnel. *McGill Law Journal* (1999) 44 R.D. McGill, p. 39-110.

TRIBE, Laurence. *American Constitutional Law*. 2ª ed. New York. Foundation Press, 1988.

———. *American Constitutional Law*, vol. 1. 3ª ed. New York: Foundation Press, 2000.

———. The puzzling persistence of process-based constitutional theories. *The Yale Law Journal*, vol. 89, 1980, p. 1063-1080.

———. Constitutional calculus: equal justice or economic efficiency? *Harvard Law Review*, n. 98, Janeiro 1985, p. 592.

TROPER, Michel. *Pour une théorie juridique de l'État*. Paris: Presses Universitaires de France, 1994.
TUSHNET, Mark. The transformation and disappearance of the political question doctrine. *North Carolina Law Review*, n. 80, may-2002, p. 1203.
UNGER, Roberto Mangabeira. *What Should Legal Analysis Become?* London: Verso Books, 1996.
VALLESPÍN, Fernando. ¿Reconcilición a través del Derecho? Apostillas a facticidad y validez de Jürgen Habermas. *In*: Gimbernat, José Antonio (editor). *La filosofia moral y política de Jürgen Habermas*. Madrid: Biblioteca Nueva, 1997, p. 199-224
VAN HOECKE, Mark. Judicial Review and Deliberative Democracy: a Circular Model of Lae Creation and Legitimation. *Ratio Juris*, p. 14, n. 4, dez. 2001, p. 415-423.
VANOSSI, José Reinaldo. *Teoría Constitucional*. 2 volumes. 2ª ed. Buenos Aires: Editora Depalma, 2000.
VAZ, Henrique Cláudio de Lima. *Raízes da modernidade*. Belo Horizonte: Edições Loyola, 2002.
VERGNIÈRES, Solange. *Ética e Política em Aristóteles*. São Paulo: Editora Paulus, 1999.
VERMEULE, Adrian. Veil of Ignorance Rules in Constitutional Law. *The Yale Law Journal*, vol. 111, n. 2, nov. 2001, p. 399-433.
VIANA, Luiz Werneck, CARVALHO; Maria Alice Rezende; MELO, Manuel Palacios Cunha; e BURGOS, Marcelo Baumann. *A judicialização da política e das relações sociais no Brasil*. Rio de Janeiro: Editora Revan, 1999.
VIEIRA, Oscar Vilhena. *A Constituição e sua reserva de justiça: um ensaio sobre os limites materiais ao poder de reforma*. São Paulo: Malheiros, 1999.
VILLEY, Michel. *Le droit et le droit de l'homme*. 3ª ed. Paris: Presses Universitaires de France, 1998.
——. *La formation de la pensée juridique moderne*. Paris: Presses Universitaires de France, 2003.
——. *Filosofia do direito: definições e fins do direito: os meios do direito*. São Paulo: Martins Fontes, 2003.
WALDRON, Jeremy. *Law and desagreement*. Oxford-NewYork: Oxford University Press, 1999.
——. *A dignidade da legislação*. São Paulo: Martins Fontes, 2003.
——. Precommitment and Disagreement. *In*: Alexander, Larry (editor). *Constitutionalism: philosophical foundations*. Cambridge, UK: Cambridge University Press, 1998, p. 271-299.
WALZER, Michael. *Las esferas de la justicia*. Ciudad del Mexico: Fondo de Cultura Economica, 1997.
WEBER, Max. *Economia y sociedad*. México: Fondo de Cultura Econômica, 1994.
WEBER, Thadeu. *Ética e Filosofia Política: Hegel e o formalismo kantiano*. Porto Alegre: EDIPUCRS, 1999.
WECHSLER, Herbert. Toward Neutral Principles of Constitutional Law. *Constitutional Law and its Interpretation*. New York: Garland Publishing, 1994, p. 112-143.
WEIMBERG, Louise. When Courts Decide Elections: The Constitutionality of *Bush v. Gore*. *Boston Law Review*, vol. 82, n. 3, junho 2002, 609-698.
WEINGARTNER NETO, Jayme. *Honra, Privacidade e Liberdade de Imprensa: uma pauta de justificação penal*. Porto Alegre: Livraria do Advogado, 2002.
WHITTINGTON, Keith E. *Constitutional interpretation: textual meaning, original intent and judicial review*. Kansas: University Press of Kansas, 2001.
WIEACKER, Franz. *História do Direito Privado Moderno*. Lisboa: Fundação Calouste Gulbenkian, 1980.
WOLFE, Christopher. *How to Read the Constitution*. New York: Rowman & Littlefield Publishers, 1996.
——. *The rise of modern judicial review: from constitutional interpretation to judge-made law*. Maryland: Littlefield Adams Quality Paperbacks, 1994.
WOLFF, Francis. *Aristóteles e a Política*. São Paulo: Discurso Editorial, 1999.
ZAGREBELSKY, Gustavo. *La giustizia costituzionale*. 2ª ed. Bologna: Il Mulino, 1988.
——. *El derecho dúctil. Ley, derechos, justicia*. 3ª ed. Madrid: Editorial Trotta, 1999.

Impressão:
Editora Evangraf
Rua Waldomiro Schapke, 77 - P. Alegre, RS
Fone: (51) 3336.2466 - Fax: (51) 3336.0422
E-mail: evangraf@terra.com.br